111 GRÜNDE, DIE TÜRKEI ZU LIEBEN

Frank Nordhausen

111 Gründe, die Türkei zu lieben

Eine Liebeserklärung an das schönste Land der Welt

SCHWARZKOPF & SCHWARZKOPF

Inhalt

Vorwort

Die Türkei zu lieben, ist einfach. Da sind die wundervollen Menschen, hilfsbereit, mitfühlend, gastfreundlich, emotional, entdeckungsfreudig. Da sind die touristisch hoch attraktiven Regionen: Strände, Berge, Wüsten, uralte Städte und antike Ruinen. Da ist Istanbul, dieses Stein gewordene Wunder am Bosporus, mit den Moscheen, den Sultanspalästen und Kirchen. Die Türkei liegt nicht nur geografisch wie eine Brücke zwischen Europa und Asien – sie *ist* diese Brücke. Sie verbindet wie kein anderes Land Europa, den Nahen Osten und Asien. Ein Land, das sich in den letzten Jahrzehnten wie im Zeitraffer modernisiert hat. Einerseits.

Andererseits macht es die Türkei einem auch schwer, sie zu lieben. Minderheiten wie die Kurden, Aleviten oder Armenier leiden unter Diskriminierung und Repression. Menschenrechte, unabhängige Justiz, Pressefreiheit gelten nicht viel. Zahlreiche Journalisten, Intellektuelle und Oppositionelle sitzen hinter Gittern, andere wurden ins Exil getrieben. Wer die Türkei liebt, den stimmen die gegenwärtigen Zustände traurig.

Man kann es deshalb niemandem verdenken, einer Türkeireise kritisch gegenüberzustehen. Vielleicht wird es Sie überraschen, wenn in Gesprächen mit den Menschen vor Ort eine säkulare und proeuropäische Haltung vorherrscht, vor allem an der touristischen Mittelmeerküste. Jeder Versuch, das komplexe Land zu verstehen, führt zur Erkenntnis, dass die Türkei in der Türkei nur wenig zu tun hat mit der Türkei in unserem Kopf, die von anatolischen »Gastarbeitern«, von Kopftuchkonflikten und verwirrenden politischen Nachrichten geprägt ist. In Wirklichkeit gibt es *die eine* Türkei nicht, das Land ist weit vielfältiger als sein Bild in den Medien. Wenn es diesem Buch gelingt, Sie für die Türkei mit ihrer Vielstimmigkeit und Buntheit, für ihre Menschen, aber auch ihre Schwierigkeiten zu interessieren, ist schon viel gewonnen.

Ich erlebte die Türkei in den 2010er-Jahren zur Zeit eines historischen Umbruchs. Es war die Zeit, als mit Recep Tayyip Erdoğan der mächtigste Politiker seit dem Republikgründer Atatürk regierte. Ein Populist und Islamist, der politisch erstmals Islam, Moderne und Demokratie miteinander zu versöhnen schien. Die Türkei verhandelte offiziell über den EU-Beitritt und suchte Frieden mit den Kurden, *Newsweek* kürte Istanbul zur »hippsten Stadt Europas«. Dann kamen die Gezi-Unruhen, die größte zivilgesellschaftliche Revolte in der Geschichte der Türkei. Und eine Zeit, als Millionen Syrer in die Türkei flüchteten. Die Zeit des Beinahe-Sturzes Erdoğans durch eine islamische Sekte. Eine Zeit verheerender Terroranschläge, eines Putschversuchs und der Errichtung einer Präsidial-Autokratie.

Während all dieser Jahre fand ich immer wieder Ruhe und Anregung in den belebten Cafés, bei einem köstlichen Essen, einem entspannten Tee, bei ermunternden Treffen mit türkischen Freunden. In den Gärten und auf den Inseln Istanbuls, an der Ägäischen Küste und auf der Anatolischen Hochebene, in der Gastfreundschaft und im pulsierenden Straßenleben. Die Menschen der Türkei und ihr Land sind mir in dieser Zeit ans Herz gewachsen.

Es gibt also mindestens 111 Gründe, die Türkei zu lieben – und noch sehr viele mehr.

Frank Nordhausen

Kapitel 1

Türkei und Deutschland

1. Grund

Weil man als Deutscher in der Türkei kleine Wunder erleben kann

Als ich im zweiten Jahr meiner Korrespondententätigkeit in Istanbul 2012 in die weit im Osten der Türkei gelegene Stadt Ağrı reiste, gingen mir die Augen auf. Über die Hauptstadt der gleichnamigen, an der Grenze zum Iran gelegenen Provinz mit knapp 100.000 Einwohnern wusste ein Reiseführer, den ich vorher zu Rate zog, zu vermelden: Wer das Pech habe, hier zu landen, solle zusehen, dass er möglichst schnell wieder Land gewinne. Mir erging es anders. Die Landschaft war von berückend archaischer Schönheit. Schlammfarbene Flüsse mäanderten durch lindgrüne Wiesen, auf denen Kühe und Schafe weideten. Den Horizont begrenzten schneebedeckte Berge, majestätisch erhob sich der 5137 Meter hohe Ararat an der Grenze zu Armenien. In den Dörfern waren noch viele Häuser traditionell aus Lehm und mit Gras gedeckt.

Doch das Interessante, Verblüffende und in gewisser Weise Paradoxe waren für mich die Menschen. Ich fühlte mich in Ağrı wie »zu Hause«. In der türkischen Stadt wirkte das Leben wie damals um die

Oranien-, Adalbert- oder Wrangelstraße Berlins: Die Frauen trugen einfache bunte Kopftücher (keine Edelseidenschals wie in Istanbul), die Männer schlichte graue Anzüge, gestutzte Vollbärte und Häkelmützen, die sie als fromme Muslime auswiesen. Und an jeder Ecke eine Teestube mit Männern, die versonnen auf das Leben der Straße blickten! Tatsächlich traf ich viele ältere Herren in Ağrı, die mich im besten Gastarbeiterdeutsch ansprachen. Sie hatten vier, sechs, auch zehn Jahre in Berlin, Mannheim oder Stuttgart verbracht. Ich wurde zu einem Tee eingeladen, und sie erzählten von einem Deutschland, das sie aus der Erinnerung heraus wohl auch romantisierten.

Ich selbst fühlte in Ağrı eine nostalgische Rückbindung an meine Kreuzberger Jahre, und mir wurde intensiv bewusst, dass die Migranten uns auch etwas geschenkt haben – eine ganz eigene kulturelle Note. Aber dazu gehörte etwas, was ein geschätzter Kollege aus Berlin in einer Mail an mich so formulierte: Der Blick in die türkische Provinz zeige auch, wie schwierig es sei, diese Distanzen zu überwinden.

Damals ging es um einen Mordfall in einem Beziehungsdrama in Berlin, in den zwei kurdische Clans aus Ağrı verwickelt waren. Es tauchten Fragen von Vergeltung, Blutrache und einem möglichen Ablass auf, um wieder ein ungestörtes Miteinander in Ağrı, aber auch in Berlin zu ermöglichen. Beide Familien hatten zahlreiche Kinder und Verwandte, die entweder da oder dort lebten. Der älteste Sohn der einen Familie hatte in dem wie eine Burg wirkenden und von meterhohen Mauern umgebenen Haus seines Clans in Ağrı das Sagen, obwohl sein Lebensmittelpunkt Berlin war. Skype, Facebook und Smartphone machten es möglich. Sie lösten eine Entfernung auf, die für die Menschen gar nicht wirklich existierte. Berlin, Kreuzberg und Ağrı, Stadtbezirk *Fevziçakmak* – das alles floss ineinander. Die Kriminalität, die manche dieser Clans nach Deutschland bringen, war hier grundiert.

Von den Angehörigen der kurdischen Clans in Ağrı wurde ich überaus gastfreundlich empfangen. Eigentlich freuten sich alle darüber, dass ein deutscher Journalist so weit gereist war und sich für sie interessierte. Ich erfuhr, wie Bräute in Ağrı für junge Männer in Berlin ausgesucht, wie Doppel- und Kreuzheiraten geschlossen wurden, denn man achtete streng darauf, nur im Kreis der vielfältig verflochtenen Clans zu heiraten. Mit großem Missfallen wurde berichtet, wie sich Kinder und Kindeskinder in Deutschland veränderten, wie Frauen dort gegen ihre Männer aufbegehrten, Scheidungen und andere »Familienkatastrophen« hervorriefen. So öffnete mir mein Besuch nicht nur den Blick für eine Parallelwelt in Berlin, sondern auch für die enge Verbindung und Wechselwirkung der Welten.

In einem modernen Café im Stadtzentrum traf ich Cockum Taştan, Assistenzprofessor für Soziologie mit Harvardstudium und in Ağrı geborener Kurde aus einem großen Familienclan. Der stämmige Mann nutzt ganz bewusst seinen Heimvorteil. Er hatte die archaischen Sozialbeziehungen seiner Heimat zu seinem Forschungsthema gemacht. Taştan hatte sich auch mit dem Problem der »Exportbräute« beschäftigt, die nach Europa geschickt werden. »Die jungen Männer haben in Deutschland Freundinnen, trinken Alkohol, aber dann wollen sie eine Familie gründen, und dafür wollen sie eine Jungfrau vom Lande, die die perfekte Mutter für die Kinder abgibt«, erläuterte er. Taştan sah die archaischen Einflüsse, die diese patriarchalischen Familienverbände auf Deutschland ausübten, extrem kritisch. Doch er sprach auch über die andere Seite der Medaille. Die Familienclans seien durch Einflüsse der Moderne über kulturelle Rückkoppelungen aus der Ferne betroffen, sagte der Professor. »Mit einer Hälfte leben sie noch in der feudalen Vormoderne, mit der anderen nehmen sie die Einflüsse aus Deutschland auf und verändern die Türkei. Sie europäisieren die Provinz.« Und tatsächlich: Ich sah in Ağrı nach neuester Mode und *Street credibility* gekleidete junge Leute, alle tippten auf ihren Handys herum, und selbst den verpönten Alkohol gab es an Kiosken zu kaufen.

So extrem das Beispiel von Ağrı erscheinen mag, die enge Bindung an die Diaspora und die Erfahrungen der Rückkehrer ließen die Deutschtürken zu Pionieren eines sozialen Wandels werden, der auch Ostanatolien längst erfasst hat. Und die »alte Heimat« der »Gastarbeiter« in der Türkei als Tourist zu erleben, kann Verständnis für die enorme Anpassungsleistung der meisten »Türken« in Westeuropa wecken.

2. Grund

Weil Deutsche nur zu Amerika engere Verbindungen haben als zur Türkei

In Antalya, Istanbul oder Izmir fühlt sich die Türkei anders an als im Osten Anatoliens – eher wie in Südeuropa. Und bei uns zu Hause erkennen wir viele türkischstämmige Mitbürger und -bürgerinnen gar nicht als solche, weil wir sie beim flüchtigen Kontakt für Spanier oder Italiener halten. Als moderne, großstädtische Migranten entsprechen sie nicht unserem Türken-Bild, das von anatolischen Gastarbeitern geprägt wurde. Als das deutsche Wirtschaftswunder in der Chemie-, Auto- oder Bergbauindustrie dringend Arbeitskräfte brauchte, wurden ab 1961 vorwiegend Menschen mit einer einfachen Schulbildung aus Anatolien für *Almanya* angeworben, Pläne, die Kinder dieser Gastarbeiter zu integrieren, gab es nicht. Ihre Bildungschancen sind bis heute schlechter als die der Mehrheitsgesellschaft. Die Probleme der ersten türkischen Einwanderergeneration sind eng mit ihrer sozialen Herkunft verknüpft, aber auch mit Diskriminierungserfahrungen.

Wie die Deutschen, die in den letzten Jahrhunderten nach Brasilien, Rumänien oder Mexiko emigrierten, suchten auch die türkischen Gastarbeiter die Geborgenheit ihrer eigenen Community und holten Familienangehörige nach. Über ihre Bildungsdefizite und die hohe Arbeitslosigkeit wird seit Jahren ausführlich diskutiert, mit wichtigen Beiträgen türkischstämmiger Wissenschaftler und Intellektueller. Die Bindung an die alte Heimat führte einerseits zu einem erheblichen Geld- und Warenverkehr zwischen Deutschland und der Türkei. Andererseits stellt der Spagat zwischen der alten und der neuen Heimat vor allem junge Menschen türkischer Herkunft vor enorme Herausforderungen. Etwa vier Millionen Menschen mit Migrationshintergrund aus der Türkei leben mittlerweile in Deutschland. Sie bilden damit die größte ethnische Minderheit in der Bundesrepublik, und rund die Hälfte von ihnen besitzt den deutschen Pass.

Inzwischen haben Zehntausende ethnische Deutsche ethnische Türken (oder Kurden, Armenier, Lazen usw.) geheiratet und gemeinsam Kinder großgezogen. Es gibt Hunderte deutschtürkische Vereine und Verbände, vom Sport bis zur Politik, und jeder Familienbesuch in der oder aus der Türkei stärkt dieses Band. Trotzdem sehen sich selbst perfekt deutsch sprechende Angehörige der dritten Einwanderergeneration bis heute oft mit der nervenden Frage konfrontiert: »Wo kommen Sie denn eigentlich ursprünglich her?«

Mit keinem anderen Staat der Welt außer den USA, im 19. Jahrhundert wichtigstes Auswanderungsland armer Deutscher, sind die Menschen der Bundesrepublik heute persönlich enger verflochten als mit der Türkei. Das hat unser Land um mediterranen Lebensstil, erfrischenden Unternehmergeist oder türkische Friseurkunst bereichert und großartige Comedians wie Bülent Ceylan, Kaya Yanar oder Serdar Somuncu hervorgebracht. Die deutsche Wikipedia listet rund 250 deutschtürkische Autoren, Journalisten, Wissenschaftler und Drehbuchschreiber auf – eine beeindruckende Zusammenstellung fabelhafter Aufstiegsgeschichten. Zu ihnen zählen Schriftsteller wie Feridun Zaimoğlu, Zafer Şenocak, Emine Sevgi Özdamar, Mely Kiyak, Seyran Ateş. Oder der Hamburger Filmregisseur Fatih Akin, die Schauspieler*innen Sibel Kekilli, Kaya Yanar, Erdoğan Atalay, Erol Sander. In der Politik kennt fast jeder den »schwäbischen Türken« Cem Özdemir, ehemaliger Ko-Chef der Grünen, die SPD-Parlamentarierin Lale Akgün oder die Linken-Abgeordnete Sevim

Dağdelen. Rund 90.000 Firmenchefs und -chefinnen mit Wurzeln in der Türkei haben inzwischen circa 400.000 Beschäftigte und machen etwa 40 Milliarden Euro Umsatz. Beispielsweise Müfit Tarhan und Aydoğan Cengiz, die Geschäftsführer der Biotech-Firma *Wesko* aus Grevenbroich, der IT-Unternehmer Ismet Koyun mit 200 Beschäftigten aus Worms oder Nare Yesilyurt, die erfolgreiche Gründerin des innovativen Pflegedienstes *Deta-Med* in Berlin mit 250 Mitarbeiter*innen.

Umgekehrt zeigt die Karriere des Sängers Tarkan, bürgerlich Tarkan Tevetoğlu, wie die Diaspora auf die Türkei zurückwirkt. Im rheinhessischen Alzey geboren, kehrte Tarkan mit 14 Jahren mit seinen Eltern in deren Heimat »zurück« und hatte es in der neuen Umgebung anfangs schwer. Mit seinem speziellen Stil, seinem Spiel mit Gender-Rollen, seiner Unangepasstheit, seinen sehr direkten *Love songs* stieg er seit Anfang der 1990er Jahre zu einem der größten Popstars des Landes auf, füllte international Fußballstadien und wurde zum Teenageridol, dessen Ausstrahlung auch in Deutschland nicht unbemerkt blieb. Seine mit einem World Music Award ausgezeichnete Single *Şımarık (Verwöhnt)* ist vermutlich der weltweit bekannteste türkischsprachige Popsong.

Neben der »Gastarbeit« gab und gibt es seit jeher andere Einwanderungsgründe. Bereits vor Jahrzehnten kamen viele gut ausgebildete, gesellschaftlich etablierte Flüchtlinge, die sich vor dem Militärputsch von 1980 in Sicherheit brachten. Mit der neuen Welle von Zuwanderern aus der Türkei seit 2016 kommen nun erneut zahlreiche intellektuelle, hochgebildete, beruflich erfahrene Menschen, die das Einwanderungsland Deutschland unzweifelhaft weiter bereichern werden.

3. Grund

Weil man auf Leute trifft, die deutsch sprechen, wo man geht und steht

Nicht nur in den Bettenburgen von Antalya, Çeşme oder Kemer wird deutsch gesprochen. Auch in entlegenen Orten und Provinzen der Türkei und bei den unwahrscheinlichsten Gelegenheiten gaben sich Türken mir gegenüber als deutschsprachig zu erkennen. Mit untrüglichem Instinkt erkannten sie meine Nationalität. Viele Türken haben Jahre in Deutschland verbracht und fühlen sich uns verbunden. Unabwendbar folgte die Frage: »Woher kommst du? Aus Berlin? Stuttgart? Köln?« Die meisten Punkte machte ich dann stets, wenn ich meinerseits mein simples Türkisch in Anwendung brachte und mit einem »Merhaba« oder »Iyi günler« zur Verständigung beitragen konnte. Und nicht selten habe ich in einem Istanbuler Café am Nebentisch schönstes Kölnisch oder kräftigstes Bairisch aus dem Mund sehr türkisch aussehender Gäste vernommen.

In der Metro, auf der Straße oder im Restaurant auf Deutsch zu fluchen oder zu lästern, kann deshalb sehr schnell zur allergrößten Peinlichkeit geraten, wenn die junge Frau mit Kopftuch oder der tätowierte Jugendliche am Nebentisch die Anzüglichkeiten umgehend auf Deutsch kommentieren. Also Obacht! Man sollte als deutschsprachiger Tourist in der Türkei grundsätzlich davon ausgehen, dass immer und überall Leute in der Nähe sind, die unsere Sprache verstehen und sprechen – letztlich ein unbezahlbarer Vorteil, der uns sonst nur in den Niederlanden, Luxemburg oder Dänemark zuteilwird.

4. Grund

Weil die Türkei historisch zu Europa gehört

Die lange und reiche türkisch-europäische Geschichte ist vielen weniger geläufig als die aktuelle Politik. Heute nehmen viele Deutsche die Türkei nicht als Teil Europas wahr. Ist vom Beitrittsprozess zur Europäischen Union die Rede, wirft bald jemand das Argument in den Ring, die Türkei gehöre nicht zu Europa. Ihr Land kein Teil Europas? Da lachen ja die Perlhühner, hätten die osmanischen Sultane und vor ihnen schon die Kaiser von Byzanz solchen Zeitgenossen erwidert. Schon der griechische Gottvater Zeus fand seine Europa an der türkischen Ägäisküste, Homer lebte in der heutigen Türkei, der Apostel Paulus gründete eine christliche Gemeinde im damaligen Antiochia, dem heutigen türkischen Antakya. Und etwas aktueller: Der Urgroßvater des britischen Premierministers Boris Johnson, Ali Kemal, war einst Bildungs- und Innenminister des Osmanischen Reiches.

Aber nun zur Historie. Im Jahr 324 nach Christus verlegte der römische Kaiser Konstantin der Große die Hauptstadt des Reiches nach Osten in die Stadt Byzantion am Bosporus und leitete die Erhebung des Christentums zur neuen Staatsreligion ein. Von hier aus herrschte er über ein Gebiet, das den Balkan, den Kaukasus und Kleinasien bis nach Jerusalem und dem heutigen Iran umfasste. Bis zum Schisma 1054 nach Christus, der Trennung der christlichen Kirchen in eine byzantinisch-orthodoxe und eine römisch-katholische Linie, war die Stadt auch das Zentrum der gesamten Christenheit. Und die seit Konstantins Tod in Konstantinopel umbenannte Stadt – das heutige Istanbul – war damals unzweifelhaft die größte und reichste Stadt Europas. Dass die Türkei historisch zu Europa gehört, ist also keine Frage. Aber sie gehört eben auch zum Nahen Osten. Das macht das Land so spannend.

Die Türken selbst sind Nachfahren asiatischer Nomadenstämme, die um das Jahr 1000 nach Anatolien einwanderten. Ein seldschukisches Heer schlug 1071 die Truppen des damaligen byzantinischen Kaisers Romanos IV. Diogenes in Malazgirt nahe der heutigen türkisch-iranischen Grenze vernichtend. In der Folge eroberten die Seldschuken weite Teile der anatolischen Hochebene und errichteten ihr erstes Sultanat mit der Hauptstadt Konya. Nachdem von 1034 bis 1325 vier Kreuzzüge aus dem Westen Europas und die Eroberung Konstantinopels durch diese christlichen Ritter das christliche Byzanz geschwächt hatten, öffnete sich das Tor für eine andere aufstrebende muslimische Turk-Dynastie: die Osmanen. Deren Namensgeber Osman und seine Nachfolger erweiterten ab 1300 ihren Herrschaftsbereich schnell bis auf den Balkan. Konstantinopel fiel im Mai 1453 nach Belagerung durch Mehmed II. den Eroberer. Aber zwischen Osmanen und Byzantinern gab es da bereits enge politische, wirtschaftliche und familiäre Beziehungen. Mehmed selbst sah sich als Erbe des byzantinischen Kaiserreiches.

Der weitere Vormarsch der Osmanen, den ein christliches Heer erst 1529 vor Wien stoppte, wurde zwar auch damals schon – etwa von Martin Luther – zum Kampf der Kulturen zwischen christlichem Abend- und muslimischem Morgenland umgedeutet, doch wird diese Lesart dem Charakter der damaligen Auseinandersetzungen und Allianzen kaum gerecht. Tatsächlich verstanden die Zeitgenossen in Europa das Osmanenreich als Teil ihrer Welt, als Teilnehmer im Konzert der europäischen Mächte. Die italienischen Mittelmächte Genua und Venedig unterhielten enge Beziehungen zu den Osmanen, ebenso Frankreich, das sich mit ihnen gegen die Habsburger verbündete. Und später, im Krimkrieg von 1853 bis 1856, eilten Frankreich, England und Sardinien-Piemont dem als europäische Macht verstandenen »kranken Mann vom Bosporus« zu Hilfe, um die russische Expansion auf dem Balkan und zum Mittelmeer zu stoppen.

5. Grund

Weil nicht nur Bismarck und Kaiser Wilhelm II. eine spezielle Liebe zu den Türken pflegten

Aus dem 19. Jahrhundert stammt auch eine Verbindung mit dem deutschen Kaiserreich, die jedem Türken bewusst ist, bei uns aber weitgehend in Vergessenheit geriet. Als das Osmanische Reich im 19. Jahrhundert von verschiedenen Seiten bedrängt wurde und mit Aufständen zu kämpfen hatte, reagierten die Sultane mit einer Modernisierungswelle, die sich auf westeuropäische Vorbilder berief und preußisch-deutsche Hilfe in Anspruch nahm. Einer Armeereform 1826 folgten die sogenannten *Tanzimat*-Reformen von 1839, mit denen die Rechte der Untertanen erstmals klar definiert und Nicht-Muslime den Muslimen rechtlich gleichgestellt wurden. 1854 entstand die erste Universität nach westlichem Vorbild in Istanbul, und mit dem *Dolmabahçe*-Palast bauten sich die osmanischen Herrscher anschließend eine neue Residenz nach französischem Muster. Gleichzeitig verbreitete sich seit Beginn des 19. Jahrhunderts mit der Orient-Begeisterung des »Orientalismus« auch eine Türkeimode in Deutschland.

Zum Verhängnis wurde dem Vielvölkerstaat letztlich wiederum ein europäisches Phänomen, das auch das multiethnische Habsburgerreich zu Fall brachte: der Nationalismus, die Idee einer einheitlichen Nation. In den »Befreiungskriegen« der Serben, Griechen oder Bulgaren, die von den europäischen Großmächten England, Frankreich und Russland tatkräftig unterstützt wurden, kam es Ende des 19. Jahrhunderts zu Massenvertreibungen von Muslimen vom Balkan an die Ägäisküste und nach Anatolien. Dies war das Vorspiel für den aufkochenden türkischen Nationalismus, der seinerseits in Vertreibung und Genozid (an den Armeniern und Assyrern) mündete.

Ende des 19. Jahrhunderts war die Grenzmacht am östlichen Mittelmeer gleichwohl noch ein selbstverständlicher Teil des europäischen Staatensystems und der europäischen Politik. Reichskanzler Otto von Bismarck begriff die Annäherung des Deutschen an das Osmanische Reich als wichtiges Mittel, um eine Balance gegen Russland, England und Frankreich zu schaffen, die sich ebenfalls um die »Hohe Pforte« bemühten, was er mit dem berühmten Wort 1871 ausdrückte: »Die Liebe der Türken und Deutschen zueinander ist so alt, dass sie niemals zerbrechen wird.« Graf von Metternich, der andere große europäische Staatsmann des 19. Jahrhunderts, war den Osmanen ebenso zugeneigt, weil er sie wie Bismarck als unverzichtbares Gegengewicht gegen russische Expansionsgelüste schätzte.

Kaiser Wilhelm II. wiederum sorgte sich fast noch mehr um das deutsch-türkische Verhältnis und stattete Konstantinopel schon 1889, ein Jahr nach seinem Regierungsantritt, einen ersten Besuch ab. Neun Jahre später fuhr er im Rahmen seiner berühmten Orient-Reise erneut an den Bosporus zu seinem Freund Abdülhamid II., dem er dann wie Bismarck versicherte, die Deutschen würden auf ewig Freundschaft mit ihm und den Muslimen halten. Anders als Briten, Franzosen und Russen, die sich mit den christlichen Minderheiten verbündeten und darauf setzten, das Osmanische Reich durch die Unterstützung nationalistischer Griechen, Armenier oder Georgier von innen zu schwächen, wollte Wilhelm nämlich die »Mohammedaner« für ein Bündnis mit dem Deutschen Reich gewinnen.

Der mit großem Pomp 1895 von ihm eingeweihte Deutsche Brunnen gegenüber der Blauen Moschee in Istanbul ist das wichtigste bleibende Denkmal dieser deutsch-türkischen Verbrüderung. Ein anderes ist das riesige Gemälde Kaiser Wilhelms in osmanischer Uniform eines Paschas, das im deutschen Generalkonsulat, der ehemaligen deutschen Botschaft, am Istanbuler Taksim-Platz hängt. Es war eigentlich als Gastgeschenk für den Sultan bei Wilhelms dritter Türkei-Reise 1891 gedacht, erreichte aber in den Kriegswirren seinen Adressaten nicht mehr. Es ist das einzige »überlebende« Kaiser-Bildnis in einer diplomatischen Vertretung der Bundesrepublik.

Auch beim Ausbruch des Weltkriegs 1914 entschieden sich die regierenden Jungtürken gegen die Neutralität und für den Kriegseintritt aufseiten der Mittelmächte Deutschland und Österreich-Ungarn. Unzählige Propagandaplakate und -postkarten priesen damals die »ewige Waffenbrüderschaft« von Deutschland, Österreich und der (osmanischen) Türkei. Auf ihnen waren deutsche, türkische und österreichische Kinder, Soldaten oder Mädchen abgebildet oder Sultan Abdülhamid II. in trauter Dreisamkeit mit Kaiser Wilhelm II. und dem Habsburger Kaiser Franz Joseph I., umrankt von den drei Nationalflaggen. Seit 1882 wurden preußische Offiziere nach Konstantinopel entsandt, um die Reform der osmanischen Truppen nach dem Vorbild Preußens zu organisieren, der spätere Feldmarschall Freiherr von der Goltz lehrte an der Istanbuler Militärakademie, das Deutsche Reich und deutsche Konzerne investierten massiv in die Zusammenarbeit mit dem Osmanischen Reich. Im Rahmen der »Waffenbrüderschaft« kämpften im Ersten Weltkrieg 800 deutsche Stabsoffiziere und 25.000 Soldaten gegen das Commonwealth. Mit Liman von Sanders führte sogar ein deutscher General den Befehl über osmanische Truppen in der blutigen Schlacht an den Dardanellen.

Während die kollektive Erinnerung der Deutschen an das 20. Jahrhundert durch die Nazidiktatur und den Zweiten Weltkrieg geprägt ist, ist für die Menschen der Türkei nach wie vor der Erste Weltkrieg das wichtigste historische Ereignis, an dem sie die Gegenwart und deren außenpolitische Konstellationen messen. Sie beschäftigt vor allem das Trauma des Untergangs des Osmanischen Reiches im diktierten Friedensschluss von Sèvres (bei Paris) 1918, als das einst mächtige Imperium auf einen Rumpfstaat in Zentralanatolien reduziert wurde – eine nationale Demütigung wie der Vertrag von Versailles für die Deutschen.

6. Grund

Weil Deutschland und die Türkei eine ambivalente gemeinsame Geschichte haben

Selbst ein dunkles Kapitel der türkischen Geschichte »verbindet« unsere Nationen: der Völkermord an den Armeniern. Zu den grausigen Massakern und Todesmärschen an den christlichen Armeniern kam es nach dem Untergang der Dritten Osmanischen Armee in einem verhängnisvollen Winterfeldzug 1914/15 im Kaukasus gegen Russland, als zahlreiche Armenier, die in dem Gebiet unter russischer Oberhoheit lebten oder zu den Russen überliefen, auf der Seite der russischen Armee kämpften. Den Tod von fast 80.000 der rund 100.000 türkischen Soldaten, wobei die meisten an Hunger, Erfrierungen und Krankheiten starben, nahmen die in Konstantinopel regierenden Jungtürken zum Anlass, die Armenier im Osmanischen Reich in die syrische Wüste zu deportieren und zu ermorden. De facto wurde die armenische Bevölkerung zum Kriegsgegner erklärt, weil sie angeblich mit Russland und dem Zaren, der sich zum Schutzherrn der armenischen Christen erklärt hatte, sympathisierte und von ihm zum Aufstand angestachelt worden sei. Von den rund 1,8 Millionen Armeniern im Osmanischen Reich sind nach heutigem Kenntnisstand etwa eine Million in den Todesmärschen nach Syrien oder durch Erschießungen umgekommen.

Während die Ereignisse von internationalen Historikern mit wenigen Ausnahmen als Völkermord klassifiziert werden, wird der Begriff in der Türkei noch immer weitgehend abgelehnt. Offiziell gilt das Dogma, dass die Deportationen dem drohenden armenischen Verrat und »Dolchstoß« zuvorkommen sollten und die hohe Zahl der Toten den Kriegsumständen wie beispielsweise Nahrungsmangel geschuldet sei. Die maßgeblich in die osmanische Armee integrierten deutschen Offiziere teilten nach neueren Forschungen weitgehend die Auffassung vom »Verrat« der Armenier, die dem eigenen Land in den Rücken gefallen seien, wie Jürgen Gottschlich, langjähriger Türkei-Korrespondent der *taz* und Autor eines Buches über die Mitschuld Deutschlands am Völkermord, feststellt. Zuständige deutsche Offiziere unterstützten den Massenmord oder ordneten teilweise selbst Deportationen an. Kabelberichte über Massaker und Proteste deutscher Diplomaten und Offiziere, die es auch gab, wurden in Berlin relativiert und führten nie zu ernsten Konflikten mit den Türken, da das Bündnis mit dem Osmanischen Reich (wie heute der sogenannte Flüchtlingsdeal) Vorrang vor allen anderen Erwägungen hatte. Als der deutsche Botschafter in Konstantinopel, Graf Metternich, Ende 1915 von Berlin schärferen Protest gegen den Genozid forderte, wies Reichskanzler Bethmann-Hollweg ihn zurecht und schrieb in einem Vermerk: »Unser einziges Ziel ist es, die Türkei bis zum Ende des Krieges an unserer Seite zu halten, gleichgültig, ob darüber Armenier zugrunde gehen oder nicht. Bei länger andauerndem Krieg werden wir die Türken noch sehr brauchen.«

Nach dem Holocaust gerieten die Massaker an den Armeniern und die deutsche Verantwortung dafür allerdings völlig aus dem Blickfeld. Es dauerte bis zum 100. Jahrestag des Genozids, dass deutsche Parlamentsabgeordnete aller Fraktionen eine große Debatte im Bundestag über die Verbrechen führten, und noch einmal ein Jahr, bis das deutsche Parlament am 2. Mai 2016 eine Resolution verabschiedete, der alle Parteien zustimmten und in der der Völkermord an den Armeniern benannt und klar verurteilt wurde. Aber Bundeskanzlerin Angela Merkel blieb ihr ebenso wie Bundespräsident Frank-Walter Steinmeier demonstrativ fern.

Im Gespräch mit vielen Türken wirkt die Zusammenarbeit des Deutschen Reiches mit den Osmanen bis heute positiv nach. Die auf ihre Geschichte fixierten Türken erinnern sich bis heute an die »Waffenbrüderschaft« mit dem Deutschen Reich im Ersten Weltkrieg und die gemeinsamen Kämpfe gegen Engländer und Russen, als hätten sie gestern stattgefunden. Sicher ist dies kein ernst zu nehmender Grund, um heute die Türkei zu lieben, aber sie kann ein Anstoß sein, sich mit der Geschichte zu beschäftigen und dabei zu lernen, dass Allianzen und Freundschaften historischen Konjunkturen unterworfen sind. Waren wir gestern aus machtpolitischen Gründen engste Freunde, so gibt es heute andere Anlässe, um die Freundschaft fortzusetzen und zu pflegen. Die historische Verbundenheit, die viele Türken mit Deutschland fühlen, kann bei aller Ambivalenz dafür ein Anknüpfungspunkt sein.

7. Grund

Weil das Wort »Gastarbeiter« in der Türkei einen guten Klang hat

Alamancılar heißen die nach Deutschland ausgewanderten Landsleute im Alltagstürkisch, als Verbindung von *Alman* und *Yabancı*, Deutscher und Ausländer zu »Deutschländer«, zu »verdeutschten« Türken. Das Wort hat einen ambivalenten Klang. Es war aber zunächst Ausweis dafür, es im Leben zu etwas gebracht zu haben, denn die Gastarbeiter der ersten Stunde konnten schon nach einigen Arbeitsjahren mit Wohlstand Eindruck schinden. Nach tagelangen Fahrten über die »Autoput« genannte Balkanroute trafen sie mit ihren überladenen gebrauchten Mercedes- oder Opel-Wagen wieder in der anatolischen Heimat ein und brachten Waschmaschinen, Fernseher und andere Errungenschaften des deutschen Wirtschaftswunders mit. Im Lauf der Jahre holten sie ihre Familien in die Bundesrepublik, und die jährlichen Urlaubsfahrten wurden zum Wiedersehensfest ganzer anatolischer Dörfer.

2001 hatte ich die Gelegenheit, mit dem Berliner »Dönerkönig« Remzi Kaplan sein Ursprungsdorf Bahadın bei Yozgat in Zentralanatolien zu besuchen. Kaplan, ein kleiner, wohlgenährter, sehr agiler Mann, besaß damals vier Fleisch-Fabriken in Berlin und

Brandenburg, in Hamburg und Holland. Und war deshalb für viele ein Symbol dafür, dass jeder es aus eigener Kraft schaffen kann: vom Bauernsohn aus Anatolien zum Euro-Millionär. »In Bahadın bin ich wie ein König«, hatte er vor der Reise gesagt. »Man empfindet dort Respekt für mich.« Die Bushaltestelle am Ortseingang des Dorfes trägt seinen Namen. *Kaplan-Döner – Berlin-Hamburg-Holanda* steht dort in großen Buchstaben. Er hat sie finanziert, ebenso wie er ein Gymnasium im Dorf gebaut und 50.000 Tannen gepflanzt hat. Er unterstützt ein Dutzend Familien im Ort mit Geld. Und er hat vielen jungen Männern aus Bahadın Arbeit in *Almanya* verschafft.

»Vor dreißig Jahren gab es hier nur Lehmhäuser und keine Elektrizität«, erzählte Remzi Kaplan bei einem Spaziergang durch das Dorf. »Im Frühjahr haben sie gesät, im Sommer geerntet, und den Rest der Zeit herumgehockt. Und alle waren arm, sehr arm.« Damals begann sich das Dorf zu teilen in jene Familien, die gingen, und jene, die blieben. Viele schafften es nicht bis Europa, aber doch bis Ankara oder Istanbul. Mit ihrem Geld ist Bahadın aufgeblüht. Die Bauern reiten nicht mehr auf Eseln, sondern fahren mit Traktoren. Die Lehmbauten sind Steinhäusern mit roten Ziegeldächern und Satellitenantennen gewichen. Es gibt eine Kanalisation, eine geteerte Dorfstraße, eine Müllabfuhr.

»Schau mal.« Remzi Kaplan wies auf die schönen Häuser hin, die die *Alamancılar* im Lauf der Jahre gebaut haben, die Vettern, die Rückkehrer, die Rentner. »Gastarbeiter« – dieses Wort haben sie damals gelernt, und es hat seinen guten Klang in Bahadın bis heute nicht verloren. Und aus dem bitterarmen Dorf haben sie ein kleines Paradies gemacht, mitten in Anatolien. Doch selbst Kaplans Eltern, die sich eigentlich in Bahadın zur Ruhe setzen wollten, bleiben jetzt doch nur über den Sommer – wie so viele aus der ersten Generation der Auswanderer. Als müsse er sich dafür entschuldigen, sagte Remzi Kaplan: »Aber wir werden immer wieder nach Bahadın fahren. Vergessen werden wir Bahadın ganz sicher nie.«

In der Türkei existieren Hunderte, wenn nicht Tausende Bahadıns. Dörfer voller hübsch renovierter, sauber verputzter und stets frisch gestrichener Häuser mit Resopalfenstern aus Deutschland, Sonnenkollektoren und Satellitenschüsseln auf dem Dach. Diese Ortschaften gleichen Puppenstuben. Sie werden nur noch im Sommer zum Leben erweckt, im Winter halten ein paar Alte Wache, um Plünderungen zu verhindern. Doch die Kinder und Enkel kommen immer seltener in die Türkei, und wollen, wenn sie anreisen, lieber Strandurlaub an der Ägäis machen. Auch Remzi Kaplans Familie fliegt nach ein paar Tagen in Bahadın normalerweise ans Mittelmeer. In den All-inclusive-Anlagen mischen sich alle Feriengäste, und wer neugierig ist und Interesse zeigt, kann sich von den deutschtürkischen Pool-Nachbarn bewegende Geschichten erzählen lassen.

8. Grund

Weil die Alamancılar eine Brücke zwischen Deutschland und der Türkei schlagen

Die Deutschtürkin Alev Karataş war glücklich in Berlin. Aber dann wurde sie arbeitslos und ging nach Istanbul – weil sie dort Arbeit fand. Istanbul ist eine Sehnsuchtsmetropole für nicht wenige junge Türken, die wie die Enddreißigerin in Deutschland geboren wurden. Ihre Eltern kamen nach Deutschland, um Arbeit zu finden, und die Kinder gingen zurück, weil es keine mehr gab.

Alev Karataş, mit dunkler Sonnenbrille und offenem Haar, war Einkäuferin für eine französische Sockenfirma. Zwölf Millionen Socken im Jahr, die Hälfte davon aus der Fabrik, die sie gerade betrat. Mit schnellem Schritt ging sie durch die Lobby aus Glas und Granit, den Laptop unterm Arm, eilte durch Hallen voll surrender Maschinen, vorbei an Arbeiterinnen, die rosa Kittel trugen und meist auch Kopftuch. Sie musste eine Qualitätskontrolle vornehmen, vier Stunden lang Socken mustern, Nähte prüfen, eine Charge bemängeln, sich mit Männern streiten, sich schließlich durchsetzen und gegen sieben Uhr abends die Fabrik verlassen. »Ich musste alles in einer Woche lernen«, sagte sie, »Garne, Farben, Kollektionen, ich habe nur von Socken geträumt.«

Zwar gebe es in der Türkei einen Bedarf an Leuten, die Fremdsprachen könnten und die türkische Kultur kennten, erläuterte sie. Doch obwohl sie schon drei Jahre in Istanbul war und akzentfrei türkisch sprach, fehle ihr das Gefühl dazuzugehören, wie sie es in Berlin hatte. »Ich verstehe noch immer nicht richtig, wie die Leute sich hier organisieren.« Ihr ging es wie vielen Deutschtürken: Sie tun sich mit den ungeschriebenen Regeln und Hierarchien schwer. Autorität anzuzweifeln, das haben sie schließlich in Deutschland gelernt. Auch wenn ihre Motivation oft darin bestand, den Diskriminierungserfahrungen in Deutschland zu entkommen, machen sie in der Türkei die deprimierende Erfahrung, häufig als »verdeutschte« *Alamancılar* belächelt und nicht richtig ernst genommen zu werden.

»Wir haben eine andere Sozialisation als die Lokaltürken«, sagt Çiğdem Akkaya, die ihr halbes Leben im Ruhrgebiet verbrachte, nach dem Studium der Wirtschaftswissenschaften im Essener Zentrum für Türkeistudien arbeitete, wo sie sich insbesondere mit Themen wie der Migration und den Türkei-EU-Beziehungen auseinandersetzte. Sie führte mit einer ebenfalls aus Deutschland stammenden türkischen Freundin in Istanbul eine PR- und Event-Agentur, die sich auf deutsche Reisegruppen spezialisiert hatte, auf Politiker und Geschäftsleute. Das Geschäft mit Bildungsreisen lief gut. »Wir wollten etwas Neues anfangen in der Türkei – aber mit Verbindung zu Deutschland«, sagt Akkaya. »Wir wollten unsere Kenntnis beider Kulturen zu unserem Kapital machen.«

Zusammen gründeten die Frauen 2006 einen »Rückkehrer-Stammtisch«, zu dem auch Alev Karataş stieß. Die Idee war, sich untereinander zu vernetzen, zunächst mit dem eigenen Umkreis. Im Verteiler von Akkayas Netzwerks standen irgendwann 3000 bis 4000 Personen. »Es ist das allgemeine Gefühl der fehlenden Akzeptanz oder der Diskriminierung, das manche Menschen wieder in die Türkei treibt«, sagt Akkaya. Und die Chancen für gut ausgebildete Rückkehrer standen zur Zeit des türkischen Wirtschaftswunders der 2000er Jahre mit jährlichen Wachstumsraten bis zu neun Prozent hervorragend. Damals registrierte auch die deutsch-türkische Handelskammer in Istanbul eine starke Nachfrage junger Deutschtürken nach Arbeit in der Heimat ihrer Eltern. Doch bei Gesprächen mit den Experten der Handelskammer stellte sich auch heraus, dass die weitaus meisten jungen Türken aus Deutschland am Bosporus kaum Fuß fassen konnten, weil sie oft nicht einmal richtig türkisch sprachen.

Der Schwung der Rückkehrer hat seit der zunehmenden Abkehr von der Demokratie und Rechtsstaatlichkeit in der Türkei und der eskalierenden Wirtschaftskrise seit 2013 deutlich nachgelassen. Çiğdem Akkaya sagt, es gebe kaum noch Neuzugänge beim Stammtisch, aber viele »Rück-Rückkehrer« nach Deutschland. In den Jahren 2005 bis 2014 zogen mindestens 335.000 Menschen aus Deutschland in die Türkei, der Großteil davon Hochqualifizierte. Doch die Hälfte von ihnen sei mittlerweile wieder nach Deutschland zurückgegangen, schätzt sie. »Manche fangen an, bestimmte Werte in Deutschland mehr schätzen zu lernen. Sie merken in der Türkei erst, wie ›deutsch‹ sie sind, und werden sich über ihre Identität erst hier bewusst.«.

9. Grund

Weil der deutsche Enthüllungsjournalist Günter Wallraff in der Türkei ein Held ist

In den letzten Jahren, vor allem nach dem gescheiterten Putschversuch von 2016, mussten sich in der Türkei immer wieder Schriftsteller, Journalisten und andere Publizisten vor Gericht verantworten, weil sie in ihren Artikeln oder Büchern Kritik an der Regierung geäußert hatten, die ihnen als »Terrorpropaganda« ausgelegt wurde. Im November 2018 wurde in Istanbul gegen den Kölner Sozialwissenschaftler Adil Demirci wegen eines solchen konstruierten Terrorverdachts verhandelt – und zuverlässig traf ein Prozessbeobachter aus Deutschland ein, dessen Name in der Türkei einen ganz besonderen Klang hat: der Kölner Investigativjournalist Günter Wallraff.

In einem Interview, das ich in Istanbul mit ihm führen konnte, sagte Wallraff, er reise regelmäßig zu Prozessen gegen Regierungskritiker in die Türkei, weil sie internationale Solidarität dringend bräuchten: »Diese Prozesse werden in der Türkei viel zu wenig wahrgenommen, aber es ist wichtig für die Zukunft des Landes. Wenn diese Urteile hingenommen werden, wird die Justiz weiter so verfahren. Internationaler Druck kann noch etwas bewirken.« Als ich ihn nach dem Grund für sein besonderes Interesse an der Türkei ansprach, sagte er: »Der Türke Ali ist noch immer ein Teil von mir.«

Der Türke Ali – das ist die Identität des türkischen Hilfsarbeiters *Ali Levent Sinirlioğlu*, in die Wallraff unerkannt schlüpfte, um die Bedingungen zu recherchieren, unter denen die »Gastarbeiter« im Wirtschaftswunderland Deutschland existierten. Als sein Undercover-Erlebnisbericht *Ganz unten* im Oktober 1985 erschien, sorgte das Buch für Aufregung – und es brachte die oft erbärmlichen Arbeits- und Lebensverhältnisse der türkischen Gastarbeiter schlagartig ins allgemeine Bewusstsein. Der dokumentarische Bericht aus der untersten Etage des bundesdeutschen Kapitalismus machte seinen Autor für viele Deutschtürken zum Helden.

»Günter Wallraff hat mit seinem Buch auf die Missstände in den Arbeitsbedingungen der ersten türkischstämmigen Gastarbeitergeneration und Diskriminierungen bzw. Rassismen gegen sie aufmerksam gemacht«, sagt Professor Burak Copur, Politikwissenschaftler aus Essen. »Viele Türkeistämmige konnten sich damals mit den Erfahrungen von dem in die Rolle eines türkischen Gastarbeiters geschlüpften Günter Wallraff sehr gut identifizieren und die ihm widerfahrenen Demütigungen nachempfinden. Bis heute steht in vielen Bücherregalen der ersten türkischen Gastarbeitergeneration Wallraffs Bestseller ›Ganz unten‹, und für Türkeistämmige ist er immer noch einer von ihnen.«

Ganz unten wurde in Deutschland insgesamt über fünf Millionen Mal verkauft und erschien in 38 Übersetzungen. Es begann mit einer Kleinanzeige: »Ausländer, kräftig, sucht Arbeit, egal was, auch Schwerst- u. Drecksarbeit, auch für wenig Geld« im März 1983. Zweieinhalb Jahre lang arbeitete Wallraff anschließend mit Perücke, schwarzem Schnurrbart und dunklen Kontaktlinsen als »Ali« bei verschiedenen Unternehmen.

Ob als Hamburgerbrater, auf Baustellen, in Versuchslaboren der Pharmaindustrie oder als Leiharbeiter im Stahlwerk – überall erlebte »Ali« Ausbeutung, Demütigung und Ausländerhass. Er musste schwerste Arbeiten für geringe Stundenlöhne ausführen, wurde von deutschen Kollegen schikaniert, bekam anders als die Deutschen bei gefährlichen Arbeiten keine Schutzkleidung, wurde in einigen Fällen ohne Papiere, Sozial- oder Krankenversicherung beschäftigt und musste nicht selten mehrere Schichten hintereinander malochen. Wallraff schrieb im Vorwort zu seinem Buch: »Ich weiß immer noch nicht, *wie* ein Ausländer die täglichen Demütigungen, die Feindseligkeiten und den Hass verarbeitet. Aber ich weiß jetzt, *was* er zu ertragen hat und wie weit die Menschenverachtung in diesem Land gehen kann. Ein Stück Apartheid findet mitten unter uns statt – in unserer *Demokratie*. Die Erlebnisse haben alle meine Erwartungen übertroffen. In negativer Hinsicht. Ich habe mitten in der Bundesrepublik Zustände erlebt, wie sie eigentlich sonst nur in den Geschichtsbüchern über das 19. Jahrhundert beschrieben werden.«

Die Publikation führte dazu, dass sich die Politik zum Handeln gezwungen sah. Die Bundesregierung verschärfte die Bestimmungen zum Verleih von Arbeitskräften und für Subunternehmer. Staatsanwälte ermittelten gegen die im Buch beschuldigten Firmen. Wichtiger war die Welle der Empathie, die Wallraff mit seinem Buch bei vielen Deutschen für ihre türkischen Kollegen und Nachbarn auslöste. Die Erfahrungsberichte des Türken »Ali« rüttelten die deutsche Gesellschaft auf und halfen, ein Umdenken beim Umgang mit in Deutschland lebenden und arbeitenden Menschen ausländischer Herkunft einzuleiten. Von dem Schweizer Schriftsteller Max Frisch stammt der Satz: »Wir riefen Arbeitskräfte, und es kamen Menschen« – mit ihrer Persönlichkeit, ihren Bedürfnissen und ihrer Kultur. Durch *Ganz unten* nahmen viele Deutsche ihre türkischen Mitbürger ganz neu wahr.

In der Türkei wurde viel über das Buch diskutiert, das schnell in einer türkischen Übersetzung erschien. Es sei bis heute ein »Nachschlagewerk«, wenn es um Arbeiter- und Migrantenprobleme gehe, meint der Chefredakteur der exiltürkischen Nachrichtenplattform *Ahvalnews*, Yavuz Baydar. Er erinnert sich gut an das Aufsehen, das *Ganz unten* bei seinem Erscheinen auslöste: »Es gab viele Reportagen und Interviews mit Wallraff in den türkischen Medien. Sein Buch brachte die Situation der Migranten, insbesondere der türkischen Migranten, ans Licht.« Bis heute sei es in der Türkei unvergessen.

10. Grund

Weil die Türken die Preußen des Orients sind

Der deutsche Bundespräsident Joachim Gauck schien zu schmunzeln, als er im April 2014 im Garten des Präsidentenpalastes in Ankara neben seinem türkischen Amtskollegen Abdullah Gül stand und das eigenartige Schauspiel der präsidialen Ehrengarde beobachtete, die bei herrlichem Sonnenschein im preußischen Stechschritt an ihm vorbeidefilierte. Den Stechschritt beherrschten die Soldaten mit ihren weißen Stulpenstiefeln und Helmen perfekt. Und wenn auf türkischen Exerzierplätzen angetreten wird, dann zu einem laut gebrüllten »*Marş!*«, was auf gut Deutsch »Marsch!« bedeutet.

Dem preußischen General Helmuth Karl Bernhard von Moltke, späterer Feldmarschall der preußischen Armee, wird die Metapher zugeschrieben, die Türken seien die »Preußen des Orients«. Der heute noch im türkischen Militär hochgeschätzte Offizier war 1836 an den Sultanshof nach Konstantinopel beordert worden, um das osmanische Heer zu reorganisieren. Auch Marschall Liman von Sanders attestierte dem türkischen *Asker* (Soldaten) noch im Dezember 1917 mit einem unter deutschen Orientmilitärs verbreiteten Stereotyp »vortreffliche Brauchbarkeit«. Die preußische Tugend Pünktlichkeit ist auch eine türkische: Bahnen, Busse und Fähren fahren stets gemäß Fahrplan.

Dennoch sind Zweifel am Spruch des alten Moltke über die »Preußen des Orients« angebracht. Nicht nur changiert der Begriff der »preußischen Tugenden« ohnehin zwischen Härte, Disziplin und Gehorsam und der sprichwörtlichen Friderizianischen Toleranz, Bescheidenheit und Ehrlichkeit. Und so viel Wahrheit darin auch stecken mag, die Türken haben auch eine andere Seite – ihre unnachahmliche Kunst, jederzeit die Seele baumeln zu lassen. Moltke selbst war das nicht entgangen. »Niemand nimmt hier Anstand, sich mitten auf der Straße, oder wo es ihm gerade am besten gefällt, hinzusetzen, eine Pfeife zu rauchen oder Kaffee zu trinken«, schrieb er. Zu einem ähnlichen Urteil kam im Ersten Weltkrieg der deutsche Oberst Felix Guse, der in Anatolien eingesetzt war. Während in Deutschland die Einstellung »Zeit ist Geld« verbreitet sei, gelte im Osmanischen Reich: »Alle Eile ist vom Teufel«, schrieb er.

Die »Preußen des Orients« machen es europäischen Besuchern leicht, den Orient zu erschließen, weil ihre »europäische« Seite die kulturelle Barriere abgeflacht und damit den Zugang zu ihnen erleichtert hat. So ist das Land beides zugleich: ein gezähmter Orient und zugleich ein erweitertes Europa.

11. Grund

Weil das Wort haymatloz in die türkische Sprache einging

Unter den rund 100 deutschen Lehnwörtern, die die türkische Sprache schmücken, ragt *haymatloz* heraus wie ein Solitär. An den deutschstämmigen Begriff knüpfen sich dramatische Schicksale. Am 5. August 1944 kappte die türkische Regierung in Ankara ihre diplomatischen Beziehungen mit Hitlerdeutschland und forderte alle Deutschen auf, die Türkei innerhalb einer Woche zu verlassen. Deutsche, welche die türkische Staatsbürgerschaft angenommen hatten und sich weigerten zu gehen, weil sie keinen Fluchtort wussten, wurden zwangsweise ausgebürgert. Die türkischen Behörden stellten ihnen einen Ausweis aus, auf dem sie als *haymatloz* bezeichnet wurden. Anschließend wurden die »Deutsch-Türken« in verschiedenen türkischen Städten interniert.

Das Wort *haymatloz* bedeutet im Türkischen exakt dasselbe wie sein Pendant im Deutschen. Es wurde schon vorher bei jenen – meist jüdischen – Flüchtlingen in die Aufenthaltspapiere eingetragen, denen das Deutsche Reich die Staatsangehörigkeit entzogen hatte.

Haymatloz steht für ein weiteres fast vergessenes Kapitel der deutsch-türkischen Geschichte. So wie in der Gegenwart Deutschland ein Fluchtpunkt für Unterdrückte aus der Türkei ist, war es die Türkei für Verfolgte des Naziregimes.

Als die Nationalsozialisten 1933 an die Macht kamen, durften jüdische Forscher und Professoren, Gelehrte und Künstler an deutschen Hochschulen keine offiziellen Ämter oder Funktionen mehr bekleiden. Viele konnten sich damals noch rechtzeitig ins Ausland retten – einige Hundert auch in die Türkei. Die Türkei war zwar für Emigranten nicht unbedingt erste Wahl, doch in Ankara regierte ein Mann, der genau in diesem Moment nach Fachkräften suchte: Mustafa Kemal Atatürk. 1933 wurde in der Türkei eine Bildungsreform und der Aufbau eines neuen Hochschulsystems beschlossen. Deutsche Ärzte, Juristen, Ökonomen, Architekten waren hochwillkommen. Sie fanden in Istanbul und Ankara Schutz und Arbeitsplätze, die ihren Fähigkeiten entsprachen und auch finanziell ihr Überleben sicherten.

Eine Schlüsselrolle bei der Emigration in die Türkei spielte der emigrierte jüdische Pathologe Philipp Schwartz aus Frankfurt, der im schweizerischen Zürich eine »Notgemeinschaft deutscher Wissenschaftler im Ausland« gegründet hatte. Als er von der Professorensuche in Ankara hörte, erstellte er umgehend eine Liste von mehreren Hundert entlassenen deutschen Wissenschaftlern, die neue Beschäftigung suchten – von Astronomen bis Zoologen. Sein Partner in Ankara war der Schweizer Pädagoge Albert Malche, der die türkische Regierung seit 1932 beriet und seinen Auftraggebern bevorzugt jüdische und politisch verfolgte deutsche Gelehrte zur Berufung vorschlug. Trotz der strukturellen Verwandtschaft des autokratisch-nationalistischen Atatürk-Regimes mit dem Faschismus Mussolinis und ähnlicher »Führerstaaten« hatten die jüdischen Flüchtlinge das Glück, gebraucht zu werden, und profitierten davon, dass Atatürk sich dem Werben Hitlers um ein offizielles Bündnis konsequent widersetzte und die Neutralität der Türkei wahrte, bis er kurz vor Kriegsende sogar ins Lager der Alliierten wechselte.

Rund 1400 Flüchtlinge aus Deutschland, darunter 700 Wissenschaftler, fanden bis Kriegsende in der Türkei Zuflucht. Die deutschen Akademiker lehrten, bauten, komponierten, schrieben wegweisende Bücher. An fast alle Lehrstühle der neugegründeten Istanbuler Universität wurden Exilanten berufen. Der Mediziner Albert Eckstein etablierte hier ein landesweites medizinisches Versorgungssystem für Kinder und trug dazu bei, dass die Kindersterblichkeit von 20 auf 12 Prozent sank. Friedrich Dessauer begründete die Institute für Biophysik und Radiologie, Carl Kosswig baute das Zoologische Institut auf. In Ankara schuf Ernst Reuter die Grundlagen der modernen türkischen Kommunalverwaltung. Von Istanbul und Ankara aus revolutionierten die Exilanten das türkische Hochschulsystem, zogen Generationen einer neuen Wissenschaftselite heran und brachten diese auf westlichen Standard. Sie haben die moderne Türkei mit aufgebaut und dazu beigetragen, sie strukturell zu einem Teil Europas zu machen. Der Dokumentarfilm *Haymatloz – Exil in der Türkei* von Eren Önsöz aus dem Jahr 2016 zeichnet ihre Geschichte eindrucksvoll nach. Nach dem Zweiten Weltkrieg kehrte der Großteil der Exilanten nach Deutschland zurück. Aus tief empfundener Dankbarkeit gegenüber der Türkei und einem idealisierten, auf Atatürk zentrierten Türkeibild, prägten die Rückkehrer in der deutschen Nachkriegsgesellschaft das Narrativ einer sich modernisierenden, säkularen und toleranten Türkei.

Mittlerweile stellt sich die Geschichte der deutschen Türkei-Emigration deutlich komplexer dar. Neuere Studien von Historikern haben den von den Emigranten mitgeschaffenen Mythos, wonach die Türkei neben Großbritannien und den Vereinigten Staaten das wesentliche rettende Ziel deutscher, vor allem jüdischer Flüchtlinge vor dem Nationalsozialismus war, zum Teil dekonstruiert. Dass die Türkei nach 1933 kein grundsätzlich sicherer Hort für Juden war, hat die deutsche Historikerin Corry Guttstadt in ihrer Studie *Die Tür-*

kei, die Juden und der Holocaust akribisch nachgewiesen. »Neutral pro-deutsch«, könnte man die Haltung der Türkei nennen, schreibt sie. Im türkischen Militär und im Sicherheitsapparat habe es zahlreiche offene NS-Sympathisanten gegeben. Im Gegensatz zur Aufnahme der jüdisch-deutschen Flüchtlinge stand die Behinderung der Rettungsaktivitäten jüdischer Hilfsorganisationen in der »Festung Türkei« und der Entzug der Staatsbürgerschaft für Tausende in Europa lebende Juden türkischer Herkunft. Sie wurden *haymatloz.* Mindestens 2500 türkische Juden wurden nach Guttstadts Recherchen in den Vernichtungslagern der Nazis ermordet.

12. Grund

Weil der Istanbuler Haydarpaşa-Bahnhof für den Orient-Express von wilhelminischen Architekten errichtet wurde

Andere Zeit, anderes Symbol. Gleich am Eingang des berühmten Haydarpaşa-Bahnhofs, auf der asiatischen Stadtseite Istanbuls, kündet eine große Marmorplatte von der »engen Verbundenheit zwischen Deutschland und der Türkei«. Von allen Denkmälern für die unverbrüchliche Freundschaft der zwei Nationen in Istanbul ist der historische Kopfbahnhof wegen seiner auffälligen Lage direkt am Bosporus das sichtbarste. Ein Besuch lohnt immer, auch wenn man heute in keinen Zug mehr steigen kann. Komplett durchrenoviert zeigt sich das U-förmige Bauwerk von seiner schönsten Seite, wenn man sich ihm mit einer Bosporusfähre vom Wasser her nähert. Abgesehen von seinen Ornamenten, Türmchen und Giebeln im orientalisierenden Stil, die verblüffend an die gleichzeitig entstandene »Orientalische Tabak- und Cigarettenfabrik Yenidze« in Dresden erinnern, könnte der riesige neoklassizistische Baukörper von knapp 4.000 Quadratmeter Fläche glatt auch in Berlin stehen.

Der prächtige Bahnhof war ein Geschenk Kaiser Wilhelms II. an seinen »Männerfreund« Sultan Abdülhamid II. und stand symbolisch für die expansionistischen Ziele des Deutschen Reiches, die damals weit in den Orient reichten. Geplant wurde der nach dem angrenzenden Stadtviertel benannte Bahnhof von den deutschen Architekten Otto Ritter und Helmuth Cuno im Auftrag der Bagdadbahn-Gesellschaft, finanziert von einem Konsortium unter Leitung der Deutschen Bank, errichtet von der Firma Philipp Holtzmann auf einer Plattform im Meer, die auf 1100 Eichenholzpfählen ruht, um den Fähren das Anlegen zu ermöglichen. Haydarpaşa war das Gegenstück zum Endbahnhof Sirkeci auf der europäischen Stadtseite, der ebenfalls von deutschen Architekten entworfen worden war. Mit der neuen Station bekam eine der berühmtesten Eisenbahnstrecken der Welt – der *Orient-Express* von Paris nach Konstantinopel – das notwendige Scharnier zu seiner Fortsetzung als *Anatolische Eisenbahn*, deren Züge später bis nach Russland und über Aleppo nach Mossul rollten, nie jedoch bis Bagdad. Die Waggons mussten mit dem Schiff über den Bosporus gebracht werden.

Der Bahnhof wurde mehrfach fast zerstört und doch nie aufgegeben. Am Tag der Eröffnung am 19. August 1908 brach ein Feuer aus und zerstörte große Teile des Bauwerks, das dann nach der Renovierung erst mehr als ein Jahr später am 4. November 1909 wiedereröffnet werden konnte. Während des Ersten Weltkriegs als Waffendepot genutzt, sprengten britische Saboteure die darin gelagerte Munition am 6. September 1917, das Gebäude brach vollständig zusammen. Erst zum 10. Jahrestag der türkischen Republikgründung wurde es 1933 wieder in seinen ursprünglichen Zustand versetzt. Drei Jahre nach einer weiteren Renovierung 1976 wurde der Bahnhof erneut schwer beschädigt, als der rumänische Öltanker *Independenţa* mit einem griechischen Frachter am südlichen Bosporuseingang zusammenstieß und wochenlang brannte. Der bisher letzte Brand brach 2010 aus und zerstörte große Teile des Daches.

Nicht nur als Baudenkmal hat die historische Bahnstation Bedeutung, auch als emotionales Symbol. Denn Haydarpaşa ist nicht nur eines der meistfotografierten Wahrzeichen Istanbuls, sondern auch ein Sinnbild für die größte Umwälzung der jüngeren türkischen Geschichte – die massenhafte Landflucht, die Istanbul seit den 1950er-Jahren von knapp einer Million Einwohner zur 17-Millionen-Megacity förmlich explodieren ließ. Fast alle ankommenden Neubürger aus Anatolien stiegen in Haydarpaşa aus dem Zug, übrigens auch die von Deutschland angeworbenen »Gastarbeiter«. Das türkische Kino wies dem von Dampfloks vernebelten Bahnhof in unzähligen Melodramen der sogenannten Yeşilçam-Ära der 1960er- und 1970er-Jahre eine Rolle als ultimatives Symbol für Veränderung, Hoffnung und Verzweiflung zu.

Seit Juni 2013 fehlten Haydarpaşa die wichtigsten Merkmale eines Bahnhofs, die Züge – und es sah so aus, als ob sie nie zurückkehren würden, nachdem die Station wegen Restaurierungsarbeiten und einer größeren Modernisierung des türkischen Eisenbahnnetzes geschlossen worden war. Der von der islamisch-neoliberalen Regierungspartei AKP dominierte Stadtrat plante, den Bahnhof stillzulegen, zu verkaufen und zu einem Einkaufszentrum plus Luxushotel umzubauen. Türkische Architektur- und Kulturschützer, die eine Bürgerinitiative namens »Haydarpaşa-Solidarität« gründeten, wollten das Gebäude aber unbedingt als Bahnhof erhalten. Nach gerichtlichen Auseinandersetzungen und Massenprotesten nahm der Stadtrat 2018 seinen umstrittenen Plan zurück und beschloss, das Baudenkmal nicht zu veräußern, sondern wieder als Bahnhof zu nutzen und die oberen Geschosse für ein Museum der Türkischen Staatsbahnen und kulturelle Veranstaltungen zu verwenden. Damals wurden das wiederhergestellte Dach und die reparierte alte Bahnhofsuhr der Öffentlichkeit präsentiert. Die Fresken und Buntglasfenster des Frankfurter Künstlers Otto Linnemann in der Eingangshalle leuchten nach der Restaurierung wieder in den ursprünglichen kräftigen Farben und werden gern als Kulisse für stilvolle Hochzeitsfotos genutzt. Dort lädt auch das Traditionslokal mit dem passenden Namen »Mythos« zum Blick aufs Wasser und einer guten Mahlzeit mit dem Bosporusfisch *Levrek* (Barsch) und einem kräftigen *Rakı*.

13. Grund

Weil ein Münchner Deutschtürke in Istanbul großartige Ausstellungen veranstaltet

Einen schöneren Platz hätte Erdoğan Altındiş für sein Projekt am Bosporus kaum finden können. Die würdig gealterte *Suriye Pasajı* ist einer jener mondänen Orte, die an ein Istanbul erinnern, das immer mehr zu verschwinden scheint. Die mehr als 100 Jahre alte »Syrien-Passage« steht am westlichen Ende der belebten Einkaufsstraße Istikal Caddesi im Stadtviertel Beyoğlu. Genau hier versuchte Altındiş Ende 2018, mit einer ungewöhnlichen Ausstellung, sich und andere zum Erinnern anzuregen an die Kindheit – ihre Kindheit –, um einen anderen Zugang zur Gegenwart zu gewinnen, auch zum Verhältnis von Türken und Deutschen. An der Fassade und im rechteckigen Innenhof der achtstöckigen Passage hatte er 100 leuchtend bunte, hexagonförmige Drachen aufgehängt. Ein Blickfang, zugleich wesentlicher Teil der Kunstaktion.

Drachen steigen zu lassen, hat der Künstler schon als Kind geliebt, »weil sie die Gedanken fliegen lassen«, wie der Mittfünfziger sagt. Im Kulturraum »Supa« (*Suriye Pasajı*), den er mit seiner Frau Gabi Kern-Altındiş betreibt, geben regelmäßig deutsche und türkische Journalisten, Künstler, Architekten Einblicke in ihre Erfahrungswelten. Das Ausstellungsprojekt *Özlem* – Sehnsucht – war ein allegorischer Gang durch die Welt des Erdoğan Altındiş, den es aus dem tiefsten Anatolien als Kind nach München verschlug, und von München wieder in die Türkei, wo er seit Anfang der 2000er-Jahre vorwiegend lebt (und brotberuflich Ferienwohnungen vermietet).

Es war ein leiser, poetischer Weckruf gegen die Härte der Gegenwart in der Türkei. »Viele Menschen, die etwas verändern wollten, haben resigniert und das Land verlassen«, sagt Altındiş in seinem bayerisch gefärbten Deutsch. »Ich habe mich gefragt, wie kann es mit uns weitergehen? Wie könnte man aus der Negativität ausbrechen?«

Seine Idee war, die Sichtweise zu ändern. »Was wäre, wenn wir uns einfach vorstellten, noch einmal Kinder zu sein? Kinder spielen miteinander, ohne zu fragen, ob jemand Muslim oder Christ ist, behindert oder gesund. Ihre Gedanken sind frei und unbelastet.« Im langen Eingangsflur zog ein Istanbuler Stadtplan am Boden die Besucher hinein und lenkte sie in die links und rechts abgehenden Räume. 100.000 glitzernde Glasmurmeln unter einer Glasschicht bildeten das »Wasser« des Goldenen Horns, über das man laufen konnte, bis man am Ende an einem Fenster stand und auf den realen Bosporus sah.

Die erste Installation galt Altındiş' zentralanatolischer Geburtsstadt Kayseri. In Holzkisten lagen Kindheitsspielzeuge – Knochen, Kupferkabel, Kanisterdeckel, Zigarettenschachteln, Murmeln – an den Wänden hingen Bilder der Stadt mit dem sie überragenden Erciyes-Berg. Den Besuchern kaum zu vermitteln war allerdings die »Last und Qual mitleidiger Blicke und der Intoleranz«, die ihm als behindertem Kind das Leben schwer machten. Sein Leben änderte sich von Grund auf, als der damals Zehnjährige 1973 zu seinem Vater, dem Gastarbeiter, nach München kam. Er holte den Sohn in der Hoffnung, dass deutsche Ärzte die Folgen der Kinderlähmung lindern könnten. Aus drei Monaten wurde ein ganzes Leben. Im »München-Raum« der Ausstellung hatte Altındiş die Baracke einer Münchener Großbaustelle nachgestellt, in der er die ersten Monate in Deutschland verbrachte. Ein vergilbtes Foto zeigte den kleinen Erdoğan mit seinem Vater in der Arbeiterbaracke. Glücklich lächelnd sitzen sie zusammen, der Vater im Anzug mit Schlips. Der Junge wurde damals mehrfach erfolgreich operiert. »Eines Tages tauchte im Barackenlager eine Frau vom Jugendamt auf und überwies mich in die Landesschule für Körperbehinderte«, erzählt Altındiş. Was zuerst bitter klingt, erwies sich als Glücksfall. Er lernte Deutsch, kam auf die Fachoberschule, wurde Architekt und bekam 1992 den deutschen Pass.

Dennoch war da etwas, was ihn stets zurückzog in die alte Heimat. »Die Sehnsucht nach der Kindheit«, sagt er. *Sehnsucht*, der Titel, den er seiner Ausstellung gegeben hatte, war das Gefühl, das ihn damals in München oft übermannte. »Sehnsucht ist ein bereicherndes Gefühl«, sagt er. 1996 kaufte er sich eine kleine, verwahrloste Wohnung im alten Galata-Viertel nahe der Einkaufsstraße Istiklal Caddesi in Beyoğlu. »Von jetzt an konnte ich beide Welten verknüpfen.« Die Wohnung hat er nach seinen Ideen renoviert und umgebaut. Von seiner Terrasse aus sieht er das Meer und das Ballett der Fähren auf dem Bosporus, hört die Kirchenglocken und die Rufe des Muezzin zugleich, »das ist großartig und inspirierend«. Wenn er das sagt, spricht aus ihm nicht nur die Freude über die Multikulti-Stadt Istanbul – es schwingt auch der Stolz über das aus eigener Kraft Erreichte mit. »Das Ergebnis von harter Arbeit, Intelligenz und den Möglichkeiten, die mir Deutschland gegeben hat«, sagt Erdoğan Altındiş, ein Brückenbauer zwischen Deutschland und der Türkei. Zu seinen Ausstellungen und Veranstaltungen kommen »Weißkragen-Türken, aber genauso Studentinnen mit Kopftuch, Handwerker, Guerilla-Künstler und Transvestiten«, erzählt er, »und Deutsche.«

Kapitel 2

Personen und Persönlichkeiten

14. Grund

Weil Atatürk die Türkei in die Moderne führte

Einmal im Jahr wiederholt sich ein denkwürdiges Ritual in der Türkei. Am 10. November um 9:05 Uhr heulen Sirenen und dröhnen Schiffshupen, der Verkehr stoppt selbst in Istanbul, Fußgänger stehen still. Die Menschen im ganzen Land gedenken mit einer Schweigeminute jenes Mannes, dem sie ihre Republik verdanken: Staatsgründer Mustafa Kemal Atatürk, der um exakt diese Uhrzeit im Jahr 1938 starb – die Symbolfigur des türkischen Nationalbewusstseins.

Atatürk ist in der Türkei so gegenwärtig wie die Geschichte, die untrennbar mit ihm verbunden ist: der Erste Weltkrieg und seine Folgen. Das Osmanische Reich zerfiel. Im Friedensvertrag von Sèvres wurde das osmanische Herrschaftsgebiet bis auf einen kleinen Teil Anatoliens unter den Siegermächten Russland, Frankreich, Italien und Griechenland aufgeteilt. Es war der osmanische General Mustafa Kemal Paşa, der den Widerstand der türkischen Unabhängigkeitsbewegung organisierte, ein Volksheer bildete und die besetzten Gebiete zurückeroberte. Er konnte 1923 die weitgehende

Aufteilung des Osmanischen Reiches durch den Vertrag von Lausanne fast komplett revidieren – ein diplomatisches Kunststück erster Ordnung. Drei Monate später, am 29. Oktober 1923, rief er handstreichartig die Türkische Republik (*Türkiye Cumhuriyeti*) aus. Umgehend verkündete er die Abschaffung des Sultanats und Kalifats, um einen radikalen Schnitt mit dem Osmanischen Reich zu vollziehen. Auf den Trümmern des Imperiums wollte er ein Land aufbauen, das sich vollkommen nach modernen westlichen Maßstäben ausrichtete: einen laizistischen Nationalstaat mit europäischem Rechtssystem.

1934 verlieh das Parlament Mustafa Kemal Paşa den Ehrennamen »Atatürk«, was so viel wie »Vater der Türken« bedeutet – und das ist er für sehr viele Türken auch nach mehr als 70 Jahren geblieben. »Wer das Schiff rettet, der ist der Kapitän«, sagt ein türkisches Sprichwort. Er wurde aber auch als »Oberster Führer«, »Unübertroffener Held« oder »Ewige Sonne der türkischen Nation« tituliert. Das weithin sichtbare Sinnbild für die dem »Türkenvater« gezeigte Verehrung ist das gewaltige Mausoleum *Anıtkabir*, das nach seinem frühen Tod mit 57 Jahren auf dem höchsten Hügel Ankaras errichtet wurde und bis heute ein nationaler Wallfahrtsort ist.

Doch Atatürk bleibt eine ambivalente Figur. Er hat die Bewohner der Türkei – in ihrer großen Mehrheit Bauernfamilien – in die säkulare Moderne geführt, ist aber auch für einige der Probleme verantwortlich, die das Land bis heute belasten. 1881 im heutigen Thessaloniki geboren, hatte er eine westlich-europäische Bildung durchlaufen und dabei die Überzeugung gewonnen, dass die Türkei nur dann einen festen Platz in der Moderne einnehmen könne, wenn sie sich vom osmanischen Erbe abwendete. Atatürk, der als Staatsoberhaupt, Parlamentspräsident und Führer der Einheitspartei *Cumhuriyet Halk Partisi* (Republikanische Volkspartei, CHP) über die ungeteilte politische Macht verfügte, stand vor einer welthistorisch einmaligen Situation: Er hatte einen Staat geschaffen, der nun ein Staatsvolk brauchte.

Das Osmanische Reich war ein Vielvölkerstaat, der seine Bevölkerung nicht nach Ethnien, sondern nach Religionen einteilte. Alle Muslime waren demnach Teil der islamischen »Nation« (*Millet*), während die orthodoxen Christen, Armenier und Juden zu anderen *Milletler* gehörten und alle zusammen »Osmanen« waren. »Türken« waren ethnisch gesehen ein Gemisch turkstämmiger Nomaden mit zahlreichen weiteren anatolischen Völkern wie Griechen, Armeniern, Tscherkessen, Bosniern, Tataren oder Kaukasiern, dessen bedeutendstes Bindemittel der Islam war. Atatürk erkannte diese Bedeutung der Religion. Um ein homogenes Staatsvolk zu schaffen, griff er deshalb wieder auf den Religionsbegriff zurück und fasste alle »Muslime« auf dem Staatsgebiet als »Türken« im Sinn der europäischen »Nation« zusammen. Der Nationalismus als einigendes Band bedingte allerdings die Assimilation bedeutender eigenständiger Ethnien wie der Kurden, das kategorische Nein zu Minderheitenrechten, die Vertreibung oder den Ausschluss aller Nichtmuslime. Der Spruch »Wie glücklich ist der, der sich Türke nennen kann«, wurde überall in Stein gemeißelt. So entstand ein staatstragender, übersteigerter türkischer Nationalismus.

Schon in Lausanne hatte Mustafa Kemal die ersten Schritte eingeleitet und sich mit den Griechen auf einen Bevölkerungsaustausch (*Mübadele*) geeinigt. Rund anderthalb Millionen griechisch-stämmige christliche Anatolier wurden aus der Türkei nach Griechenland und eine halbe Million Muslime aus Nordgriechenland, Kreta und von den Ägäischen Inseln in die Türkei umgesiedelt. Nichtmuslimische Minderheiten galten fortan als »einheimische Ausländer« (*Yerli Yabancılar*). Statt des multikulturellen Istanbul machte Atatürk die anatolische Kleinstadt Ankara zur neuen Kapitale. Die neuen republikanischen Institutionen baute er nach französischem Vorbild auf, Zivil- und Strafrecht wurden aus der Schweiz, Deutschland und Italien importiert. Alphabetisierungskampagnen erreichten über ein Netz säkularer Dorfschulen die Landbevölkerung. Außenpolitisch war Atatürk ein Mann des Friedens und der Versöhnung, der ein gutes Verhältnis zur benachbarten Sowjetunion, den Westmächten und besonders Griechenland suchte. Er lavierte geschickt zwischen den Machtblöcken – eine Voraussetzung dafür, dass sein Nachfolger Ismet Inönü die Türkei aus dem Zweiten Weltkrieg heraushalten konnte. »Frieden zu Hause, Frieden in der Welt«, lautet einer seiner bekanntesten Slogans.

Den Frieden zu Hause erzwang er mit einer autoritären Innenpolitik, die dem Volk auf dem Weg in die Moderne drastische Veränderungen zumutete. »Mein Volk wird die Prinzipien der Demokratie, das Diktat der Wahrheit und die Lehren der Wissenschaft lernen«, befahl Mustafa Kemal. Obwohl der Islam zur Definition des Staatsvolks diente, wurde er 1928 als Staatsreligion aus der Verfassung gestrichen und seine religiöse Komponente in die Moscheen verbannt. Der Fes als Kopfbedeckung der Männer und der Schleier der Frauen wurden abgeschafft; nur das Kopftuch blieb erlaubt. Alle islamischen Orden und Schulen wurden verboten (da sie politisches Potenzial besaßen), die Scharia durch das Zivilrecht ersetzt und die rechtliche Gleichstellung der Frauen eingeleitet. Die arabische Schrift – ein wichtiges Verbindungsglied zum Orient – wurde durch lateinische Buchstaben ersetzt, das metrische System und der gregorianische Kalender eingeführt. Später wurde der Sonntag statt des Freitags zum Feiertag erklärt und allen Türken ein Nachname nach westlichem Vorbild verordnet.

Atatürks Person trägt Züge eines Popstars. Dieser blonde, blauäugige Türke tanzte, rauchte und trank gern, zeigte sich in Badehose am Strand und als Gentleman im Frack, liebte Verdi-Opern und wurde von Frauen verehrt, mit denen er gern flirtete. Aber er war auch ein autokratischer Populist, der zwar Widerspruch und Diskussionen – in engen Grenzen – gestattete, aber keine organisierte Opposition zuließ und die Presse zensierte. Es mangelte ihm nicht an demonstrativer Härte. Aufstände religiöser Kreise gegen seine Säkularisierungspolitik, der sich ab 1924 zahlreiche Kurden anschlossen, ließ er blutig niederschlagen, Tausende Rebellen hinrichten. Atatürk trägt die politische Verantwortung für mutmaßlich mehr als 50.000 getötete Regimegegner. Die nationalistische Propaganda flankierte er allerdings mit einem Kult der »Vernunft« und der »Republik«. Er öffnete das Land westlicher Lebensart und aufklärerischem politischen Denken und legte den Grundstein für das Entstehen einer stabilen Mittelschicht. Der nach ihm benannte »Kemalismus« wurde zur Staatsdoktrin erhoben und 1937 in die Verfassung eingefügt. Die wichtigsten Merkmale der »sechs Pfeile« (*Altı Ok*) seiner Ideologie sind der türkische Nationalismus, das Bekenntnis zur laizistischen Republik, zur Steuerung der Wirtschaft durch den Staat und zu einem starken Zentralstaat. Demokratie, Gewaltenteilung und Freiheit gehörten nicht zu den Pfeilen.

Der britische Atatürk-Biograf Andrew Mango schrieb 2012 im Londoner Magazin *Economist*: »Die Figur Atatürk wird weiterhin die moderne Türkei symbolisieren, ähnlich wie die Marianne in Frankreich.« Noch immer säumen gerahmte Atatürk-Porträts die Cevdet Paşa Caddesi, die Hauptstraße entlang des Bosporus in Istanbul. 2018 ergab eine repräsentative Umfrage des Meinungsforschungsinstituts *Metropoll* aus Ankara, dass Atatürk quer durch alle politischen Lager weiterhin überwältigenden Zuspruch von rund 96 Prozent der Bürger genießt und der zentrale Bezugspunkt der türkischen Gesellschaft bleibt.

15. Grund

Weil Atatürks Ideen noch immer fortschrittliches Potenzial besitzen

Atatürk hat Staat und Religion getrennt und gleichzeitig eng miteinander verzahnt. Er hat die Religion in einen türkischen Staatsislam verwandelt und der Behörde *Diyanet* unterstellt. So konnte er den sunnitischen Islam trotz des verordneten Laizismus in sein Konzept der Nation einbinden und zur Stabilisierung des säkularen Nationalstaats nutzen. Trotzdem, in der Türkei stehen sich »Säkulare« und »Religiöse« oft unversöhnlich gegenüber – in einer spannungsgeladenen Konfrontation, die nicht unwesentlich auf Atatürk zurückgeht.

Seine ideologischen Nachfolger integrierten nach dem fast geräuschlosen Übergang zur Mehrparteiendemokratie 1946 und dem Beitritt zur Nato 1952 den sunnitischen Islam noch stärker in das kemalistische Zivilisationsprojekt, indem sie dem Staat weitere religiöse Aufgaben übertrugen: Einführung des Religionsunterrichts, Organisation von Mekka-Pilgerreisen, Ausbildung von Theologen und Vorbetern. Als Siegelbewahrer der Ideologie agierten kemalistisch-nationalistische Gruppen in Schlüsselpositionen der Politik, der höheren Bürokratie, der Medien, der Justiz, der Geheimdienste und vor allem des Militärs. Sie handelten, als hätten sie einen Besitzanspruch auf den türkischen Staat und verschanzten sich zunehmend in einem zum Dogma erstarrten Kemalismus.

Es gelang den säkularen Kemalisten der »weißen« Westtürkei nicht, die Kluft zu den »schwarzen Türken«, der frommen, kinderreichen und oft weniger gebildeten Bevölkerung Anatoliens zu überwinden. Diese wiederum hatten den laizistischen Republikanismus Atatürks ohnehin stets als Politik der »weißen« Eliten betrachtet. Der Osten der Türkei fiel wirtschaftlich zurück und wandte sich vermehrt radikal-islamischen Kräften zu, die den kemalistischen Staat in die Defensive drängten. Seit 1961 putschte das Militär drei Mal gewählte Regierungen aus dem Amt, weil sie den Generälen zu islamisch oder zu schwach erschienen; es folgten Phasen brutaler Repression. Zwar gab das Militär die Macht jedes Mal wieder ab, konnte aber den Grundkonflikt nicht lösen. Nach dem Militärputsch von 1980 versuchten die Obristen, türkischen Nationalismus und kemalistische Vorstellungen eines starken Nationalstaates mit einer moderaten Sicht des Islam zu verbinden. Dies erlaubte den Aufstieg islamischer Parteien – und damit letztlich den Erfolg Recep Tayyip Erdoğans, des »schwarzen Türken« aus dem Istanbuler Hafenviertel und späteren

Bürgermeisters Istanbuls. Der »gemäßigte Islamist« Erdoğan trat an, um die Vorherrschaft der säkularen, reicheren »weißen Türken« und des alten Establishments »für das Volk« zu brechen.

In den ersten zehn Jahren seiner Regierung ab 2002 ermöglichte der inzwischen zum Ministerpräsidenten gewählte Erdoğan vor allem dem rückständigen Anatolien einen Entwicklungssprung – mit finanzieller Unterstützung der EU, denn 2005 trat die Türkei aktiv in die Beitrittsverhandlungen mit der Europäischen Union ein. Erdoğan modernisierte die Infrastruktur, unterstützte die »anatolische Bourgeoisie« durch Förderprogramme, schuf mithilfe ausländischer Investoren einen Wirtschaftsboom, ließ die kurdische Sprache offiziell zu und begann einen Friedensprozess mit der Kurdenguerilla PKK. Vor allem beschnitt er die Macht des Militärs, das sich als Garant des Kemalismus verstand, und unterstellte es einer zivilen Führung. Erdoğan schien Unmögliches zu schaffen: die Versöhnung von Islam und Demokratie, ein zivilisatorisches Entwicklungsmodell für die Modernisierung des Nahen Ostens, eine kulturelle Brücke zwischen dem Westen und der islamischen Welt. Den Atatürk-Kult hegte er behutsam ein. Für einen historischen Moment sah es so aus, als würde Erdoğan sogar den Kemalismus friedlich ad acta legen.

Dass es dazu nicht kam, hat vor allem zwei Gründe. Erstens versagte die Europäische Union Erdoğan die nötige Unterstützung, um die Bevölkerung weiterhin für das europäische Projekt zu begeistern. Zweitens beraubte ihn das Scheitern des Arabischen Frühlings der außenpolitischen (neo-osmanischen) Perspektive, die Türkei zur Welt-Vormacht der Muslime zu machen. Als seine beiden wichtigsten politischen Projekte scheiterten, besaß Erdoğan keine langfristige Strategie für die Türkei. Das weithin sichtbare Fanal für den Rückfall in die Autokratie war die gewaltsame Niederschlagung der Gezi-Park-Proteste 2013, die das Land womöglich Jahrzehnte seiner Entwicklung kostet. Der Putschversuch vom Sommer 2016 beendete die Annäherung an Europa bis auf Weiteres. Statt die Türkei zu einen, hat Erdoğan sie entzweit. Statt in Frieden mit den Nachbarn zu leben, zettelt er Kriege an. Statt das Land zu einem Modellstaat für die Vereinbarkeit von Islam und Demokratie zu machen, machte er es zum neuen Aushängeschild des aufstrebenden Autoritarismus.

Unter Erdoğan wird das Land mittlerweile noch nationalistischer, ja chauvinistischer, als es unter den Kemalisten je war. Die türkische Nation steht über allem, die kurdische Sprache ist wieder geächtet, Minderheitenrechte werden wieder beschnitten, die Folter ist ebenso zurück wie die staatliche Willkür, die Aufsicht der Regierung über Justiz, Medien und Zivilgesellschaft so stark wie nie seit dem Tod Atatürks. Statt die Fesseln des Kemalismus zu überwinden, hat Erdoğan sie mit seinem 2017 eingeführten Präsidialsystem noch verstärkt und strebt nun eine islamisch verbrämte Familien-Autokratie mit starkem Führer, Zentralgewalt und Kleptokratie nach mittelasiatischem Vorbild an.

Gleichzeitig löste er eine gesellschaftliche Gegenreaktion aus, die überraschenderweise viel mit Atatürk zu tun hat. Denn trotz seiner rigiden Lenkung hinterließ der Republikgründer dem Volk auch ein Versprechen auf Demokratie und Frieden, das nach wie vor anschlussfähig ist an die westliche Moderne. Kein anderes muslimisches Land ist so sehr in der Aufklärung und westlichen Werten verankert wie die Türkei. Trotz des jahrzehntelang aufgezwungenen Einheitsdenkens ist das Land heute vielfältiger, vielstimmiger und bunter als jemals zuvor. Zudem verändert sich die Wahrnehmung Atatürks. Jene Kräfte, die das Land jahrzehntelang in seinem Namen regierten, sind jetzt in der Opposition. Sie fordern nun Gerechtigkeit, Toleranz, Freiheit, politische Repräsentation und eine offene Gesellschaft in seinem Namen.

16. Grund

Weil Atatürk nicht nur die Türkei, sondern auch die Frauen befreite

Die Mutter meiner türkischen Mitarbeiterin Nursan geriet bei einem Essen in Verzückung über den Republikgründer Atatürk. »Ohne ihn wären wir Frauen noch immer an den Herd und das Feld gekettet«, sagte die 50-jährige Frau mit leuchtenden Augen. »Ihm verdanke ich, dass ich eine Schule besuchen konnte und kein Kopftuch tragen muss. Atatürk hat uns türkische Frauen befreit!«

Was der »progressive Patriarch« der tief patriarchalisch geprägten türkischen Gesellschaft zumutete, besitzt noch heute Sprengkraft. »Wir brauchen Menschen mit anderer Mentalität und Reife. Und die Menschen werden durch die nachfolgenden Mütter aufgezogen«, erklärte er. »Von jetzt an erziehen die Mütter solche Menschen, wie sie unsere neue Verfassung fordert.« Wenige Frauen des Osmanischen Reiches waren damals gebildet, von Ämtern, von Politik und Wirtschaft blieben sie weitgehend ausgeschlossen. Vielerorts galt das islamische Erb- und Zeugenrecht, bei dem Frauen nur die Hälfte zählen. Damit wollte Atatürk aufräumen, und er ging, wie bei praktisch seinem gesamten Reformwerk, mit eigenem Beispiel voran.

Als der über 40-jährige Junggeselle sieben Monate vor Ausrufung der Republik heiratete, setzte er damit ein Ausrufezeichen. Denn er wählte mit der 23-jährigen Latife Hanım eine hochgebildete Frau, deren emanzipiertes, selbstbewusstes Auftreten ihm imponierte. Sie hatte ihre Schulzeit teilweise in England verbracht, sprach sieben Sprachen und hatte Kontakt mit britischen Frauenrechtlerinnen. Mit Latife wollte Atatürk der Nation das Vorbild einer modernen Türkin präsentieren. Schon die Vermählung am 29. Januar 1923 brach alle Traditionen, denn sie fand ohne religiöse Zeremonie statt. Der Brautpreis wurde lächerlich niedrig angesetzt, um die Gleichstellung von Mann und Frau zu symbolisieren.

An all dem hatte Latife Hanım ihren Anteil, wie die Istanbuler Autorin Ipek Çalislar nachwies, als sie 2008 die erste Biografie von Atatürks Frau vorlegte, die aus einer wohlhabenden, westlich eingestellten Familie aus Izmir stammte. Wie sie und Mustafa Kemal sich in der Öffentlichkeit bewegten, kam einer Revolution der Geschlechterbeziehung gleich. Latife begleitete ihren Mann unverschleiert bei offiziellen Reisen durch die Türkei und trat sogar in Reithosen auf. Selbstbewusst posierte sie neben ihm für die Presse, half ihm bei seinen Reden und sprach vor Publikum über das Frauenwahlrecht. Sie arbeitete an Formulierungen eines Zivilgesetzbuches, das die nach islamischem Recht mögliche einseitige Scheidung durch den Mann und die Polygamie abschaffen sollte.

Ipek Çalislar glaubt, Latife habe besonders beim Thema Frauenrechte großen Druck auf ihren Mann ausgeübt. »Sie war ihrer Zeit weit voraus«, urteilt ihre Biografin über die 1975 gestorbene »Frau Atatürk«.

Aber Latifes Unabhängigkeit und politischem Ehrgeiz, Eigenschaften, die Atatürk eigentlich schätzte, sei er am Ende nicht gewachsen gewesen. Dafür spricht, dass er kurz vor Einführung des neuen Scheidungsrechts noch auf die Scharia zurückgriff, um sich im August 1925 von Latife zu trennen. Fest steht, dass Latife ihren Mann, der Kritik nur schwer ertrug, immer wieder – etwa wegen seines starken Alkoholkonsums – zurechtwies.

Das gemeinsam gestartete Vorhaben der Frauenemanzipation trieb Atatürk gleichwohl energisch voran; es war ein Kristallisationskern seines modernen laizistischen Nationalstaatsprojektes. 1926 ersetzte er die Scharia durch das Schweizer Zivilgesetzbuch, ein entscheidender Schritt, um die Macht der religiösen Institutionen zu brechen, denn es stellte die Frau rechtlich dem Mann gleich. Die Polygamie und das Verstoßen von Ehefrauen wurden verboten und abgelöst durch Zivilehe und gesetzliche Scheidung. Muslimische Frauen erhielten zum Entsetzen der übrigen islamischen Welt das Recht, nichtmuslimische Männer zu heiraten.

Atatürks Reformen ermöglichten Frauen eine höhere Schulbildung und den Zugang zu Universitäten. Frauen konnten nun Anwältinnen, Professorinnen, Ärztinnen und sogar Kampfpilotinnen werden. Die Türkei erhielt das aktive und passive Frauenwahlrecht, noch vor Frankreich oder Italien. Seit 1930 konnten Frauen an Kommunalwahlen teilnehmen, seit 1934 auch an Parlamentswahlen. Ein Jahr später wurden erstmals 17 Frauen ins türkische Parlament gewählt – für das islamische Land ein revolutionärer Schritt. Es ist jedoch ein langer Marsch, denn bei den vorerst letzten Parlamentswahlen von 2018 stieg der Frauenanteil zwar auf 103 Gesetzgeberinnen oder 17,4 Prozent der Sitze, liegt aber im europäischen Vergleich klar zurück.

Mustafa Kemal hatte vor allem den Gesichtsschleier als Symbol der Rückständigkeit attackiert und die Frauen aufgefordert, sich »modern« zu kleiden und öffentlich sichtbar zu sein. Die Göttinger Soziologin Mediha Göbenli spricht von einem »Staatsfeminismus«, der die Türkin als »gebildete, national bewusste Frau, dazu aufopferungsbereite Mutter ihrer Kinder und Partnerin ihres Mannes« definierte. Die türkischen Frauen der 1930er-Jahre waren zwar gleichberechtigte Bürgerinnen, aber in der Familie galten weiter die traditionellen Rollen. Und die Frauen verfügten oft weder über materielle noch soziale Ressourcen, um die neuen Freiheiten auch wahrzunehmen. Atatürks »Befreiung von oben« eröffnete hauptsächlich Frauen aus der modernen Mittel- und Oberschicht neue Spielräume.

Diese unsichtbare Schranke durchbrach Erdoğans islamische *Adalet ve Kalkınma Partisi* (Partei für Gerechtigkeit und Entwicklung, AKP), die zwar ein sehr traditionelles, patriarchalisches Frauenbild predigt, aber ihre Wahlerfolge seit 2002 nicht zuletzt dem unermüdlichen Einsatz ihrer zahllosen Aktivistinnen verdankt, die selbstbewusst erreichten, dass Erdoğan das Kopftuchverbot in Bürokratie und Universitäten kippte. Viele Türkinnen aus dem islamisch-konservativen Lager wollen studieren oder arbeiten und haben seit der Abschaffung des Kopftuchverbots weit mehr Möglichkeiten, öffentliche Institutionen zu nutzen. Dies ist ein Ausdruck der Normalisierung in einem zu 99 Prozent muslimischen Land, in dem rund 70 Prozent der Frauen Kopftuch tragen. Auch weil in vielen anatolischen Dörfern bis heute ein gesellschaftliches Kopftuchgebot herrscht – wer es dort wagt, den Stoff abzulegen, wird geächtet.

Seit den 1980er-Jahren bringt eine moderne Frauenbewegung tabuisierte Themen wie Schwangerschaftsabbruch, Zwangsehen, häusliche Gewalt oder »Ehrenmorde« in die öffentliche Debatte. Frauen erstritten die Gründung von Frauenberatungszentren und Frauenhäusern. 1992 wurde die bislang erforderliche Arbeitserlaubnis des Ehemannes für die Frau gestrichen. Ein großer Erfolg war die Einführung eines neuen Gesetzes zum Schutz von Opfern von häuslicher Gewalt 1998 und eine Zivilrechtsreform 2002, mit der das Heiratsalter für Frauen auf 18 Jahre angehoben wurde.

Trotz allem haben seit der Übernahme der Regierung durch die islamische AKP häusliche Gewalt und Morde an Frauen zugenommen. Erdoğan propagiert, dass eine völlige Gleichstellung der Geschlechter unnatürlich sei und Mutterschaft das höchste Gut der Frauen. Im August 2017 appellierte er an türkische Migrant*innen in Europa, mindestens fünf Kinder zu bekommen, um ihre Präsenz auf dem Kontinent zu erhöhen. Viel Erfolg hatten seine Mahnungen nicht. Mehrere Versuche seiner Partei, die Kinderehe wieder zu legalisieren und prügelnde Ehemänner in Schutz zu nehmen, scheiterten am Widerstand von Frauen quer durch alle Lager. Alle Proteste konnten aber nicht verhindern, dass Erdoğan im Frühjahr 2021 eigenmächtig die Istanbul-Konvention der Vereinten Nationen gegen Gewalt gegen Frauen aufkündigte, die er 2010 als Erster stolz unterschrieben hatte. Ein epochaler Rückschritt. Seine eigene Tochter Sümeyye kritisierte ihn dafür öffentlich. Den Druck der jungen, gut gebildeten Frauen spürt inzwischen auch Erdoğans AKP. Ob das letzte Wort in der Sache gesprochen ist, wird sich zeigen.

17. Grund

Weil der Berber mehr als ein Friseur ist

In Deutschland heißen sie schlicht Friseure, in der Türkei gibt es den *Kuaför* für die Damen und den *Berber* für die Herren, mit der gleichen französischen Sprachwurzel, die unser »Barbier« aufweist. Anders als in Deutschland kann man sich bei der Berufswahl in der Türkei nur auf Männer- oder Frauenhaarschnitte spezialisieren. Als ich vor einiger Zeit wieder bei meinem Lieblings-*Berber* namens Uğur aufkreuzte, beschwerte er sich, dass sich inzwischen alle Friseure in dem bei Schauspielern, Künstlern und Ausländern beliebten Istanbuler Stadtviertel Cihangir hochnäsig »Coiffeur« oder »Hair Stylist« nennen. »Die machen auch nichts anderes als Haare schneiden«, sagte Uğur, während er mit der Schere klapperte. »Nur teurer, weil mit Ambiente und Cappuccino. Da kostet der gleiche Haarschnitt dann aber auch das Dreifache wie bei mir.«

Normalerweise ist der 40-Jährige mit dem kleinen Bäuchlein und dem gegelten Haar nicht so gesprächig. Doch er musste loswerden, dass sein winziger Laden inzwischen der letzte mit dem Traditionsnamen im ganzen Viertel geworden war. Es gab ihn seit 50 Jahren, der kürzlich verstorbene frühere Chef war ein aufrechter Republikaner, der an allen drei vergilbten Wänden ein Bild des Staatsgründers Atatürk aufgehängt hatte. »Wir zwei haben noch beim alten Chef gelernt«, sagte Uğur über sich und seinen Kollegen Mehmed, »heute will niemand mehr *Berber* werden. Es ist den jungen Leuten nicht gut genug. Dabei ernährt uns der Beruf ganz prima.«

Bei Uğur gibt es kein Chichi und Schickimicki, sondern das klassische Programm eines professionellen türkischen *Berber*. Zuerst bekommt der Kunde einen stark gesüßten schwarzen *Çay* serviert. Dann massiert Uğur Schultern und Nacken, bis Haut und Muskeln weich und geschmeidig sind. Viele Kunden genießen die Kopf- und Nackenmassage mit geschlossenen Augen – Wellness à la *Berber*.

Anschließend wird das Haar gewaschen und kurz geschnitten. Ab und an pausiert Uğur, um einen Blick auf den Fernseher zu werfen, in dem entweder Fußball oder eine Soap Opera läuft.

Ist der Grobschnitt erledigt, beginnt die Feinarbeit. Mit einem altmodischen, aber scharfen Rasiermesser macht sich der Berber an Wangen und Hals zu schaffen. Anschließend werden die Augenbrauen sorgfältig gezupft, jedes noch so kleine Haar wird mit Schere, Elektro-Trimmer und heißem Wachs auch aus Nase und Ohr entfernt. Einer Gesichtsmassage und ausgiebigem Föhneinsatz folgt zum Schluss ein orgiastischer Einsatz von duftenden Wässerchen, Pülverchen und feinem Spraynebel, um Haar, Haut und alle sonstigen Sinne zu beseelen. »*İşte lordum*!«, sagt Uğur, auf Deutsch: Voilá mein Herr!

18. Grund

Weil türkische Klempner mit absolut allem fertig werden

Regnet es, fragte meine Lebensgefährtin schlaftrunken. Ich schaute auf den Wecker, es war drei Uhr morgens. Stockdunkel, wenn man von der Illumination der Bosporusbrücke absah, deren flackerndes Licht ins Zimmer drang. Richtig, es tropfte. »Das werden die Klimaanlagen sein«, brummte ich und kuschelte mich ins durchgeschwitzte Laken. Es waren noch immer 30 Grad, mindestens.

In Istanbul gehören Klimaanlagen zum Leben. Und sie tropfen – Kondenswasser tropft aus den Kühlern außen am Haus, von ihren Leitungen und Rosten. Hängen sie übereinander, erzeugen sie ein stetes Platschen auf Blech, das die einen heimelig finden und andere in den Wahnsinn treibt. Dass es nicht die Kühlaggregate waren, begriffen wir, als es morgens um halb sieben klingelte. Draußen zwei Nachbarn, die schimpften wie die Rohrspatzen. Direkt vor der Wohnungstür war die Rohrleitung leck. Wasser spritzte ins Treppenhaus. Es tropfte. Überall. Es war unabweisbar unser Wasser. Schuldbewusst drehten wir den Haupthahn zu. Die Nachbarn sahen uns vernichtend an, der Hauswart trug tagelang den Müll nicht fort. Vor allem aber hatten wir kein Wasser.

Wir riefen die Vermieterin an – sie war im Urlaub, wie alle Istanbuler im Sommer. Weil es viel zu heiß ist und man nicht weiß, ob immer Wasser aus dem Hahn kommt. Istanbul liegt auf Hügeln, es ist schwer, konstanten Wasserdruck zu erzeugen. Daher verunzieren hässliche Plastiktanks Balkone und Dächer. Moderner ist eine Pumpe im Keller, die den satten Wasserstrahl garantiert. Wenn die Dichtungen halten. Das tun sie zuweilen, zuweilen nicht. Vor allem dann nicht, wenn der Klempner am Material gespart hat. Wie in Kairo, wo uns einmal das Klo explodierte. Dort guckte sich der Hausmeister den Schaden an, schüttelte den Kopf und verschwand. Wir lebten zwei Jahre mit stetig rauschender Klospülung. Drohte uns Ähnliches in Istanbul? Wo die Türken so stolz sind, keine richtigen Orientalen zu sein, sondern halbe Preußen, Menschen mit echter Zivilisation?

Zehn Tage duschten wir auf Kommando: Haupthahn auf, duschen, Hahn zu, Wasser im Treppenhaus aufwischen. Hoffen, dass es keiner merkt. Dann kam die Vermieterin zurück, noch am gleichen Tag schickte sie einen Klempner, und siehe da: Er reparierte die Leitung im Handumdrehen. Und wir genossen das wohlige Gefühl, in der Zivilisation zu leben.

19. Grund

Weil es Imame gibt, die den Rock 'n' Roll lieben

Wer in muslimischen Ländern lebt, kennt folgendes Phänomen. Fünfmal am Tag rufen die Muezzine auf Arabisch zum Gebet, und sie tun das meist mehr oder minder melodisch, denn nur wenige sind gesegnet mit einer Stimme, die den Klang des Göttlichen in sich trägt. Zu diesen Auserwählten aber zählte Ahmet Muhsin Tüzer, der knapp 40-jährige Imam des kleinen Badeortes Kaş an der südlichen Ägäisküste der Türkei. Wäre Tüzer ein ganz normaler Imam gewesen, so hätte wohl kein Hahn nach ihm gekräht – und die Gläubigen sich weiter an seiner Stimme erfreut. Denn traditionsbewusste Imame sind in der Erdoğan-Türkei wohl gelitten. Aber wehe, wenn einer aus der Reihe tanzt! Dem ergeht es dann nicht besser als Abweichlern in der katholischen Kirche – sie müssen die Exkommunizierung fürchten.

Ahmet Muhsin Tüzer genoss den Ruf, unkonventionell zu sein. Zwischen 1997 und 2000 arbeitete er zunächst als Gebetsrufer (*Muezzin*) in der als Blaue Moschee bekannten Sultan-Ahmet-Moschee in Istanbul. In dieser Zeit heiratete er eine Ungläubige, sprich Christin aus Rumänien, was ihm bereits Ärger mit dem Mufti und ein zeitweiliges Berufsverbot einbrachte. Ab 2010 wieder im Amt, gründete er mit zwei befreundeten Musikern eine Rockband. Im August 2013 erschien der erste Videoclip, *Mevlaya Gel* (Komm zu Gott), kurz darauf gab der Geistliche sein erstes, umjubeltes Konzert im Hafen von Kaş, und bald erschien auch das erste Album seiner Gruppe namens *FiRock*. Es führte Rock- und muslimische Sufimusik zusammen – ein spannendes, aber heikles Experiment.

Obwohl Ahmet Muhsin Tüzer, anders als sein erklärtes Idol Freddy Mercury, nicht den Hedonismus besang, sondern die Liebe zu Gott und islamischer Mystik, und obwohl er ähnlich wie einige christliche Kollegen mit Rockmusik das Image seines Berufs auffrischen wollte, leitete die Religionsbehörde umgehend disziplinarische Schritte ein. Der junge Mann wurde mit dem Vorwurf konfrontiert, sein Hobby sei für einen Geistlichen ungeeignet. Das bedrohte ihn existenziell, denn türkische Imame sind staatliche Beamte der Religionsbehörde *Diyanet* – ein Amt mit 105.000 Angestellten, dessen Budget unter Erdoğan vervierfacht wurde und das 2019 mit 1,7 Milliarden Euro mehr als sechsmal so hoch war wie der Etat des türkischen Parlaments.

»Ein Imam zu sein, ist kein gewöhnlicher Job. Für jemand anderen im öffentlichen Dienst mag das so sein, nicht aber für uns«, zitierte die Zeitung *Hürriyet* den Obermufti von Antalya. »Ich habe nichts Falsches getan«, entgegnete Imam Tüzer auf Twitter, einem modernen Medium, welches das *Diyanet* selbst exzessiv nutzt. »Ich rufe die Menschen zu Frieden, Brüderlichkeit und Freundschaft auf. Musik ist ein Werkzeug auf der Reise zu Gott.« So wurde Ahmet Muhsin Tüzer zum Begründer eines neuen Genres der Rockmusik, dem das Internet schnell ein passendes Etikett zuwies: Islam-Rock. Im Nu wurde der Rock-Imam weltberühmt und trat im April 2014 sogar in New York auf.

In seinem angestammten Beruf zahlte sich die Liebe zum Rock 'n' Roll für Ahmet Muhsin Tüzer leider nicht aus. Inspektoren aus Ankara wurden nach Kaş geschickt. »Sie durchwühlten mein gesamtes Privatleben«, beschwerte sich der Geistliche in den Medien. Doch vor Gerichten habe er sich immer wieder gegen die Behörde durchsetzen können. Einige religiöse Gutachten und bedeutungsschwere Konferenzen später wurde der rockende Imam im Sommer 2018 vom *Diyanet* abgesetzt und erhielt Berufsverbot. »Verstoß gegen die Richtlinien«, lautete die Begründung der Religionsbehörde. Der Rock-Imam habe ohne Erlaubnis des Muftis Konzerte veranstaltet, dabei viel Geld verdient und damit gegen die *Diyanet*-Satzung verstoßen, die vorschreibe, dass ein Imam »stets in Übereinstimmung mit islamischen Bräuchen handeln« müsse. Dagegen wollte Tüzer bis hin zum Europäischen Gerichtshof für Menschenrechte klagen. Immerhin hatte ihm das *Diyanet* zuvor Auftritte im Ausland und sogar in den »christlichen« USA erlaubt. Stets hatte er sich selbstbewusst dazu bekannt, mit seinen Auftritten im Westen ein »zeitgemäßes Bild« seiner Religion zu vermitteln. Eigentlich hätte sein Land stolz sein können auf seinen ersten Rock-Imam.

20. Grund

Weil Sinans elegante Moscheearchitektur das Bild des Osmanischen Reiches bis heute prägt

Was Michelangelo für Italien und Schinkel für Preußen waren, das war der osmanische Architekt Mimar Sinan für die Türkei: ihr bedeutendster Baumeister. Im Dienst von vier Sultanen entwarf er grandiose Aquädukte, Brücken und Koranschulen, vor allem aber Moscheen. Mit seinen Meisterwerken schuf er die Silhouette des heutigen Istanbuls. Seine Sultansmoscheen zeichnen sich durch ihre großen Kuppeln aus, die von hoch aufragenden schlanken Minaretten flankiert werden – heute der vorherrschende Moscheetyp in der Türkei. Le Corbusier, einer der führenden Architekten des 20. Jahrhunderts, betonte Sinans Genie bei der Raumgestaltung: »Es gibt zwei Architekten auf der Welt, die den Raum vollständig erfassen können. Einer ist Mimar Sinan, und der andere bin ich.«

Koca Mimar Sinan Agha wurde um das Jahr 1490 geboren. Er stammte aus einer christlichen Familie in Zentralanatolien und wuchs in einem Dorf nahe der Stadt Kayseri auf. In seiner Jugend ging er seinem Vater, der Steinmetz und Zimmermann war, zur Hand. Mit 22 Jahren brachte ihn die Zwangsrekrutierung christlicher junger Männer zu den Janitscharen, der militärischen Elitetruppe des Osmanischen Reiches. Dort absolvierte er eine Ausbildung als Zimmermann und Mathematiker und konvertierte zum Islam, wodurch ihm höchste Ämter im Reich offenstanden. Bald assistierte er den führenden Architekten seiner Zeit und übernahm eigenständig Projekte. Seit 1526 nahm Sinan als Offizier an Feldzügen teil, die ihn nach Damaskus, Bagdad und Kairo, auf den Balkan, vor Wien, schließlich 1537 nach Korfu, Apulien und Moldawien führten. Er notierte: »Ich habe die Denkmäler gesehen, die großen antiken Überreste. Von jeder Ruine habe ich gelernt, von jedem Gebäude habe ich Eindrücke mitgenommen.« Er beaufsichtigte den

Bau von Verteidigungsanlagen, Brücken und Nachschublagern. Da sich sein Können herumsprach, durfte er 1535 erstmals den Bau einer Moschee – in Aleppo – planen.

Zwei oder drei Jahre später beförderte Sultan Süleyman I. »der Prächtige« den etwa 50-jährigen Sinan zum Hofbaumeister. Dieses Amt mit den Kompetenzen eines Wohnungs- und Bauministers bekleidete Sinan noch fünf Jahrzehnte. Er kontrollierte sämtliche bedeutenden Bauprojekte im Osmanischen Reich und bildete insgesamt 250 Schüler aus. Nicht nur der Sultan, sondern auch zahlreiche Würdenträger erteilten ihm Aufträge für religiöse und profane Bauten und ermöglichten es Sinan, seine Vision von Konstantinopel Stein werden zu lassen. Seine 107 großen Freitagsmoscheen sind am bekanntesten, doch waren unter seinen 477 Bauwerken auch Alltagsmoscheen, Mausoleen, Theologieschulen, Armenküchen, Krankenhäuser. Dazu Aquädukte, Brücken, Karawansereien, Paläste, Bäder und unzählige Brunnen. Istanbul ist eine Sinan-Stadt.

Zunächst »übte« Sinan sein Können bei etwas kleineren Moscheen wie der Prinzenmoschee (*Şehzade Camii*, 1543–1548) – sein »Lehrlingsstück«, wie er in seiner Autobiografie schrieb. Wenig später realisierte er sein »Gesellenstück«: die Süleymaniye-Moschee (1550–1557), hoch über dem Goldenen Horn. Die Moschee mit ihren schlanken Minaretten und der 48 Meter hohen Kuppel wurde nach nur sieben Jahren Bauzeit fertiggestellt. An der Moscheemauer findet sich auch die schlichte *Türbe* (Grabstätte) des Baumeisters. Der Süleymaniye-Auftrag war der größte Gebäudekomplex des Osmanischen Reiches, eine Manifestation der imperialen Macht des Sultans. Für Sinan war es auch ein architektonisches Kräftemessen mit dem großen christlichen Vorbild, das in Sichtweite stand: die Hagia Sophia. Er wollte zeigen, dass er »mehr kann als die Griechen«. Das hat er bewiesen. Sinans größte Leistungen sind die Innovationen in der Architektur der Kuppel: Sie erreicht zwar nicht ganz die Höhe des Vorbilds, doch scheint sie schwerelos über einem Raum zu schweben, der mit mehr als 200 Fenstern darauf angelegt ist, »Allahs Licht strahlen zu lassen«. Überhaupt zeigte sich Sinans wahres Genie in der Entwicklung von Innenräumen. Und nie vergaß er Details wie jenes kleine Fenster, durch das der *Hoca* (Lehrer) aus seinem Schlafzimmer den Muezzin auf dem Minarett sehen konnte. »Die Liebe zum Detail gibt Aufschluss darüber, wofür und für wen Sinan gearbeitet hat: nämlich für das Wohlbefinden und das Glück des Menschen«, schrieb der bekannte, 2020 verstorbene Istanbuler Architekt Cengiz Bektaş.

Sein gesamtes Berufsleben lang suchte Sinan nach neuen Lösungen, um die Kuppel leichter wirken zu lassen. Dafür setzte er sie auf vier, sechs oder acht Stützpfeiler und spielte mit dem Einfall des Lichts durch möglichst viele Fenster. Mit 85 Jahren baute er, wie er selbst schrieb, sein »Meisterstück«: die Selimiye-Moschee in Edirne in Thrakien. Sie gilt mit ihrer äußeren Harmonie und idealen Balance der Bauteile und Ornamente als der Gipfel der osmanischen Architektur. Mit dieser Acht-Pfeiler-Moschee gelang Sinan endlich der perfekte Zentralraum »für die Menschen«.

Aber auch die vom Großwesir in Auftrag gegebene Sokullu Mehmed Paşa-Moschee von 1571 mit grandiosem *Külliye*-Ensemble (Gebäudekomplex) im Istanbuler Altstadtviertel Kadırga Liman oder die 638 Meter lange Brücke im Istanbuler Stadtteil Büyükçekmece, die 1566 auf sumpfigem Terrain errichtet wurde, sind Meisterwerke der Baukunst. Am 17. Juli 1588 starb Mimar Sinan im Alter von vermutlich fast 100 Jahren. 204 Bauwerke von ihm sind erhalten, 150 allein in Istanbul. Er gilt heute als der berühmteste Baumeister der islamischen Welt.

21. Grund

Weil eine Türkin die modernste Moschee der Welt entworfen hat

Rund 80.000 Moscheen stehen in der Türkei, die meisten folgen dem klassisch osmanischen Bauplan Sinans. Alle modernen türkischen Moscheen sind also gleich? Nein! Einige wenige Architekten beugen sich nicht dem Diktat des historischen Plagiats, sondern betreten Neuland mit zeitgemäßen Bauplänen. Die bekannteste Ausnahmemoschee steht seit Mai 2009 im konservativen Istanbuler Viertel Üsküdar auf der asiatischen Stadtseite und bietet rund 500 Gläubigen Platz. An der *Şakirin Camii* ist fast alles anders als gewohnt. Die Wände sind fast vollständig aus Glas statt aus Stein, mit goldenen Designs, die wie Seiten aus dem Koran wirken. Die nach Mekka weisende, *Mihrab* genannte Gebetsnische ist nicht aus Holz, sondern aus türkisfarbenem Acryl und wie eine Muschel geformt – inspiriert von seldschukischen Motiven. Der *Minbar*, die Predigerkanzel, ist ebenfalls aus Acryl, mit eingeschnittenen Blättermotiven und ungewohnt anmutig geschwungen.

Das Revolutionärste an der Şakirin-Moschee aber ist die Tatsache, dass ihre Gestaltung wesentlich von einer Frau stammt. Diese Weltpremiere begriff die Istanbuler Innenarchitektin Zeynep Fadillioğlu auch als einen Arbeitsauftrag, sagte die 1955 geborene Universitätsdozentin und Chefin eines Architekturbüros der Zeitung *Hürriyet*: »Bei der Gestaltung dieser Moschee hatte ich die Frauen im Sinn.« Nirgends wird das deutlicher als bei der Form der Gebetsplätze. Auch in der Türkei haben Frauen einen abgetrennten Bereich in der Moschee, traditionell auf Frauenemporen. Diese Frauenabteile seien oft eng und wenig inspirierend, sagte Fadıllıoğlu, während die Männer auf einem riesigen Teppich mit freiem Blick knieten. »Doch zur Zeit des Propheten beteten Männer und Frauen nebeneinander.«

Zwar ist auch in der Şakirin-Moschee das Zwischengeschoss für Frauen kleiner als das Gebiet der Männer, aber die Architektin hat ihnen eine lichte Empore mit dem schönsten Blick ins Gotteshaus geschaffen. Sie haben freie Sicht auf den prächtigen Lichterkranz, bestückt mit Leuchtdioden und mit Glastropfen, die allegorisch »Allahs Licht wie Regen auf die Gläubigen fallen« lassen. »Viele Frauen sind außerdem auch in den unteren Bereich gegangen, haben die Glasgefäße berührt, die *Mihrab* angeschaut, alles ihren Kindern erklärt. Das ist eine große Veränderung«, sagte Zeynep Fadıllıoğlu der Internetplattform *Architektur-Online.* Zudem betreten Frauen die Moschee nicht mehr durch einen Hintereingang, sondern wie die Männer durchs Haupttor. Die Moschee kombiniert moderne Technik mit klassischer orientalischer Kunstfertigkeit in einem lichtdurchfluteten Raum. Der wuchtigen herkömmlichen Moscheearchitektur stellte Fadillioğlu einen fast schwebenden Baukörper entgegen. Für das Lichtdesign engagierte sie den britischen Stararchitekten Arnold Chan, der das einfallende Tageslicht durch ein Gitterwerk aus Metall filterte. Für den traditionellen Brunnen im Innenhof entwarf der Londoner Bildhauer William Pye eine hochglanzpolierten Edelstahlkugel, die das Universum symbolisieren soll.

Zeynep Fadıllıoğlu war es wichtig zu betonen, dass sie keine politischen Intentionen mit ihrem Entwurf verband. Jeden Bauabschnitt habe sie islamischen Gelehrten und einem Kunsthistoriker vorgelegt, um falsche Assoziationen zu verhindern. Einwände gab es keine. »Ich dachte, es müsste Grenzen geben. Gibt es aber nicht. Die Beschränkungen sind in den Köpfen«, sagte sie. Vorgeschrieben sei eigentlich nur die Gebetsrichtung, wie sie die Gebetsnische vorgebe. Die Architektin, die sich selbst als gläubige Muslimin bezeichnet, sagte der *Hürriyet*, sie habe sich seit ihrer Kindheit intensiv mit dem Islam und den Architekturtraditionen der Türkei beschäftigt und daraus ihre Inspiration bezogen. Sie habe versucht, einen Ort zu schaffen, an dem »Menschen mit Gott und mit sich selbst zusammen sein könnten«. Sie habe die Gelegenheit genossen, die Moschee zu entwerfen, »besonders in einer Zeit, in der so viel falsch diskutiert wird: dass der Islam Frauen nicht erlaube, gleiche Rechte zu haben, oder dass eine Frau keine Moschee bauen könne«. Mit ihr hält der Gedanke der Gleichberechtigung Einzug in die Männerbastion der Moscheearchitektur. Kein Wunder, dass sich die regierungsnahe Presse über den ungewöhnlichen Sakralbau aufregte und sie als »High-Society-Moschee« diffamierte. Zumal Zeynep Fadıllıoğlu alles verkörpert, was man in diesen Kreisen verabscheut, denn sie gehört zum kosmopolitischen, westlichen Establishment der säkularen Türkei.

Die elegante, hochgewachsene Architektin hat sich mit höchst weltlichen Gebäuden wie Nachtclubs und Bars, Hotels und Privathäusern in Europa, Indien und dem Nahen Osten einen Namen gemacht und zahlreiche Architekturpreise gewonnen. Nun ist sie die weltweit erste Designerin einer Moschee, mit einem Team weiterer Fachfrauen. Der BBC sagte Fadıllıoğlu, sie habe den Auftrag als »ein Privileg, aber auch richtig Furcht einflößend« empfunden. Tatsächlich brach sie mit vielen buchstäblich in Stein gemeißelten Tabus. Möglich wurde das, weil die Şakirin-Moschee kein staatliches Projekt war. Die türkisch-arabische Familie Şakir aus London, entfernte Verwandte der Architektin, stiftete die Moschee zu Ehren ihrer Eltern und folgte damit einer alten Tradition wohlhabender Muslime. Das Familiengrab der Şakirs liegt auf dem benachbarten, berühmten Karaca-Ahmed-Friedhof aus dem 14. Jahrhundert, der größten muslimischen Begräbnisstätte der Welt.

22. *Grund*

Weil ein schwuler Istanbuler Modeschöpfer für die Freiheit kämpft

Mitte 2020 hat Barbaros Şansal seine Heimat für immer verlassen. *Goodbye, bleibt säkular, lebt frei,* schrieb er auf Twitter. Şansal ist der bekannteste Modeschöpfer der Türkei. Er war der Couturier der First Ladies seines Landes; er hat auch das Brautkleid entworfen für Elif Sözen, die türkische Schwiegertochter von Helmut Kohl. Seine Kleider sind auf Schauen in Paris, London oder Tokio gezeigt worden. Er ist befreundet mit Designern wie Alexander McQueen und Jean Paul Gaultier. Er liebt sein Land, er hat es immer gern vertreten im Ausland. Aber er leidet fast körperlich unter der autokratischen Herrschaft des Präsidenten Recep Tayyip Erdoğan und dessen islamischer Regierungspartei. »Mein Land geht vor die Hunde«, sagt er.

Seit dem gescheiterten Militärputsch vom Juli 2016 wurden Zehntausende ohne echte Beweise inhaftiert oder aus dem Staatsdienst entlassen, die Opposition und die freien Medien weitgehend ausgeschaltet. Viele säkulare Intellektuelle, Oppositionspolitiker oder Journalisten haben bereits ihre Heimat verlassen. »Jetzt geht auch die alteingesessene Bourgeoisie. Denn Geld bietet keinen Schutz mehr«, sagt Barbaros Şansal beim Gespräch in einem Brüsseler Café. Die Anhänger Erdoğans hassen den Couturier abgrundtief, weil er alles verkörpert, was sie mit jenem Teil der Türkei identifizieren, der ihnen zuwider ist. Şansal ist säkular, gebildet, reich – und offen schwul, was in der Türkei nicht verboten, aber trotzdem gefährlich ist. Er ist ein Weltbürger, der neben türkisch und englisch auch französisch und deutsch spricht. Ein Modemacher, der sich in die Politik einmischt. Ein erklärter Atheist. In der regierungsnahen Presse erscheinen deshalb Artikel, die ihn als »Ungläubigen« und Verräter am »Mutterland« schmähen. »Ich bin für sie ›der andere‹ schlechthin«, sagt er.

Am 2. Januar 2017 wurde der türkische Modedesigner auf dem alten Atatürk-Flughafen von Istanbul von einem aufgehetzten Mob attackiert. Man hatte ihn aus dem türkisch besetzten Nordzypern deportiert, wo er Silvester gefeiert und eine wütende Mitteilung an seine rund 300.000 Follower auf Twitter geschickt hatte: *Ersticke an deiner Scheiße, Türkei!* Regierungsnahe Medien hatten ihn daraufhin zum Freiwild erklärt. *Der Verräter soll büßen*, schrieb ein Zeitungskolumnist. Auf dem Rollfeld wartete eine Gruppe bewaffneter Schläger auf ihn. Sie droschen seinen Kopf mehrfach auf den Betonboden. »Sie wollten mich lynchen und hätten es beinahe geschafft«, erzählt Barbaros Şansal. Vier Zähne hatten ihm die Angreifer ausgeschlagen, Şansal hat sie ersetzen lassen. Damals wurde er zwei Monate ins Gefängnis gesteckt, wo er ein Buch über seine Erlebnisse schrieb. Es trägt den Titel *Lynch* und ist in der Türkei ein Bestseller. Die äußeren Wunden sind vernarbt. Die Verletzungen im Innern, sie heilen nur langsam.

Wegen des Silvester-Tweets wird er zwar vom Vorwurf des »Aufrufs zu Hass und Feindschaft« freigesprochen, aber wenig später nach dem berüchtigten Paragrafen der Beleidigung der türkischen Nation zu sechs Monaten Haft auf Bewährung verurteilt. »Seit jenem Tag habe ich mich jeden Tag ein Stück mehr von der Türkei verabschiedet«, sagt Şansal, der über 60 ist, aber jünger wirkt. Dabei reichen seine türkischen Wurzeln tief. Sein Vater stammt aus einer alten osmanischen Dynastie, seine Mutter aus einer Familie reicher Arzneimittelproduzenten. Wenn er von seiner Kindheit erzählt, entfaltet sich eine prächtige Welt, die praktisch nichts mit dem Alltag in typisch türkischen Nachbarschaften zu tun hat. Barbaros Şansal ist der Zweitgeborene von vier Kindern, die alle »verschiedene Väter oder Mütter« haben, was in der alten türkischen Oberschicht nicht selten ist. Seine Mutter war viermal, sein Vater fünfmal verheiratet.

Mitte der 1970er-Jjahre geht es mit der Liberalität zu Ende. In Istanbul toben Straßenkämpfe zwischen Linken und Rechten. »Jeden Tag gab es Demonstrationen, und ich war immer dabei.« Mehrfach entführen ihn Polizisten und tun ihm Gewalt an, weil er Ohrringe und lange Haare oder rote Schuhe trägt. »Es war entsetzlich.« Damals beginnt Şansal, in Istanbul Betriebswirtschaft zu studieren, und arbeitet bereits für bekannte Modeschöpfer. Nach dem Militärputsch von 1980 flieht er nach London, jobbt dort in Nachtclubs, verkauft selbst entworfene T-Shirts und studiert Kunstgeschichte. Als er 1989 die Lage in der Türkei für stabil hält, wagt er sich zurück nach Istanbul. Wo er sich mit der Liebe seines Lebens zusammentut, dem 25 Jahre älteren Modemacher Yıldırım Mayruk.

Barbaros Şansal ist ein Paradiesvogel, aber ein konservativer Paradiesvogel. Er legt Wert auf Beständigkeit. »Mayruk ist mein Vorbild, mein Lehrmeister, mein Partner. Wir haben gemeinsam gearbeitet und alles immer geteilt, denn als Schwuler darfst du in der Türkei nicht heiraten und einander nichts vererben.« Damals wird die Türkei wieder Heimat für den Rückkehrer, der sich sofort gesellschaftlich einmischt. »Mit drei oder vier anderen Aktivisten starteten wir 1993 die LGBTI-Bewegung«, erzählt er – die Abkürzung steht für Lesben, Schwule, Bi-, Trans- und Intersexuelle. Als die AKP 2002 an die Macht kommt, beginnt wider Erwarten eine Phase der Demokratisierung und Liberalisierung. Zwar traut Şansal den Islamisten nicht und lehnt es ab, für die Familie Erdoğan zu arbeiten. Aber er nutzt die Freiräume, die sich auftun. Es sind glückliche Jahre.

Seine Fernsehsendungen mit dem hedonistischen Feiern der Homosexualität und den respektlosen Provokationen der Obrigkeit sind legendär, immer wieder werden sie verboten. Ohne ihn hätte es vielleicht nie die Homosexuellen-Parade *Istanbul Pride* gegeben, an der im Jahr 2014 mehr als 100.000 Menschen teilnehmen und die später wieder untersagt wird. »Er ist eine Symbolfigur«, sagt die Aktivistin Belgin Çelik vom türkischen Schwulen- und Lesben-Verein »Lambda«, den Şansal einst mitbegründete.

Und er hat Erfolg. Zu den gemeinsamen Modeschauen mit Yıldırım Mayruk kommen bis zu 1000 geladene Gäste. Ihre drapierten Kleider in den Farben Himmelblau, Lachsrosa und Smaragdgrün machen die beiden international bekannt. »Wir haben nie etwas anderes als Couture gemacht«, sagt Barbaros Şansal, »keine Massenware.« Şansal und Mayruk werden zum Aushängeschild der »Istanbul Couture«, einer orientalisch angehauchten jungen Mode aus dem »New York des Ostens«. Zahlreiche Modeboutiquen und hochkarätige Events wie die »Istanbul Fashion Week« und »Mercedes Benz Fashion Week« lassen Istanbul zum Ziel internationaler Modefreunde werden.

Als die Gezi-Unruhen gegen den zunehmend autoritären Regierungsstil Erdoğans im Mai 2013 ausbrechen, gehört Barbaros Şansal zu den Aktivisten der ersten Stunde. Doch genau da erinnert man ihn daran, dass Exzentriker wie er in der Türkei nur geduldet sind. »Drei Zivilisten klingelten an der Tür und sagten, sie brächten mich zu einer Befragung aufs Polizeirevier. Aber dann fuhren sie mit mir in den Wald. Sie verhörten mich stundenlang und drohten mir, mich umzubringen, wenn ich weiter bei Gezi mitmache. Ich hatte Todesangst.« Als er nach seiner Freilassung Anzeige erstattet, wird nicht ermittelt, sondern wird er selbst wegen Verleumdung der Polizei verklagt.

Die Erfahrung härtester Gewalt hat Barbaros Şansal wohl nur überstanden, weil er ein fröhliches Gemüt besitzt und gute Freunde. Er lässt sich nicht einschüchtern. Umso größer ist seine Trauer darüber, dass die moderne, westliche Seite der Türkei jeden Tag mehr verschwindet. »Wir müssen die säkulare Türkei retten«, sagt er. Die Frage ist nur, ob das überhaupt noch möglich ist. Denn das Istanbuler Bürgertum seiner Jugend, es existiert fast nicht mehr. Im September 2020 verabschiedeten sich Barbaros Şansal und Yıldırım Mayruk mit einer großen »Jubiläumskollektion« mit 200 Mannequins und über 1000 Outfits von der Türkei und ihrem Beruf.

23. Grund

Weil ein armenisch-türkischer Fotograf das alte Istanbul in ikonischen Bildern festhielt

Er war die geliebte und verehrte »graue Eminenz« der Istanbuler Haupteinkaufsstraße Istiklal Caddesi. Ziemlich genau in der Mitte des Fußgängerboulevards – und damit praktisch in der Mitte des alten Istanbuls der Künstler, Schriftsteller und Bohemiens – steht ein nach ihm benanntes und von ihm geliebtes Bistro in einem alten Bürgerhaus, das er von seinem Vater erbte: Ara Güler, der berühmteste Fotograf der Türkei mit dem Spitznamen »Das Auge Istanbuls«. Der Mann, der die ikonischen Bilder der Bosporusstadt der 1950er- und 1960er-Jahre schuf. Im *Kafe Ara* pflegte der betagte Herr Güler an seinem »Stammtisch« im vorderen Gastraum zu sitzen, seinen weißen Vollbart zu kraulen, heißen Tee zu schlürfen und mit Freunden die alten Zeiten am Bosporus zu beschwören. Alte Zeiten, die er wie kein anderer mit seiner Leica dokumentiert hatte, in Schwarz-Weiß-Aufnahmen, deren Originalabzüge die Wände des Bistros schmücken.

Der Meister selbst wirkte bis 2018, als er mit 90 Jahren starb, wie eine lebende Brücke in jene vergangene Epoche, die auf den Betrachter der Fotos heute den unwiderstehlichen Zauber einer versunkenen Welt ausübt. »Die Romantik existiert nur in den Bildern«, sagte er einmal mit seiner leisen Stimme in perfektem Englisch zu mir. »Ich habe immer das reale Leben fotografiert.« Der bescheidene, zurückhaltende Realist besaß aber einen romantischen Humor, der seine Hand führte, wenn er seine Bücher neben einer Widmung mit flugs dahingetuschten Möwen signierte.

Ara Güler entstammte einer wohlhabenden armenischen Apotheker-Familie in Istanbul und zählte zu den bedeutendsten Reportage- und Dokumentarfotografen des 20. Jahrhunderts. Seine Bilder erschienen in den wichtigsten illustrierten Magazinen wie

Time-Life, *Newsweek*, *Paris Match* und *Stern*. Er arbeitete ab 1961 für die berühmte *Magnum*-Fotoagentur, zu seinen Kollegen zählten Marc Riboud und Henri Cartier-Bresson. Für die Agentur bereiste er die Welt von New York über Kasachstan und Indien bis Neuguinea, war er im Eritrea-Unabhängigkeitskrieg und in Zypern während der türkischen Invasion 1974, wo er bei einem Hubschrauberabsturz schwer verwundet wurde. Er schuf bleibende Porträts von Dutzenden Prominenten wie Winston Churchill, Indira Gandhi oder Pablo Picasso, der ihm aus Dank ein Bild malte, das jetzt im Haus über dem *Kafe Ara* hängt. Doch immer wieder zog es den großen, kräftigen Mann zurück in seine geliebte Heimatstadt Istanbul, deren rasanten Wandel er in tausenden Fotos seit den 1950er-Jahren dokumentierte. Berühmt sind seine melancholischen Schwarz-Weiß-Bilder vom alten Hafen am Goldenen Horn mit den klassischen Moscheen, Fährschiffen im Nebel, der Straßenbahn im Schneetreiben. Vor allem aber interessierten ihn die Menschen auf der Straße, der Alltag der Fabrik- und Werftarbeiter, Fischerinnen, Wasserverkäufer, Teeburschen. Heute gilt Ara Güler als »der« Fotograf des alten Istanbul, dessen Aufnahmen aus 60 aktiven Jahren in Ausstellungen auf der ganzen Welt gezeigt werden, Dutzende Bildbände füllen und auf Auktionen hohe Preise erzielen. Er blieb stets bescheiden, wies das Etikett »Künstler« von sich, wollte nicht mehr als ein »Fotoreporter« sein. Doch kein Souvenir aus Istanbul ist authentischer als ein Fotobuch von Ara Güler.

In seinen letzten Lebensjahren arbeitete sich Güler zusammen mit dem türkischen Literaturnobelpreisträger Orhan Pamuk im Atelier über dem Bistro durch sein gewaltiges Archiv von angeblich zwei Millionen Bildern, um die wichtigsten zu digitalisieren. »Die Öffentlichkeit kennt nur einen winzigen Teil meiner Fotos«, sagte er. »Fotos sind wichtig für die kollektive Erinnerung«. Ara Güler betrachtete die moderne Welt, die auf der Istiklal Caddesi als ewiger Menschenstrom am *Kafe Ara* vorbeizog, mit einer gewissen ironischen Wehmut. »Das alte Istanbul gibt es nicht mehr. Ich habe es verloren, während ich drin lebte.« Seit den 1960er-Jahren explodierte die Bevölkerung der Stadt infolge der Landflucht armer Bauern aus Anatolien förmlich. Viele historische Gebäude wurden abgerissen, Fastfood-Ketten traten an die Stelle der Teestuben und *Meyhanelar*. Istanbul verlor viel von seinem alten Zauber. Aber es gibt einen Weg, die versunkene Epoche noch einmal hautnah zu erfahren – beim Betrachten von Ara Gülers meisterhaften Fotos.

24. Grund

Weil Yaşar Kemal den Unterdrückten der Türkei in seinen Romanen ein Denkmal setzte

Sein Leben war dramatisch wie seine Bücher. Als 1955 sein grandioser erster Roman *Ince Memed* (Memed mein Falke) erschien, wurde der kurdischstämmige Schriftsteller Yaşar Kemal auf einen Schlag zum meistgelesenen Autor des Landes und international berühmt. Sein Held, der »schmächtige Memed«, wird vom Leibeigenen zum Räuber, Rebell und Rächer. Er zieht in die Berge, greift zur Waffe und lehnt sich gegen die feudale Herrschaft des Großgrundbesitzers Abdi Ağa auf, der die Bauern und Baumwollpflücker brutal unterdrückt. Nach dem Erscheinen des Romans dauerte es nicht lange, bis Memeds Abenteuer zum kulturellen Allgemeingut in der Türkei wurden. Angesiedelt ist die anatolische Robin-Hood-Saga in der Umbruchzeit nach dem Ende des Osmanischen Reiches in der fruchtbaren Çukurova-Hochebene im Taurusgebirge nahe Adana. Das Buch wurde in mehr als 30 Sprachen übersetzt, später schrieb Yaşar Kemal noch drei Folgebände.

Weniger bekannt als die Memed-Saga sind die über 40 anderen Bücher des Schriftstellers: sozialkritische Romane, Kurzgeschichten, experimentelle Literatur. Ihm wird zugeschrieben, die türkische Sprache mit seinem epischen Erzählstil in die Weltliteratur zurückgeführt zu haben. Aber der erste Romancier der Türkei von globaler Bedeutung stieß wiederholt mit seinem Staat zusammen. Er setzte sich für die Rechte der Kurden ein, bekannte sich zum Sozialismus. Hochaktuell ist seine unbestechliche bis beißend satirische Sicht auf die Verstrickung der Politiker und hohen Bürokraten in die Korruption. Für seine Kritik wurde er angeklagt, gefoltert, mehrfach ins Gefängnis geworfen und zeitweise ins Exil getrieben. »Es gibt keinen Zweifel – das Gefängnis ist die Schule der türkischen Gegenwartsliteratur«, sagte er dazu. Aber in den letzten Jahrzehnten vor seinem Tod 2015 galt er dennoch als größter lebender Schriftsteller der Türkei – über alle gesellschaftlichen Gruppen hinweg.

Neben dem großen Lyriker Nâzım Hikmet ragen zwei Romanciers aus der modernen türkischen Literatur hervor. Sie könnten unterschiedlicher kaum sein. Zum einen Yaşar Kemal, der in ärmlichsten Verhältnissen eines abgelegenen anatolischen Dorfes aufwuchs und 1972 für den Literaturnobelpreis nominiert war. Zum anderen Orhan Pamuk, Spross einer wohlhabenden, säkularen Istanbuler Familie, der den Nobelpreis 2006 dann erstmals in die Türkei holte. Wo Pamuk zitat- und anspielungsreich europäische und osmanische literarische Tradition verknüpft, lesen sich Kemals wortmächtige Romane wie Naturgewalten. Wer die Türkei begreifen will, der braucht die Bücher beider Autoren.

Wenn ihm auch der Nobelpreis verwehrt blieb, so wurde Yaşar Kemal für sein Werk, das die anatolische Erzähltradition mit der literarischen Moderne verschmilzt, doch mit vielen wichtigen Literaturpreisen ausgezeichnet. Im Jahr 1997 erhielt er den renommierten Friedenspreis des Deutschen Buchhandels; die Laudatio hielt sein langjähriger Freund Günter Grass. Zu einer Zeit, als ein blutiger Bürgerkrieg den mehrheitlich kurdischen Südosten der Türkei verheerte, lobte Grass ausdrücklich Kemals Unterstützung der unterdrückten Kurden: »In Yaşar Kemals Büchern ist die Darstellung des Rassenwahns als Ausdruck offizieller Regierungspolitik kenntlich. Deshalb ist der Autor den Herrschenden lästig.«

Kemals größtes künstlerisches Verdienst war, dass er die Unterdrückten und Unbeachteten aus dem türkischen »Hinterland«, die niemand zuvor der Literatur wert befunden hatte, in den Mittelpunkt seines Schaffens stellte, ähnlich wie Panaït Istrati in Rumänien oder B. Traven in Mexiko. Wie diese kannte er die Zustände, über die er schrieb, aus eigener Erfahrung. Sein Vater Sadık war Orangenverkäufer, die Mutter Nigar eine türkische Banditentochter. Sie waren aus der Osttürkei auf der Suche nach Arbeit in die Baumwollgebiete gezogen. Ihr Sohn kam 1922 oder 1923 als Kemal Sadık Gökçeli in dem kleinen Dorf Hemite auf die Welt, das genaue Datum kannte er nicht. Sein Onkel Mahiro, der mit nur 25 Jahren im Kugelhagel von Gendarmen starb, sei »der berühmteste Gesetzlose in Ostanatolien, im Iran und im Kaukasus« gewesen, sagte Kemal einmal.

Yaşar Kemal durchlebte eine harte Kindheit. Früh verlor er ein Auge. Als er vier (oder fünf) Jahre alt war, erdolchte sein Adoptivbruder Yusuf den Vater bei einem Streit, unmittelbar vor seinen Augen. »Von da an begann ich zu stottern«, erzählte Kemal später. »Nur wenn ich sang, kamen mir die Worte widerstandslos über die Lippen. Und erst mit etwa elf Jahren, als ich lesen und schreiben gelernt hatte, hörte es allmählich wieder auf.« Nach dem Tod des Vaters verarmte die Familie. Der Junge kompensierte die harte Realität mit Ausflügen ins Reich der Fantasie. Er schrieb Gedichte, sammelte Volkslieder, angeregt durch Erzählungen seiner Mutter. Schon mit acht Jahren war Kemal in Hemite, bei den Nomaden und fahrenden Händlern als Sänger und Dichter bekannt. Die Leute liebten ihn so sehr, dass alle für ihn zusammenlegten, damit er als einziges Kind des Dorfes die Schule besuchen konnte.

Als junger Erwachsener zog Kemal nach Adana, schlug sich unter anderem als Tagelöhner, Hirte, Traktorist und Wasserwächter auf Reisfeldern durch. Als Briefeschreiber half er vielen, die nicht lesen und schreiben konnten. In Adana entdeckte er den Marxismus und wurde wegen der Verbreitung kommunistischer Ideen mehrere Monate inhaftiert. 1951 ging er nach Istanbul, wo er unter dem

Pseudonym Yaşar Kemal zwölf Jahre lang für die größte Istanbuler Tageszeitung *Cumhuriyet* Reportagen über die Armut und Ausbeutung der Landarbeiter durch die *Ağalar* (Großgrundbesitzer) in der Çukurova verfasste und für seine Bücher recherchierte. Seine größte Liebe aber galt dem Erzählen. Noch nie hatte jemand so realistisch und mitfühlend über Leben und Leiden der einfachen Anatolier geschrieben. Zudem lehnte Kemal die schwere, formalisierte Sprache der osmanischen Literatur ab und schrieb stattdessen lebendig, verwendete Sprichwörter und Umgangssprache. Seine Texte erregten Aufsehen; sogar das Parlament befasste sich damit.

Wie andere bedeutende Schriftsteller des 20. Jahrhunderts engagierte sich Yaşar Kemal auch direkt in der Politik. Ein Jahr nach dem Militärputsch von 1961 gehörte er zu den Gründern der marxistischen Türkischen Arbeiterpartei (*Türkiye Işçi Partisi*), deren wortgewaltigster Vertreter er wurde – bis er sie nach dem sowjetischen Einmarsch in die Tschechoslowakei 1968 desillusioniert verließ. Doch er blieb bedingungslos humanistisch. »Ich bin gegen diejenigen, die das Volk unterdrücken und ausbeuten. Es spielt keine Rolle, ob Unterdrückung vom Feudalismus oder von der Bourgeoisie ausgeht«, sagte er in einem Interview von 1971. Als er im selben Jahr wegen seines Einsatzes für die Rechte der Kurden festgenommen wurde, kam er zwar nach internationalen Protesten wieder frei. Vom Staat und von Rechtsextremisten bedroht, ging er aber für zwei Jahre nach Schweden und Frankreich.

Sein eigenes Leben machte ihn zu einer Symbolfigur in der Türkei. Ein Leben, das auch im Privaten die gesellschaftlichen Schranken überwand. Kemal war 50 Jahre mit seiner ersten Frau Tilda verheiratet, bis sie 2001 starb: ein kurdischer Mann vom Dorf mit der Tochter einer der bekanntesten großbürgerlichen jüdischen Familien Istanbuls. Als der Grandseigneur des modernen türkischen Romans 2015 starb, wollte Präsident Erdoğan ihm eine Staatstrauer nicht zugestehen. Immerhin verneigte sich der damalige Ministerpräsident Ahmet Davutoğlu vor Yaşar Kemal. Er hob in seiner Ansprache auf der Beerdigung die Fähigkeit des Verstorbenen hervor, »seine dissidente Haltung beizubehalten und die Wahrheit auszudrücken, ohne sich in Zeiten zurückzuhalten, in denen es schwierig war, die Wahrheit zu sagen«.

25. Grund

Weil eine kurdische Anwältin für die Menschenrechte kämpft

In der Türkei brauchen Menschenrechtsanwälte Nerven aus Stahl, denn sie laufen täglich Gefahr, verklagt oder verhaftet zu werden. Eren Keskin, die bekannteste Menschenrechtsanwältin der Türkei, hat immer wieder die Grenzen dessen überschritten, was man in der Türkei sagen darf, und sich damit nicht selten in große Gefahr gebracht. Aber sie hat der türkischen Gesellschaft unschätzbare Dienste erwiesen – die ihr der Staat mit Drohungen, Prozessen, Gefängnis vergalt. Diese mutige Frau ist ein Grund, die Türkei zu lieben.

Das Urteil des Istanbuler Gerichts im Januar 2021 fiel drakonisch aus. Für sechs Jahre und drei Monate sollte die 61-Jährige hinter Gitter, weil sie angeblich Mitglied einer bewaffneten Terrororganisation war. Das Vergehen von Eren Keskin bestand laut dem Gericht darin, dass sie sich für die prokurdische türkische Zeitung *Özgür Gündem* (Freie Agenda), die nach dem Putschversuch 2016 per Dekret verboten worden war, engagiert hatte – was der Staat gleichsetzte mit Unterstützung der verbotenen kurdischen Untergrundorganisation PKK. *Özgür Gündem* kritisierte die Diskriminierung der kurdischen Minderheit, ihrer Sprache und Kultur und war deshalb wie kein anderes Medium der Türkei Gefahren ausgesetzt. Dokumentiert ist die Ermordung von mindestens 76 Redakteuren und Mitarbeitern des Blattes. Zahlreiche Mitarbeiter sitzen im Gefängnis. Die Zeitung wurde seit Anfang ihrer Gründung 1992 mindestens zehnmal verboten – und erschien immer wieder unter neuem Namen. Das ist vorerst vorbei.

Eren Keskin hatte wie auch andere Intellektuelle in einem Akt der Solidarität symbolisch die Chefredaktion übernommen. Damit sei sie »eine PKK-Kämpferin mit der Feder« gewesen, urteilte das Gericht – doch Gewalttaten oder Aufrufe zur Gewalt wurden weder Keskin noch anderen Angeklagten oder der Zeitung vorgeworfen. »Ich bin eine Menschenrechtlerin, ich habe noch nie eine Waffe in der Hand gehabt, ich habe noch nie den bewaffneten Kampf gerechtfertigt«, sagte die zierliche, stets elegant gekleidete und auffällig geschminkte Anwältin mit dem wilden Haarschopf dem Berliner *Tagesspiegel.* »Ich trete für die Demokratisierung der Türkei ein – und trotzdem kann ich jeden Moment ins Gefängnis kommen.« Denn der Staat erkläre alle, die nicht so dächten wie er, zu Verrätern und Feinden. Sie hatte zunächst Berufung gegen das Skandalurteil eingelegt.

Die kurdische Rechtsanwältin lebt gefährlich. Sie hat zwei bewaffnete Anschläge überlebt, war im Gefängnis, Unbekannte brachen in ihre Wohnung ein. Die Co-Vorsitzende der wichtigsten Menschenrechtsorganisation der Türkei *Insan Hakları Derneği* (IHD) darf das Land seit der Schließung von *Özgür Gündem* nicht verlassen. 143 weitere Strafverfahren waren 2021 gegen sie anhängig. Trotzdem findet sie noch Zeit, Untersuchungshäftlinge zu betreuen, mit denen die türkischen Gefängnisse überfüllt sind. Seit dem *Özgür Gündem*-Prozess ist Eren Keskin vermehrt Morddrohungen und Attacken regierungsnaher Medien ausgesetzt. »Es gab keine andere Zeit, in der ich mich so ungeschützt fühlte«, sagte sie dem Nahost-Internetportal *Al-Monitor.*

Die in der westtürkischen Millionenstadt Bursa geborene Tochter eines Kurden und einer Tscherkessin studierte nach dem Militärputsch von 1980 Jura und arbeitete ab 1985 als Rechtsanwältin. Von Anfang an übernahm sie auch politische Fälle. Als 1986 der IHD – die erste zivilgesellschaftliche Nichtregierungsorganisation der Türkei – gegründet wurde, ging sie sofort zu den Treffen, seit 2002 ist sie seine Co-Vorsitzende. Die Menschenrechtsbewegung habe sie gelehrt, »Partei für die Unterdrückten zu ergreifen und gleichzeitig objektiv zu bleiben«, sagte sie in einem Interview mit dem französischen Nachrichtenmagazin *L'Obs* im April 2020. Die Objektivität war ihr wichtigstes Argument, um sich gegen den Vorwurf zu verteidigen, sie stehe auf der Seite der PKK.

Einen Namen machte sie sich, als sie allein auf weiter Flur unerschrocken gegen den politischen Einfluss des Militärs aufstand und sich in den 1990er-Jahren für das Ende der Folter in Polizeistationen und Gefängnissen vor allem im kurdischen Südosten einsetzte. Eren Keskin war die Erste in der Türkei, die es wagte, öffentlich über systematische Vergewaltigungen in Gefängnissen zu sprechen. Mit dem Thema wurde sie konfrontiert, als sie 1995 für sechs Monate inhaftiert war, weil sie in einem Brief an das belgische Parlament das verpönte Wort »Kurdistan« gebraucht hatte. Eines Tages habe eine Gefangene sie während des Hofgangs angesprochen. »Sie fing an, die ganze Geschichte zu erzählen. Dass sie in Gewahrsam vergewaltigt wurde, dass sie dies mit niemandem teilen konnte, dass sie ständig Albträume hatte usw. Andere Frauen im Gefängnis begannen, ähnliche Erfahrungen zu enthüllen.« Nach der Haftentlassung eröffnete Keskin 1997 ein Büro, um Opfern sexueller Folter unentgeltlich Rechtshilfe zu leisten.

Als sie im Jahr 2000 mit einem Bericht über die Verbrechen an die Öffentlichkeit ging, erzeugte sie gewaltiges Aufsehen, denn sexuelle Gewalt war in der Türkei tabuisiert. Sie musste sich wegen »Beleidigung der Sicherheitskräfte« vor Gericht verantworten. Immer wieder wurde sie verhaftet und angeklagt. Doch ohne sie wären viele staatliche Verbrechen wohl nie aufgedeckt worden. Bis 2020 habe ihr Büro fast 700 Frauen anwaltlich vertreten, die in türkischen Gefängnissen, in Gewahrsam und während Straßendemonstrationen vergewaltigt oder sexuell missbraucht worden seien, sagte sie im *L'Obs*-Interview. »Diese Zahl ist natürlich nur ein Bruchteil der tatsächlichen Zahl. Weil es extrem schwierig ist, sexuelle Folter aufzudecken. Denn viele Frauen haben Angst, darüber zu sprechen.« Doch die Frauen würden mutiger.

Am gewachsenen Selbstbewusstsein (nicht nur) kurdischer Frauen in der Türkei hat Eren Keskin einen großen Anteil. Sie kritisierte das Militär wegen der Folter, Macho-Männer wegen der Unterdrückung von Frauen, die Kemalisten wegen ihres Nationalismus – und alle »türkischen« Parteien, weil sie sich vor heiklen Themen wie der Anerkennung des Völkermords an den Armeniern 1915 drückten. In linken Zirkeln galt sie zunächst als zweifelhafte Figur, weil sie darauf bestand, elegante Kleider zu tragen und sich zu schminken. »Aber ich denke, jetzt haben sich alle an mich gewöhnt«, sagte sie lachend zu *L'Obs*. Keskin wurde mit einem Dutzend renommierter internationaler Menschenrechtspreise ausgezeichnet, was sie in den Augen der Regierung wohl umso verdächtiger erscheinen ließ. Während der Covid-19-Epidemie beklagte sie die zunehmende häusliche Gewalt, quer durch alle Gesellschaftsschichten. Der Menschenrechtlerin hilft die internationale Solidarität. Sie hat sich entschieden, in der Türkei zu bleiben. *Wenn ich ins Ausland ginge, fühlte es sich an, als wäre alles, was ich tue, umsonst gewesen. Aber natürlich habe ich Angst*, twitterte sie nach dem Skandalurteil vom Januar 2021. Doch abgesehen davon, sagte sie zu *L'Obs*, »bin ich ein glücklicher Mensch«.

26. Grund

Weil Nuriye Gülmen sich nicht unterkriegen lässt

Eren Keskin ist die berühmteste mutige Frau der Türkei, aber keinesfalls die einzige. Ende 2016 wurde eine junge Türkin weltbekannt, weil sie mit unglaublicher Zähigkeit dafür kämpfte, ihre Arbeitsstelle zurückzubekommen. Die 1982 geborene Nuriye Gülmen ist groß und schlank, lacht gern und strahlt die Ruhe derer aus, die sich entschieden haben, Grenzen zu überschreiten. Doch ein bisschen nervös war sie schon an diesem klirrend kalten Morgen im Dezember 2016, als ich sie zum ersten Mal in Ankara traf – nervös wie jeden Tag, seit sie ihren Dauer-Protest begann, der ihr Dutzende Festnahmen einbrachte und sie weit über die Türkei hinaus als Beispiel für Zivilcourage berühmt machte.

Nuriye Gülmen nahm ihre Plakate und lief zusammen mit ihrem Mitstreiter Semih Özakça die paar Schritte zum Menschenrechtsdenkmal in der Fußgängerzone im Herzen der türkischen Hauptstadt. Die Bronzefigur zeigt eine Frau, die in der universellen Erklärung der Menschenrechte liest. »Einen besseren Ort hätte ich nicht wählen können«, sagte Gülmen. Mit geübten Griffen befestigten die Aktivisten handgemalte Schilder an der Metallfigur. I*ch wurde entlassen. Ich will meine Arbeit zurück!*, stand darauf. Dann riefen sie, so laut sie konnten: »Wir sind Arbeitnehmer, wir haben Rechte! Die Regierung hat Zehntausende entlassen! Wir rufen alle dazu auf, sich mit uns zu solidarisieren.« 20 Meter entfernt standen sechs junge, bärtige Männer in uniformen blauen Anoraks und beobachteten die Szene. Einer filmte. »Die Polizei«, sagte Gülmen. »Sie ist immer dabei.«

Nuriye Gülmen ist eine von mehr als 20.000 Akademiker*innen, die unter dem Ausnahmezustand nach dem gescheiterten Staatsstreich vom Juli 2016 ihre Arbeit verloren, weil sie angeblich die Putschisten gegen den Staatspräsidenten Erdoğan unterstützten. »Ich habe natürlich nichts damit zu tun«, sagte Gülmen. Jeden Tag protestierte sie am Menschenrechtsdenkmal, wurde sofort festgenommen und Stunden später wieder freigelassen. »Irgendwann wurde es ihnen zu viel, und sie hörten damit auf.« Seit Dezember 2016 stand sie jeden Tag fünf Stunden in der Fußgängerzone und schrie ihre Wut heraus. So wurde Nuriye Gülmen in den sozialen Medien der Türkei zur Ikone des Widerstands.

Hieß es ursprünglich, dass sich die staatlichen »Säuberungen« nur gegen die Anhänger des in den USA lebenden Islampredigers

Fethullah Gülen – den angeblichen Anstifter des Militärputsches – richteten, so wurde schnell klar, dass sie auch andere Regierungskritiker betrafen: Linke, Liberale, Gewerkschafter, Kurden. Fast 170.000 Menschen verloren ihre Arbeit per Notstandsdekret, ohne die Chance, dagegen zu klagen. Universitäten, traditionell ein Rückzugsraum linker Intellektueller, wurden massiv attackiert und büßten mehr als 15 Prozent ihres Personals ein. Dass sie sich nur auf ihre Suspendierung konzentrierte, nutzte Nuriye Gülmen im Kampf um ihre Würde. Denn Hunderttausende konnten das nachfühlen.

»Meine Eltern sind sehr fromm, meine Mutter und meine Schwestern tragen das Kopftuch, sie wählen Erdoğan, nur ich bin aus der Art geschlagen«, sagte die Literaturwissenschaftlerin lachend. An der Uni kam sie mit linken Ideen in Berührung. Sie wurde eine aktive Gewerkschafterin, nahm an Demonstrationen teil. Einmal wurde sie wegen angeblicher Terrorpropaganda Monate eingesperrt, aber vom Gericht freigesprochen. Als sie eine neue Stelle als Universitätsassistentin im erzkonservativen Konya zugewiesen bekam und diese nach dem Putschversuch antreten wollte, wurde die erklärte Linke dort als angebliche Sympathisantin – ausgerechnet! – der rechtskonservativen Gülenisten suspendiert.

Nur eine Handvoll Kollegen begleiteten die Wissenschaftlerin am 9. November, als sie erstmals am Menschenrechtsdenkmal ihre Plakate in die Luft hielt und festgenommen wurde. »Im Einsatzwagen wurde ich übel beschimpft, manchmal zerrten sie mich auf der Wache brutal auf den Boden.« Doch bald war Gülmen nicht mehr allein. Wildfremde drückten ihre Solidarität aus. Ihr mutiger Protest machte internationale Medien auf sie aufmerksam. Der amerikanische Fernsehsender CNN wählte Nuriye Gülmen wegen ihrer Zivilcourage zu einer der acht bedeutendsten Frauen des Jahres 2016, neben Hillary Clinton und Angela Merkel.

In dieser Zeit schloss sich der Grundschullehrer Semih Özakça, ein langjähriger Freund Gülmens, ihrem Protest an. Er hatte ebenfalls seine Arbeit verloren. Auch er wurde nun von der Polizei festgenommen. Dabei sei er mehrfach von Polizisten geschlagen worden, berichtet der damals 27-jährige aktive Gewerkschafter. Nuriye Gülmen und ihr Mitstreiter begannen im März 2017 einen Hungerstreik, um ihre Arbeit zurückzubekommen. Ihr Protest-Fasten fand ein riesiges Echo in den sozialen Medien. Am 75. Tag des Hungerstreiks verhafteten Sicherheitskräfte sie schließlich unter dem grotesken Vorwurf der »Provokation und Propaganda für eine Terrororganisation – einer staatsfeindlichen linksradikalen Gruppe. Ein Staatsanwalt forderte bis zu 20 Jahre Haft für die beiden Akademiker. Öffentlich ihre Namen zu nennen oder Bilder von ihnen zu zeigen, wurde verboten.

Doch Gülmen und Özakca hungerten im Gefängnis weiter. Sie sagen, sie würden erst aufhören, wenn sie ihre Jobs zurückbekämen. Ihre Bilder und Namen waren allgegenwärtig, im Internet, auf Flugblättern, in Graffiti. Die beiden Akademiker wurden zu Symbolfiguren gegen die Massenentlassungen nach dem Putschversuch. Ende 2017 hatten die beiden Dozenten die Hälfte ihres Gewichts verloren und standen an der Schwelle des Todes. Im Januar 2018 ließen sie sich endlich überzeugen, den Hungerstreik nach fast elf Monaten abzubrechen, weil sie auch ohne das Opfer ihres Lebens eine beispiellose Wirkung erzielt hatten. »Aber unser Kampf um unsere Jobs geht weiter«, sagte Nuriye Gülmen in einem Video. Unterdessen ist das Menschenrechtsdenkmal in Ankara zum Versammlungsort für alle geworden, die unter dem Namen »Wir wollen unsere Arbeit zurück« gegen ihre ungerechtfertigte Entlassung aus dem Staatsdienst protestieren wollen. Heute ist Nuriye Gülmen eine Politikone in der Türkei, und ihr Wort hat Gewicht in der Opposition. Weil sie lebt.

27. Grund

Weil sich ein rühmenswerter Millionär für Minderheiten und ihre Kultur einsetzt

In einem Gefängnis nahe Istanbul findet Osman, der dort in Einzelhaft einsitzt, zwei Schnecken in seinem Mittagessen. Da er sich nach Gesellschaft sehnt, beschließt er, sich um die Tiere zu kümmern und sie mit Salat zu füttern. Die Schnecken belohnen ihn – mit einem Lied. »In einigen Küchen landen wir in einem Topf mit Knoblauchbutter und Gewürzen«, singen sie. »Wir aber haben das Glück, bei Osman zu sein, einem Mann von Ehre und Vernunft.« So beginnt die elfminütige Video-Oper *Osman Bey und die Schnecken*, die das britische Performance-Kunst-Ensemble »Opera Circus« produzierte und 2020 online stellte. Das Stück ist eine Hommage an Osman Kavala, Geschäftsmann, Philanthrop und der wohl bekannteste politische Gefangene der Türkei. Er sitzt seit 2017 als Untersuchungshäftling ohne Urteil in Einzelhaft. Die Mini-Oper weist auf sein Schicksal hin und tritt für seine Freilassung ein.

Der 1957 in Paris geborene Kavala ist eine zentrale Figur in der türkischen Kulturszene. Der hochgewachsene Unternehmer, ein eher scheu wirkender, empathischer, freundlicher Mensch, setzt sich mit zahlreichen Projekten für Demokratie, Menschenrechte und die Stärkung der Zivilgesellschaft in der Türkei ein. Mit seiner Stiftung »Anadolu Kültür« mit Sitz in Istanbul und im kurdischen Diyarbakır hat er Projekte unterstützt, um kulturelle Denkmäler der ethnischen und religiösen Minderheiten der Armenier, Kurden oder Griechen vor der Zerstörung zu bewahren, und zahlreiche weitere Vorhaben finanziert: Ausstellungen, Künstlerstipendien, Ausbildungsprojekte für Kinder armer Eltern. Wenn westliche Politiker die Türkei besuchten, trafen sie häufig auch mit Kavala zusammen. Mit dem deutschen Goethe-Institut hat Kavala jahrelang zusammengearbeitet. Einen vergleichbaren Kulturförderer hatte es in der Türkei nie zuvor gegeben.

Doch im Oktober 2017 wurde der Philanthrop plötzlich festgenommen und im berüchtigten Hochsicherheitsgefängnis von Silivri nahe Istanbul eingesperrt, wo er 2021 noch immer einsaß. Seine Frau Ayşe Buğra bezeichnet die mehr als dreijährige Einzelhaft als »eine Art Folter«. Die renommierte Professorin für politische Ökonomie sagte, in der Haftzeit sei ihr Mann viermal festgenommen, dreimal freigelassen und einmal freigesprochen worden. »Ich kann in alldem keinen Sinn erkennen, weder juristisch, noch mit dem normalen Menschenverstand.«

Osman Kavala ist so bekannt und angesehen, dass viele westliche Regierungen und Institutionen seine Freilassung immer wieder mit Nachdruck fordern. Der »türkische Philanthrop und Anführer der Zivilgesellschaft« habe 1000 Tage in Haft verbracht, »ohne wegen eines Verbrechens verurteilt zu werden«, erklärte das US-Außenministerium Ende 2020. Ankara antwortete kühl mit dem Verweis auf den »juristischen Prozess«, in den man keine Einmischung von außen dulde. Niemand könne türkischen Gerichten Befehle erteilen. Es sei denn, twitterten Spötter, sie hießen Recep Tayyip Erdoğan.

Dem türkischen Staatschef war der »rote Millionär« schon lange ein Dorn im Auge. Er wird von Erdoğan möglicherweise deshalb so unerbittlich verfolgt, weil er all das verkörpert, was dem Staatschef zuwider ist: Friedenspolitik, linke Boheme, die säkulare türkische Moderne. Ursprünglich wurde Kavala beschuldigt, die landesweiten regierungskritischen Gezi-Proteste 2013 organisiert und finanziert zu haben. Doch erklärte der Europäische Gerichtshof für Menschenrechte (EGMR) die Vorwürfe im Dezember 2019 für nichtig wegen Mangels an »Fakten, Informationen oder Beweisen« und ordnete Kavalas sofortige Freilassung an. Die Urteile des EGMR sind für die Türkei bindend. Als ein türkisches Gericht die Gezi-Anklagen zwei Monate später tatsächlich fallen ließ und anordnete, Kavala freizulassen, schob die von Erdoğan gelenkte Justiz aber sofort einen haltlosen Spionagevorwurf im Zusammenhang mit dem Putschversuch von 2016 nach und sperrte ihn noch am selben Tag wieder ein.

Auch die erneute Forderung des EMGR, das Urteil »sofort umzusetzen«, beeindruckte die Regierung nicht. Trotzig reagierte sie im Februar 2021 auf erneute dringende Appelle der US-Regierung und des Europarats zur sofortigen Freilassung des Kulturmäzens mit der Ankündigung einer Klage zur Schließung seiner Stiftung »Anadolu Kültür«. In einem in der Haft geführten schriftlichen Interview mit der oppositionellen Internet-Nachrichtenseite *Bianet* bezeichnete Kavala die vorgebrachten Haftgründe als »fantastische Fiktion« und »virtuelle Verbrechen«. Sein Recht, in Freiheit zu leben, sei ihm gewaltsam entrissen worden Doch er glaube fest daran, dass die Herrschaft des Rechts in der Türkei wiederhergestellt werden könne.

Um auf Kavalas Schicksal aufmerksam zu machen, begannen prominente Kulturschaffende in Istanbul Mitte 2020 eine Solidaritätskampagne, an der sich mehr als 200 Künstler und Intellektuelle beteiligten. Die Berliner Theaterintendantin Shermin Langhoff und der Hamburger Filmemacher Fatih Akin initiierten ein Onlineprojekt mit einminütigen Videos, in dem wechselnde Prominente jeden Tag die Frage beantworten: »Was hat Kavala getan?« Darunter der kanadische Filmemacher Atom Egoyan, der türkische Musiker Zülfü Livaneli, die deutsche Autorin Sibylle Berg. »Die Beiträge zeigen Osman Kavala als eine Person, die unermüdlich daran gearbeitet hat, Menschen mit unterschiedlichen Perspektiven zusammenzubringen«, sagt die türkische Video- und Performancekünstlerin Selda Asal, »Wir werden nicht aufhören zu protestieren, bis Osman Kavala frei ist.«

Auch die Lockdown-Oper *Osman Bey und die Schnecken* zeige Kavalas Charakter als Menschenfreund, so Asal: »Er hat sogar kritisiert, dass die Filmemacher seine Gefängniswächter brutal darstellen. Er sagt, sie behandeln ihn gut.«

Der britische Komponist Nigel Osborne hatte von den Schnecken gehört, die Kavala in seiner Zelle mit Salat fütterte. Für seine während des Corona-Lockdowns produzierte Kurz-Oper griff Osborne Elemente arabischer, kurdischer, türkischer und balkanischer Musik auf. Bekannte Opernsänger aus der ganzen Welt nahmen die Songs in ihren Wohnungen auf. Zumindest Osman Kavalas Schnecken sind seit 2020 frei. Als der Philanthrop im Februar des Jahres kurzzeitig freigesprochen wurde, übergab er die Tiere seinem Anwalt, bei dem sie seither lebten. Aber ihr Retter saß auch zum Erscheinen dieses Buches noch immer unschuldig hinter Gittern.

28. Grund

Weil der heilige Nikolaus nicht vom Nordpol, sondern aus der Türkei stammt

Er reitet einen Rentierschlitten, produziert mit Hilfe von Elfen Spielzeug am Nordpol und bringt Kindern am 6. Dezember Geschenke: der heilige Nikolaus, *der* Weltstar des Christentums. Die wenigsten Menschen aber wissen, dass es den Weißbart mit der Bommelmütze, der tiefen Stimme und den Geschenken wirklich gab. Er lebte vor 17 Jahrhunderten an der Mittelmeerküste nahe der heutigen Tourismushochburg Antalya in der Türkei. Da Nikolaus nicht vom Nordpol, sondern vom Mittelmeer stammte, erschien er der Legende nach Seeleuten, die in Not geraten waren, und navigierte deren Schiffe durch den Sturm. So wurde er zu ihrem Schutzpatron. Er soll in einer Hungersnot aber auch Korn vermehrt, unschuldig Verurteilte vor dem Tod gerettet und drei tote Jungen wieder zum Leben erweckt haben.

Fakten aus dem wahren Leben des sanften Heiligen sind indessen kaum überliefert. Der historische Nikolaus wurde in der antiken Mittelmeerstadt Patara zwischen 270 und 286 in eine reiche christliche Familie geboren. Nikolaus' Eltern starben an der Pest, als er noch ein Junge war. Indem er ihr Vermögen unter den Armen verteilte, erwarb er sich einen Ruf als Wohltäter. Berühmt wurde er vor allem, weil er drei jungen Frauen heimlich Goldmünzen durchs Fenster und in den Schornstein warf, um ihnen die Heirat zu ermöglichen und sie damit vor der Prostitution zu bewahren – der Ursprung der Legende vom Geschenkemann als Schutzheiligen der Jungfrauen. Dass seine Gaben durch den Schornstein fallen, weiß heute in Amerika jedes Kind.

Im Alter von 19 Jahren wurde Nikolaus von seinem Onkel in einem 70 Kilometer entfernten Kloster der Stadt Myra zum Priester geweiht und später zum Abt und Bischof ernannt. Heute heißt dieser kleine Ort Demre und liegt in der Region Lykien etwa zwei Autostunden südwestlich von Antalya. Neben antiken Felsengräbern kann man hier noch Nikolaus' alte byzantinische Bischofskirche aus dem 6. Jahrhundert mit beeindruckenden Fresken und Mosaiken bewundern. Als erster Bischof von Myra machte er sich durch Wundertaten und Hilfe für die Schwächsten der Gesellschaft einen Namen. An seinem Todestag am 6. Dezember pilgern jährlich Tausende christliche – zumeist russische – Touristen aus den Hotels an der »türkischen Riviera« zu seiner einstigen Wirkungsstätte in Demre, um des Heiligen mit einer orthodoxen Messe zu gedenken.

Im antiken Myra begannen allerdings kurz nach Nikolaus' Ernennung zum Bischof massive Christenverfolgungen unter dem römischen Kaiser Galerius Valerius Maximinus (305 bis 311). Nikolaus geriet laut zeitgenössischen Quellen in Gefangenschaft und wurde gefoltert. Später nahm er am ersten ökumenischen Konzil von Nicäa im Jahr 325 teil. Er starb irgendwann zwischen 345 und 351 an einem 6. Dezember. Sein Sarkophag steht in der Bischofskirche von Myra und kann besichtigt werden – mit aufgebrochener Seitenplatte. Angeblich raubten italienische Seefahrer die Gebeine im Jahr 1087 und schmuggelten sie nach Bari in Süditalien, wo sie bis heute von zahllosen Pilgern verehrt werden. Als die Knochen in den 1950er-Jahren wissenschaftlich untersucht wurden, stellte sich heraus, dass der antike Tote nur 1,60 Meter groß war und schwere Verletzungen erlitten hatte. Seine Nase war gebrochen. Vielleicht waren es Folterspuren, vielleicht Folgen eines Lebens in rauen Zeiten.

Im Oktober 2017 meldeten türkische Archäologen einen Sensationsfund in Demre. Bei Ausgrabungen hatten die Forscher unter dem kostbaren Mosaikboden der Nikolauskirche eine unversehrte Krypta mit Gebeinen entdeckt, die sie für das echte Grab des Heiligen hielten. Den italienischen Knochenräubern hätten die Mönche von Myra im 11. Jahrhundert einfach die Überbleibsel eines anderen Toten gegeben, wird vermutet. Genauere Untersuchungen stehen allerdings noch aus.

Der Geburtsort des historischen Heiligen, das westlich gelegene Patara, ist jetzt eine der wichtigsten römischen Ausgrabungsstätten auf türkischem Boden. Patara war die Hauptstadt der römischen Provinz des Lykischen Bundes und ihr Hafen deren Tor zur Welt. Doch ließen riesige Wanderdünen den Hafen versanden, die Stadt verlor in der Spätantike ihre Bedeutung und wurde aufgegeben. Heute liegen in der weitläufigen Dünenlandschaft hinter dem völlig unverbauten endlosen Schildkrötenstrand versteckt ein riesiges Amphitheater, ein Bad des römischen Kaisers Nero, ein Triumphbogen, Säulengänge und das erst vor Kurzem wieder aufgebaute Parlamentsgebäude des Lykischen Bundes.

Nikolaus zählt heute zu den meistverehrten Heiligen der Christenheit. Der Kult um den freigebigen Gottesmann begann etwa 200 Jahre nach seinem Tod in Griechenland. Von dort breitete sich die Verehrung zunächst über die osteuropäischen Länder und Russland aus, ab dem 10. Jahrhundert ist sie aber auch für Deutschland, Frankreich und England nachweisbar. Zahlreiche Legenden und Volksbräuche formten über die Jahrhunderte das Bild eines Heiligen, das sich von der historischen Figur immer mehr entfernte. Die erste bildliche Darstellung des »klassischen« Weihnachtsmannes in roter Kutte mit wallendem weißen Bart, Knecht und Esel entstand im 19. Jahrhundert. Sie wurde schließlich zu »Santa Claus«, einer von Coca-Cola und Hollywood in der globalisierten Popkultur fest verankerten Kunstfigur. Auch in der zu 99,9 Prozent muslimischen Türkei schmücken sich die Fußgängerzonen im Dezember mit

Rauschebärten, Schlitten, Weihnachtsbäumen und Lametta. Schließlich stammt nicht nur der Weihnachtsmann oder auf Türkisch *Noel Baba* aus der Türkei, sondern auch die am Bosporus gern als »Neujahrsbaum« (*Yılbaşı ağacı*) bezeichnete Schmucktanne, beides unverzichtbare Weihnachts-Accessoires.

Kapitel 3

Kultur und Kulturen

29. Grund

Weil Keyif sorgenfreie, sich selbst genügende Kontemplation bedeutet

Die Türken haben ein besonderes Wort, das einen heiteren Gemütszustand bezeichnet, der gerade auch den Istanbulern das Leben maximal erleichtert. Es heißt *Keyif* und bedeutet laut Wörterbuch so viel wie Wohlbefinden, Genuss, Unbeschwertheit. In Wahrheit ist der Begriff kaum zu übersetzen, »die Seele baumeln lassen«, wäre wohl eine deutsche Entsprechung. Er betrifft zunächst die maximale Kontemplation der Türken, die ihren *Tespih*, den islamischen Rosenkranz mit 99 Kugeln, langsam durch die Finger gleiten lassen. Es ist eine selbstvergessene Genügsamkeit, die kein Bild besser verkörpert als die entspannte, ein wenig schläfrig wirkende Gemeinschaft der Männer in ihrem sozialen Wohnzimmer, dem *Çay Evi* (Teehaus).

Aber *Keyif* ist so viel mehr – am ehesten vergleichbar mit dem *dolce far niente* der Mittelmeerländer. Es ist das Zurücktreten aus dem Hamsterrad der hektischen Betriebsamkeit. Das ziellose Aufnehmen der Gerüche der Märkte, der *Kebapçılar* (Kebapbrater), der Maiskolbenröster, der Sesamkringelverkäufer. Es ist der sinnierende Blick auf die *Tavla* (Backgammon) spielenden alten Herren, die fröhlich herumtollenden Kinder, die gedankenverloren auf Kundschaft wartenden Friseure oder auf die Frauen, die ihren Einkaufskorb aus dem vierten Stock am Seil herablassen und versonnen der Beladung harren.

Keyif ist stundenlanges Angeln an der Galatabrücke, ohne je einen Fisch zu fangen, ist das großzügige, köstliche Frühstück am Wochenende um die Mittagszeit. *Keyif* ist, am Bosporusufer zu sitzen, einen *Çay* zu schlürfen und das Hafentheater zu beobachten, wo hupende Fähren sich ihren Weg bahnen, winzige Fischkutter riesigen Tankern mit knapper Not ausweichen und manchmal ein risikofreudiger Skipper sein fragiles Segelschiff durch die Fahrrinne der Monsterschiffe navigiert. *Keyif* ist, junge Katzen beim Spiel zu betrachten, den Möwen zu lauschen und Delfine im Wasser auf- und abtauchen zu sehen, während türkisch-rote Fahnen im Wind flattern – und dabei abzuschalten und inneren Gleichmut zu empfinden. Das perfekte Innen- und Bei-sich-selbst-Sein, das ist *Keyif.* Eine sehr türkische, sehr typische Art der Meditation. Träges Vergnügen, während man in Tiefenentspannung fällt und sich der ganze *Gürültülü* (Krach) Istanbuls wie von Zauberhand verflüchtigt. Übrigens nicht nur für Männer.

Es wäre falsch, den entrückten Zustand als schnödes Nichtstun zu deuten. *Keyif* ist vielmehr die schweigende, heitere und tief genießende Muße, für die man nicht mehr benötigt als ein Glas Tee, einen Blechlöffel zum Umrühren des Zuckers und einen Platz zum Sitzen – um daraus Kraft zu schöpfen für den nervenaufreibenden, oft überaus harten Alltag. Also etwas, was uns Deutschen so unendlich schwerfällt und was die Türkei zu einem solch herrlichen Land macht.

30. Grund

Weil bizarre Moraldiskurse die Gesellschaft in Atem halten

Mag sein, es liegt an der zu Ausschmückungen und Übertreibungen neigenden Sprache der Einwohner oder ganz einfach ihrer überbordenden Fantasie. Zeitungen, Fernsehen und Onlinepublikationen überschwemmen ihr Publikum mit solchen Mengen wunderlicher und grotesker Meldungen, dass es manchmal schwerfällt, Satire und Realität zu trennen. Wie bei uns die katholische Kirche, so mischt sich in der Türkei das staatliche »Direktorat für Religiöse Angelegenheiten« (*Diyanet*) in Ankara gern in die privaten Angelegenheiten der Menschen ein und warnt die Gesellschaft vor Gefahren für die öffentliche Moral. Was Frauen tragen oder auch nicht tragen, ist in der Türkei sogar ein politisches Thema, das die Behörde gern aufgreift. Aber auch die Männer werden nicht verschont. So empfahl das Amt im Juli 2019 türkischen Männern, keine eng anliegende Kleidung zu tragen, da diese im Islam verboten und obendrein auch nicht gut für die Gesundheit sei. Falls es zu einem Blickkontakt mit eng Bekleideten komme, sei der Blick sofort abzuwenden. »Auch bei Männern verstößt enge Kleidung gegen die Regeln für die Bedeckung, da sie die Intimsphäre nicht schützt«, schrieb das *Diyanet*, das Männer bereits davor warnte, am *Horon* teilzunehmen, einem traditionellen türkischen Folkloretanz aus der Schwarzmeerregion, denn laut Koran sollen Männer und Frauen in der Öffentlichkeit (angeblich!) nicht Händchen halten.

Das *Diyanet* veröffentlicht jede Woche eine Predigt, die von allen 105.000 Imamen der Türkei am Freitag in den Moscheen vorgelesen wird. Das Religionsamt, das unter Präsident Erdoğan zur höchstfinanzierten öffentlichen Einrichtung des Landes wurde, ist ein nie versiegender Quell besonderer *Fatwas* – unverbindlicher, aber religiös maßgeblicher Rechtsgutachten – zum Thema Sexualität. Das

Amt reagiert mit seinen Empfehlungen aber auch auf die unterschiedlichsten Probleme des modernen Lebens. So hat die Behörde festgestellt, dass Silvesterfeiern, Lottospielen, die Comicfiguren »Bugs Bunny« und »Popeye«, häusliches Füttern von Hunden, Abrasieren von Schnurrbärten, Händchenhalten in der Öffentlichkeit, illegales Video-Streamen, das Schwarzfärben des Männerhaupthaars und der Kauf von Bitcoin mit den Prinzipien des Islam unvereinbar seien. Während sich ein Teil der Gläubigen den oft absurd wirkenden Vorschriften unterwirft, führen sie bei der aufgeklärten Sektion der Bevölkerung zu Spott und Hohn. Tatsächlich dürften die überkommenen Religionsvorschriften dazu beitragen, dass die Jugend sich zunehmend von der Religion entfernt – ganz ähnlich wie im übrigen Europa.

Beispielsweise erließ der Mufti des westanatolischen Zonguldak im Juli 2018 eine Fatwa, wonach es unislamisch sei, wenn Frauen in den nur für sie vorgesehenen Strandbereichen unverschleiert schwimmen gingen: »Sie sollten so ins Meer gehen, dass keine anderen Frauen ihren Körper sehen können.« Der 49-jährige Geistliche beklagte sich, dass er praktisch nirgends mehr baden könne, ohne mit entkleideten Körpern konfrontiert zu sein: »Ich suche Orte, an denen niemand ist. Warum? Weil es gegen den Willen unseres Herrn ist, dass wir ihm in diesem Zustand gegenüberstehen.« »*Hamam* Adieu!«, kommentierte das ein Twitter-User – das *Hamam* ist das türkische Badehaus. Im Juli 2020 reagierte das Diyanet endlich mal auf die zunehmende Gewalt gegen Frauen in der Türkei. Nur wie: Das Amt forderte die Frauen auf, ihre Ehemänner eingehend zu befragen, was sie antreibe, sie zu schlagen – aber »erst beim Tee, nachdem sie ihrem Mann das Abendessen serviert« hätten.

Im Übrigen ist religiöser Übereifer ein Leiden, das nicht nur die paternalistische *Diyanet*-Spitze betrifft. Im November 2017 rollte ein Flugzeug zur Startbahn für einen Flug von Istanbul nach Bodrum. Ein Mann namens Hamit C. und dessen Familie beobachteten entsetzt, wie ein Mann in der Reihe vor ihnen eine Frau auf die Wange küsste. Hamit C. empörte sich: »Du kannst die Frau hier nicht küssen, wir sitzen im Flugzeug. So kann man sich in der Öffentlichkeit nicht verhalten!« Mehmed Tulunay, Generalmanager eines Luxushotels in Bodrum, und seine Frau, die aus ihren Flitterwochen zurückkehrten, waren sprachlos. Andere Passagiere mischten sich ein, der Streit eskalierte. Der Pilot beschloss, zur Parkposition zurückzukehren und rief die Polizei. »Ich bin seit 20 Jahren in der Tourismusbranche tätig, und weder meine Frau noch ich haben je einen solchen Vorfall miterlebt«, sagte Tulunay der Presse. »Solche Leute beschädigen das Image unseres Landes.«

Während es also Ehepaaren angekreidet wird, wenn sie sich in der Öffentlichkeit küssen, gilt für sie im Privatleben das Gegenteil. Der weltbekannte türkische Pianist Fazıl Say und seine Frau Ece Dağıstan gerieten nach ihrer Hochzeit im Jahr 2019 unter öffentlichen Beschuss konservativer Kritiker, nachdem sie in einem Interview enthüllt hatten, dass sie zwei separate Wohnungen besitzen. In Internetchats und TV-Talkshows wurden ihre Äußerungen erregt debattiert. Einige Kritiker hätten ihre Ehe für »illegitim« erklärt, sagte Ece Dağıstan, weil »die Institution der Ehe keine Freiheit zulässt«. Unterdessen tröstete ihr Gatte die Kritiker über den Stand ihrer Ehe, indem er sagte, dass die Trennung ihrer Häuser bedeute, dass sie »zweimal am Tag Liebe machen«, einmal in jeder Wohnung. »Diese Kritiker sind dagegen, dass eine Frau unabhängig ist und ihren Lebensstil selbst bestimmt, weil es sie überfordert. Sie sollten wissen, dass es uns gut damit geht.«

Die mächtige staatliche TV-Aufsichtsbehörde RTÜK wurde mit viel Spott überhäuft, weil sie im Fernsehen selbst in cineastischen Klassikern wie *Casablanca* mit (fiktivem) Alkohol gefüllte Flaschen und Gläser verpixeln lässt. 2017 empörten sich Filmkritiker, dass türkische Fernsehsender inzwischen sogar politische Parolen in 40 Jahre alten Filmen unkenntlich machen müssen. Offiziell verboten sind auch die Wörter »Dschinn«, »Wein« und »Sex«, die stets mit einem Piep zensiert werden. Dschinns sind Geister, wie sie Ali Baba in seiner Öllampe besaß. Sexszenen sind selbstredend völlig tabu. Im Dezember 2019 bestätigte RTÜK, dass auch Kussszenen zensiert würden, »nicht um die Freiheiten einzuschränken, sondern um die Freiheit für alle zu gewährleisten«. In der beliebten türkischen Mafia-Serie *Çukur* (Die Grube) fanden zwei Schauspieler einen Kniff, um die Zensoren zu blamieren. Als sich ihre Münder aufeinander zubewegten, durchbrach die betreffende Schauspielerin die »vierte Wand« zum Publikum und sagte: »Wir können uns nicht vor der Kamera küssen, dafür werden wir bestraft.«

31. Grund

Weil Orangen und Rettiche für antitürkische Akte büßen müssen

Kaum ein Land steht so im Bann von Verschwörungstheorien wie die Türkei. Die verbreitete Phobie vor »heimlichen christlichen Botschaften« und »Übergriffen des Westens« führt zu Aktionen, die sich kein Satiremagazin plastischer ausdenken könnte. So durchsuchte die Polizei im Juni 2018 das Haus der türkischen Bestsellerautorin und Social-Media-Berühmtheit Selen Pınar Işık, nachdem sie auf Twitter gescherzt hatte: *Ich bin eine Dienerin des Westens.* Tatsächlich heißt Işıks Sohn »Batı«, ein gebräuchlicher Name, der auf Türkisch »Westen« bedeutet. »Sie kamen heute wegen dieses Tweets und suchten Beweise im Zusammenhang mit einer terroristischen Organisation. Aber Batı ist der Name meines Sohnes!«, schrieb Işık. »Natürlich bin ich eine Dienerin von Batı … was kann ich sonst sein, ich diene ihm offensichtlich.« Vielleicht hätte sie für ihren Sohn einen unverfänglicheren Namen wählen sollen.

Ähnliche Erfahrungen machten junge Türken, die im August 2017 mit dem »falschen« T-Shirt auffielen. Zu jener Zeit arbeitete die türkische Regierung mit Hochdruck daran, die Drahtzieher des Putschversuchs von 2016 zu überführen. Verdächtige wurden massenweise verhaftet – darunter mindestens 30 Personen, die ein T-Shirt mit dem Aufdruck »Hero« trugen. Das Drama begann, als der als Putschunterstützer beschuldigte Soldat Gökhan Güçlü Mitte Juli mit einem »Hero«-Hemd zu seinem Gerichtsprozess erschien. Weil er sich damit scheinbar als »Held« inszeniere, galt das beliebte »Hero«-T-Shirt bei Regierung und regierungsnahen Medien fortan als Erkennungszeichen der Gülenisten und »Terrorpropaganda« – und führte zur Festnahmen unschuldiger Jugendlicher, die es einfach nur cool fanden. Ein Twitter-Nutzer schlug vor, die Einsatzkräfte zu verwirren und T-Shirts mit dem Spruch *Erdoğan is my hero* zu tragen.

Für die meisten Türken steht fest, dass kein Land auf der ganzen Welt so großartig ist wie ihres – was während der Corona-Pandemie vielfach bekräftigt und gleichzeitig ironisiert wurde. Als die Infiziertenzahlen 2020 anfangs in Europa explodierten, in der Türkei aber niedrig blieben, diskutierte eine Talkshow des TV-Senders *Habertürk* die Frage: »Schützt das türkische Gen vor dem Coronavirus?« Die anwesenden Professoren bejahten dies einstimmig, denn türkische DNA sei »starke DNA«. Ein Twitter-User jedoch widersprach: »Nein. Aber *Kolonya* (Kölnisch Wasser) tut es.« Ob wegen genetischer Stärke oder aus anderen Gründen – im Mai 2020 jubelten regierungsnahe Medien wie die Tageszeitung *Sabah* über die Attraktivität der »virenfreien Türkei«: »Nach dem Zusammenbruch ihres Gesundheitssystems während des Coronavirus-Ausbruchs haben immer mehr Europäer begonnen, die türkische Staatsbürgerschaft zu beantragen. Westler stehen Schlange, um türkische Staatsbürger zu werden.« Später stellte sich heraus, dass die Regierung die Corona-Daten »getürkt« hatte und das Land in Wahrheit eine der höchsten Infiziertenzahlen der Welt aufwies. Nicht nur bei Corona hoben die Medien die weltpolitische Führungsrolle der Türkei hervor. Als der neue Istanbuler Flughafen 2019 eröffnet wurde, schrieb die regierungsnahe Tageszeitung *Güneş*, Deutschlands Luftfahrtlobby habe vergeblich versucht, die Türkei aus Konkurrenzgründen am Bau zu hindern. »Jetzt steht die Lufthansa kurz vor der Insolvenz.«

Mit Europa werde man leicht fertig, verkünden regierungsnahe Medien mit schöner Regelmäßigkeit. So behauptete die Pro-Regierungszeitung *Yeni Söz* (Neues Wort) im August 2017, dass die Türkei Europa in drei Tagen erobern würde, denn sie sei »das mächtigste Land der Welt«. Das Blatt verwies auf eine »Gallup«-Umfrage, wonach nur rund ein Viertel der Europäer für ihre Länder kämpfen würden. »Wenn wir also morgens zur Eroberung aufbrechen, können wir die Abendgebete im Schloss Bellevue verrichten!« Im Dezember 2016 identifizierte der bullige Erdoğan-Chefberater Yiğit Bulut ausländische Köche in türkischen TV-Kochshows als Spione. Als Studiogast des regierungsfreundlichen Senders *A Haber* (Neuigkeit) behauptete Bulut, dass ausländische Fernsehköche Informationen über Militärstützpunkte und Industrieanlagen sammeln würden, während sie durch verschiedene Provinzen der Türkei reisten. »Unsere arglosen Leute öffnen ihre Türen bereitwillig. Sie erzählen all ihre Geheimnisse, sie zeigen alles: wo die Militäreinheiten sind, das Radar, die Munition, das Waffenlager.« Bulut, ein ehemaliger Nachrichtensprecher des Privatsenders *TV 24*, war im Juli 2013 zum Chefberater des damaligen Premierministers Erdoğan ernannt worden, nachdem er während der Gezi-Proteste behauptet hatte, dass »internationale Zentren« versuchten, Erdoğan mithilfe von »Telekinese« umzubringen.

Nachdem die Niederlande im März 2017 dem türkischen Außenminister Mevlüt Çavuşoğlu die Landeerlaubnis wegen geplanter Wahlkampfauftritte verweigert hatten, führten mit Messern bewaffnete AKP-Türken im westtürkischen Izmit einen Protest der besonderen Art auf. Mit grimmigen Gesichtern »schlachteten« sie Orangen und brüllten: »Erst werden wir euch auspressen, und dann austrinken!« Sie spielten mit der Aktion auf die Farbe »Oranje« an, die für die Niederlande steht. Türkischer Zorn richtet sich nicht nur gegen Orangen. Als die USA im Oktober 2017 nach der Verhaftung eines türkischen Mitarbeiters ihres Istanbuler Konsulats die Visavergabe für türkische Bürger stoppten, verbot die Friseurinnung in der Schwarzmeerstadt Samsun Haarschnitte im amerikanischen Stil. »Wir schneiden Haare in Stilen, die zu unserer Kultur passen. Wir werden von nun an türkische Haarschnitte machen«, sagte Friseurinnungschef Zabıt Pilan. Und der staatliche TV-Sender TRT beschloss damals, auf dem traditionellen sonntäglichen Sendeplatz keine amerikanischen Western mehr zu zeigen. Yüksel Aytuğ, ein regierungsnaher Journalist, äußerte auf Twitter seine Zustimmung: »Cowboyfilme machen Unschuldige zu Feinden, töten sie und erklären die Täter zu Helden. Wir sollten dem ein Ende setzen.«

Aus Protest gegen die Vertreibung und Massaker an der muslimischen Minderheit der Rohingya in Myanmar reagierte ein wütender Mann, indem er eine »Buddha«-Figur aus Sand an einem Strand in Antalya zerstörte, wie ein Video zeigte. Der Mann behauptete, er bestrafe den »Gott der Religion, die Muslime abschlachtet«. Angriffe auf Statuen in der Türkei – nicht nur aus Sand – kommen oft vor. Selbst die allgegenwärtigen Atatürk-Monumente werden nicht verschont. Am 25. September 2016 feuerte ein Polizist in der Schwarzmeerstadt Rize seine Waffe in die Luft, richtete sie dann auf die lokale Atatürk-Statue und rief: »O Muslime von Rize. Betet dieses Idol nicht an, betet nur Allah an!« Polizisten nahmen den Kollegen mit, von dem es später hieß, er habe »einen Nervenzusammenbruch erlitten«.

32. Grund

Weil absurde Kleidervorschriften nach und nach fallen

Es begab sich am 27. August 1925 in der konservativen anatolischen Hafenstadt Inebolu, dass der Gründer der Republik, der Retter der Türken, vor die Menge trat. Doch als Mustafa Kemal die Menschen fröhlich begrüßte, antworteten diese mit – ungläubigem Schweigen. Denn sie mochten ihren Augen nicht trauen: Der Held des Befreiungskrieges gegen Griechenland, England und Frankreich trug die Kleider der Ungläubigen. Einen weißen Anzug, ein Sporthemd und einen eleganten Panamahut. Mustafa Kemal lüftete die Kopfbedeckung und sagte: »Meine Herren, das nennt man einen Hut.«

Mustafa Kemal, später Atatürk, »Vater der Türken«, genannt, wollte das Land nicht nur einen und säkularisieren – sondern auch kulturell in die Moderne führen. Weg von osmanischem Fes, Turban, Kopftuch, Pluderhose, hin zu westlichem Beinkleid, Dreiteiler – und Hut. Im Gesetz über das Tragen von Hüten von 1925 dekretierte Paragraf I: »Die allgemeine Kopfbedeckung des türkischen Volkes ist der Hut. Dem widersprechende Gewohnheiten sind hiermit von Amts wegen verboten.« Wer sich nicht an Atatürks Modevorschriften hielt, wurde schlimmstenfalls gehenkt.

Das Hut-Gesetz katapultierte die Türkei tatsächlich in die westliche Moderne, löste aber in Anatolien Aufstände aus, Menschen starben. Zwar wurden die Strafbestimmungen jahrzehntelang nicht mehr angewendet, doch aus Respekt vor Atatürk wurden die Revolutionsgesetze trotzdem nicht abgeschafft. Die kemalistische Opposition verteidigte sie wie einen Fetisch und sah in jedem Angriff auf die erstarrten Vorschriften die säkularen Fundamente der Republik bedroht. Als die erste Abgeordnete 1997 im Parlament mit einem Kopftuch (türkisch *Türban*) erschien, stand das Hohe Haus kopf. Sie wurde beschimpft, des Gebäudes verwiesen und kam nie wieder. Studentinnen trugen Perücken über ihrem natürlichen Haar, um den religiösen Vorschriften Genüge zu tun.

Deshalb gehört es zu den unstrittigen Verdiensten der islamischen Regierungspartei AKP, dass sie es schließlich wagte, die alten kemalistischen Zöpfe abzuschneiden. Als Hayrünnisa Gül, die damalige First Lady der Türkei, es im November 2010 wagte, bei den Feierlichkeiten zum Tag der Republik einen *Türban* zu tragen, standen die säkularistischen Generäle kopf. Aber erst die Rigorosität der Säkularen hatte das Stück Stoff auf dem Kopf der Frauen überhaupt zum ideologischen Zankapfel und Symbol für die Religiösen gemacht. Heute dürfen die Studierenden ebenso wie Parlamentarierinnen und sogar Fernsehmoderatorinnen Kopftuch tragen, wann immer sie wollen – und schon nimmt die ihm zugeschriebene Bedeutung klar ab (und im frommen Establishment wieder zu). Auch die Hutpflicht wurde aufgehoben – junge Leute hatten das altmodische Kleidungsstück ohnehin schon gegen die Baseballkappe getauscht.

Seit 2013 müssen Frauen im Parlament auch nicht mehr im Rock erscheinen, sondern dürfen Beinkleider und Hosenanzüge tragen, wenn sie das wünschen. Sicher, Toleranz ist in der Türkei ein hart umkämpftes Gut. Kleiderfragen sind immer noch hochpolitisch. Zwar polarisieren Hosen nicht ganz so sehr wie Kopftücher, und im öffentlichen Dienst wurden sie schon 2001 erlaubt. Aber im Parlament? Über die Abschaffung der Rock-Pflicht für Politikerinnen debattierte der zuständige Geschäftsordnungsausschuss zwei Jahre lang.

Dass die Kleiderordnung Hosen schließlich zuließ, lag allein an Şafak Pavey. 2012 wurde die seit einem Zugunfall beinamputierte Diplomatin und Politikerin aus Istanbul in die Volksvertretung gewählt. Die nackte Beinprothese unter ihrem Rock sorgte für Schlagzeilen und löste heftige Diskussionen über eine Änderung der parlamentarischen Geschäftsordnung aus. Dank Pavey ist die Türkei auch mit dem parlamentarischen Hosenerlass in der Moderne angekommen. In anderen islamischen Ländern gilt indessen weiterhin ein striktes Beinkleidverbot für Frauen. Und auch in der Türkei ist es immer noch – und wieder – ein politisches Statement, was Frauen am Körper und auf dem Kopf tragen. Ob Shorts, Hose oder Kopftuch, letztlich geht es immer um die Frage, wem das Land und seine Straßen gehören.

33. Grund

Weil Stadtökologen das türkische Woodstock im Gezi-Park auslösten

Es war am Tag sechs der Gezi-Proteste in Istanbul im Juni 2013, als Cem Tüzün auf einen Kleintransporter stieg und mit heiserer Stimme zu den Tausenden sprach, die sich auf dem Taksim-Platz im Zentrum der Stadt versammelt hatten. Es hatte Rangeleien gegeben, Zwist zwischen verschiedenen politischen Gruppen um Symbole, Fahnen, Vorrang. »Leute«, rief er, »wir müssen zusammenhalten! Wir müssen eine gemeinsame Sprache entwickeln!« Es war der Tag, als die Aktivisten aus der Taksim-Solidaritätsgruppe ihre Autorität einsetzten, um den Demonstranten eine Richtung zu weisen.

Cem Tüzün, verheiratet, Vater einer erwachsenen Tochter, war damals 49 Jahre alt. Sein Auftritt auf dem Transporter war mehr ein Betriebsunfall. Denn der unauffällige, eher kleine Mann ist kein Volkstribun, sondern ein Tüftler im Hintergrund, ein Netzwerker, ein Praktiker. Aber auch eine Schlüsselfigur der Bewegung, denn er hatte die Planungsfehler der Stadtverwaltung aufgezeigt und die Dokumente beschafft, mit denen die Aktivisten die Vorhaben der Regierung konterten. »Ich war so etwas wie das Phantom der Bewegung«, sagt er acht Jahre später.

Wie aus dem Nichts schienen Ende Mai 2013 jene Unruhen zu beginnen, die wenig später weltweit als Gezi-Proteste bekannt wurden. Millionen nahmen an den vier Wochen andauernden regierungskritischen Demonstrationen in über 90 Städten der Türkei teil, zwölf Menschen starben, darunter ein Polizist im Dienst. Mehr als 8000 wurden teils schwer verletzt, über 5000 festgenommen. Es waren die massivsten Bürgerproteste in der Geschichte der modernen Türkei. »Die Gründe für die Proteste sind weiterhin aktuell«, sagt Tüzün im Frühjahr 2021. »Es hat sich ja nichts geändert, sondern alles ist noch viel schlimmer geworden.« Die Repression, die Unfreiheit, die Bevormundung.

Aber wie hatte das alles begonnen? Der Gezi-Park, eine grüne Insel inmitten der Istanbuler Steinwüste, sollte mit Kasernen im osmanischen Stil überbaut werden, so wollte es der Ministerpräsident Erdoğan. »Das war der Moment, als wir handelten«, erzählt Cem Tüzün. Bereits zuvor hatten sich Nachbarschaftsinitiativen aus dem Stadtbezirk Beyoğlu mit der Architekten- und Ingenieurskammer zusammengetan, um sich gegen die Bebauung von Grünflächen und den Abriss historischer Gebäude zu wehren. Tüzün war einer ihrer Sprecher.

Zentrales Thema für die Bewegung war seit dem Sommer 2011 der neue Flächennutzungsplan für Beyoğlu. Als die Verabschiedung des Plans im Rathaus überraschend vorverlegt wurde, reichten die überrumpelten Bürgerrechtler sofort Klage dagegen ein, »denn er verstieß gegen zahlreiche Gesetze«, sagt Tüzün. Trotzdem begann die Stadtverwaltung, erste Bauabschnitte auszuschreiben. Da entschloss sich der Ingenieur, ein Zeichen zu setzen. »Zusammen mit meiner Tochter Ayşe machte ich einen eintägigen Sitzstreik mitten auf dem Taksim-Platz. Das war der allererste Protest«, erzählt er. Als die Bauzäune errichtet wurden, schlossen sich rund 60 Gruppen, Gewerkschaften und Verbände zu einem losen Netzwerk zusammen, das sie »Taksim-Solidaritäts-Plattform« nannten. Sie organisierten Beobachtungsdienste und Demonstrationen. »Es begann mit wenigen Hundert Leuten. Später waren wir 140 Organisationen, die Millionen Menschen repräsentierten, friedlich und demokratisch«, sagt Cem Tüzün.

Der Taksim-Platz ist ein zentrales Symbol der türkischen Linken und Kemalisten, seit dort am 1. Mai 1977 Unbekannte auf Gewerkschafter schossen und ein Blutbad anrichteten. »Die Bedeutung des Platzes half uns, eine breite Koalition zusammenzubringen. Das ist unser Platz zum Atmen, deshalb verteidigen wir ihn und unsere Bäume und damit zugleich unsere Demokratie.« Er sei immer schon ein Rebell gewesen, erzählt der Ingenieur. Mit 15 Jahren wurde er während eines Schulboykotts festgenommen und von Polizisten gefoltert. Nach dem Studium baute er das Istanbuler Stadtinformationssystem auf. Dann wurde er Unternehmer und produziert seit 2001 kalt gepresstes Bio-Olivenöl an der Ägäis. »Das ernährt die Familie, und ich habe Zeit, mich um andere Dinge zu kümmern.« Zum Beispiel um Politik. »Ich hielt Erdoğans islamische Regierungspartei AKP von Anfang an für gefährlich, und zwar aufgrund ihrer Ideologie«, sagt Cem Tüzün. »Es läuft darauf hinaus, dass sie den säkularen Staat abschaffen will.«

Tüzüns größtes Thema wurde die Stadtteilentwicklung. Die Jahre beim Stadtinformationssystem halfen ihm, wenn gegen Bauprojekte und Abrisse geklagt wurde. »Mein Netzwerk ist riesig«, sagt er. Doch oft genug wurden juristische Erfolge durch die Korruption zunichtegemacht. »Ein Richter trifft eine Entscheidung, aber die Beamten setzen sie einfach nicht um.« So wie am Taksim-Platz im Frühsommer 2013. Am Abend des 27. Mai verbreitete sich über soziale Medien die Nachricht, dass Bagger am benachbarten Gezi-Park auffuhren. »Das war vollkommen illegal«, sagt Cem Tüzün. »Als ich um halb elf Uhr abends im Park eintraf, war ich der neunte Demonstrant.« Im Lauf der Nacht sammelten sich rund 150 Aktivisten. »Am folgenden Tag wurden wir von Schlägern der Stadtverwaltung, die von Polizisten unterstützt wurden, vertrieben.« Auf Videos kann man sehen, wie die Angreifer brutal auf die friedlichen Parkbesetzer einprügeln. Tüzün brüllte die Beamten an, dass sie das Gesetz verletzten, aber die Bagger begannen mit den Erdarbeiten.

Da gelang es dem Istanbuler Abgeordneten Süreyya Önder, sich direkt vor die Maschinen zu setzen und sie damit zu stoppen. »Am Abend waren wir dann schon 1500 Leute«, erinnert sich Cem Tüzün. Und die Menge der Parkschützer wuchs weiter an. Am 30. Mai um fünf Uhr morgens räumte die Polizei das Camp erneut. Über Twitter und Facebook mobilisiert, fluteten Zehntausende Menschen in den öffentlichen Park. Auch die oppositionelle CHP rief ihre Anhänger herbei. »Jetzt war der Aufstand nicht mehr zu stoppen«, erinnert sich Cem Tüzün. Zwei Tage lang wurde das Zentrum Istanbuls zum Schauplatz bürgerkriegsähnlicher Auseinandersetzungen. Am 1. Juni 2013 zog sich die Polizei angesichts der Übermacht der Demonstranten zurück.

Hunderttausende meist junge, gut ausgebildete Leute strömten nun Tag für Tag zusammen. Sie erklärten Platz und Park für besetzt und riefen die »Republik Gezi« aus. Sie demonstrierten zunächst gegen das geplante Shoppingcenter und dann auch gegen das zunehmend autoritäre Auftreten der Erdoğan-Regierung. Sie schlugen Zelte auf, sie übernachteten im Park, sie diskutierten sich die Köpfe heiß. Anhänger der Kurdenguerilla PKK standen neben türkischen Nationalisten, Schwule und Lesben neben Fußballfans und »antikapitalistischen Muslimen« – und alle stritten gemeinsam für die türkische Demokratie. Drei Wochen lang wurde diskutiert, getanzt, gelacht. Der Slogan *Her yer Taksim, her yer direniş* (Überall ist Taksim, überall ist Widerstand) war bald im ganzen Land zu hören. Der Gezi Park wurde zum türkischen Woodstock – und zum Symbol des Widerstands gegen die AKP, die zu diesem Zeitpunkt seit mehr als einem Jahrzehnt an der Macht war. Zum Symbol des Kampfes für eine lebenswerte Umwelt und politischen Pluralismus.

34. Grund

Weil die Gezi-Bewegung die türkische Zivilgesellschaft demokratisch prägte

»Am Anfang verteidigten wir unsere Bäume und unseren Park«, sagt Cem Tüzün. »Als die Polizei mit brutaler Gewalt gegen uns vorging, konnten wir der Welt beweisen, dass die Regierung im Unrecht war. Damit verteidigten wir die Demokratie, das Recht, die Menschlichkeit. Das konnte jeder sehen und verstehen.« Die Gezi-Proteste waren für die Türkei ein Wendepunkt. Und für eine Generation, die eher als unpolitisch galt, eine Art Erweckungserlebnis. Zum ersten Mal gingen Menschen aus der Mittelklasse in der ganzen Türkei auf die Straße. Sie politisierten sich in rasend schneller Zeit. Die international ausgestrahlten Bilder zeigten der Welt eine Jugend der Türkei, wie man sie noch nie gesehen hatte: voller Kreativität, Mut und Entschlossenheit.

Doch obwohl der Premier noch zwei Jahre zuvor die demokratischen Proteste des Arabischen Frühlings wortmächtig unterstützt hatte, hielt er nun hasserfüllte Reden, in denen er die Türkei in ein Land der »Freunde und Feinde« teilte. Er beschimpfte die Demonstranten als »Plünderer«, »Terroristen« und als Knechte einer »internationalen Zinslobby«, bezeichnete die Proteste als Verschwörung der säkularen Elite zum Sturz der Regierung. Erdoğan und seine Anhänger hassten einfach alles an den Gezi-Demonstranten: wie sie lebten, sich anzogen und benahmen. Niemand, der dabei war, vergisst den gruseligen Moment, als Erdoğan mit Bezug auf seine Wähler sagte: »Wir können unsere 50 Prozent kaum noch in ihren Häusern zurückhalten.« Es kann kein Zweifel daran bestehen, dass seine Anhänger bereit waren, zu Knüppeln und Waffen zu greifen, um mit den Protestierenden aufzuräumen. Seine Wähler folgten ihm wie einem Propheten.

Umfragen zeigten, dass sich die Gesellschaft damals extrem polarisierte. Wie das Meinungsforschungsinstitut Konda auf dem Höhepunkt der Unruhen ermittelte, sahen 40 Prozent der Befragten die Proteste als »demokratischen Kampf für Bürgerrechte und Freiheit« an, während mehr als 50 Prozent sie als »Verschwörung gegen die Türkei« betrachteten und damit dem Narrativ Erdoğans und der Mainstream-Fernsehsender folgten. Weil sie die Polarisierung überwinden wollten, versuchten die Gezi-Demonstranten, mit dem Staat in Kontakt zu treten. Zwei Tage, bevor Erdoğan den Gezi-Park am 15. Juni 2013 gewaltsam von der Polizei räumen ließ, schickte er der Taksim-Plattform überraschend eine Einladung zu einem Treffen in Ankara. »Erdoğan hielt uns einen langen Vortrag und verabschiedete sich dann. Mein Eindruck war, dass er nicht verstand, worum es bei Gezi eigentlich ging«, berichtet Cem Tüzün. »Die anschließende Räumung war für uns der Beweis, dass er gar nicht wirklich reden wollte.« Es war offenbar der Moment, in dem Erdoğan entschied, Konflikte nicht (mehr) durch Dialog, sondern durch Gewalt zu lösen.

Die Zurückhaltung der Massenmedien bei der Berichterstattung über die Proteste hatte den Protestierenden erstmals das ganze Ausmaß von Erdoğans Kontrolle über die populären TV-Kanäle vor Augen geführt. Deshalb wurde Gezi zur Geburtsstunde der Gegenöffentlichkeit in den sozialen Internetmedien. Vom Beginn der Proteste bis zu ihrer Niederschlagung stieg die Zahl der aktiven Twitter-Nutzer in der Türkei von rund 1,8 Millionen auf 9,5 Millionen an. Sie sendeten in dieser Zeit mehr als 143 Millionen Tweets. Seitdem sind das Internet und vor allem die sozialen Medien die wichtigste Bastion der freien Meinungsäußerung für Oppositionelle geworden. Journalisten haben erfolgreiche Internetprojekte wie *Duvar*, *Diken* und *Ahval* gestartet, um die Mainstream-Medien zu ersetzen. Letztere verloren nicht nur dramatisch an Reichweite, sondern immer wieder gerät die AKP in den sozialen Medien auch in die Defensive.

Im Jahr 2021 ist der Taksim-Platz immer noch für Massenveranstaltungen gesperrt. Im Gezi-Park erinnert nichts mehr an die Proteste von damals. Alle Graffiti, Gedenksteine und Bilder wurden entfernt. Überwachungskameras und Polizeipatrouillen registrieren jede Störung der »Ruhe«. Journalisten, Schauspieler und Intellektuelle, die die Bewegung offen unterstützten, verloren ihre Posten; viele verließen das Land. Zwar bestätigte 2014 der *Danıştay*, das höchste Verwaltungsgericht der Türkei, dass die Bauplanungen für den Platz nichtig seien – ein nachträglicher Triumph der Gezi-Bewegung. Doch eine Welle von Strafprozessen gegen insgesamt mehr als 5600 Gezi-Demonstranten folgte. Ihnen wurden unter anderem die Beteiligung an ungenehmigten Protesten, Widerstand gegen die Polizei und terroristische Handlungen vorgeworfen. Hunderte Angeklagte wurden zu Haftstrafen bis zu zwei Jahren verurteilt. Weitere Verfahren wegen »Umsturzversuchs« gegen damalige Aktivist*innen mit lebenslangen Haftforderungen wurden vorbereitet.

Die islamische AKP-Regierung radikalisierte sich. Erdoğan schlug nach Gezi einen offen autokratischen Kurs ein und verschärfte die Repression gegen Regierungskritiker. Nach grausigen Terroranschlägen und einem gescheiterten Militärputsch folgten Massenverhaftungen von Oppositionellen. Per Referendum ließ Erdoğan die Verfassung ändern und ein Präsidialsystem einführen, das ihm weitgehende Vollmachten verlieh. Er brach mit der Friedenspolitik Atatürks und intervenierte mehrfach militärisch im Ausland – in Syrien, Libyen, Aserbaidschan.

Die Schlappe vom Gezi-Park war für Erdoğan offenbar so traumatisch, dass er auf dem Taksim-Platz eine Moschee errichten ließ, die das einstige Zentrum der Säkularen nun architektonisch-symbolisch beherrscht. Den Park selbst entzog er mithilfe eines trüben juristischen Manövers 2021 der Hoheit der Stadtverwaltung. »Dagegen hat die Stadt gerichtlich Einspruch eingelegt«, sagt Cem Tüzün. »Aber wenn Erdoğan den Gezi-Park wieder angreift, werden Hunderttausende Menschen ihn verteidigen. Und ich werde wieder der Erste sein.«

35. Grund

Weil der Geist von Gezi immer noch lebendig ist

Die Türkei ist immer noch durch die Gezi-Proteste gespalten. Die einen erinnern sich an sie voller Stolz als einen Kampf für die Freiheit, wie es ihn in der Türkei nie zuvor gab. Die anderen verabscheuen jede Erwähnung der Proteste. Die Liberalen, die Erdoğan wegen seiner demokratischen Reformen zu Beginn seiner Amtszeit unterstützt hatten, wandten sich endgültig von ihm ab. Seit Gezi können sich plötzlich Parteien der Linken, der Kemalisten und der gemäßigten Rechten bei Wahlen auf gemeinsame Kandidaten einigen und mit der prokurdischen HDP zusammenwirken, was früher undenkbar war. »Die oppositionellen sozialen Bewegungen treten seither gemeinsam auf«, sagt Cem Tüzün. Vor allem die HDP und die links-kemalistische CHP wurden direkt vom demokratischen »Geist von Gezi« infiziert. »Stück für Stück kommen wir voran«, sagt Cem Tüzün. Wann immer sich Widerstand rege, seien die Gezi-Leute dabei. Das Engagement der Bürger habe trotz aller Einschüchterungsversuche nicht abgenommen, sondern sei sogar gewachsen.

Erdoğan geriet seit Gezi innenpolitisch immer mehr in die Defensive. Sein Erfolg basierte weitgehend auf den wirtschaftlichen Fortschritten seit 2002 und der gleichzeitigen Verbesserung des Lebensstandards breiter Schichten. Doch der Sinkflug der türkischen Lira und die rasende Inflation machen sich längst auch im Alltag jener Türken bemerkbar, die sich ansonsten nicht für Politik interessieren. 2013 erreichte das Bruttoinlandsprodukt pro Kopf in der Türkei einen Höchststand von 12.146 US-Dollar, ging dann bis 2020 kontinuierlich zurück auf 8.599 Dollar – den Stand von 2006 – und fiel infolge der Corona-Krise dramatisch weiter. Die Arbeitslosigkeit dagegen steigt massiv an. Kritik an den Zuständen äußern immer häufiger auch AKP-Anhänger. Erdoğans Popularität sinkt.

Die Polarisierungsstrategie des Präsidenten zeitigte zudem eine paradoxe Wirkung. Jeder Kandidat, der ihm Konkurrenz machen könnte, genießt seither die Sympathie der Oppositionellen. 2019 einigten sich die wichtigsten Oppositionsparteien bei den Kommunalwahlen auf eine neue Strategie. Sie unterstützten den jeweils erfolgversprechendsten Kandidaten der Opposition, egal welcher Partei. Das Kalkül ging auf. Die Opposition eroberte fast alle Rathäuser der wichtigsten Großstädte des Landes, an erster Stelle in Istanbul, Ankara, Izmir, Antalya. Erdoğans AKP wurde auf ihr zentralanatolisches Kernland zurückgeworfen. »Der wichtigste Impuls dafür stammt von Gezi. Die Bewegung hat gezeigt, welche Kräfte freigesetzt werden, wenn sich unterschiedliche Gruppen zusammentun«, meint Cem Tüzün. »Genau das geschieht jetzt auf der politischen Ebene.«

Aus den Zeiten von Gezi stammt ein Spruch: »Nichts wird, wie es einmal war.« Die Proteste im Gezi-Park hätten Millionen Menschen in der Türkei verändert, sagt der Aktivist. »Gezi bedeutet, dass sich alles ändern kann. Wer das miterlebt hat, vergisst es nie. Und das verändert das ganze Land.« Auch konservative Gezi-Gegner wie die damaligen Außen- und Staatsminister Ahmet Davutoğlu und Ali Babacan erkennen inzwischen an, dass die Demonstranten auf bedeutende Defizite bei Umweltschutz und Demokratie hingewiesen haben. Und auch wenn die sichtbaren Spuren der Proteste verschwunden sind, so ist der »Geist von Gezi« sehr lebendig. Im Leitungsteam der 2019 neu gewählten Stadtverwaltung von Istanbul unter dem CHP-Bürgermeister Ekrem Imamoğlu seien mindestens zehn Prozent ehemalige Gezi-Aktivisten, schätzt Cem Tüzün. Irgendwann werde Erdoğan Geschichte sein. »Dann brauchen wir die Solidarität, den Zusammenhalt und die Menschlichkeit der Gezi-Proteste, um das Land wieder zu reparieren.«

36. Grund

Weil in der Türkei Geschichtsaufarbeitung möglich wird

Ein sanftes Tal voller Gras und Disteln, alter Eichen und Olivenbäume, ein ausgetrockneter Bach. Der Berglandschaft nahe dem Dorf Pinar in Ostanatolien sieht man die Tragödie vor acht Jahrzehnten nicht an. »Drei Säcke mit menschlichen Knochen haben wir 1980 hier geborgen. Auch Frauenhaar. Alles lag noch da«, sagt Metin Çelik, ein kräftiger Mann mit weißem Bart. Er stimmt leise ein Trauerlied an. Neben dem Mittfünfziger steht der etwas jüngere Yaşar Kaya. Der hochgewachsene Mann blickt auf die Furche im Boden und sagt dann in fließendem Deutsch: »Sie nennen es *Dere Mayutu*, Leichenbach.«

Es war an einem Tag im August 1938, als türkische Soldaten in der Morgendämmerung kamen, 70 Dorfbewohner fesselten und zum Bach führten, wo Maschinengewehre aufgebaut waren. »Den Großvater und sechs weitere Angehörige habe ich an diesem Tag verloren«, sagt Kaya. »Nur mein Vater und meine beiden Onkel überlebten.« Seit 1937 fanden in der unzugänglichen ostanatolischen Provinz Dersim Dutzende Massaker an der alevitischen Minderheit statt. Die Provinz wurde nach dem Codewort der Vernichtungsoperation *Tunceli* (»Eiserne Faust«) umbenannt, alle Städte, Dörfer und selbst die Menschen bekamen türkische Namen – eine ethnische Säuberung ähnlich wie 1915 der Genozid an den Armeniern. Die Dersimer nennen die Massaker *Tertele*, Vernichtung. Es gibt wohl keine Familie aus der Region, die nicht von Tod oder Deportation betroffen war.

Wie viele Menschen genau den Massakern zum Opfer fielen, ist noch ungeklärt. Der damalige Staatspräsident Mustafa Kemal Atatürk hatte die kurdischen Aleviten 1936 zum innenpolitischen Problem erklärt: »Um diese Wunde, diesen furchtbaren Eiter in unserem Innern samt der Wurzel anzupacken und zu säubern, müssen wir alles unternehmen – egal was es kostet.« Dersim sollte zwangstürkisiert werden. Am 4. Mai 1937 fasste der türkische Ministerrat den Beschluss zur Durchführung der Operation »Züchtigung und Deportation – Tunceli«. Nach Schätzungen starben in zwei Jahren rund 60 000 Aleviten, Zehntausende wurden deportiert oder vertrieben.

Die beiden Männer laufen einen Hügel hinauf zum alten Dorffriedhof. In einem Grabmal aus weißem Marmor haben sie die Knochen der Opfer beerdigt. Kaya und sein Freund Metin Çelik sind Aleviten wie ihre Väter und Vorväter – Mitglieder einer Religionsgemeinschaft, die nicht dem sunnitischen Mehrheitsislam, sondern einer schiitischen Glaubensrichtung angehören, zu der sich in der Türkei etwa 15 Prozent der Bevölkerung bekennen. Nach vielen Jahren sind Kaya und Çelik zurückgekommen nach Pinar. Kaya restauriert hier das alte Familienhaus für die Ferien. Wo einst ihr Dorf war, stehen heute nur noch Ruinen, denn es wurde 1994 noch ein zweites Mal vom Militär verwüstet, beim Kampf gegen die kurdische Arbeiterpartei PKK, die in der unwegsamen Gegend Rückzugsgebiete hatte. Diesmal wurden die Einwohner umgesiedelt. Während Çelik nach Istanbul ging, beantragte Kaya 1997 Asyl in Köln. Er studierte Sozialpädagogik, nahm die deutsche Staatsangehörigkeit an und arbeitet seither als Familienhelfer.

In Yaşar Kayas Jugend galt die Tragödie seines Volkes noch als ein Tabu, nicht einmal der Name »Dersim« durfte benutzt werden. »Es war üblich, sich als Kurde zu fühlen, obwohl wir Aleviten aus Dersim eine eigene Ethnie darstellen und sogar eine eigene Sprache haben«, sagt Kaya. »Ich sah, wie die Deutschen ihre dunkle Vergangenheit aufarbeiteten und sich bei den Opfern entschuldigten. Warum sollte das nicht auch in der Türkei möglich sein, dachte ich.« Er hatte mit einem seiner überlebenden Onkel noch über die Massaker sprechen können. »Er weinte, und ich konnte in seinen Augen sehen, dass er sein ganzes Leben darunter gelitten hatte.« Nach der Jahrtausendwende begann Kaya, weitere Überlebende zu suchen. Doch oft kam er zu spät. Die Leute sagten: »Wärst du nur fünf Jahre eher gekommen.« Yaşar Kaya erkannte: »Wenn wir nicht sofort anfangen, unsere Geschichte aufzuschreiben, tut es niemand mehr, weil alle Zeitzeugen tot sind.« Aber Forschung gab es kaum, und die türkischen Archive waren unzugänglich oder gesäubert.

Um das Jahr 2005 gelang es Kaya, die Föderation der Dersim-Gemeinden in Deutschland, der weltweit größten Diaspora-Gemeinde mit fast 200.000 Mitgliedern, von seiner Idee eines »Oral-History-Projektes Dersim 1937–38« zu überzeugen. Mit zehn freiwilligen Mitarbeitern sowie der ideellen Unterstützung der amerikanischen *Shoa Foundation* konnten seit 2009 etwa 400 Überlebende des Ethnozids in Westeuropa und der Türkei befragt werden. Die meisten Interviews führte ein alevitischer Filmemacher aus Istanbul, rund fünfzig Gespräche hat Kaya aufgezeichnet. »Wir hatten anfangs kaum Geld, und es war ein Wettlauf gegen die Zeit«, erinnert sich Kaya. »Viele Zeitzeugen waren krank, und noch immer haben die meisten Angst zu sprechen.« Er hat »verschollene Töchter« aufgespürt, die damals zu Hunderten verschleppt und unter geändertem Namen in türkisch-sunnitischen Familien aufgezogen wurden. Er hörte von Menschen, die in Heuschuppen lebendig verbrannt wurden. Zwei türkische Soldaten, die damals noch halbe Kinder waren, bestätigten vor seiner Kamera, dass sie Unschuldige mit Bajonetten töten mussten und die Leichen anschließend verbrannten.

Diese Nachforschungen waren auch möglich, weil sich damals in der Türkei etwas geändert hatte. Das dunkle Kapitel der türkischen Geschichte war Tagesthema geworden, da Recep Tayyip Erdoğan – zu jener Zeit noch Ministerpräsident – 2011 öffentlich von einem »Massaker in Tunceli« sprach. Nachdem ein Abgeordneter der kemalistischen CHP aus Dersim in einem Buch erstmals auch die Mittäterschaft des Republikgründers Atatürk problematisiert hatte, kam es zu jenem epochalen Moment: Erdoğan entschuldigte sich vor dem Parlament im Namen des Staates bei den Aleviten für die Massaker. Er sprach von einer »humanitären Tragödie« und schilderte drastisch, was damals geschah: »Aus der Luft, vom Boden, mit Kanonen, sogar mit Gasbomben wurde in Dersim alles, was sich bewegte, seien es Kinder, seien es Frauen, abgeschlachtet.« Und er sagte: »Wer die Gräueltaten in Dersim verteidigt, hat seine Menschlichkeit verloren.«

Damals sei eine Tür geöffnet worden, sagt Yaşar Kaya zehn Jahre später. »Wir forderten ein Dokumentationszentrum des Völkermords in Dersim, Gedenktage, Änderungen der Schulbücher, Entschädigungen. Der Vizepremier Bülent *Arınç* sagte zu uns, die Regierung wolle Frieden mit den Aleviten.« Es ist aber noch nichts

Konkretes gefolgt. Das Projekt eines Dokumentationszentrums nach dem Vorbild des Genozidmuseums im armenischen Jerewan wollen die Aleviten trotzdem nicht aufgeben. Anfang 2020 hat eine Initiative eine Anlauf- und Informationsstelle eröffnet, um weitere Zeitzeugeninterviews zu führen. Das geplante Museum könne notfalls als »Projekt von Privatpersonen« errichtet werden, dafür sei kein Gerichtsbeschluss nötig, denn das zuständige Kulturministerium in Ankara habe es bereits 2013 schriftlich genehmigt, berichtet Yaşar Kaya. Die inhaltliche Arbeit werde ohnehin fortgesetzt. »In Deutschland habe ich gesehen, dass es möglich ist, die Geschichte aufzuarbeiten. Wir machen weiter.«

37. Grund

Weil mit den Aleviten eine besondere Form des Islam existiert

Alevit*innen bekennen sich zum Islam, richten ihre Gräber aber nach Osten zur Sonne aus, nicht nach Mekka. Sie beten nicht in Moscheen, sondern in schlichten »Versammlungshäusern« (*Cemevleri*). Sie fasten nicht und pilgern nicht nach Mekka. Sie betonen die Gleichheit von Mann und Frau. Sie akzeptieren den Genuss von Alkohol. Die Aleviten stehen damit für die große Bandbreite des islamischen Glaubens. Gleichwohl sind sie in der Türkei bis heute nicht offiziell als Religionsgemeinschaft anerkannt, ihre Gebetsorte gelten nicht als Gotteshäuser. Und einige Sunniten betrachten die Aleviten, die im Osmanischen Reich jahrhundertelang als Häretiker verfolgt wurden, noch immer als »Ungläubige«.

Aber die Provinz Tunceli/Dersim ist auch noch immer ein Ausnahmeort mitten in Ostanatolien. Frauen, die hier das Kopftuch anlegen, sind zugereiste türkische Studentinnen oder Ehefrauen von Beamten; Alevitinnen tragen ihr Haar offen. Zum Bürgermeister der Hauptstadt wurde 2019 ein Kommunist gewählt. Im Sommer ist die Provinz voller alevitischer Familien mit ihren Kindern, die aus Deutschland, der Schweiz, aus den Niederlanden oder Norwegen anreisen.

Trotz des Gleichberechtigungsgebots der türkischen Verfassung haben die Aleviten noch immer nicht alle Rechte, die die sunnitische Mehrheitsbevölkerung genießt. Ihre Gemeinden sind von staatlicher finanzieller Förderung, etwa für die Renovierung ihrer Häuser, für die Strom- und Wasserrechnungen oder die Gehälter ihrer Gemeindeältesten (*Dedeler*), ausgeschlossen. Ihre Kinder müssen am sunnitischen Religionsunterricht teilnehmen. Seit Jahrzehnten kämpfen sie gegen die Diskriminierung. Sie möchten als Glaubensgemeinschaft anerkannt werden. Bislang aber ignoriert der Staat entsprechende rechtsverbindliche Gerichtsurteile des Obersten Verwaltungsgerichts (*Danıştay*), des Kassationsgerichtshofs (*Yargıtay*) und des Europäischen Gerichtshofs für Menschenrechte.

2019 versuchten die Aktivisten, in der Region eine »Dersim Kultur- und Geschichtsstiftung« zu gründen, um ein wissenschaftliches Dokumentationszentrum zu schaffen. Doch im Dezember 2020 untersagte das Amtsgericht Tunceli die Registrierung der Stiftung. Begründung: Der Name Dersim sei offiziell nicht anerkannt, der Stiftungszweck widerspreche »den wesentlichen Grundsätzen der Verfassung, den guten Sitten und den nationalen Interessen«, zudem würden die Zeitzeugenaussagen »die Einheit der Türkei untergraben«. Das Gericht griff die Auffassung des staatlichen Religionsamtes *Diyanet* auf, dass es überhaupt keine eigenständige alevitische Religion gebe. Die Aleviten haben gegen den Beschluss Berufung eingelegt. Der Gerichtsbeschluss sei »ein Zurück zur unseligen nationalistischen Politik der 1930er-Jahre«, sagt Yaşar Kaya im Frühjahr 2021. Er zeuge von einer skandalösen Respektlosigkeit gegenüber der Bevölkerung von Dersim, gegenüber Millionen Aleviten und demokratischen Grundsätzen. Doch das Urteil fügt sich ein in die jüngste Politik der Zentralregierung.

Im Sommer 2020 begannen Bauarbeiten zur Umwandlung der Munzur-Quellen in Dersim, einem der heiligsten Orte der Aleviten, um in dem abgeschiedenen Tal einen kommerziellen Freizeitpark einzurichten und die spektakuläre Landschaft »für den Tourismus zu öffnen«. Das Tal im Schatten der bis zu 3500 Meter hohen Berge war 1971 zu einem der wenigen Nationalparks des Landes erklärt worden. Vor allem aber sind die Munzur-Quellen und die weitgehend unberührte Natur eine Pilgerstätte, ein Ort der Andacht und des Gebets für die Aleviten. Dort wurden nun bereits Terrassen, Park- und Picknickplätze betoniert. Yaşar Kayas Glaubensgemeinschaft hatte mit Eingaben und Protestdemonstrationen versucht, die Schändung ihres heiligen Ortes zu verhindern. Zunächst vergeblich. Doch im Frühjahr 2021 stoppte das oberste türkische Verwaltungsgericht den Weiterbau.

Wie andere Minderheiten sind auch die Alevit*innen zu Opfern einer zunehmend nationalistischeren Politik der AKP geworden, seit diese sich 2015 der rechtsextremen MHP angenähert hat. Nach einem kurzen »alevitischen Frühling« in der Zeit nach Erdoğans historischer Entschuldigung scheint die Repression zurückzukehren. In den Provinzen Yalova, Malatya, Mersin, Manisa, Istanbul und anderswo wurden seit 2015 immer wieder Häuser von »ungläubigen Aleviten« mit roten X-Kreuzen gekennzeichnet. Schmierereien, wie sie in der Geschichte der türkischen Republik viele Male Pogromen und Massakern vorausgingen.

38. Grund

Weil Rap-Musiker den Nerv der Jugend treffen

»Wenn sie dich eines Nachts zu Unrecht ins Gefängnis werfen, wirst du nicht einmal einen Journalisten finden, der darüber berichtet. Denn sie sind alle *eingesperrt*!« Wäre dies die Erklärung eines Journalistenverbands oder einer Oppositionspartei der Türkei gewesen, kaum jemand hätte darauf reagiert. Aber es ist ein Vers aus einem türkischen Rap-Song mit dem Titel *Susamam* (Ich kann nicht schweigen). Der Song, am 6. September 2019 gegen Mitternacht gestreamt, wurde schon in den frühen Morgenstunden mehrere Millionen Mal bei *YouTube* und *Spotify* aufgerufen. Kurz nach dem ersten Rap-Protest-Video ging ein zweites mit dem Titel *Olay* (Ereignis) online und wurde ebenfalls millionenfach geklickt. Die Hashtags mit den Titeln der zwei berühmtesten Rapper des Landes schnellten an die Spitze der türkischen Twittercharts. *#Susamam* erreichte mit mehr als 300.000 veröffentlichten Tweets weltweit den ersten Platz bei Trendthemen des Kurznachrichtendienstes.

Der Protest-Lyriker Sarp Palaur, besser bekannt unter seinem Künstlernamen *Şanişer*, hatte mit *Susamam* einen 15-Minuten-Track geschaffen, der die Gefühle einer jungen Generation auf den Punkt brachte. Ein Gemeinschaftswerk mit 17 anderen türkischen Rappern im Stil der US-Hiphopper *Public Enemy*. Zu einem düsteren Beat handelten die Musiker die Probleme des Landes ab, von Umweltzerstörung und Klimawandel, dem Krieg in Syrien und dem gescheiterten Putschversuch in der Türkei bis hin zur Polizeibrutalität, der allgegenwärtigen Korruption und endemischen Zensur. Sie klagten die schreiende Ungerechtigkeit im Land an, das allgemeine Klima der Unfreiheit und Unterdrückung, die Machismo-Mentalität und die eskalierende Gewalt gegen Frauen.

»Ich wuchs apolitisch auf, hab niemals gewählt, hab über Urlaub, Reisen und Schulden nachgedacht«, singt der 32-jährige *Şanişer*, der im Video symbolisch hinter Gittern sitzt. »Dann starb die Gerechtigkeit, und bevor mich das selbst betraf, schwieg ich still und machte mit. Jetzt habe ich schon Angst davor, zu twittern. Ich fürchte mich vor der Polizei meines eigenen Landes.« Er geißelte die Machthaber: »Es tut mir leid. Euer Vermächtnis ist eine hoffnungslose Jugend.« Aber seine Anklage verschonte auch die eigene Generation nicht: »Du hast den Mund nicht aufgemacht, also bist du schuld!«

Der Rap-Song ließ nichts aus, was die Türkei belastet – verpackte es aber geschickt, denn er vermied Parteipolitik oder Kritik an konkreten Personen. Der Name Recep Tayyip Erdoğan kam nicht ein einziges Mal vor. »Es ist dein Werk, die Generation ohne Hoffnung. Es ist dein Werk, die Gesellschaft, die nicht mehr glücklich ist«, singt *Şanişer*. »Es ist dein Werk, dieses furchtbare Bild vor meinen Augen.« Während die Rapperin Deniz Tekin aus Istanbul, deren kraftvoller Part genau in der Mitte des Videos beginnt, über Frauenrechte, tägliche Gewalt und Missbrauch in einer patriarchalischen Welt singt, erscheinen die Namen von ihren Männern ermordeter Frauen auf dem Bildschirm. »Wir dürfen nicht nur hoffen, dass sich etwas ändert – wir müssen dringend handeln«, sagte die 22-Jährige der Presse.

Am selben Tag veröffentlichte auch der linke türkische Star-Rapper Ömer Sercan Ipekçioğlu, Künstlername *Ezhel*, auf *YouTube* sein kompromissloses Video *Olay*, eine einzige wütende Anklage des Staates mit schnell zusammengeschnittenen Filmbildern aus der jüngsten Geschichte des Landes. »Jeden Tag ein neuer Vorfall / Leicht zu sagen / Wo und was ist abnormal / Jetzt erscheint es mir normal.« Die Clips zeigen Massenproteste und Polizeigewalt während der Gezi-Unruhen von 2013, die Ermordung des armenisch-türkischen Journalisten Hrant Dink 2007, das Grubenunglück von Soma 2014, den furchtbaren Terroranschlag von Ankara 2015 gegen linke Friedensdemonstranten, den Putschversuch von 2016 und vieles mehr. *Olay* schildert die Türkei als einen dystopischen Polizeistaat, deren Regierung ihre Untertanen als »Testpersonen« in einem permanenten Ausnahmezustand hält. Anders als die *Susamam*-Künstler scheute sich der 29-jährige *Ezhel* auch nicht, auf denjenigen zu zeigen, den er für schuldig hielt. Immer wieder geriet Präsident Erdoğan ins Bild.

Die gewaltige Zahl der Klicks lässt erahnen, dass die Rapper den Nerv der türkischen Gesellschaft und vor allem der Jugend trafen. Seit Mitte der 2010er Jahre ist Rap in der Türkei die Musik der Stunde. Seine Wurzeln liegen in Berlin-Kreuzberg, wo Kinder türkischer »Gastarbeiter« wie *Eko Fresh* oder *Kool Savas* in den 1990er Jahren einen eigenen, rohen Hiphop-Sound schufen, der in die Türkei schwappte, aber jahrelang *Underground* blieb. Mit *Susamam* und *Olay* überwand der Stil erstmals die Schwelle zum Mainstream, und viele Türken rieben sich verwundert die Augen über den Mut der Künstler. In mehr als 200.000 *YouTube*-Kommentaren feierten die User *Şanişer* und Kollegen. Der Durchbruch auf *YouTube* war wie ein riesiger Scheinwerfer, der sich plötzlich auf die Szene richtete. *Şanişer* war wie seine Kollegen von der Staatsmacht zunächst nicht wirklich ernst genommen worden; er hatte ja nicht mal einen Plattenvertrag. Doch als ihr Rap Millionen bewegte, wurden die Videos als »Provokation« und »Teil einer politischen Kampagne zur Destabilisierung des Landes« verdammt und die Rapper in die Terror-Ecke gestellt.

Dass ihre Songs eine landesweite politische Debatte auslösten und die Regierung alarmierten, war den Rappern erkennbar unheimlich. *Şanişer* twitterte: »Wir haben nur demütig versucht, die Dinge zu erklären, von denen wir glauben, dass sie in unserem Land und darüber hinaus schieflaufen.« In einem neuen *YouTube*-Video erklärte er, die Musiker hätten die tiefen Gräben zwischen den Menschen überbrücken wollen, indem sie über Alltagsprobleme rappten, die jeder kenne – und zugleich tiefere Problemschichten ansprächen. Seit Ende 2020 geht die Regierung massiv gegen die sozialen Netzwerke vor, in denen die jungen Künstler mit ihrem Publikum kommunizieren, und unterwirft sie der Zensur. Ein Jahr nach der *Susamam*-Sensation twitterte *Şanişer*: *Heute ist der Jahrestag von #Susamam. Sorry, ich glaube weniger und weniger daran, dass Musik Dinge ändern kann. Aber ich werde es weiter tun. Weil es das ist, was ich tun kann.* Sein Mit-Rapper *Ergin* sagte dem *Deutschlandfunk*: »Wir wollen, dass sich alles ändert. Wir wollen in einem Land leben, wo wir uns wirklich wohlfühlen.«

39. Grund

Weil freche Satiremagazine dafür sorgen, dass noch nicht Schluss mit lustig ist

Der letzte osmanische Sultan Abdülhamid II. war für seine lange Nase und seine Humorlosigkeit bekannt. Denn der autoritär bis 1918 herrschende Machthaber empfand es als Majestätsbeleidigung, wenn seine Nase zum Objekt von Karikaturen wurde. Schließlich verbot er sogar den öffentlichen Gebrauch des Wortes »Nase« – was die Spötter erst recht anspornte. Die Nasenwitze der Untertanen wurden zur Geburtsstunde der Zeitungskarikaturen, die bis heute ein kultureller Glanzpunkt der Türkei sind. Ähnlich wie Abdülhamid II. versteht der türkische Langzeitherrscher Erdoğan, ein erklärter Fan des Nasen-Sultans, keinen Spaß. Lange bevor er zum Generalangriff auf missliebige Medien blies, verklagte er 2005 den Satiriker Musa Kart von der Oppositionszeitung *Cumhuriyet*, weil der ihn als Katze gezeichnet hatte.

Die »Beleidigung des Staatspräsidenten« steht in der Türkei traditionell unter Strafe mit einem bis zu vier Jahren Haft. Das alte Gesetz ermöglichte es Erdoğan, mehr als 100.000 Bürger persönlich zu verklagen und bis zu 20.000 von ihnen zu Geld- oder Haftstrafen verurteilen zu lassen. Auch Karikaturisten werden regelmäßig vor den Kadi gezerrt. Aus deutscher Sicht erscheint es bizarr, dass Erdoğan mit Hitlerbart gezeigt werden kann, aber keinesfalls als Tier. Wie es der Volksglauben will, empfindet der mächtigste Mann in der Türkei Tierdarstellungen als Herabwürdigung seiner Menschenwürde. Kein Wunder, dass der Präsident sehr ungehalten war, als ihn der deutsche Satiriker Jan Böhmermann 2016 in einem »Schmähgedicht« im deutschen Fernsehen mit einem vulgären Ziegenwitz provozierte. Statt den Spötter zu ignorieren, verklagte Erdoğan ihn, unterlag vor einem deutschen Gericht und lieferte dem Comedian damit viele neue Pointen.

Was wäre wohl passiert, wenn ein Satiriker es gewagt hätte, das Schmähgedicht im türkischen Fernsehen zu zitieren? Als ich Hakan Bilginer damals diese Frage stellte, musste er nicht lange überlegen. Der Mann mit den schelmischen Augen lachte. »Er sollte zusehen, dass er eine möglichst große Distanz zwischen sich und die Türkei bringt.« Hakan Bilginer ist der erfolgreichste und zugleich unbekannteste Satiriker der Türkei. Sein Produkt mit dem Fantasienamen *Zaytung* ist 2021 das meistgelesene türkische Satire-Portal im Internet, es hat sechs Millionen Follower bei Twitter.

Auf seinem Laptop machte der Redaktionschef die *Zaytung*-Homepage auf. »Wir produzieren eine satirische Version der täglichen Nachrichten«, sagte er, »wie eine normale News-Seite, nur lustiger.« Er deutete auf einen kürzlich erschienenen Text. »Türkei erklärt, sie sei das reichste und glücklichste aller Länder, in deren Hauptstädten Bomben explodieren«, stand da in Anspielung auf die stets optimistischen Verlautbarungen der Regierung aus Ankara. Solche Witze sind juristisch grenzwertig, aber möglich, weil das Internet trotz der Repression gegen kritische Medien in der Türkei immer noch Freiräume bietet. Zunehmend sei Satire der einzige Bereich, in dem überhaupt noch oppositionelle Stimmen zu Wort kämen, meinte Bilginer. »Wir üben Kritik, verwenden aber nie Beleidigungen.«

Der ehemalige IT-Ingenieur gründete *Zaytung* 2010, weil er eine neue Form der Unterhaltung im Internet ausprobieren wollte. Nach dem Vorbild des amerikanischen Portals *The Onion* publiziert er mit 25 Mitarbeitern Nachrichtensatiren unter dem Motto: »ehrliche, objektive und unethische Nachrichten«. Hunderttausende registrierte Nutzer geben Tipps und Anregungen. »Wenn ich mit jungen Leuten spreche, sagen sie, dass sie der türkischen Nachrichtenagenda via Zaytung folgen«, sagte Bilginer. »Wir sind nah am Tagesgeschehen, aber mit Humor und Ironie.«

Bilginer erinnerte sich damals nur an eine einzige Klage gegen sein Magazin, aus religiösen Gründen wegen der Überschrift: *Erz-*

engel Gabriel am Flughafen begrüßt. Anders als die verbliebenen regierungskritischen Medien im Land konnte Bilginer nicht über mangelnde Anzeigen klagen, denn *Zaytung* bietet Banken, Auto- oder Technologiekonzernen eine Chance, ihre Werbebotschaften an ein junges, gut verdienendes Publikum zu bringen. »Die jungen Leute, die uns folgen, gucken praktisch kein Fernsehen mehr.« Dort seien alle satirischen Formate eingestellt worden. »Wenn man den Leuten heute politische Sketche aus früheren TV-Programmen zeigt, können sie gar nicht glauben, dass es solche Satire mal bei uns gab.«

Auch in Zeitschriften. Der bekannte Istanbuler Satiriker Tuncay Akgün gründete kurz nach dem Staatsstreich von 1980 das wöchentlich erscheinende Satiremagazin *Limon*, das er 1991 in *LeMan* umbenannte. »Mein Büro!«, sagte er bei einem Treffen, wies auf die verschlissenen Sessel im zugehörigen, mit lustigen Titelbildern dekorierten »LeMan-Kulturcafé« nahe dem Taksim-Platz in Istanbul. Mit rund 15.000 Exemplaren wöchentlich zählt das Heft noch immer zu den bestverkauften Comics der Türkei. Akgüns Zeitschrift ist die Schule praktisch aller wichtigen türkischen Karikaturisten und trat damit die Nachfolge des berühmten Magazins *Girgir* (Spaß) an, das mit einer wöchentlichen Auflage von 500.000 das drittgrößte Satiremagazin weltweit und die auflagenstärkste Oppositionszeitung der Türkei war. Auch Akgün hatte dort mit 15 Jahren angefangen und das Zeichnen gelernt. Damals war die Satirezeitschrift konkurrenzlos, es gab nur einen türkischen Fernsehkanal und kein Internet. Akgün aber wollte radikaler, politischer sein, sein *LeMan* stellte *Girgir* bald in den Schatten, und erst das Internet sorgte für einen massiven Auflagenrückgang. *LeMan* bildete zusammen mit den von Akgüns ehemaligen Mitarbeitern gegründeten Heften *Penguen* (Pinguin) und *Uykusuz* (Schlaflos) nach der Jahrtausendwende ein Trio linker, progressiver Satireblätter, die stets die Regierung aufs Korn nahmen und auch vor Zoten nicht zurückschreckten. Ihre Zeichner sind Kult. Anders als *Zaytung* nahmen sie politisch nie ein Blatt vor den Mund. Bis zum Putschversuch 2016 guckte von fast jedem Titelbild ein grimmig oder dusselig gezeichneter Erdoğan.

Doch Karikaturen zu drucken, ist zur Gratwanderung geworden. Die *Penguen*-Zeichner Bahadır Baruter und Özer Aydoğan wurden im März 2015 zu elf Monaten Haft auf Bewährung verurteilt. Sie hatten ein Titelbild gestaltet, auf dem Erdoğan sich über die schlichte Begrüßung bei seinem Einzug in den neu gebauten Präsidentenpalast in Ankara beklagt. Jemand fragt ihn, ob »vielleicht noch ein paar Journalisten geschlachtet werden sollen« und bildet gleichzeitig mit Daumen und Mittelfinger einen Kreis. Das Gericht wertete nicht die Kritik an der Verfolgung von Journalisten, sondern die Handbewegung als angebliches Signal für Homosexualität als Präsidentenbeleidigung. Inzwischen sind die frechen Magazine deutlich vorsichtiger geworden. Zwar wird der *Reis* (Anführer) Erdoğan weiterhin auf die Schippe genommen, aber nicht mehr auf der Titelseite. Dennoch: An Biss haben die Karikaturen kaum verloren, sie zeigen die Entwicklung der Türkei zu einem autokratischen System offener als jedes andere Medium in der Türkei.

Den Zeichnern gelingt dabei stilistisch meist ein Balanceakt: eine verschlüsselte metaphorische Kritik »zwischen den Zeilen«, die sich schwerer kriminalisieren lässt, aber dennoch von vielen verstanden wird. Bei *LeMan* gibt es zum Beispiel eine Serie, in der ein kleiner impotenter Sultan mit Stinkefüßen andauernd von seinen Haremsdamen veralbert wird. Wer wollte dagegen klagen? Ein anderes Beispiel ist der Comic *Das zweite Gesicht* von Ersin Karabulut aus *Uykusuz*, der von einer Hautcreme handelt, mit der man sein Gesicht entfernen kann. Nachdem es zunächst nur einige tun, wächst nach und nach der Druck auf die anderen. Als alle gesichtslos sind, sind alle glücklich.

Natürlich hat Erdoğan auch *LeMan* mehrfach verklagt. Meist endeten die Prozesse mit Freispruch, erzählt Tuncay Akgün. »Wie alle autoritären Regimes hat die Regierung kein Verständnis dafür, dass Satire immer auf der Seite der Schwachen steht und die Mächtigen attackiert.« Eine wortlose Schwarz-Weiß-Zeichnung von Bahadır Baruter bringt die Lage auf den Punkt: Es zeigt mehrere Karikaturisten an ihren Tischen, über denen große Steinblöcke schweben. Selbstzensur komme für ihn und seine 40 Mitarbeiter*innen trotzdem nicht infrage, sagt Akgün. Der politisch-juristische Druck zwinge sie sogar, noch subtiler, ironischer, witziger zu werden.

Kapitel 4

Istanbul

40. Grund

Weil Istanbul die schönste Stadt der Welt ist

Auf sieben Hügeln erbaut, thront Istanbul über dem Bosporus. Verwinkelt und steil ist die Metropole, hektisch und laut, eine ewige Baustelle, ein Moloch, manchmal hässlich – und zugleich atemberaubend schön; chaotisch, spannend, lebendig. Die einzige Stadt der Welt, die auf zwei Kontinenten liegt – Europa und Asien –, getrennt und verbunden durch eine Meerenge. Einst von Griechen gegründet, sind Spuren ihrer mehr als 2000-jährigen Geschichte überall zu finden. Die »künftige Hauptstadt der Welt«, nannte sie der französische Frühsozialist Charles Fourier zu Beginn des 19. Jahrhunderts. Oder Napoleon: »Wenn die Erde ein einziger Staat wäre, wäre Istanbul seine Hauptstadt.«

Istanbul bildet eine kulturelle Brücke zwischen Europa, Asien und Nordafrika. Es gibt 3000 Moscheen, mehr als 100 aktive Kirchen, zwei Dutzend Synagogen – teils Seite an Seite. Es gibt westlich orientierte, säkulare Eliten und tief fromme Zuwanderer aus Anatolien. Westliche Libertinage existiert neben streng muslimischen Regeln, sorgsame Bewahrung alter Pracht neben zerstörerischer Bauwut. Ebenso bittere Armut und märchenhafter Reichtum, Müll und Schönheit, Slums und Paläste, Krämerläden und Edelboutiquen.

Und fünfmal am Tag ertönt die Kakofonie Tausender Muezzine, die die Größe Allahs mit immer leistungsfähigeren Lautsprechern verkünden.

In Istanbul liegen Luxusquartiere unweit von religiösen muslimischen Zentren, wo totalverschleierte Frauen den schwarzen *Çarşaf* nach Art des iranischen Tschadors tragen und die Männer lange Bärte und Pluderhosen. Reiche residieren in Bosporusvillen, die säkulare Schickeria in Bebek und Arnavutköy, die islamische Bourgeoisie in Üsküdar, deren Frauen 300 Euro teure Seidenkopftücher anlegen und deren Männer 100.000-Euro-SUVs fahren. Es gibt atheistische Intellektuelle, tätowierte Rapper, Schwule und Prostituierte in Beyoğlu, Schleuser, Schlepper und Flüchtlinge. Und vier Fußballclubs in der höchsten Profiliga.

Wo soll man anfangen, von Istanbul zu schwärmen? Vertrauen Sie für den Beginn den einschlägigen Reiseführern. Erwandern Sie sich zuerst die historische Halbinsel. Dort sind Sie umringt von fantastischem Weltkulturerbe: Hagia-Sophia-Moschee, Blaue Moschee, Topkapı Palast, Yerebatan-Zisterne, Hippodrom, Konstantin-Säule (*Çemberlitaş*), Archäologisches Museum. In direkter Nachbarschaft liegt einer der größten, ältesten überdachten Basare des Orients, der *Kapalı Çarşı*. Das ist Sultanahmet, das Herz der Altstadt, das wie ein Stein gewordenes Märchen aus Tausendundeiner Nacht erscheint. Anschließend überqueren Sie mit der modernen Straßenbahn das Goldene Horn auf der Galata-Brücke, steigen um in die zweitälteste U-Bahn der Welt den Hügel hinauf zum *Tünel*. Schon sind Sie im früheren griechisch-armenischen Beyoğlu mit dem genuesischen Galata-Turm, der Einkaufsstraße Istiklal Caddesi und dem Taksim-Platz.

Lassen Sie sich treiben, wählen Sie aus der unüberschaubaren Fülle von Imbissen, *Meyhane*-Traditionslokalen, Restaurants, Cafés von Anatolisch bis *Fusion*. Schlendern Sie auch durch die jungen, studentisch geprägten Viertel Beşiktaş auf der europäischen, Kadıköy und Moda auf der asiatischen Stadtseite, mit ihrer sagenhaften Fülle an

Oben: Der mittelalterliche Galata-Turm im Herzen von *Beyoğlu* ist ein Wahrzeichen Istanbuls. **Unten:** Türkische Frauen genießen den Ausblick auf den Bosporus und das alte europäische Stadtviertel Karaköy mit davor ankernden Kreuzfahrtschiffen.

Die *Blaue Moschee* (Sultan-Ahmed-Moschee) in Istanbul zur blauen Stunde.

حافظوا على

Oben: Der zentrale Taksim-Platz in Istanbul ist betoniert und zugig, aber geschichtsträchtig.
Unten: Prachtvoll und unübertroffen: der *Große Basar* in der Istanbuler Altstadt.

Oben: Die Angler an der Galatabrücke lieben ihr Hobby, auch wenn selten Fische anbeißen.
Unten: Jeder Basar hat eine Sektion für Gold, das wichtigste Hochzeitsgeschenk in der Türkei.

Istanbul und der Bosporus bei Nacht sind ein Fest für alle Sinne.

Oben: Die *Hagia Sophia* aus der byzantinischen Antike vereinigt die Architektur und Symbolik zweier Weltreligionen. **Unten:** Schnee verwandelt die Hagia Sophia und ihre Umgebung in ein Winterwunderland.

Oben: Die antike *Yerebatan*-Zisterne hat eine mystische Aura, die schon James Bond in den Bann schlug. **Unten:** Das Republikdenkmal auf dem Istanbuler Taksim-Platz wurde vom Republikgründer Atatürk selbst in Auftrag gegeben und 1928 eingeweiht.

Die *Süleymaniye*-Moschee am Goldenen Horn bezeichnete der osmanische Meisterarchitekt Mimar Sinan als sein „Gesellenstück“.

Oben: Eine Fahrt mit der Straßenbahn durch die Istiklal Caddesi ist Touristenpflicht. **Unten:** Istanbuls Flaniermeile Istiklal Caddesi in *Beyoğlu* gehört zu den belebtesten Fußgängerzonen der Welt.

In den Seitenstraßen der Istiklal Caddesi siedeln sich immer mehr Shisha-Cafés an.

Oben: In der Moschee beten Männer und Frauen getrennt. **Unten:** Die kurdischen „Samstagsmütter" erinnern an jedem Wochenende an ihre aus politischen Gründen „verschwundenen" Kinder und Ehemänner.

An der *Istanbul Pride* nahmen im Juni 2014 mehr als 100.000 Menschen teil. Ab dem Folgejahr wurde die größte Homosexuellen-Parade Südosteuropas verboten.

Oben: Mit dem *Dolmabahçe* -Palast am Bosporus baute sich Sultan Abdülmecid 1853 eine neue Residenz nach französischem Vorbild. **Unten:** Der *Haydarpaşa*-Bahnhof des Orient-Express am Bosporus war ein Geschenk Kaiser Wilhelms II. für Sultan Abdülhamid II. und sollte die „enge Verbundenheit zwischen Deutschland und der Türkei" befördern.

Bars, Pubs, Esslokalen, Boutiquen, Buchläden, Clubs und Gartenlokalen am Meer. Und genießen Sie eine Bosporus-Rundfahrt, vorbei an prächtigen Palästen, grünen Villenhügeln und luxuriösen Yalıs, den aus Holz gebauten Sommerresidenzen der Reichen aus dem 19. Jahrhundert. Fahren Sie, falls Sie eine Pause vom Trubel brauchen, mit der Fähre hinaus nach Tarabya, Yeniköy oder Beykos am Bosporus, an den Strand von Şile am Schwarzen Meer oder einfach auf die *Prens Adaları*, die neun Prinzeninseln im Marmarameer, die so heißen, weil dorthin in byzantinischer Zeit aufsässige Herrschersöhne verbannt wurden.

Wahrscheinlich wird es Ihnen gehen wie den meisten Touristen, die verwirrt feststellen: Auf der asiatischen Seite, wo sie den Orient vermuten, ist mehr Europa als gedacht – etwa auf der eleganten Bağdat Avenue in Kadıköy. Und auf der europäischen Seite in Sultanahmet, Eminönü oder Eyüp entfaltet sich mit den historischen Bauten, dem Gewimmel der Händler, dem Gewirr der Gassen eher der Orient. Das Menschengewirr mag gewöhnungsbedürftig sein, doch die Massen verwandeln Straßen und Gassen auch in einen ewigen Basar, dessen Treiben nie langweilig wird. Istanbul ist asiatisch, russisch, armenisch, syrisch – kosmopolitisch.

1945 zählte Istanbul rund eine Million Einwohner, noch 1975 nur 2,5 Millionen, doch seit Mitte der 1970er-Jahre kamen jedes Jahr bis zu 400.000 Menschen hinzu, das entspricht der Größe von Bochum. Ganze Dörfer zogen aus dem anatolischen Hinterland in die Großstadt, getrieben von der Hoffnung auf Glück und Wohlstand – und wurden oft genug nur in ein bitteres, hartes Schicksal geworfen. Heute leben am Bosporus um die 17 Millionen Menschen, fast jeder vierte Einwohner des Landes, darunter etwa eine Million Syrer und Hunderttausende illegale Migranten etwa aus Afghanistan. Und die Stadt wächst täglich weiter, Dutzende Kilometer ins Land hinein, getrieben von Megabauprojekten wie dem neuen Flughafen und einem »zweiten Bosporus« namens *Kanal Istanbul*. Stadtplaner befürchten, dass Istanbul in den nächsten zehn Jahren auf 25 Millionen Einwohner anschwellen könnte. In dieser Stadt ist Ruhe das absurdeste aller Wörter. Wer großstädtisches Leben liebt, ist richtig am Bosporus. Istanbul ist jung, wild, rasant, vielfältig. Nie verstummt der *Gürültülü*, zu Deutsch Krach, Lärm, Getöse, nicht mal in den frühen Morgenstunden, denn es wird immer irgendwo gehämmert, gebohrt, gehupt, gesungen, geklingelt. Diese Stadt vibriert vor Energie.

41. Grund

Weil in der Mahalle die Seele Istanbuls schlägt

Könnte man wie in *Google Earth* auf die soziale Topografie Istanbuls zoomen, dann zersplitterte der Moloch in viele kleine, sehr klar definierbare Einheiten, deren kleinste die *Mahalle* ist, oder auf Berlinerisch: der Kiez. Tatsächlich ist Istanbul ein Flickenteppich diverser Teile, so bunt und verschieden wie die ganze Türkei. Die gegensätzlichsten Ethnien, Mentalitäten, Religionsgruppen sortierten sich auf verfügbaren Parzellen neben- und gegeneinander, seit die Zuwanderer aus Anatolien nach Istanbul strömten. Sie fanden sich in Stadtvierteln zusammen, in denen schon andere aus ihrem Dorf oder ihrer Provinz siedelten. Dort bauten sie ihre *Gecekondular* (»über Nacht gelandet«) genannten, illegalen einstöckigen Steinhäuser über Nacht im Niemandsland, denn nach altem islamischen Recht ist es verboten, ein mit einem Dach gedecktes Haus dem Besitzer wegzunehmen oder zu zerstören – was die Behörden trotz neuer Gesetze bis heute scheuen. Die dorfähnlichen Quartiere wucherten und breiteten sich an den Stadträndern aus wie Tinte auf Löschpapier, bis die einzelnen Teile selbst die Größe europäischer Großstädte erreichten.

In Istanbul lebt heute nicht nur ein Viertel der Einwohner der Türkei, die Stadt ist auch deren getreues Abbild. Dutzende von Parallelgesellschaften existieren nebeneinander auf engstem Raum. In die meisten Istanbuler Viertel verirrt sich allerdings nie ein Tourist, und es gibt in ihnen auch nichts Touristisches zu sehen. Sie sind aber Heimat und Solidargemeinschaft für die Binnenmigranten. Es gibt Quartiere, in denen fast nur Zuwanderer aus der Schwarzmeerregion wohnen, und Stadtteile, in denen Leute aus dem Osten leben: Kurden oder Araber. Einzeln hätte die Metropole sie zermalmt, die Gemeinschaft trägt sie. Das hat auch Schattenseiten. Die Bosporus-Metropole ist eine Ansammlung innertürkischer Gettos. Nie mischen sich religiöser und westlicher Lebensstil. In Çarşamba unweit der Touristenattraktionen der historischen Altstadt würde keine Frau es wagen, ohne Kopftuch das Haus zu verlassen; nie könnte sie ein klassisches Teehaus betreten. Im alevitischen Viertel Gazi hingegen gilt ein Kopftuch als verdächtig, und junge, modern gekleidete Frauen bevölkern die Cafés ganz selbstverständlich.

Wenn irgendetwas die Zuwanderer eint, dann ist es der Traum von der »Stadt, deren Steine und Staub aus Gold sind«. Denn es stimmt ja: Istanbul erwirtschaftet ein Viertel des Bruttoinlandsproduktes der Türkei, mehr als ein Drittel der Industrieproduktion, die Hälfte aller türkischen Dienstleistungen und Exporte. 40 Prozent der türkischen Steuern werden in Istanbul gezahlt. Dass Istanbul dennoch ein weitgehend friedliches Zusammenleben ohne die Kriminalitäts- und Gewaltexzesse von Rio de Janeiro oder Los Angeles garantiert, hat ganz wesentlich mit der *Mahalle* zu tun – der informellen Organisation der Kieze, die schon im Römischen und im Osmanischen Reich bestand. Der türkische Schriftsteller Yaşar Kemal beschrieb diesen Mikrokosmos der Nachbarschaften als engmaschiges Netz gegenseitiger Beobachtung und Kontrolle: »Jeder kannte eines jeden Vorleben, wusste, was er tat, was er aß und trank, wie oft er in der Woche und in der Nacht mit seiner Frau schlief, wer zu welcher Geliebten und wer ins Bordell ging, wer sich in Beyoğlu herumtreibend auf den Kuruş genau wie viel verdiente, wer in welcher Spielhölle, bei welchem Schmugglerring arbeitete, welches Mädchen und welche

Frau beim Orgasmus spitze Schreie ausstieß und wer dem Mann diesen Gipfel der Lust nur vortäuschte …«

Die *Mahalle* hat einen Vorsteher, den *Muhtar*, der bei Kommunalwahlen offiziell gewählt wird, der Nachbarschaftskonflikte schlichtet und die *Mahalle* gegenüber der Stadt vertritt. In der *Mahalle* musste man die Haustür nicht abschließen, konnte die Kinder unbeaufsichtigt auf der Straße spielen lassen und kümmerte sich liebevoll um die Straßenkatzen und -köter des Kiezes. Fremde waren früher nicht gern gesehen, weshalb sich die *Mahalles* oft mit Sackgassen gegen den Rest der Stadt abschlossen. Heute würde zwar niemand in Istanbul seine Tür offenstehen lassen, aber was den Rest angeht, so hat das alte System im Kern überlebt und schließt jetzt in einigen Vierteln sogar Ausländer mit ein.

Etwa in Cihangir, meinem Kiez, der zum größeren Stadtteil Beyoğlu gehört, dem alten europäischen Pera-Viertel, das auch heute noch viele westliche Expats anzieht, einfach, weil alles so vertraut wirkt: die Gründerzeit- und Jugendstilarchitektur, die vielen Cafés, die Trödelläden. Denn am Ende des 19. und zu Beginn des 20. Jahrhunderts war Istanbul schon einmal eine sehr multikulturelle, sehr europäische Stadt. Leider ist der alte kosmopolitische Charme verblasst. Viele verbliebene Griechen, Juden und Armenier haben Beyoğlu nach dem Pogrom von 1955 verlassen, andere zogen den »Komfort« des *Apartman* in den Neubauvierteln vor. Als sich keiner mehr um die alten Gebäude sorgte, die letzten Holzhäuser abbrannten und der Verfall um sich griff, übernahmen anatolische Landflüchtlinge die Wohnungen der Vertriebenen. Bis heute betreiben die Migranten aus dem Osten viele Krämerläden, Friseursalons, *Lokantas* in Cihangir. Da niemand mehr in die Bausubstanz investierte, sank Pera herab zu einem halben Slum – und berappelte sich wieder seit den 1990er-Jahren, als die frühere Prachtstraße Istiklal Caddesi für den Verkehr gesperrt wurde, die rote Straßenbahn wieder fuhr und alte Häuser plus Bars mit *Manzara* (Ausblick) plötzlich »hip« wurden. Galerien, Cafés und Rock-Clubs entstanden. Das Istanbuler

Filmfestival wurde zu einer festen Größe im internationalen Kulturkalender.

Beyoğlu und vor allem Cihangir waren gemeint, als das US-Magazin *Newsweek* Istanbul im Sommer 2005 eine Titelgeschichte widmete und die türkische Metropole als »hippste Stadt Europas« pries. Nun hörte man viel »Ausländisch« auf der Straße. Künstler, Journalisten, Politaktivisten siedelten sich an – und trieben die Mieten in die Höhe und die alten Mieter auf die Straße. Doch selbst in den durchgentrifizierten Häuserblocks des schicken Cihangir schlägt noch das warme Herz der *Mahalle*. Ich wurde schon nach wenigen Wochen überall gegrüßt, zum Tee eingeladen, freundlich angelächelt. Bei praktisch jedem Spaziergang traf ich Freunde, Bekannte, Kollegen. Beim Späti gegenüber konnte ich anschreiben lassen, wenn ich mein Geld vergaß, und in der Apotheke gab es die Medizin auch ohne Rezept. Ich habe Cihangir geliebt, so wie die meisten Istanbuler ihre *Mahalle* lieben.

42. Grund

Weil die Megacity trotz aller Probleme funktioniert

Viele Deutsche glauben, dass Istanbul die Hauptstadt des Landes sei. Kein Wunder: Die Metropole sieht hauptstädtisch aus, sie fühlt sich so an, und sie war schließlich fast 2000 Jahre lang Zentrum großer Imperien. Und obwohl Atatürk die Kapitale 1923 ins zentralanatolische Ankara verlegte, blieb Istanbul letztlich das kulturelle, wirtschaftliche und historische Herz des Landes. Doch die fast unregulierte Explosion ihrer Einwohnerzahl ließ alle Anstrengungen, eine bessere Infrastruktur zu schaffen, stets dem massiven Wachstum der Megacity und der Motorisierung ihrer Einwohner hinterherhinken. Keine Stadt der Welt hätte die Chance, bei Straßenbau, Strom- und

Wasserversorgung und Hygiene mit dieser Entwicklung Schritt zu halten. Noch 1950 waren hier nur 2500 Autos registriert. Mittlerweile sind es fast fünf Millionen, jeden Tag werden 500 Fahrzeuge neu angemeldet. Die Metropole erstickt in Autofluten und Abgasen. Viele Straßen sind eng, können oft nur in einer Richtung befahren werden. Nicht wenige Istanbuler brauchen täglich bis zu zwei Stunden für die Fahrt vom Stadtrand zum Arbeitsplatz im Zentrum.

Der Dauerstau ist täglich präsent, genauso wie jene Gefahr, die im Untergrund schwelt: ein Erdbeben apokalyptischen Ausmaßes. 60 Prozent aller Häuser gelten als erdbebenanfällig, 400.000 Gebäude könnten bei einem Beben der Stärke 7 einstürzen oder beschädigt werden. Mit mehr als 20.000 Toten und 130.000 Schwerverletzten ist zu rechnen. 1999 gab es noch 470 Notsammelstellen, 20 Jahre später nur 77, wegen des anhaltenden Baubooms, dem viele Parks und Freiflächen zum Opfer fielen.

Istanbul funktioniert trotzdem erstaunlich gut. Die Müllabfuhr hält die Straßen sauber, die digitale Verwaltung läuft vorbildlich, Wasser kommt aus dem Hahn. Seit den 1990er-Jahren wurden 17.500 Kilometer Abwasserrohre verlegt. Der Stadtverkehr wird zunehmend durch Tunnel geleitet. Die Metro wird schnell ausgebaut und verkehrt pünktlich im Minutentakt. Ihr Streckennetz wurde seit der Jahrtausendwende auf fast 250 Kilometer verdreifacht, ein erdbebensicherer Tunnel namens *Marmaray* unter dem Bosporus gebaut, die alten, schwarzen Dieselqualm ausstoßenden Bosporusfähren wurden durch hochmoderne Hybridschiffe von Siemens ersetzt. Und ein neuer Mega-Flughafen, in nur fünf Jahren hochgezogen, wurde Ende 2018 eröffnet.

An dieser Stelle gebührt dem heutigen Staatspräsidenten Erdoğan ein Lob. Er stammt selbst aus Istanbul, er ist im Stadtteil Kasımpaşa geboren und aufgewachsen. Als er 1994 zum Oberbürgermeister gewählt wurde, legte er den Grundstein für die Funktionsfähigkeit der Metropole, bekam die marode Wasserversorgung in den Griff, begann mit dem Bau einer Metro und verwandelte das Goldene Horn von einer giftigen Industriekloake in ein Gewässer, in dem wieder Fische schwammen.

43. Grund

Weil die blaue Stunde in Istanbul Hüzün *heißt*

Istanbul in Schwarz-Weiß, im Nieselregen, im Dunst der blauen Stunde – das ist *Hüzün*, jene Stimmung, die am eindrücklichsten in den Büchern des türkischen Literaturnobelpreisträgers Orhan Pamuk beschrieben ist. Wörtlich übersetzt bedeutet *Hüzün* Trübsinn, Traurigkeit. Aber es ist noch viel mehr. *Hüzün* ist ein kollektives Gefühl, eine Philosophie, ein Geisteszustand – erlebt und geteilt von den Bewohnern Istanbuls. Es ist nicht Nostalgie. Es ist eine tiefe Melancholie, eine Grundstimmung der Alltagskultur, eine besondere Art der Schwermut, aber eine, die nicht individuell, sondern gemeinschaftlich gefühlt wird. Ähnlich wie *Tristesse* in Paris, *Saudade* in Lissabon oder *Weltschmerz* in Wien. So erläutert Orhan Pamuk als romantischer Chronist der Istanbuler Psyche diese ambivalente Empfindung, »mit der sich im letzten Jahrhundert Istanbul und seine Bewohner auf intensivste Weise infiziert haben«.

Hüzün habe zu tun mit der tief empfundenen Trauer über den Bedeutungsverlust als Zentrum des mächtigen Osmanischen Reiches, die wie ein Schleier über der Stadt und ihren Bewohnern hänge, im ewigen Kampf der Metropole um ihre Seele zwischen Europa und Asien, Okzident und Orient, islamischen und westlichen Einflüssen, schreibt Pamuk. Es handele sich um ein »schwarzes Gefühl«, das Millionen teilten: den Schmerz einer Metropole, die nie kolonialisiert wurde und doch alles verlor und in dem die Bewohner nun mit dem »Horror des Wachstums«, dem Verfall und den Schatten der Vergangenheit kämpften. Auf der Suche nach Struktur und Identität seiner selbst, Istanbuls und der Türkei beschwört Orhan Pamuk in seinem autobiografischen Buch I*stanbul – Erinnerungen an eine Stadt* Bilder herauf, die dieses Gefühl darstellen. Bilder in Schwarz-Weiß, Bilder aus der Abenddämmerung.

Pamuks Buch hilft, die Istanbuler und ihre Melancholie zu begreifen. *Hüzün* ist das Bedauern über ein Istanbul, wie es einmal war, in der Jugendzeit, in alten Büchern und auf den Fotos von Ara Güler (siehe Grund 23), und davor auf sehr alten Fotos und noch älteren Stichen. Über Menschen, die nicht mehr leben oder in unerreichbarer Ferne sind. Je länger ich selbst in der Türkei lebte, desto stärker wurde mir die Präsenz des *Hüzün*-Gefühls in der Alltagskultur bewusst. Es hat aber auch viel mit dem Wetter zu tun. Sobald der föhnige Herbststurm *Lodos* durch den eisigen Nordoststurm *Poyraz* vom Schwarzen Meer und aus Russland abgelöst wird, sobald der Himmel bleigrau über den Häusern hängt, der gefrierende Regen das Kopfsteinpflaster zum Glimmen bringt und die Menschen wie Schatten durch die steilen Straßen huschen, beginnt die Herrschaft von *Hüzün*.

Aber dann, im März, von einem Tag auf den anderen, ist es plötzlich warm, als hätte jemand einen Schalter umgelegt. Von winterkalt und verhangen pegelt sich das Wetter auf sommerheiß und himmelblau ein. Sofort ist die Stadt wie verwandelt. Die Melancholie, Begleiter durch vier düstre Monate, sie scheint wie weggefegt. Mit einem Mal blühen Bäume, Büsche und Blumen. In den Straßencafés ist kein freier Platz mehr zu finden. Ein untrügliches Zeichen für den Abschied vom Winter und von *Hüzün* ist auch der Wechsel im Angebot der fliegenden Straßenverkäufer. Noch sieht man sie hier und dort heiße Kastanien auf ihren Herdplatten wenden, aber schon wird der lieb gewonnene Wintergeruch vom Sommerduft fetter, goldgelber Maiskolben verdrängt. Wenn dann im Emirgan-Park am Bosporus das Tulpenfestival startet, wissen die Istanbuler: Der Frühling ist da, die Melancholie verflogen.

44. Grund

Weil die sieben Hügel Istanbuls fantastische Ausblicke bieten

Ich höre Istanbul, meine Augen geschlossen – so beginnt das berühmteste Gedicht über die Bosporus-Metropole, eine Hommage des 1950 jung verstorbenen Poeten Orhan Veli an seine Heimatstadt. Doch sollte es niemand versäumen, auf einem der vielen Aussichtspunkte über der Stadt seine Augen zu öffnen und das fantastische Panorama in sich aufzunehmen. *Manzara*, Ausblick, heißt deshalb das Zauberwort dieser Stadt. Viele Istanbuler schwören darauf, dass sich ihre Stadt nirgends so bezaubernd darbietet wie auf einer Bosporusfähre. Es gibt aber auch großartige Aussichtspunkte mit Panoramablick, von Türmen, Moscheen und Palästen über Dachterrassen bis hin zu Wäldern und Hügeln. Nichts ist schöner, als abends bei warmem Wetter auf einer der vielen Dachrestaurants oder Panorama-Bars in Sultanahmet oder Beyoğlu die Aussicht und den Widerschein der Sonne auf dem Bosporus zu genießen. Tolle Plätze sind beispielsweise die oberste Etage des »Marmara Pera«-Hotels am Taksim-Platz, die Dachterrasse des »Arcadia Blue«-Hotels gleich hinter der Blauen Moschee in Sultanahmet oder das Restaurant »360 Istanbul« in Beyoğlu mit beeindruckender Rundumsicht auf die ganze Stadt.

Der absolute Klassiker unter den Aussichtstürmen und eines der wichtigsten Wahrzeichen der Stadt ist der 1348 von den Genuesen errichtete Galataturm (*Galata Kulesi*) mit seinem markanten Hexenhutdach, der sich 69 Meter über dem alten Stadtteil Pera und 140 Meter über dem Meeresspiegel erhebt und ein Restaurant an der Spitze beherbergt. Von oben hat man einen atemberaubenden Rundblick auf die Galatabrücke, Beyoğlu, die Altstadt, das Goldene Horn und den Bosporus bis hin zu den 20 Kilometer entfernten Prinzeninseln. Am schönsten ist die Aussicht vormittags, weil das Sonnenlicht dann auf Sultanahmet und Eminönü fällt.

Von Istanbuls sieben Hügeln offeriert der *Büyük Çamlıca* (großer Çamlıca) auf der asiatischen Stadtseite einen der schönsten, auf jeden Fall den höchsten natürlichen Panoramablick auf die Stadt. Etwas unterhalb der neuen Mega-Moschee, dem größten Gotteshaus der Türkei, trägt er mehrere Restaurants, Cafés und einen hübschen Teegarten. Von hier öffnet sich eine wundervolle Sicht auf die erste Bosporusbrücke, das dahinter liegende Geschäftsviertel Levent, die Moschee von Ortaköy. Von seiner Spitze aus lässt sich auch das endlose Häusermeer der asiatischen Stadtseite mit den aus ihm aufragenden Hochhausinseln gut überblicken. Die Istanbuler nennen den Çamlıca-Hügel auch *Gelin Tepesi* (Brauthügel), denn er ist bei Brautpaaren für Hochzeitsfotos vor spektakulärem Panorama beliebt. Der schönste Blick auf die europäische Stadtseite vom Çamlıca-Hügel bietet sich beim Sonnenuntergang.

Interessanter als die neue Moschee, ein Herzensprojekt Erdoğans nahe seiner Privatwohnung, ist für Istanbul-Touristen der auf dem niedrigeren Nachbarhügel *Kücük Çamlıca* erbaute futuristische Radio- und Fernsehturm, der seit Ende 2020 seiner Aufgabe nachkommt. Mit 369 Metern Bauhöhe und 589 Metern über dem Meeresspiegel ist er jetzt der höchste Turm Istanbuls, wurde im Mai 2021 für die Öffentlichkeit freigegeben und verfügt über mehrere Restaurants, zwei Panoramaaufzüge und eine zweistöckige Aussichtsplattform mit dem mit Abstand besten Blick auf den Bosporus und das Marmarameer. Bis zur Eröffnung des Fernsehturms hielt der 2011 eingeweihte *Sapphire Tower* im Finanzdistrikt von Levent den Höhenrekord. Er ist das höchste Geschäfts- und Wohnhochhaus der Türkei und (nach dem spitzen *Shard* in London) das zweithöchste in Europa. Das kühne Bauwerk protzt mit Superlativen wie der größten türkischen Shoppingmall im Erdgeschoss und einem Golfplatz auf 165 Meter Höhe. Von der Aussichtsterrasse im obersten Stockwerk auf 236 Metern Höhe bietet sich eine spektakuläre 360-Grad-Aussicht auf die Megacity. Touristisches Plus: Der Turm steht direkt neben der Metro-Station »Levent«.

Eine völlig andere Perspektive bietet sich im Stadtteil Eyüp, wenn man mit der kurzen Seilbahn den Hügel erklimmt, der nach dem französischen Bestsellerautor und Marineoffizier Pierre Loti (1850–1923) benannt wurde. 55 Meter über dem Meeresspiegel locken hier ein Restaurant und das hübsche Pierre-Loti-Café mit einem malerischen Ausblick auf das Goldene Horn, Beyoğlu und die Altstadt. Ein ganz neuer Aussichtspunkt am Goldenen Horn ist die 2014 gebaute moderne Metro-Querung übers Wasser, deren Station »Haliç« direkt auf der Brücke liegt. Wenn Sie kurz vor Sonnenuntergang hier aussteigen, werden Sie schnell verstehen, wieso das Goldene Horn zu seinem Namen kam.

Ein »Geheimtipp«, der schon lange keiner mehr ist, war bis 2019 das Dach des alten *Büyük Valide Han* (Große Karawanserei der Sultansmutter) aus dem 17. Jahrhundert, in der Nähe des Großen Basars. Vom Kuppeldach hatte man einen fantastischen Blick über die Galata-Brücke auf Beyoğlu und den Bosporus. Zum Glück fiel kein Blogger oder Instagrammer vom Dach, aber einige Kuppeln stürzten wegen der Belastung durch Touristen ein, und der Han wurde gesperrt. Macht nichts: Fast so schön ist der Blick vom Dach des *Sağır Han* (Taube Karawanserei) ganz in der Nähe, das den Vorteil hat, (noch) nicht eingebrochen zu sein. Allerdings nimmt die clevere Dachmieterin rund fünf Euro Eintritt.

Einige weniger bekannte Aussichtspunkte liegen in den Parks, die sich auf Hügeln entlang der Bosporusufer reihen. Bei Instagram-Aficionados ist der *Ulus*-Park in Besiktas beliebt, da er relativ leicht zu erreichen ist. Nicht weit davon liegt der *Yıldız*-Park, der im 19. Jahrhundert für Sultan Abdülaziz angelegt wurde – eine grüne Insel der Ruhe im rasenden Zentrum Istanbuls mit einem hübschen Teegarten. Längere Anfahrten benötigen die Cafés im *Oba*- oder im *Duatepe*-Park beidseits der zweiten Bosporusbrücke (*Fatih Sultan Mehmed Köprüsü*) am europäischen Ufer. Das Gegenstück auf der asiatischen Seite ist der *Otağtepe*-Park. Alle Parks bieten spektakuläre Aussichten auf den Bosporus, die zweite Brücke und den Schiffsverkehr. Weiter nördlich nahe dem Vorort Yeniköy liegt der ausgedehnte *Emirgan*-Park mit dem Highlight Tulpenfestival im Frühjahr. Am Bosporus-Ufer lohnt dort der Besuch des *Sakıp-Sabancı*-Museums und Restaurants.

Zurück zur Bosporus-Einfahrt am asiatischen Stadtviertel Üsküdar. Genau hier steht auf einer winzigen Insel der Leander- oder Mädchenturm (*Kiz Kulesi*), eines der weltbekannten Wahrzeichen Istanbuls. Er stammt aus dem 5. Jahrhundert vor Christus und diente zur Überwachung der Wasserstraße. Im 12. Jahrhundert wurde er restauriert. Laut Legende sperrte ein Sultan seine Tochter in den Turm, um sie vor einer Todesprophezeiung zu schützen. Wohl nirgends sonst ist der Sonnenuntergang und der Blick auf die funkelnden Lichter der nächtlichen Stadt schöner als aus dem Café im obersten Stockwerk des *Kiz Kulesi*. Mein absoluter Lieblings-Ausblickplatz in Istanbul aber ist die »Cihangir-Tee-Ecke«. Gelobt sei der nette Herr, der auf die Idee kam, ein paar Plastikstühle an der Straße über dem kleinen *Roma Parkı* aufzustellen. Wie ein lebendes Gemälde wirken die pendelnden Fähren auf dem Bosporus. Und alles, was Sie tun müssen, ist: einen *Çay* bestellen und auf Istanbul zu horchen:

Ich höre Istanbul, meine Augen geschlossen/ Zuerst weht ein leichter Wind /Leicht bewegen sich/ Die Blätter in den Bäumen/ In der Ferne, weit in der Ferne/ Pausenlos die Glocke der Wasserverkäufer/ Ich höre Istanbul, meine Augen geschlossen.

45. Grund

Weil die Hagia Sophia die Sakralarchitektur zweier Weltreligionen in sich vereint

Das touristische Herz Istanbuls schlägt im Altstadtviertel Sultanahmet an der Spitze der historischen Halbinsel, auf dem ersten Hügel der Stadt. Ihr unbestrittenes Juwel ist die berühmte Kuppelbasilika *Hagia Sophia*, das bedeutendste Bauwerk der byzantinischen

Antike. Der Mittvierziger Izzet Önal, grauhaarig und glatt rasiert, führt schon seit über 20 Jahren Besucher durch das grandiose Gebäude, das auch auf Türkisch seinen griechischen Namensursprung als »Heilige Weisheit« nicht verleugnet: *Ayasofya*. »Schau dir dieses Gotteshaus an, Bruder«, sagt er. »Gibt es etwas Schöneres auf der Welt?« Der islamische Theologe und Fremdenführer lässt die Besucher den riesigen Innenraum unter der 31 Meter breiten und 56 Meter hohen, von lediglich vier mächtigen Stützpfeilern getragenen, »schwebenden« Kuppel spüren – bei ihrem Bau eine mathematische und ingenieurstechnische Revolution.

Izzet Önal weist auf die altbyzantinischen Mosaiken hin und zeigt den atemberaubenden Lichteinfall durch die 40 Fenster des häufig auch als »achtes Weltwunder« gepriesenen Gebäudes. Dieses kommt schon rein äußerlich als symbiotischer Hybrid daher: nicht mehr Kirche und auch keine echte Moschee, ein architektonischer Zwitter aus byzantinischer Ziegelarchitektur und osmanischer Überformung mit vier Minaretten, *Mihrab* (Gebetsnische), *Minbar* (Predigerkanzel) und drei gewaltigen Holztafeln, auf denen in arabischer Schrift die Namen *Allah*, *Mohammed* und *al Bakri* (der erste Kalif nach Mohammed) stehen.

Die Hagia Sophia, das letzte herausragende Bauwerk der römischen Spätantike, entstand in nur sechs Jahren zwischen 532 und 537 nach Christus unter Kaiser Justinian, der sie am Ort einer früheren Basilika als zentrale Kathedrale des Reiches errichten ließ. 641 wurde sie zur Haupt- und Krönungskirche der byzantinischen Kaiser und zum Sitz des griechisch-orthodoxen Patriarchats von Konstantinopel. Ein Jahrtausend lang war sie die mit Abstand größte Kirche der östlichen Christenheit. Nach seiner Eroberung Konstantinopels 1453 ließ Sultan Mehmed II. die Hagia Sophia zur Hauptmoschee des Osmanischen Reiches umbauen und fügte ihr als äußeres Kennzeichen vier Minarette hinzu. Kreuze wurden gegen den Halbmond ausgetauscht, die Ikonen entfernt, viele Mosaiken und Wandgemälde zerstört, übertüncht oder unter Putz gelegt.

Mustafa Kemal Atatürk wandelte die *Ayasofya* 1935 in ein Museum um, als Zeichen für die Säkularisierung und Westorientierung seines Landes und um ihrer historischen Bedeutung für beide Religionen gerecht zu werden. Es wurden viele christliche Insignien und Mosaiken wieder freigelegt, ohne die muslimischen Einbauten zu zerstören. Gottesdienste in der Hagia Sophia wurden gesetzlich verboten. Der Status des wuchtigen Bauwerks ist seither ein erstrangiges Politikum. Wie schon zu Atatürks Zeiten versuchten islamische Fundamentalisten jahrzehntelang, die Museums-Entscheidung rückgängig zu machen. Jahr für Jahr beteten Tausende Ultrareligiöse auf dem Rasen vor dem Monument für ihre Rückverwandlung in eine Moschee.

»Der Staat kann es sich doch gar nicht leisten, aus dem Museum wieder eine Moschee zu machen«, sagte der Fremdenführer Izzet Önal bei unserem Gespräch im Jahr 2014. Er rechnete vor: In die Hagia Sophia, seit 1985 Teil des UNESCO-Weltkulturerbes, die meistbesuchte Touristenattraktion der Türkei und eine der weltweit populärsten, kamen im Jahr rund 3,5 Millionen Besucher. Und bezahlten Eintritt, 15 Euro pro Person. »Im Sommer haben wir bis zu 15.000 Touristen pro Tag, das macht pro Woche siebenmal 225.000 Euro, also deutlich mehr als eine Million Euro.« Nach Umwidmung in eine Moschee aber könnte jeder das Gebäude umsonst betreten. »Nein, hier passiert so schnell nichts. Wir sollten einfach froh sein, dass wir so ein schönes Museum haben.«

Doch der Fremdenführer sollte sich täuschen. Nachdem das Oberste Verwaltungsgericht der Türkei am 10. Juli 2020 höchst symbolisch um 14.53 Uhr den Status des Gebäudes als Museum annullierte und entschied, dass die Hagia Sophia wieder zur Moschee umgewidmet werden könne, verlor Präsident Erdoğan keine Minute. In einer Fernsehansprache ordnete er unmittelbar danach die Öffnung des historischen Bauwerks für »gottesdienstliche Zwecke« an. Die Aufforderung der UNESCO zu Gesprächen über die Änderung des Gebäudestatus wurde ignoriert, die Hagia Sophia mit grünen

Teppichen ausgelegt und die berühmten christlichen Fresken mit Tüchern verhängt. Das erste Freitagsgebet seit mehr als 80 Jahren in der wieder zur Moschee erklärten Basilika am 24. Juli 2020 wurde wie ein Staatsakt inszeniert und war wohl als Statement gegen Atatürks säkulare Westpolitik gedacht. Auch die Wahl des Datums war kein Zufall: der Jahrestag der Unterzeichnung des Abkommens von Lausanne, das türkische Islamisten und Nationalisten als »Schandvertrag« betrachten. Als die Hagia Sophia erstmals wieder als Moschee genutzt wurde, läuteten in allen Kirchen Griechenlands und des griechischen Südzyperns Trauerglocken.

Kaum einen Monat später wurde die ebenfalls weltberühmte Chora-Kirche aus dem 14. Jahrhundert, auch ein Museum am Goldenen Horn, nach einem Gerichtsbeschluss wieder zur Moschee wie in der Osmanenzeit erklärt. Dafür hätten in der Basilika aber praktisch alle Wände verhängt werden müssen, da ihre byzantinischen Mosaiken und Fresken in den letzten Jahrzehnten aufwendig restauriert worden waren. Um den Status der Istanbuler Altstadthalbinsel als Weltkulturerbe und als wichtigste Touristenattraktion der Türkei nicht zu gefährden, beschloss die Regierung daher, die Einweihung der Chora-»Moschee« auf unbestimmte Zeit zu verschieben.

Mit der islamischen »Rückeroberung« der Hagia Sophia konnte Präsident Erdoğan sich als starker Führer präsentieren, der wagte, was jahrzehntelang niemand gewagt hatte. Eine pauschal christenfeindliche Politik kann man ihm sicherlich nicht unterstellen. Seine Regierung erlaubt und fördert sogar die Wiedereröffnung jahrzehntelang geschlossener Kirchen. Am Van-See finden in einer armenischen, in Mardin in einer syrisch-orthodoxen Kirche wieder Gottesdienste statt. Im Sommer 2020 eröffnete der türkische Präsident das christliche Felsenkloster Sümela am Schwarzen Meer nach einer Komplettrestaurierung wieder als Museum.

In der Hagia Sophia sind nach einer Visite durch UNESCO-Kontrolleure inzwischen die meisten zunächst verhüllten Fresken wieder vorhanglos und jetzt eintrittsfrei zu bestaunen. Nur das berühmteste Kunstwerk, das Marien-Mosaik in der Apsis von 867, ist weiterhin mit großen Stoffbahnen verhängt, weil es in Blickrichtung der muslimischen Gläubigen liegt. Und das, obwohl Maria – türkisch *Meryem* – als Mutter des Propheten Jesu (*Isa*) eigentlich auch von Muslimen verehrt wird.

46. Grund

Weil schon James Bond durch den unterirdischen Säulendom der Yerebatan-Zisterne unter der Hagia Sophia ruderte

Eine bedrohliche Nachricht bestürzte im Dezember 2020 Liebhaber der Istanbuler Altstadt. Die *Yerebatan*-Zisterne schwebe in »unmittelbarer Gefahr, bei einem Erdbeben zusammenzubrechen«, meldeten türkische Medien. Das Problem sei während der vier Jahre zuvor begonnenen Restaurierungsarbeiten entdeckt worden. Die Eisenträger zur Verbindung der Säulen, die vor rund 100 Jahren eingezogen wurden, seien schwer korrodiert. Mit der Zisterne aber sei auch das gesamte Altstadtgebiet über ihr einsturzgefährdet. »Wir müssen ihre Sicherheit so schnell wie möglich gewährleisten«, sagte der Antikenbeauftragte Istanbuls, Oktay Özel.

Wer die Zisterne besucht, betritt eine mysteriös wirkende Wunderwelt im Halbdunkel, deren purpurrote Aura von Backsteinmauern und Gewölben mit Hallgeräuschen verstärkt wird. Über der Zisterne befand sich ursprünglich eine Basilika, woraus sich auch der Name Basilika-Zisterne ableitet. Auf Türkisch als *Yerebatan Saray* (Basilika-Palast) oder *Batık Saray* (versunkenes Schloss) bekannt, ist sie die vielleicht spektakulärste Sehenswürdigkeit der Metropole.

Das alte Byzanz hatte zahlreiche Wasserspeicher, da man auf der historischen Halbinsel selbst kein Trinkwasser fand. Der byzantinische Kaiser Justinian ließ ab 532 mit der Hagia Sophia die größte

Kirche und direkt gegenüber die größte Zisterne Konstantinopels errichten. Die Yerebatan-Zisterne fasste 80.000 Kubikmeter Trinkwasser und wurde jahrhundertelang über zwei Aquädukte aus dem 20 Kilometer entfernten Belgrader Wald gespeist. Sie diente der Wasserversorgung des großen Kaiserpalastes. Nachdem sie in Vergessenheit geraten war, wurde sie im 16. Jahrhundert von dem Reisenden Pierre Gilles wiederentdeckt. Der Franzose hatte beobachtet, dass die Leute mit Eimern Wasser aus Löchern in ihren Kellern zogen und sogar Fische angelten. Er ging der Sache buchstäblich auf den Grund – und fand die Zisterne.

Eine kleine Treppe führt hinab, dann öffnet sich eine riesige unterirdische Halle. Der Boden ist von knietiefem Wasser bedeckt, in dem Karpfen schwimmen. Die Besucher werden auf Holzstegen durch den 143 Meter langen und 65 Meter breiten Raum geführt, dessen Ziegelgewölbe von 336 hohen Marmorsäulen getragen wird. Die bis zu acht Meter hohen Pfeiler bilden einen Säulendom mit einer Fläche von 9800 Quadratmetern. Zahlreiche Legenden ranken sich um die Anlage. So sollen die Tropfenmotive der sogenannten »Augensäule« von den 7000 Sklaven stammen, die für den Bau schufteten und von denen Hunderte dabei starben. Berühmt sind zwei riesige Medusenköpfe in der hinteren linken Ecke. Einer steht auf dem Kopf, der andere liegt auf der Seite. Sowohl ihre Positionen als auch ihre Herkunft geben bis heute Rätsel auf. Der Legende nach verwandelte Medusas Blick jeden, der sie ansah, in Stein. Um die unheilvolle Wirkung aufzuheben, wurden Medusenköpfe oft in seitlicher oder umgedrehter Lage dargestellt. In der Yerebatan-Zisterne wird die Drehung der wohl aus einem Medusentempel stammenden Marmorhäupter auch als Zeichen der Abkehr von den heidnischen Überzeugungen der Römer interpretiert.

Die spätantike Zisterne hat sich als exotischer Handlungsort in die Literatur- und Filmgeschichte eingebrannt. Mark Twain beschrieb ihre Wirkung in seinem Reisebestseller *Die Arglosen im Ausland*: »Man befindet sich 40 Fuß unter der Erde und inmitten einer perfekten Wildnis aus hohen, schlanken Granitsäulen byzantinischer Architektur.« In Jackie Chans *Spion wider Willen* (*The Accidental Spy*, 2001) und der Verfilmung des Dan-Brown-Bestsellers *Inferno* mit Tom Hanks 2016 spielt die Zisterne eine tragende Rolle. Wie zu befürchten war, schlachtete auch die klischeehafte ARD-Krimiserie *Mordkommission Istanbul* den Wasserspeicher als Drehort aus.

Keine künstlerische Umsetzung aber steht so stark im Zeichen der magischen Zisterne wie der berühmte James-Bond-Film *Liebesgrüße aus Moskau* (*From Russia with Love*, 1963), der überwiegend am Bosporus spielt und in Cinemascope-Farben unvergessliche Bilder Istanbuls vor der großen Migrationswelle darbietet. Mit einem Ruderboot und dem Bond-Girl Daniela Bianchi erkundet der Agent ihrer Majestät den Wasserspeicher, bis er zwischen unheimlichen Schatten und grauslichem Medusenhaupt an der Rückwand einen geheimen Gang entdeckt, der ihn direkt ins Büro der Verbrecherorganisation S.P.E.C.T.R.E. führt.

Nach dem weltweiten Erfolg des Bond-Thrillers wurde die Yerebatan-Zisterne gründlich renoviert, mit Holzstegen versehen und 1987 fürs breite Publikum geöffnet. Damals hatte der Untergrundpalast schon 15 Jahrhunderte ohne massive Schäden überdauert. Selbst bei einem verheerenden Erdbeben Ende des 19. Jahrhunderts stürzte nur ein gutes Dutzend der Säulen um. Zu jener Zeit sorgten noch uralte Holzstreben zwischen den Kapitellen für Stabilität, die dann zu Atatürks Zeiten durch Eisenträger ersetzt wurden und anschließend vor sich hin rosteten. Es sind diese Strukturen, die den Fachleuten jetzt Sorgen bereiten und durch rostfreie Stahlstreben mit einer Art Stoßdämpfer ausgetauscht werden, denn jederzeit kann wieder ein schweres Erdbeben die 17-Millionen-Metropole erschüttern.

47. Grund

Weil die Osmanischen Gärten Istanbuls einen einzigartigen Blick in die Vergangenheit erlauben

Den schönsten Blick auf die Osmanischen Gärten in Istanbul hat man von der alten byzantinischen Stadtmauer, deren Krone teilweise begehbar ist. Man schaut hinunter auf eine Vergangenheit, uralt und doch lebendig: Gärtner pflanzen hier mitten in der Metropole Tomaten, Gurken und Salat an und ernten die Früchte der Feigenbäume. Aus den Steinbrunnen aus osmanischer Zeit fließt Wasser durch ein Schachbrettmuster aus Gemüsebeeten. »Das System ist älter als 1500 Jahre. Diese Kontinuität ist einzigartig in Europa«, sagt der Historiker Günhan Börekçi von der Istanbul-Universität. »Die Osmanischen Gärten sind eine der wenigen urbanen Agrarlandschaften innerhalb alter Stadtmauern und gehören seit 1985 zum UNESCO-Weltkulturerbe.« Seit der byzantinische Kaiser Theodosius II. die Mauer errichten ließ, wurde hier Gemüse und Obst angebaut. Die Osmanen bewahrten die Gärten, denn direkt an der Stadtmauer sollten zum Schutz vor Feuer keine Häuser errichtet werden.

Das Weltkulturerbe ist bedroht. 2013 ließ die Stadtverwaltung etwa ein Drittel der Gärten zugunsten eines geplanten Parks einebnen. Es ging um Immobilienspekulationen. Aber Bürgerproteste bewirkten, dass die Bagger nicht noch weiter wüteten. Der größere, außerhalb der Mauer liegende Teil der Osmanischen Gärten zeigt sich weiterhin in alter Pracht, und die Produkte der Gärtner können erworben werden: Gurken, Tomaten, Kartoffeln, Pfefferschoten, Kohl, Artischocken, Zucchini, Zwiebeln, Petersilie, Feigen. Besonders berühmt sind der grüne Salat und die »osmanische Pfefferminze«. Sie sind frischer und billiger als im Supermarkt.

Dass der brutale Umgang mit den Marktgärten 2013 überhaupt jemanden aufregte und zur vorläufigen Rettung der Gärten führte, ist wesentlich Aleksandar Sopov zu verdanken. Der schlaksige Mittdreißiger aus Nordmazedonien war Doktorand der Agrargeschichte an der amerikanischen Harvard-Universität und schrieb seine Dissertation über die Osmanischen Gärten in Istanbul. In den Osmanischen Archiven der Stadt hatte er Dokumente ausgegraben, die die historische Einzigartigkeit der Gärten belegten. »Es gab hier im 18. Jahrhundert 344 Gärten, 1300 Menschen arbeiteten darin und versorgten ganz Konstantinopel mit Obst und Gemüse«, erläutert er.

Aleksandar Sopov kann viel erzählen über die Geschichte der Istanbuler Gartenlandschaft, die der französische Philosoph Voltaire als »Paradies« besang und in denen landwirtschaftliche Methoden von Generation zu Generation weitergegeben wurden. »Albaner, Mazedonier, Armenier, zuletzt Türken vom Schwarzen Meer haben hier das Land bestellt«, sagt Sopov. »Ihre Kunden wohnen hier in der Nachbarschaft. Werden sie vollständig vertrieben, gehen wertvolle Informationen über eine jahrhundertelange agrartechnische Entwicklung verloren.« Noch sind die seit Hunderten von Jahren bestehenden Osmanischen Gärten nicht völlig verloren. Wer kann, sollte sie besuchen – solange es sie gibt.

48. Grund

Weil es ein Abenteuer ist, mit dem Metrozug Marmaray den Bosporus zu unterqueren

Sie wollten schon immer mal von einem Kontinent zum anderen mit der Bahn unter Wasser fahren? Voilà – es gibt einen Ort auf der Welt, wo das möglich ist: in Istanbul. Im Oktober 2013 legten Arbeiter nach fast zehn Jahren Bauzeit letzte Hand an ein türkisches »Jahrhundertprojekt«. Zum 90. Jahrestag der türkischen Republikgründung weihten der damalige Ministerpräsident Erdoğan und Staatspräsident Abdullah Gül den »*Marmaray*-Tunnel« ein, der Europa und Asien unterseeisch verbindet. Das Wort *Marmaray* vereint den

Begriff »Marmarameer« und das türkische Wort für Schiene, *Ray*, denn genau genommen unterquert der Zug nicht den Bosporus, sondern das Marmarameer. Das Bauwerk zählt zu den international größten Infrastrukturprojekten der vergangenen Jahre. Lustigerweise wurde es zur Eröffnung mit Plakaten beworben, die einen Slogan der Gezi-Bewegung vom selben Jahr neu interpretierten. Statt »Überall Taksim, überall Widerstand« stand darauf: »Überall Metro, von überall Metro.«

Den Traum vom Eisenbahntunnel unter dem Bosporus träumte schon das Osmanische Reich im 19. Jahrhundert. Die Passagiere des legendären Orient-Express mussten mit der Fähre vom europäischen zum asiatischen Teil Istanbuls übersetzen, wenn sie weiter Richtung Bagdad fahren wollten. Erste konkrete Pläne für einen Tunnel unter der Meerenge gab es 1891, doch die Ingenieure kapitulierten vor den technischen Herausforderungen und den immensen Kosten des Projekts. Erst Erdoğan verwirklichte den Bau des tiefsten je im Wasser versenkten Eisenbahntunnels der Welt, der eigentlich schon 2009 fertig sein sollte. Doch als die Arbeiter nahe der Istanbuler Altstadt mit der Ausschachtung begannen, stießen sie auf steinzeitliche Gräber und einen kompletten byzantinischen Hafen mit 30 versunkenen Schiffen. Der spektakuläre Fund am Yenikapı-Bahnhof verzögerte das Projekt um vier Jahre. Wegen der extremen Erdbebengefahr in Istanbul wurden elf 18.000 Tonnen schwere Teilstücke einer Doppelröhre aus Beton versenkt und so raffiniert miteinander verbunden, dass sie auch starke Erdstöße verkraften sollen. Bei den bisherigen kleineren Beben zeigten sie jedenfalls keine Schwächen.

Man kann das Abenteuer entweder im Bahnhof Sirkeci auf der europäischen oder in Üsküdar auf der asiatischen Stadtseite beginnen. In den glitzernden, mit viel edlem Stein verkleideten Stationen geht es auf Rolltreppen tief hinab bis auf 62 Meter unter dem Meeresspiegel. Die Fahrt in den blitzsauberen, hellen Metrowaggons dauert nur vier Minuten, und ihr besonderer Reiz entstammt dem

Wissen, dass über der 1,4 Kilometer langen Röhre aus Stahl und Beton das Wasser des Bosporus mit einem enormen Druck lastet. Diese ingenieurtechnische Meisterleistung hatte die türkische Regierung damals einem japanisch geführten Konsortium übertragen, weil dort das Know-how im Tunnelbau und der Erdbebenvorsorge zusammentraf. Inzwischen befördert die Bahn rund eine Million Passagiere täglich unter dem Marmarameer. Seit Fertigstellung der kompletten Linie 2019 verbindet *Marmaray* den Westen Istanbuls mit ihrem äußersten Südosten auf einer Länge von 77 Kilometern und mit 43 Stationen. Wer die Strecke komplett abfährt, ist dann mehr als anderthalb Stunden unterwegs. Sie hat Anschluss an das Schienennetz nach Wien einerseits und Ankara bis in den Iran andererseits. Wer es gemütlicher mag, der kann immer noch aufs Wasser ausweichen. In Üsküdar legen die Fährschiffe im Fünfminutentakt an und ab wie seit Jahrzehnten.

49. Grund

Weil Regenbogentreppen Istanbuls Instagram-Spot Nummer eins wurden

Ende August 2013 machte ein Foto aus Istanbul Karriere in den sozialen Netzwerken. Darauf eine steile Betontreppe in Beyoğlu, die von der Uferstraße am Bosporus den Hügel hinaufführte. Es gab in der Gegend mindestens fünf solcher Treppen in bröckelndem Zustand, zerrüttet von den Istanbuler Winden und Wettern und Bauarbeitern. Touristen bemerkten die Treppen gar nicht, weil sie sie nicht benutzten – das taten nur Anwohner wie wir, die keine Wahl hatten. Plötzlich aber strahlte eine Treppe statt in Rost- und Graubraun in Regenbogenfarben wie eine riesige LGBTI-Fahne mitten in der Stadt. Es war eine Art Guerilla-Kunst-Projekt. Niemand hatte es erwartet, aber alle liebten es.

Als Fotos des neuen Anstrichs die sozialen Medien überschwemmten und schließlich auch die »alten« Medien erreichten, gerieten die Bezirkspolitiker der AKP in Wallung: Farben in der Stadt – lag da kurz nach den Gezi-Protesten wieder Rebellion in der Luft? Und apropos Regenbogen – war das nicht das Symbol von *ayıp* (unschicklichen) Homosexuellen und Transvestiten? Im Rathaus von Beyoğlu wurde entschieden: »Das Farbmonster muss weg! Es ist illegal!« Drei Tage später hatte sich der farbige Treppen-Schwan wieder ins graue Bröckelbeton-Entlein zurückverwandelt.

Inzwischen hatten die Zeitungen herausgefunden, wer die 145 Stufen bunt angemalt hatte: Hüseyin Çetinel, ein 64-jähriger verheirateter Anwohner, der sich (wie wohl alle im Viertel) seit Jahr und Tag darüber ärgerte, dass die Treppen immer weiter verfielen. Er hatte einfach umgerechnet 700 Euro in frische Farbe investiert und sich mit seinem Schwiegersohn ans Werk gemacht. »Ich habe 40 Kilo Farbe gekauft und gestrichen. Das war's«, sagte der pensionierte Forstingenieur der *Hürriyet*. Von LGBTI wisse er nichts. »Ich habe es nicht für eine Gruppe oder als eine Form von Aktivismus getan. Ich wollte ein Lächeln auf die Gesichter der Leute zaubern.« Das war ihm geglückt.

Nach der Zerstörung seiner Arbeit wurden neue Twitter-Hashtags namens *#direnmerdiven* oder *#resiststeps* tausendfach angeklickt. Tausende Regenbogenbrückenfotos wurden zum Sinnbild für den Konflikt zwischen farbenfrohem Pluralismus der Zivilgesellschaft und »grauer« türkischer Politik. Und Hüseyin Çetinel kommentierte: »Woher kommt dieses Grau? Hatten wir ein neues Pompeji und wurden mit Asche überschüttet?«

Spätestens seit den Ereignissen im Gezi-Park wusste man, dass Bürgernähe nicht zu den Primärtugenden der damaligen Istanbuler AKP-Stadtregierung gehörte. Vielleicht aus Angst, im Farbkonflikt einen neuen Brandherd öffentlicher Unruhe zu entfachen – der Bezirksbürgermeister stellte sich also vor die Kameras, erklärte seine persönliche Betroffenheit und versprach, dem Bürgerwillen zu folgen. Und so kam es. Nur einen Tag später glänzten die Stufen wieder bunt wie der schönste Pfau. Bezirksvorsteher Demircan verkündete stolz: »Das hat die Regierung veranlasst, weil die Bürger sich mehr Farbe im Viertel wünschen.« Dann folgte eine charmante Erklärung, wie sie wohl nur in der Türkei denkbar ist: »Einer unserer Bürger traf eine Entscheidung und bot Beyoğlu dieses wunderbare Projekt an. Leider machte er einen methodischen Fehler. Nicht nur stellte er keinen Antrag beim Bezirk, er informierte auch die Anwohner nicht über sein Vorhaben.« Einen Antrag im Bezirk? Egal. Das Ergebnis zählte. Aber es kommt schon darauf an, *wer* den Treppenzustand bekrittelt und *wer* dann die Farbe verstreicht. Der Farb-Initiator Hüseyin Çetinel stellte klar: »*Wir* sind die Anwohner. Es sind *unsere* Treppen.«

In Istanbul, Ankara, Izmir, *Diyarbakır,* Eskişehir und anderen Städten – überall färbten sich nun graue Treppen, Stufen und sogar Straßenpoller in den Farben des Regenbogens. Als die Farbe dem Istanbuler Wetter nicht mehr gewachsen war und abzublättern begann, ließ der Bürgermeister sie sogar durch permanente Regenbogenkacheln ersetzen. Inzwischen sind die Regenbogentreppen von Beyoğlu zu einem international bekannten Fotospot für Traveller geworden. Eine britische Bloggerin warnte ihre Follower ausdrücklich vor *Pinterest*-bedingter Überfüllung: »Die Treppen sind ein sehr beliebter Stopp in der Stadt. Stellt euch auf Menschenmassen ein! Möglicherweise müsst ihr warten, bis ihr fürs Foto an der Reihe seid.« Hüseyin Çetinel kann stolz auf sich sein. Die Regenbogentreppen zaubern täglich ein Lächeln auf die Gesichter der Menschen.

50. Grund

Weil die osmanischen Yalıs Höhepunkte jeder Bosporus-Rundfahrt sind

Der Albtraum aller Einwohner Istanbuls, die am Ufer des Bosporus leben, wurde am 7. April 2018 wahr. Da geriet ein 225 Meter langes Frachtschiff außer Kontrolle und krachte in ein historisches Gebäude, direkt unter der zweiten Bosporus-Brücke. »Es war wie in einem Horrorfilm«, sagten Anwohner. Ein Internetvideo zeigte, wie Personal und Gäste des benachbarten Restaurants panisch ins Freie rannten.

Der Bosporus, der Europa von Asien trennt und das Schwarze Meer mit dem Marmara-Meer verbindet, zählt zu den am stärksten befahrenen Meerengen der Welt. Die Navigation ist wegen scharfer Windungen und starker Strömung schwierig. Immer wieder kommt es zu Unfällen und Havarien manövrierunfähiger Schiffe inmitten der 17-Millionen-Metropole.

Laut türkischen Medienberichten machte ein Motorschaden den maritimen Koloss manövrierunfähig. Glück im Unglück: Bei dem unter maltesischer Flagge fahrenden Frachter *Vitaspirit* handelte es sich nicht um einen Öltanker – er hatte Gerste geladen –, und es wurden keine Menschen verletzt. Die *Vitaspirit* bohrte sich bugwärts mit voller Wucht in die blutrot gestrichene Holzvilla aus osmanischer Zeit. Die *Hekimbasi Salih Efendi*-Villa auf der asiatischen Bosporusseite unter der Fatih-Sultan-Mehmed-Brücke war zuletzt unbewohnt, aber inklusive Hamam, Harem, Empfangs- und Brautzimmer ausgestattet mit originalem Mobiliar des 19. Jahrhunderts. Sie wurde für Hochzeitsfeiern und Konzerte vermietet und als Schauplatz türkischer Fernsehserien genutzt.

Das Haus war Teil einer Reihe luxuriöser Anwesen, sogenannter *Yalıs*, prachtvolle Sommerresidenzen mit Front zum Wasser und eigener Anlegestelle, die sich osmanische Würdenträger seit dem

17. Jahrhundert errichten ließen. Bis in die Mitte des 20. Jahrhunderts bewahrte der Bosporus noch seine Eigenschaft als *Safiye*, als Sommeraufenthaltsort. Danach sind die meisten osmanischen Yalıs Einsturz, Feuer und Bodenspekulation zum Opfer gefallen und anders als die großen osmanischen Sultanspaläste *Topkapı*, *Dolmabahçe* oder *Beylerbeyi* der Öffentlichkeit nicht zugänglich. Farbenprächtig gestrichen verliehen sie einst den Bosporusufern einen fröhlichen, karnevalesken Look.

Doch von Hunderten Yalıs hat gerade ein Dutzend mit der originalen Substanz überlebt, dem Denkmalschutzgott sei's geklagt. Jedes noch existente Yalı ist daher ein kostbarer Schatz und eine Erinnerung an die Zeit, als Konstantinopel eine hölzerne Stadt am Wasser war. Kostbar im Wortsinn: Das elegante *Erbilgen Yalı* wurde 2015 für 100 Millionen Euro verkauft, die teuerste je veräußerte Immobilie der Türkei und fünftteuerste der Welt laut damaliger *Forbes*-Liste. Ein Grund für den hohen Preis: Die 1887 erbaute dreistöckige Villa besitzt einige vergoldete Wände. Das glanzvolle *Sadullah Paşa Yalısi* aus dem späten 18. Jahrhundert gilt als ein »Kronjuwel osmanischer Bauweise« und wurde zu ewigem Ruhm im Istanbuler Freizeitpark *Miniatürk* originalgetreu als Miniatur nachgebaut.

Ausgerechnet die *Hekimbasi Salih Efendi*-Villa, deren Immobilienwert vor der Schiffskollision auf rund 18 Millionen Euro geschätzt wurde, war ein für Touristen erreich- und begehbares Museums-Yalı. Es gibt aber zumindest ein weiteres hölzernes Yalı aus dem 19. Jahrhundert, das man besuchen kann, denn es wurde von seinem Eigentümer, dem 1996 verstorbenen türkischen Großunternehmer Vehbi Koç, zum Andenken an seine Frau in ein Museum umgewandelt: das *Sadberk Hanım Museum* (Frau Sadberg Museum) im Bosporus-Vorort Sariyer. Nach zweijähriger Restaurierung öffnete es im Oktober 1980 erstmals seine Türen der Öffentlichkeit. Der Besuch lohnt allein wegen der hellen, luftigen Räume mit Parkettboden, Holztreppen, handgemalten Marmorkopien an den Wänden und kostbaren Empiremöbel. Die Ausstellung eindrucksvoller Antiken und osmanischer

Kostüme auf drei Stockwerken entführt den Besucher in die Vergangenheit, als noch viele Yalıs den Bosporus säumten.

51. Grund

Weil der Topkapı-Palast so geheimnisvoll ist

In Eric Amblers Roman *Topkapi*, der 1964 mit Melina Mercoury, Peter Ustinov und Maximilian Schell verfilmt wurde, rauben drei Einbrecher den mit drei großen Smaragden bestückten *Topkapı*-Dolch aus dem gleichnamigen Osmanen-Palast an der Spitze der historischen Halbinsel Istanbuls und werden kurz darauf erwischt. Im echten Leben blieb das wertvolle Stück an seinem Platz und kann im Museum der historischen Festung bestaunt werden. Ihren Namen, der auf Deutsch »Kanonentorpalast« bedeutet, verdankt die einstige »verbotene Stadt« des *Topkapı Sarayi* einer früheren Artilleriestellung, mit der Angreifer von der Seeseite bestrichen werden konnten. Der Eroberer Istanbuls, Fatih Sultan Mehmed II., hatte die Idee, genau an der Stelle der Akropolis aus byzantinischer Zeit, am schönsten Ort Konstantinopels, seinen Hauptpalast zu errichten, was er 1459–65 in die Tat umsetzte. Vom übrigen Teil der Stadt trennte ihn die (weitgehend erhaltene) Festungsmauer, die vom Goldenen Horn bis zum Marmarameer verlief. Auf der Landseite reihen sich an der Mauer noch einige alte Holzhäuser aus dem 19. Jahrhundert, die den zahlreichen Feuersbrünsten in der Istanbuler Altstadt entgingen und renoviert wurden. Gegen Gefahren von der Wasserseite schützten die von den Byzantinern erbauten Wehranlagen entlang der Küste.

Hier an der Spitze Alt-Konstantinopels residierten die osmanischen Herrscher vier Jahrhunderte lang auf einer Grundfläche doppelt so groß wie der Vatikan, bevor Sultan Abdülmecid 1853 seinen Sitz an den Bosporus ins *Dolmabahçe*-Schloss verlegte. Wer aber im

Topkapı Sarayı – dem Vorbild aller Haremsfantasien Europas – ein architektonisches Traumschloss wie die Alhambra in Granada erwartet, wird enttäuscht werden. Aber der *Topkapı Sarayı* hat seinen eigenen Charme. Das Gelände wirkt wegen seiner vielen Spitz- und Runddächer wie eine große, zu Stein erstarrte Zeltstadt inmitten grüner Gärten, ein höfisches Feldlager wie auf zeitgenössischen Miniaturen. Einst lebten hier bis zu 4.000 Menschen, darunter Mitglieder des Herrscherhauses, höhere Verwaltungsbeamte, Bedienstete und Soldaten. Alles ist sehr weitläufig, die Bauten sind locker über das Gelände verteilt (viele der ursprünglich vorhandenen Holzhäuser fielen 1857 einem Großbrand zum Opfer).

Heute sind die Sammlungen und Schätze der osmanischen Herrschaft in Hunderten von Räumen zu bestaunen, neben dem berühmten Dolch kostbare chinesische Vasen oder hinter Panzerglas gesicherte Reliquien des Propheten Mohammed (Barthaar und Fußabdruck) – und nicht zuletzt: der Harem. Dieser einst verbotene und geheimnisumwobene Wohnbezirk der Haremsdamen und ihrer Kinder ist ein verschlungenes Labyrinth von Gängen, Treppen, Gärten, Bädern, Prunkgemächern und Salons.

Das *Topkapı*-Haupttor, die wuchtige Imperiale Pforte (*Bab-i-Hümayun*), stand Tag und Nacht offen für alle, die im ersten Hof Anliegen vorbringen oder Geschäfte abwickeln wollten. Dieser Hof war Kommunikationszentrum zwischen Herrscher und Untertanen und zugleich Wirtschaftszentrale des Palastes. Im Hof standen früher auch die Kasernen der Janitscharen, der Elitetruppe der Armee, und die alte Münze, in der die Osmanen ihr Silbergeld prägen ließen. Letztere ist heute eine Mischung aus Technikmuseum und Ausstellungsgelände mit einem hübschen Café.

Aus dem ersten »öffentlichen« Hof führt das »Tor des Friedensgrußes« (*Bab-üs-Selam*) durch eine massive Mauer mit Türmchen und Schießscharten in den eigentlichen abgeschlossenen Palastkomplex, zunächst in den riesigen, mit Zypressen und Platanen bestandenen zweiten Hof. Hier befand sich die Regierungszentrale des Osmanischen Weltreiches, wobei der zwar mit Blattgold reich geschmückte, trotzdem eher schlicht wirkende Versammlungsraum des *Diwan* (Staatsrats) mit drei überkuppelten Räumen, der Kanzlei und dem Amtsraum des Großwesirs einen eigentümlichen Gegensatz zu seiner überragenden politischen Bedeutung bildet. Viermal wöchentlich trat der *Diwan* zusammen, um Verwaltungsangelegenheiten des Reiches zu regeln oder als Gericht zu fungieren, während der Sultan aus einer Geheimkammer zuschauen konnte. Dann füllte sich der Hof regelmäßig mit bis zu 5000 prächtig gekleideten Würdenträgern und Janitscharen, zu besonderen Feiertagen sogar doppelt so vielen. Und alle wahrten totale Stille, stundenlang – eine Eigenheit, die ausländische Reisende immer wieder erstaunt bezeugten.

In diesem Hof liegt auch der größte zusammenhängende Komplex des *Saray* hinter einer langen Kolonnadenfront: die eindrucksvollen, vom berühmten Hofarchitekten Mimar Sinan 1574 nach einem Brand neu errichteten Palastküchen in zehn großen Kuppelsälen mit zugehörigen Gebetsräumen, Bädern, Quartieren, Geschirr- und Speisekammern. Mehrere Hundert Köche, Küchenjungen, Speisemeister, Essenträger, Konditoren, Vorkoster, Holz- und Wasserträger sorgten für die Verköstigung Tausender Personen. Noch heute können in einem der Räume die damals verwendeten riesigen Töpfe und Kessel besichtigt werden.

52. Grund

Weil der Harem im Topkapı-Palast europäische Fantasien beflügelte

Durch das *Bab-üs-Saadet* (Tor der Glückseligkeit) gelangen Besucher in den dritten, den spannendsten Hof des Serails. Er beherbergt den am dichtesten bebauten Teil des Palastes, den Wohnbezirk der

Sultansfamilie, der für alle Außenstehenden, insbesondere Männer, *haram* war. Das Wort kommt aus dem Arabischen und heißt »unzugänglich«, »verboten«. Nichts anderes bedeutet der Begriff »Harem«, der in Europa einst die wildesten, oft erotischen Fantasien beflügelte. Das wahre Leben hinter den Haremsmauern konnte durchaus wild sein, aber anders, als es sich westliche Literaten und Künstler meist ausmalten. Denn im sogenannten »Haus der Glückseligkeit« (*Dar-ı-Saadet*) tobten oft grimmige Kämpfe: um die Gunst des Sultans, um den Platz in der Hierarchie – und um Leben und Tod.

Heute bezaubern vor allem die weiten Panoramen, die sich auf den Bosporus und das Goldene Horn öffnen, wenn man aus den Fenstern der Prinzenmütter-Suiten im oberen Stock schaut – wobei die Fensterrahmen auf Kissenhöhe hängen, denn damals saß man nicht auf Stühlen, sondern kostbaren Teppichen und Kissen. Sultan Mehmed II. der Eroberer hatte das *Topkapı Sarayı* nach der Einnahme Konstantinopels 1453 ursprünglich vor allem als Sitz der Reichsregierung konzipiert. Zur Wohnstatt der Herrscherfamilie wurde es erst, als die *Roxelane* genannte Lieblingsfrau des Sultans Süleyman des Prächtigen (1520–1566) den Umzug des kompletten Harems ins *Topkapı Sarayı* verlangte. Die berühmteste aller Haremsdamen, Tochter eines polnischen Priesters und ehemalige Sklavin, setzte den Bau des neuen Wohnbezirks durch, nachdem der alte Wohnpalast abgebrannt war.

In dem mit kostbaren *Iznik*-Fliesen und Arabesken dekorierten Wohnbezirk lebten Hunderte von Frauen und Mädchen, bewacht von der Hoftruppe der von Menschenjägern verkauften *Baltacıler* oder »Schwarzen Eunuchen«. Den Frauen war strikt verboten, den Harem zu verlassen. Abgesehen von den Töchtern, Schwestern und (seltenen) Ehefrauen des Sultans waren sie alle Sklavinnen, überwiegend aus den christlichen Provinzen des Reiches, da der Islam es verbietet, Muslime zu versklaven. Je größer und luxuriöser die Räume, desto höher die Stellung der Bewohnerinnen. Nur einige

Frauen oder Konkubinen hatten das Vorrecht einer eigenen Suite, viele wohnten in kargen Gemeinschaftsschlafsälen. Sie genossen zwar eine höfische Ausbildung in Islam, Lesen und Schreiben, Musik und Tanz, doch die wenigsten bekamen den Sultan jemals zu Gesicht.

Als Hofstaat trug der Harem von Anfang an auch einen politischen Keim in sich, der im »Sultanat der Frauen« im 16. und 17. Jahrhundert wirksam wurde. Denn die *Valide Sultan* – die Mutter des Sultans – hatte nicht nur im Harem das Sagen und bewohnte die prachtvollsten Gemächer, sie beriet den Herrscher auch in Regierungsfragen und musste zudem eine Meisterin der Intrige sein. Im Harem kämpften die Hofdamen um Einfluss und den Aufstieg ihrer Söhne zum Sultan, ließen Rivalinnen oder andere Prinzen beseitigen. Im 16. Jahrhundert war es am Hof sogar noch üblich, dass der neue Sultan sämtliche anderen Söhne des verblichenen Herrschers töten ließ. Mehmed der Eroberer hatte bestimmt: »Und jedem meiner Abkömmlinge ist es, wenn er das Sultanat erlangt, im Hinblick auf die Ordnung der Welt gestattet, seine Brüder zu töten.« Diese Regel schaffte Ahmed I. (1603–1617) ab und ließ stattdessen die »Prinzenkäfige« einrichten, Suiten mit vergitterten Fenstern für die unglücklichen Herrschersöhne. Lebenslänglich.

53. Grund

Weil die Bosporuspaläste vom Glanz des Osmanischen Reiches künden

Für die letzten Jahrzehnte ihrer Herrschaft zogen die Sultane in glanzvolle Paläste am Bosporus. Der *Dolmabahçe*-Palast (*Dolmabahçe Sarayı*) in der Neustadt jenseits des Goldenen Horns sollte ein architektonisches Sinnbild für die Macht des zunehmend nach Europa orientierten Osmanischen Reiches werden. Architektur und

Einrichtung mit dem kostbaren Kristallgeländer der Freitreppe und Blattgolddecken in den Salons zeugen vom repräsentativen Luxus. Der Bauherr Abdülmecid I. orientierte sich vor allem an Frankreich, und so ist das Gebäude eine Synthese aus osmanischen Elementen und sehr viel »Neo«: Neobarock, Neorokoko und Neoklassizismus. Abgesehen von den riesigen Seidenteppichen kam die gesamte Einrichtung aus Europa: Seidenvorhänge aus Lyon, Kerzenständer aus England, Sèvres-Vasen, venezianisches Glasgeschirr, böhmische Kristalllüster. Nach 13-jähriger Bauzeit zog der Sultan 1856 mit seinem gesamten Hofstaat in seinen neuen Palast auf dem Gelände des »aufgeschütteten Gartens« (*dolma bahçe*) einer früheren Sommerresidenz. Wie im *Topkapı* gab es Gemächer für die Haremsdamen, die Eunuchen und mehrere Hamams. Nach dem Ende des Imperiums diente das Prunkschloss als Istanbuler Residenz des türkischen Präsidenten. Am 10. November 1938 starb hier Mustafa Kemal Atatürk – sein Sterbezimmer ist fester Teil einer Besichtigung.

Vom *Dolmabahçe*-Palast ist es nur ein kurzer Spaziergang entlang der – allerdings von Dauerstau geplagten – Uferstraße zum *Çırağan*-Palast (*Çırağan Sarayı*), ein Mitte des 19. Jahrhunderts im westlich-imperialen Stil mit Marmorsäulen, ionischen Kapitellen und Marmorbrüstungen errichtetes Prunkschloss, das während der Bauphase einen architektonischen Stilwechsel hin zum Arabischen vollzog. Auch dadurch schnellten die Kosten ins Unermessliche und trugen erheblich zu dem sich abzeichnenden Staatsbankrott des Osmanischen Reiches bei. Einige Jahre nach der Fertigstellung hielt Sultan Abdülhamid II. seinen Bruder Murad, den rechtmäßigen, aber geisteskranken Thronerben, mitsamt Familie im *Çırağan*-Palast gefangen. Anfang der 1990er-Jahre wurde der zur Ruine gewordene Palast umfassend restauriert und beherbergt heute das Fünfsternehotel *Kempinski*, das luxuriöseste Ziel von Hochzeitsfeiern am Bosporus. Über die Gartenanlagen blickt man auf die Meerenge, wo die Schiffe auf dem Weg zwischen Schwarzem Meer und Goldenem Horn langsam vorbei- und hoffentlich nicht hineinrauschen.

Auch auf der gegenüberliegenden asiatischen Bosporusseite ließen die Sultane zu Beginn des 19. Jahrhunderts ein Schmuckstück neobarocker Baukunst errichten: den *Beylerbeyi*-Palast (*Beylerbeyi Sarayı*) mit sechs großen Sälen und 24 Zimmern. Der Grundriss mit strenger Trennung der Gemächer von Männern (*Selamlik*) und Frauen (*Harem*) sowie Küche im Keller folgte dem traditionellen Plan osmanischer Häuser, die Ausstattung aber war europäisch. Es war Sommerresidenz und beherbergte wichtige ausländische Gäste wie Kaiser Joseph von Österreich-Ungarn, Schah Nasreddin von Iran oder Kaiserin Eugenie von Frankreich. In zwei kleinen Kiosken am Pier, *Kusluklar* (Vogelhäuser) genannt, tranken die Sultane Kaffee und beobachteten die vorbeiziehenden Schiffe. Sultan Abdülaziz lebte hier bis zu seinem gewaltsamen Tod durch Palastverschwörer 1876. Auch sein Nachfolger, Sultan Abdülhamid II., der im *Beylerbeyi Sarayı* nach dem Putsch der Jungtürken 1912 Zuflucht suchte, starb 1918 in einem Raum im Obergeschoss, den man nach vorheriger Anmeldung ebenso besichtigen kann wie die Schlossgärten und den historischen Blauen Saal. Mustafa Kemal Atatürk lud dort zur ersten Weltfrauenkonferenz im Jahre 1935.

Der vierte osmanische Bosporuspalast ist in seiner heutigen Gestalt wieder dem *Dolmabahçe*-Erbauer Abdülmecid I. zu verdanken. Das zweistöckige *Küçüksu Sarayı* (»Palast des Kleinen Wassers«) liegt ein bisschen abseits zwischen der osmanischen Festung Anadolu Hisari und dem Dorf Kandilli am asiatischen Ufer des Bosporus kurz vor der zweiten Brücke. Es wurde nach dem gleichnamigen Fluss benannt und ragt mit einer Front aus weißen Marmorreliefs in barockem und Rokoko-Stil am Bosporusufer empor, eingerahmt von kunstvoll gusseisernen Geländern. Wasser und Wellen des Bosporus umspülen seine Terrassen aus glitzerndem Marmor. Der Palast war allerdings nie als Verweilresidenz, sondern als Ausflugs- und Picknickziel konzipiert. Kein einziges Bett stand darin. Man ließ sich mit den *Kayık*-Ruderbooten morgens hin- und abends wieder wegpaddeln.

Die Palastmanie der Sultane sollte vom Glanz der Osmanen künden, doch trieb sie all die Pracht und Herrlichkeit unaufhaltsam in die Staatspleite. Die immensen Kosten für Bau, Dekoration und Design verursachten eine tiefgreifende Finanz- und Schuldenkrise des Reiches, die nicht unwesentlich zum schlechten Ruf des »kranken Mannes am Bosporus« beitrug.

54. Grund

Weil Istanbuls Haupteinkaufsstraße Istiklal Caddesi den historischen Wandel der Türkei begehbar macht

Jahrzehntelang stand Ilya Avramoğlu hinter dem Verkaufstresen seines kleinen, holzgetäfelten Geschäftes für Spezialunterwäsche im Istanbuler Einkaufs- und Vergnügungsviertel Beyoğlu. Während drei Generationen verkaufte die jüdische Familie Avramoğlu in ihrem Korsettwarengeschäft handgearbeitete Dessous, hatte damit ein Pogrom, Wirtschaftskrisen und die Ära der Shoppingcenter überstanden.

»Sehen Sie hier«, sagte der Mittsechziger und zog unter den gewaltigen Stapeln von Büstenhaltern, Korsetts und Unterhosen einen BH hervor, wie Frauen ihn in den 50er-Jahren des vergangenen Jahrhunderts trugen. »Marilyn-Monroe-Stil. Dieses Modell ist sehr gefragt bei den Fernsehleuten. Sie brauchen es für Serien, die in jener Zeit spielen.«

Avramoğlus Familie lebt bereits seit byzantinischer Zeit in Istanbul. Sein Großvater eröffnete sein erstes Korsettgeschäft um 1922. »Er nannte sein Geschäft *Kelebek* – Schmetterling –, weil er wollte, dass sich die Frauen in seinen Korsetts leicht wie Schmetterlinge fühlen.« In dem Laden war es so eng, dass ein Käufer hinausmusste, wenn ein neuer hineinwollte. Aber seine Kunden waren treu. Schauspieler gehörten dazu, ebenso Politiker, deren Namen er natürlich nicht preisgab, »denn was ist ein Korsettladen? Ein Ort, der dicken Leuten Produkte verkauft, um dünn auszusehen.«

Die Istiklal Caddesi im Herzen Beyoğlus ist der bekannteste Boulevard Istanbuls und eine der belebtesten Fußgängerzonen Europas. Das Foto einer roten Straßenbahn mitten im Menschenstrom wird von Medien weltweit als Symbolbild benutzt, um städtische Massen zu illustrieren. Doch die rasante Stadtentwicklung setzte die alten Ladenbesitzer in der Haupteinkaufsstraße unter den Druck von Immobilienspekulanten und rasant steigender Mieten. Im europäisch geprägten Stadtviertel Beyoğlu mussten viele Alteingesessene, zu denen auch noch einige Griechen, Armenier und Juden wie Avramoğlu zählten, der Kommerzialisierung weichen. »Bei jedem Laden, der schließen musste, habe ich geweint, und nun sind wir selbst dran«, sagte er an jenem Tag im Sommer 2014, als er schließlich ausziehen musste.

Es war bereits das zweite Unheil, das die Istiklal Caddesi heimsuchte. Im Osmanischen Reich war die damalige *Grand Rue de Pera* eine berühmte Prachtstraße im alten Ausländerviertel Pera, das mit Beginn der Verwestlichung im 19. Jahrhundert zum Zentrum der Stadt wurde. Sie war angelegt nach dem Vorbild europäischer Boulevards wie dem Berliner Kurfürstendamm mit prächtigen Bürgerhäusern und Jugendstilpassagen und wurde gesäumt von Botschaften, Moscheen, Kirchen, Synagogen. Nach der Republikgründung 1923 wurde sie in Istiklal Caddesi, Straße der Unabhängigkeit, umbenannt. Herren in Anzug und Hut und Damen in eleganten Kleidern flanierten auf ihr. »Man besuchte die mondänen Kinos, Theater, Museen. Man traf sich in den Konditoreien und ging in exquisiten Geschäften einkaufen«, erinnert sich der betagte Mahmut Soyman, ein Grandseigneur mit gepflegtem Schnurrbart, dessen Traditionsgeschäft seit 1932 handgemachte Schuhe, unter anderem an Atatürk höchstselbst, verkaufte – und 2017 aufgeben musste.

In der Nacht vom 6. zum 7. September 1955 verwüstete ein nationalistischer Mob die Istiklal Caddesi. Aufgehetzt durch falsche Gerüchte, wonach das Geburtshaus Atatürks in Griechenland zerstört worden sei, wurden nicht nur die Läden der Griechen, sondern auch der Armenier und Juden zerstört und mindestens zwölf Menschen getötet. »Alles wurde geplündert, herausgerissen und auf die Straße geworfen«, berichtete Ilya Avramoğlu. Ein zersplittertes Loch an einer Holzwand wurde mit einem Vorschlaghammer gehauen. »Es ist der letzte physische Beweis von 1955 in ganz Beyoğlu«, sagte er und zeigt ein Foto seines Großvaters im zerstörten Geschäft am Tag danach. »Er und mein Vater reparierten die Nähmaschinen, borgten sich Geld und fingen wieder von vorn an.«

Nach der Gewaltnacht begann der unaufhaltsame Exodus der nicht-muslimischen Bevölkerung Istanbuls. Von einst Hunderttausenden sind heute nur 60.000 Armenier, 14.000 Juden und 2500 Griechen in der Stadt geblieben. Die Prachtstraße erlebte einen Niedergang, das Viertel verfiel, manche Häuser brachen einfach zusammen. In den 1980er- und 90er-Jahren wurde der Boulevard berüchtigt für seine Undergroundkneipen, die Rotlichtbars und Drogenhändler der dunklen Seitenstraßen.

Doch dann geschah ein Wunder. Künstler und Studenten erst aus der Türkei, dann aus Europa und aller Welt zogen für eine Zeit in die unsanierten Altbauwohnungen des Viertels; Bars und Diskotheken entstanden an vielen Ecken, im Keller, auf dem Dach und in den zahlreichen Ruinen und auf Brachen. An den Wochenenden feierten Jugendliche Raves auf den Straßen. Nach der Jahrtausendwende schien es sogar, als könne die zur Fußgängerzone gemachte Istiklal Caddesi wieder an ihre große alte Zeit anknüpfen. Teure Cafés, noble Restaurants und internationale Modemarken eröffneten neben den eingesessenen Buchläden und Kunstgalerien. Die Jugendstilpassagen wurden renoviert. Eine vibrierende Gegenkultur mit häufigen Kultur-Events und einer für die islamische Welt erstaunlichen Schwulenszene machten die Istiklal Caddesi wieder zum Herzen von Istanbul mit seiner Vielzahl an Kulturen. Die kosmopolitische Mischung verlieh der Straße jenes urbane Flair, das ihren Besuch für Istanbul-Touristen zur Pflicht machte.

Leider wurde die Entwicklung komplett dem Markt überlassen. Gentrifizierung und Kommerzialisierung haben dem Boulevard schwer zugesetzt. Buchhandlungen, Musikgeschäfte, Kunst- und Kulturinstitute zogen weg. Istanbuls letzte griechische Tageszeitung *Apoyevmatini* gab ebenso auf wie der Traditionsbuchladen *Robinson Crusoe 389* oder die berühmte Patisserie *Inci*. Kulturelle Wahrzeichen wie das *Emek*-Kino oder die SALT-Galerie wurden geschlossen. Viele charakteristische Wahrzeichen, die Beyoğlu zu etwas Besonderem gemacht hatten, verschwanden. Wie Ilya Avramoğlus Korsettgeschäft *Kelebek*. Inzwischen meint Turgay Erol, Antiquar und Inhaber einer der letzten alten Buchhandlungen der Flaniermeile: »Hier geht es nur noch um Geld, Rendite, Reichtum, während die Qualität immer mehr abnimmt. Alle, die den alten Geist der Straße verkörpern, werden verjagt. Doch wenn alles Attraktive verschwindet, gehen die Leute halt woandershin.«

55. Grund

Weil der Zauber Beyoğlus schwere Zeiten überdauert

Im März 2016 zündete ein Selbstmordattentäter des »Islamischen Staats« eine Bombe mitten in der Istiklal-Fußgängerzone, vor dem kleinen *Şirin Shop*, der Stoffschuhe und Handtaschen für Touristen führte. Vier Touristen wurden mit in den Tod gerissen. Seither patrouillieren schwer bewaffnete Polizisten mit gepanzerten Fahrzeugen, was das Gefühl der Bedrohung verstärkte. In vielen Schaufenstern hingen nun Schilder mit der Aufschrift *Zu verkaufen* oder *Zu vermieten*. Als sich die Besucherzahlen gerade wieder etwas erholt hatten, brachte Corona 2020 einen neuen, unvorhergesehenen Einbruch. Um den Einzelhandel nicht völlig zu ruinieren, wurden Touristen von den Wochenend-Ausgangssperren ausgenommen.

Die Türkei benötigte dringend Devisen – und die wenigen ausländischen Besucher, die trotz der Pandemie eine Reise zum Bosporus nicht scheuten: vor allem Araber, Russen und Ukrainer. Doch kamen im ersten Corona-Jahr 75 Prozent weniger Fernreisende als zuvor nach Istanbul. Um bis zu 90 Prozent seien ihre Umsätze rückläufig, sagten die Geschäftsleute und Gastwirte auf der Istiklal Caddesi.

»Unsere Nachbarschaft wurde schon vorher zu einem Ort, der seine Seele verlor«, bestätigt Tarkan Konar, der noch bis vor Kurzem in einer Seitengasse eine linke Kneipe betrieb. Der drahtige Mann mit dem buschigen Schnurrbart war ein Pionier der Beyoğlu-Szene, Chef der Gastwirtevereinigung im Bezirk. Er kämpfte jahrelang gegen die kulturelle Verwahrlosung der Istiklal Caddesi durch den Kommerz. Seine Kunden waren vor allem Studenten aus der säkularen Mittelschicht, Künstler und Intellektuelle. »Sie kommen nicht mehr, weil ihnen das ganze Ambiente des Viertels nicht mehr gefällt«, sagt er. Konar erzählt, wie der damalige Ministerpräsident Erdoğan im Sommer 2011 eine Moschee im Viertel besuchte und sich über junge Leute aufregte, die an Tischen auf der Straße saßen und Bier tranken. »Damit fing alles an. Zuerst verbot die Stadtverwaltung den Wirten, Tische und Stühle auf die Straße zu stellen – das gibt es in der ganzen Türkei nicht! Es folgten die Verweigerung von Alkohollizenzen, das Verbot von Straßenmusikern und dauernde Steuererhöhungen.« Schließlich wurde die Vergnügungssteuer über Nacht um 6600 Prozent erhöht, von der immensen Alkoholsteuer gar nicht zu reden. In Beyoğlu, dem einstigen Zentrum für Kunst, Kultur und Amüsement, mussten die hippsten Szenetreffs und Musikclubs schließen oder wie das legendäre Livestage *Babylon* in Industriebrachen umziehen. »Die Party ist vorbei«, sagt Tarkan Konar, der seine Bar nach 20 Jahren schloss.

Als Touristen aus dem Westen zunehmend wegblieben, setzten die Politiker zunächst auf Besucher aus den Golfstaaten. Diese Rechnung ging nicht auf. Zwar kamen Araber und auch Iraner in großer Zahl nach Istanbul und prägten bald das Straßenbild auf der Istiklal

Caddesi. Die neuen Gäste retteten viele Hotels der Gegend vor dem direkten Bankrott. Auch neongrelle Baklava-Konditoreien, Puddingshops und Läden für günstige Jeans und T-Shirts oder Kosmetika profitierten von ihnen. Viele Händler eröffneten *Nargile*-Cafés, in denen die neuen Kunden ihre Wasserpfeifen rauchen konnten. Fragt man die Araber, warum sie in die Istiklal Caddesi kämen, so sagen viele, »weil wir sie aus dem Fernsehen kennen« – aus türkischen Seifenopern. Aber viel Geld geben die meisten nicht aus. Von der Geschichte des Stadtbezirks Beyoğlu wissen sie meistens – nichts.

Der Neubau einer Riesenmoschee am Taksim-Ende der Istiklal setzte den vorläufigen Schlusspunkt des Wandels in Beyoğlu. Was bleibt, sind die historischen Fassaden, die verwinkelten Seitenstraßen, die Straßenbahn, die Rufe der Brezelverkäufer, der Glanz der mit Perlmuttornamenten verzierten Schuhputzerkästen, der Geruch der Maiskolben, die auf einem rußgeschwärzten Rost brutzeln. Wer genau hinschaut, kann in der Istiklal Caddesi noch immer dem Zauber der großen Vergangenheit nachspüren.

56. Grund

Weil Istanbul sich auch von Erdoğan nicht unterkriegen lässt

Ein türkisches Sprichwort sagt: »*Geçmişe mayi derler*« – »Was vorbei ist, nennt man Vergangenheit.« Den Todesstoß versetzte *Cool Istanbul* der Putschversuch vom 15. Juli 2016, in dessen Folge die Regierung den Ausnahmezustand verhängte und all das unterdrückte, was die Attraktivität Istanbuls in den Augen der übrigen Welt ausmachte: Buntheit, Meinungsfreiheit, Weltoffenheit, Toleranz.

Per Referendum ließ der Präsident 2017 ein Präsidialsystem einführen, das die Rechte des Parlaments massiv beschnitt und ihm quasi-diktatorische Vollmachten verlieh. Die Medien und die Justiz wurden fast völlig gleichgeschaltet. Die Türkei wurde zum größten Gefängnis für Journalisten weltweit. Traurige Tiefpunkte waren die Festnahme und langjährige Inhaftierung des charismatischen Kurdenpolitikers Selahattin Demirtaş, des berühmten Schriftstellers Ahmet Altan und des beliebten Kunstmäzens Osman Kavala (siehe Abschnitt 27).

Zurück bleibt eine verunsicherte, angeschlagene Stadt. Die Fröhlichkeit wich Angst. Misstrauen schlich sich ein. Im »Lebens-Zufriedenheitsindex« des türkischen Statistikinstituts *TurkStat* bezeichneten sich seit Jahren weniger als die Hälfte der Befragten als »glücklich«, im Welt-Glücklichkeitsreport von 2021 fiel die Türkei vom 93. auf den 104. Platz, hinter Bangladesch, Niger und Libyen. Ein *Brain Drain* nahm Fahrt auf. Wissenschaftler, Künstler oder Filmemacher verließen die Türkei, vor allem aber Istanbul. 40 Prozent aller Studierenden würden laut Umfragen lieber heute als morgen ins Ausland gehen.

Die Folgen des »türkischen Winters« für das internationale Image und die Wirtschaft der Türkei waren verheerend. Plötzlich war Istanbul *out*. Terror, Nationalismus und Islamismus zerstörten das Bild von der jungen, weltoffenen Partystadt am Bosporus. Reiseveranstalter klagten über einen nie dagewesenen Absturz der Buchungszahlen. Wochenendtouristen mieden die Stadt. Viele Hotels mussten schließen. Auch Europäer und Amerikaner, die lange in Istanbul gelebt hatten, kehrten der Metropole den Rücken. Die Zahl der ausländischen Erasmus-Studenten fiel gegen null. Dabei hatte Istanbul wie keine andere Stadt die Hoffnung auf eine friedliche gemeinsame Zukunft von Ost und West, Orient und Okzident, Islam und der übrigen Welt verkörpert.

Aber Istanbul ist eine uralte Metropole, die sich immer wieder neu erfunden hat. Das Leben hier kann sehr hart sein, von geradezu Dickens'scher Tragik, wie die geknechteten, in bittere Armut gestoßenen Flüchtlinge aus Syrien oder Afghanistan bezeugen. Aber die Istanbuler sind kommunikativ, sie helfen einander, sie gehen freundlich miteinander um. Sie wissen: Das Zusammenleben von 17 Millionen Menschen braucht Frieden und Verständigung, nicht Polarisierung. Der Alltag leidet unter der Politik, aber er *ist* nicht die Politik. Auch ist die beschwingte Leichtigkeit am Bosporus jederzeit reaktivierbar. Die ganze Welt hat gesehen, wie die weltoffenen, modernen, toleranten Istanbuler den Gezi-Park und das Zentrum von Istanbul in eine große Partyzone mit neuen Ideen für eine Türkei der Zukunft verwandelten. Dieser Impuls der Freiheit und eines alternativen Lebensstils prägt längst viel zu viele (junge) Menschen, als dass sich das Rad der Geschichte einfach zurückdrehen ließe. Für den Moment haben sie sich mit Gleichgesinnten in kulturelle Gettos und Stadtviertel außerhalb des Zentrums zurückgezogen, wo neue Treffpunkte und Vergnügungsviertel aufblühen: in Kadıköy, Beşiktaş, Bomonti oder Bebek.

Gegen alle Wahrscheinlichkeit und Widerstände gewann der weitgehend unbekannte Oppositionspolitiker Ekrem Imamoğlu überraschend die Kommunalwahl 2019. Imamoğlus kluger, abwägender und ausgleichender Politikstil macht die Stärke der großen alten Stadt wieder spürbar: ihre Kraft, ihre Energie, ihren freien Geist. Und jede Menge Hoffnung. Und genau das ist es, was die Metropole so lebens- und liebenswert macht. »*Umut fakirin ekmeğidir*«, »Die Hoffnung ist das Brot der Armen«, sagt ein türkisches Sprichwort. Auf gut Deutsch: »Die Hoffnung stirbt zuletzt«.

Kapitel 5

Regionales & Touristisches

57. Grund

Weil die Türkei an drei Meeren liegt

Land der drei Meere, so wird die Türkei häufig genannt, weil sie zwischen dem Schwarzen Meer und dem Mittelmeer liegt und dazu noch ein eigenes Binnenmeer besitzt: das Marmarameer, an dessen Ufer sich über 130 Kilometer Istanbul erstreckt. Mit einer Gesamtfläche von rund 780.000 Quadratkilometern ist die Türkei doppelt so groß wie die Bundesrepublik, hat mit etwa 82 Millionen aber nur etwas mehr Einwohner. Zwei Drittel der Menschen leben an rund 7200 Kilometer Küstenlinie, zwischen der sich die riesige anatolische Halbinsel erstreckt.

Die Türkei gliedert sich in sieben Regionen: das Marmara-Gebiet mit Thrakien, die Schwarzmeerküste, die Ägäis, die Mittelmeerregion, Zentralanatolien, die Osttürkei und Südostanatolien. Jedes Gebiet hat seinen eigenen Charakter; die Lage zwischen den Meeren, mit atemberaubenden Küsten, gewaltigen Bergmassiven und Hochebenen macht die Türkei zu einem der landschaftlich wie klimatisch vielfältigsten Länder der Erde.

Thrakien und das Schwarze Meer unterliegen kontinentalen Einflüssen mit kalten Wintern und heißen Sommern. Die ägäische und die Südküste werden dagegen vom Mittelmeer geprägt, mit milden und regnerischen Wintern sowie heißen Sommern. Extreme Kälte im Winter und glühende Hitze im Sommer kennzeichnen das Klima im Osten des Landes. Da hohe Berge an den Küsten wie im Binnenland aufragen, ist es kein Wunder, dass die Türkei über großartige Skigebiete verfügt, beispielsweise im ostanatolischen *Konaklı*, in Kayseri in der Zentraltürkei oder *Çambaşı* am Schwarzen Meer.

Die alte Kulturlandschaft Thrakien mit ihrer grandiosen Provinzhauptstadt Edirne präsentiert sich mit sanften Hügeln und Sonnenblumenfeldern und seinen römischen Aquädukten, osmanischen Brücken und Moscheen als typischer Ausläufer des Balkans. Vom Marmarameer führt im Norden der Bosporus ins Schwarze Meer, während die Dardanellen den natürlichen südöstlichen Ausgang bilden. Diese Wasserstraße soll bald auf einer monumentalen, im Bau befindlichen Brücke überquert werden können, die dann Autos den Weg in die drittgrößte türkische Stadt Izmir und an die Ferienstrände der Ägäis und türkischen Riviera öffnet, das alte griechische Kleinasien. Dort erwarten Besucher nicht nur die touristischen Strand-Hochburgen Çeşme, Bodrum, Antalya oder Alanya, sondern auch unvergleichliche kulturelle Glanzpunkte: die Ruinen der antiken Metropolen Troja, Pergamon, Ephesos, Aphrodisias, Milet oder Halikarnassos (Bodrum).

Die Schwarzmeerküste ist bisher touristisch kaum erschlossen. Um die arme und abgehängte Region zu entwickeln, ließ die regierende Partei in den 2000er Jahren eine 600-Kilometer-Autobahn entlang der Küste bauen, die meist direkt am Meer verläuft. Die Straße erleichterte Handel und Wandel, zerstörte aber an vielen Stellen die touristischen Entwicklungschancen. Zwar lieben die Einheimischen ihr *Kara Deniz* (Schwarzes Meer), weil es an seiner Küste im Sommer deutlich kühler ist als im Rest der Türkei, aber nur Hartgesottene genießen den herben Charme eines Sonnenbads mit Schnellstraße im

Rücken. Wer sich allerdings in die dschungelgrünen Täler der bis auf 4000 Meter ansteigenden Berge des Küstengebirges wagt, der wird mit einer subtropischen Baum- und Pflanzenpracht, Teeplantagen wie im Himalaya, dem uralten Kloster Sümela, der malerisch gelegenen Stadt Amasra und alten Dörfern im weltweit größten Haselnuss-Anbaugebiet belohnt.

Im mediterranen Klima der südlichen Türkei hingegen muss man das Taurusgebirge auf über 2000 Meter durchqueren, um ans Mittelmeer zu gelangen. Die teils gewalttätige Geschichte der Region hat der große türkische Schriftsteller Yaşar Kemal in seinen Romanen um den Banditen »Memed mein Falke« meisterhaft zum Leben erweckt. Die Südküste lässt sich auf dem Lykischen Wanderweg am besten erschließen. In den fruchtbaren Flussdeltas des *Kücük Menderes* und des *Büyük Menderes* (Kleiner und Großer Mäander) wachsen Feigen, Baumwolle, Tabak, Wein und Gemüse. Uralte Olivenhaine überziehen die Hänge. Pinien schmücken die höher gelegenen Regionen, deren Berge sich bis Phrygien und Zentralanatolien erstrecken. Im Landesinneren lassen sich berühmte Teppichdörfer entdecken und andere, in denen nach alter Tradition bunte Handtücher, Schals und Decken gewebt werden. Die weißen Kalksinterterrassen von Pamukkale, ein Naturwunder erster Ordnung, sind leider oft überlaufen. Einen Blick lohnen sie aber trotzdem – am besten im Winter, wenn sich die Touristenbusse nicht an den Zufahrtsstraßen stapeln.

58. Grund

Weil die Türkei fantastische Strände hat

Vor 50 Jahren war die türkische Mittelmeerküste noch ein Geheimtipp für Hippies auf dem Weg nach Indien. Heute zieht es Millionen Touristen jedes Jahr in das Urlauberparadies, vor allen anderen die

Deutschen. Für die meisten von ihnen dürften die Strände der wichtigste Grund sein, die Türkei zu lieben. Das Land hat rund 4000 Kilometer mediterrane Küstenlinie, je etwa zur Hälfte an der Ägäis von Çanakkale bis Bodrum und dann weiter südlich an der »türkischen Riviera« von Fethiye über Antalya bis Antakya nahe der syrischen Grenze. *Akdeniz* nennen die Türken diese See des hellen Lichts: »weißes Meer«. Die Landschaft präsentiert sich abwechslungsreich – von imposanten schneebedeckten Küstengebirgen mit Dreitausendergipfeln über weite Flussmündungen mit einmaliger Flora und Fauna, großen Süßwasserseen im Hinterland bis hin zu kleinen pittoresken Inseln vor der Küste. Abends färbt die sinkende Sonne den Himmel in Pastelltönen. Als Reiseziel seit Mitte der 1980er-Jahre touristisch erschlossen, ist die türkische Mittelmeerküste heute mit dem Flugzeug von Deutschland aus leicht und günstig erreichbar.

Seither hat sich die Ferienindustrie rasend schnell entwickelt und ausdifferenziert. West- und Südküste der Türkei bieten eine enorme Vielfalt an Hotel- und Ferienanlagen, von kleinen Pensionen bis zu riesigen All-inclusive-Anlagen mit Freizeit- und Sportangeboten zu günstigen Preisen. Zwar ist der Siegeszug der Region in erster Linie dem familienfreundlichen Billigtourismus zuzuschreiben, aber ohne die Strände, malerischen Hafenstädte, beeindruckenden Zeugnisse jahrtausendealter Kulturen und die köstliche Küche wäre die Region nicht zum zweitliebsten Urlaubsziel der Deutschen hinter Spanien aufgestiegen. Die legendäre türkische Gastfreundschaft hat sogar dem Massentourismus standgehalten, auch wenn selbst die billigsten Billigtouristen angesichts türkischer Löhne (Landesdurchschnitt 800 Euro monatlich) oft als Goldesel angesehen werden. Kein Pauschalurlaub in Antalya, Kemer oder Side ohne gut organisierte Fahrten zu Teppichhändlern und Lederjackenverkäufern, bei denen statt Schwarz- seltsamerweise Apfeltee gereicht wird. Egal, den Gästen schmeckt's.

Das Fischerdorf Kuşadası nahe Izmir wurde Mitte der 1980er-Jahre von britischen Reiseveranstaltern zum wichtigsten Urlaubszentrum an der türkischen Westküste ausgebaut. Weil Ephesos, Milet und Didyma, die größten antiken Attraktionen der Küste, im Umkreis einer Autostunde liegen, wurde sein Hafen zum beliebten Anlaufpunkt für Kreuzfahrtschiffe und Segeljachten. Das Stadtbild prägen heute moderne Hotelbauten, Feriendörfer und Clubanlagen. In der Hochsaison drängen sich bis zu 800.000 Menschen gleichzeitig in dem Städtchen und verwandeln es in eine Urlaubsmetropole mit Schleppern, Bauernfängern und Schaumdiscos. Zahlreiche Shoppingmeilen haben sich professionell auf die Touristenströme eingestellt. Gefälschte Markenwaren überall. Aber achten Sie auf bemalte Teller und Vasen lokaler Handwerker!

Am Betonrausch, der das unverstellte Idyll der frühen Jahre vielerorts für immer zerstörte, ist jedoch nicht nur der Massentourismus schuld. Entlang der gesamten Küste sind einförmige Apartments und Bungalows für den aufstrebenden Mittelstand aus Istanbul, Ankara und Izmir entstanden. Aber noch gibt es unverfälschte Orte: zum Beispiel die langen Strände der Alibey-Insel bei Ayvalık, der unverbaute Strand am Rand der Ruinenstadt von Olympos, die noch fast unberührten Strände des Dilek-Nationalparks südlich von Kuşadası und natürlich der geschützte, zwölf Kilometer lange und bis zu 400 Meter breite Dünenstrand von Patara, der tagsüber den Sonnenbadern und Wanderern gehört, und nachts den vom Aussterben bedrohten Meeresschildkröten der Art *Carreta carreta*.

Die alten Hafenstädte Fethiye und Bodrum haben sich immerhin Teile ihres Charmes bewahrt. Bodrum, das antike Halikarnassos, war früher berühmt als Geburtsort Herodots, des »Vaters der Geschichtsschreibung«. In den letzten Jahrzehnten verdiente sich das Feriendomizil den Namen »St. Tropez der Türkei«. In seinen riesigen Open-Air-Discos tanzten jeden Abend bis zu 5000 Gäste zu Türkpop und der teuersten Lasershow des Landes, direkt am Hafen unter freiem Himmel. Die Gegenwart 2021 ist leider weniger glamourös. Der berühmte Freiluft-Tanzschuppen *Halikarnas* wurde für eine geplante Hotelanlage 2017 abgerissen. Viele Clubs, Jazzkneipen und Discos mussten wegen der Corona-Krise schließen, und niemand weiß, welche wann wieder öffnen werden.

Ein anderer Ferienspaß scheint dagegen pandemieresistent: Im Halbkreis des Jachthafens, den eine alte Kreuzritterburg (mit tollem Unterwassermuseum) beherrscht, schaukeln Dutzende gepflegte *Gulets*, traditionelle Zweimaster aus Holz, die ihre touristische Kundschaft zu einwöchigen Segeltörns von Bucht zu Bucht zu den schönsten Badeplätzen entlang der Küste einladen. »Blaue Fahrten« heißen die beliebten Trips auf dem schwimmenden Hotel für acht bis 20 Personen wegen der beeindruckenden Farbe des Meeres. Windbedingt segeln die erfahrenen Kapitäne meist nach Süden bis zu dem von Wäldern umgebenen Marmaris. Dieses frühere Fischerdorf an einem weiten Fjord mit zauberhaftem Küstenpanorama hat der Bauboom in ein mondänes Seebad mit fast französischem Flair verwandelt. Die Marina mit 1600 Liegeplätzen gehört zu den größten Jachthäfen des Mittelmeers.

Apropos Boote: Entlang der gesamten Ägäisküste liegen nur wenige Meilen vor dem Festland und fast zum Greifen nah die griechischen Inseln Lesbos, Chios, Ikaria, Samos, Leros, Kalymnos, Kos, Rhodos und ein paar kleine mehr, die mit regelmäßig verkehrenden Fähren gut und schnell für Tagesausflüge erreichbar sind. So griechisch wie die Inseln war auch die türkische Mittelmeerküste überwiegend noch bis zum Bevölkerungsaustausch von 1923, in dessen Folge aus Griechenland vertriebene Türken in die verlassenen Ortschaften zogen. Das erklärt, warum viele türkische Ferienorte so stark an Kreta, Santorini oder Euböa erinnern.

An und hinter der Küste finden sich auch nahezu überall Klassiker archäologischer Ausgrabungen mit klingenden mythischen Namen. Zum Beispiel das sagenumwobene Troja, Kriegsschauplatz der Epen Homers (mit riesigem Holzpferd!), in der sanft geschwungenen grünen »Olivenriviera« nahe Çanakkale und nicht weit davon der antike Burghügel von Assos. Nahe Kuşadası das unsterbliche

Ephesos und Milet, eine Weltstadt der Antike. Nördlich von Bodrum die beeindruckenden Tempel von Iasos und das antike Pergamon (Bergama), dessen Altar als wichtigstes Ausgrabungsstück 1886 für ein Taschengeld nach Berlin wanderte und seit Jahrzehnten von der Türkei zurückgefordert wird. Außerdem Phokaia, Aphrodisias und Asklepios, die Lykierhauptstadt Xanthos, die Apollotempel in Didyma und Side – eigentlich lassen sich überall verwunschene Plätze mit Ruinen antiker Metropolen entdecken, deren Geheimnisse noch längst nicht alle gelüftet wurden.

59. Grund

Weil die Datça-Halbinsel noch immer entspannte Ruhe ausstrahlt

Von den pinienduftenden Wäldern bei Kuşadası bis zur Großstadt Antakya nahe der syrischen Grenze erstreckte sich um 1970/80 noch ein Land der Schafhirten und Fischer, der Orangen, Granatäpfel und Baumwolle. Die rund 100 Kilometer lange Datça- und die benachbarte kleinere Bozburun-Halbinsel westlich von Marmaris haben noch einiges von diesem 50er-Jahre-Retro-Touch und dem urwüchsigen Charme bewahrt, der die gesamte türkische Mittelmeerküste einmal auszeichnete.

Bis vor 20 Jahren wurden die Halbinseln in der Ägäis fast nur von Seglern und den Fähren von Bodrum aus angesteuert. Jetzt winden sich ab Marmaris auch ausgebaute Straßen entlang der Küsten und durch eine Berglandschaft mit viel Wald, Zypressen und Olivenbäumen, griechisch anmutenden Dörfern und herrlichen Ausblicken auf unzählige einsame Buchten. Etwa auf halber Strecke liegt das Fischerdorf Datça zu Füßen des *Reşadiye*-Gebirges. Es wurde in den 1950er-Jahren von türkischen Künstlern »entdeckt«, die hier eine kleine, berühmte Kolonie begründeten. Datça ist ein beliebter

Treffpunkt für Segler und offeriert Ausflugsmöglichkeiten in mehr als 50 Buchten der Umgebung.

Die benachbarte kleinere Bozburun-Halbinsel bietet ihren wenigen Besuchern einsame Strände, beschauliches Dorfleben und dörfliche Lokantas. Sie ist mehr für individuell reisende Naturliebhaber und Backpacker geeignet. Das 2000-Seelen-Dorf Bozburun, circa 50 Kilometer südwestlich von Marmaris, lieben Segler, die die Ruhe und Beschaulichkeit schätzen. Vor 50 Jahren begründeten ehemalige Fischer und Schwammtaucher hier ein neues Gewerbe. Sie stellen die hölzernen *Gulet*-Zweimaster in reiner Handarbeit her, ein Luxusgut, das sich privat nur sehr wohlhabende Leute leisten können und das dem früheren Schmugglernest ansehnlichen Wohlstand gebracht hat. Bozburun ist heute neben Bodrum *das* Bootsbauzentrum der türkischen Mittelmeerküste. In der Saison gehen die meisten Männer allerdings immer noch nach Marmaris, um in den Hotels und Geschäften der Touristenhochburg Geld zu verdienen. Im Fischerdorf Selimiye an einer weiten, fast geschlossenen Meeresbucht, kann man Ferienhäuser direkt am (Kiesel-)Strand mieten, am Morgen durch den Garten in das glasklare Wasser steigen und am Abend fantastischen frischen Fisch mit Rakı in der dörflichen Lokanta genießen.

Von Marmaris aus lassen sich auch Tagesausflüge ins ausgedehnte Schilfinsel-Delta des Dalyan-Flusses buchen. Eine Bootsfahrt führt nicht nur durch die labyrinthische Flusslandschaft, sondern auch zu eindrucksvollen antiken Felsengräbern der Lykier aus dem 4. Jahrhundert vor Christus und zur Ausgrabungsstätte der antiken Stadt Kaunos. Das frühere Fischerdorf Dalyan an den Felsengräbern hat wegen strenger Bauvorschriften seinen ursprünglichen Charakter bewahren können und ist bei ökologiebewussten Reisenden beliebt. In den 1990er Jahren rettete eine britische Naturschützerin mit internationaler Unterstützung hier den fabelhaften Iztuzu-Strand, an dem die seltenen Karettschildkröten ihre Eier ablegen. Geplant war die Bebauung mit einem riesigen Hotelkomplex. Jetzt ist der Strand ab 20 Uhr geschlossen – und gehört den Reptilien.

Weil die türkische Südküste Urlaubsglück pur verspricht

Weißer Sand vom Feinsten schmückt eine Bucht, die wie keine andere zur Werbe-Ikone der Türkei wurde: *Ölüdeniz* (Ruhiges Meer) bei Fethiye. Vom offenen Meer durch eine Halbinsel getrennt, verspricht das Postkartenidyll einen Karibiktraum mit türkisblauem Wasser. Aber ruhig ist hier gar nichts mehr. Längst drängen sich im Strandbad mit Eintritt die Gäste wie auf Capri, warten die Boote zur Rückkehr in die Ferienanlage, liegt hinterm Strand eine Hotelstadt. Das lädierte Versprechen von Ölüdeniz können andere Strände der Südküste dagegen immer noch mühelos einlösen. Über Hunderte von Kilometern reihen sich traumhafte Buchten zwischen der oft felsigen, zerklüfteten Küste aneinander, und das Meerwasser hat erstklassige Bade- und Tauchqualität. An einigen Stränden darf sogar gezeltet werden. Nicht zuletzt sind 300 Sonnentage im Jahr garantiert.

Entspannung pur bietet das bei Individualtouristen beliebte Städtchen Kaş mit seiner typisch griechischen Architektur weißer Häuser, stimmungsvollen alten Gassen, zahlreichen Boutiquen und einer schicken, abends dicht bevölkerten Hafenpromenade mit guten Fischrestaurants. An die Lykier erinnern ein großer Sarkophag im Zentrum und zahlreiche in den Fels gehauene Gräber. Das Sportangebot ist konkurrenzlos: Wandern, Mountainbiking, Paragliding, Seekayaking, Rafting auf dem Dalaman-Fluss oder Canyoning in der mehrere Kilometer langen, extrem schmalen und bis zu 300 Meter tiefen Saklikent-Schlucht im Hinterland. Zudem hat Kaş das beste Tauchrevier der Türkei mit lykischen Ruinen und gesunkenen Schiffen. Zum Baden fährt man am besten mit einem Ausflugsboot zu den vorgelagerten Inseln, zum Staunen in die wunderschön mit Inseln und Halbinseln geformte Bucht von Kekova, wo die lykische

Stadt Simena nach Erdbeben einst im Meer versank und jetzt vom Kajak oder Glasbodenboot aus bewundert werden kann. Antike Sarkophage ragen noch aus dem kristallklaren Blau. Sogar der antike Hafen ist deutlich in zwei Meter Tiefe zu erkennen. Grandios!

Das massentaugliche Alternativmodell zum Entdeckertourismus entstand seit den 1980er-Jahren zuerst bei der Großstadt Antalya, die Atatürk einst »die schönste Stadt der Welt« nannte. Von diesem Zauber ist trotz der tourismusgetriebenen Entwicklung zur fünftgrößten Metropole der Türkei mit mehr als zwei Millionen Einwohnern noch viel übrig. Antalya gilt zu Recht als schönste türkische Stadt am Mittelmeer mit ihrer verwinkelten Altstadt, dem historischen Hafen und der weiten Bucht, hinter der die schneebedeckten Dreitausender des *Bey Dağları* aufragen, während tief unten Segelboote über das glitzernde Wasser gleiten.

Kaleiçi, die Altstadt mit Wurzeln bis zur Römerzeit, liegt so geschützt zwischen Felsen und Mauern, dass ihr die explosive Stadtentwicklung anders als den meisten anderen Küstenstädtchen kaum etwas anhaben konnte. Sie glänzt mit zahlreichen osmanischen Holzhäusern aus dem 18. und 19. Jahrhundert, von denen viele liebevoll restauriert zu Boutiquehotels wurden, mit dem grandiosen Hadrianstor aus dem 2. Jahrhundert und dem ziegelroten *Yivli*-Minarett aus dem 13. Jahrhundert. Ihr gerühmter, drei Kilometer langer *Konyaaltı*-Strand bietet zwar einen umwerfenden Blick über die Bucht, entpuppt sich aus der Nähe jedoch als wenig attraktiver Stadtstrand Antalyas, hinter dem Hotels liegen und die breite, laute Küstenstraße verläuft.

40 Kilometer südlich beginnt das eigentliche Massenerlebnis. An den ewig langen Sand- und Kiesstränden von Belek, Kemer und Side errichteten Großinvestoren riesige, je nach Geschmack: familien-, pärchen- oder singletaugliche All-inclusive-Ferienanlagen für Pauschaltouristen mit Swimmingpools, Animateuren und Freiluftdiscos, dazu Vergnügungs- und Aquaparks und zahllose Sportanlagen mit einem Angebot, das keine Wünsche offen lässt: Surfen,

Segeln, Tauchen, Fußball, Beachvolleyball, Bogenschießen und vieles mehr. Im Trubel der Vor-Corona-Zeiten fühlten sich nicht nur traditionell Deutsche, Briten, Holländer, Polen und Tschechen wohl, sondern zunehmend auch Russen, für die eine Reise in die Türkei den Vorteil besitzt, dass sie dank eines speziellen Abkommens zwischen Ankara und Moskau kein Visum benötigen wie für die EU.

Die All-inclusive Anlagen bieten Arbeit für Hunderttausende Service- und Saisonkräfte aus Anatolien, die die *Yabancı*, die Fremden, umsorgen und bespaßen. »Wenn ich könnte, würde ich ganz nach Antalya ziehen«, erzählte mir einmal ein Saisonarbeiter, den ich im Winter im zentralanatolischen Karamanmaraş traf. »Das Leben dort ist schöner und freier. Aber an der Küste ist es eben viel teurer, und ich muss meine Familie hier ernähren.« Er verdiente als Kellner in sechs Monaten der Saison genug, um den Rest des Jahres über die Runden zu kommen.

Seit Jahrzehnten reisen Deutsche nicht nur an die türkische Küste, sie wählen sie auch als Alterssitz. Neben der Sonnengarantie sind die niedrigen Lebenshaltungskosten der Hauptgrund dafür. »Hier entspricht ein Euro zehn Lira, in Spanien ist ein Euro auch nur ein Euro«, sagen die Auswanderer. Zum Zentrum der mit 8000 Mitgliedern größten auslandsdeutschen Gemeinde außerhalb von Palma de Mallorca hat sich Alanya, neben Antalya der wichtigste Touristenort an der Südküste mit rund 120.000 Einwohnern, gemausert. In der weißen Stadt mit ihrem kilometerweiten Sandstrand und dem hinter ihr aufsteigenden Taurusgebirge integriert sich die wachsende deutsche Auswanderergemeinde auf ihre Weise. Dort erscheinen wie auf Mallorca mehrere deutschsprachige Publikationen, und deutsche Lutheraner und Katholiken konnten sogar kleine Kapellen und christliche Friedhöfe einrichten.

61. Grund

Weil in den All-inclusive-Anlagen für Urlauber Bier und Whisky in Strömen fließen

Der türkische Staatschef Tayyip Erdoğan ist, wie es sich für einen frommen Muslim ziemt, kein Freund berauschender Getränke. Als vor Jahren in Istanbul eine Konferenz über globale Alkoholpolitik tagte, nutzte er die Gelegenheit zu einer Brandrede: »Das Nationalgetränk der Türken ist *Ayran*, nicht Bier«, sagte er und empfahl den schaumig gerührten, salzigen Joghurt-Trunk als Rückkehr zu alten islamischen Sitten. Seine Philippika gegen »Trinkbräuche, die aus dem Ausland eingeführt wurden«, zielte ganz direkt auf den säkularen Republikgründer Mustafa Kemal Atatürk, der dem Volk einst geraten hatte, mehr Bier zu trinken. »Man gab damals sogar Kindern Bier«, schüttelte sich Erdoğan, der damals noch Ministerpräsident war. In der heutigen Zeit, meinte er, seien vor allem junge Leute gefährdet, der Trunksucht anheimzufallen: »Statt erleuchtet vom Lernen kommt der junge Mann betrunken nach Hause. Statt einen Computer zu tragen, nimmt er ein Dönermesser und geht damit auf seine Freunde los, denn er ist beschwipst. Wenn wir das aber öffentlich kritisieren, fühlen sich manche Leute angegriffen.«

Die Säkularen reagierten mit Sarkasmus, statt – wie so oft – einen neuen Angriff auf die Fundamente des Staates herbeizureden. »Mann, bin ich froh, dass ich nicht in der Nähe einer Uni lebe!«, schrieb ein Leser der Zeitung *Hürriyet*. »Ich müsste mich vor Tausenden Studenten fürchten, die unter Alkoholeinfluss mit Dönermessern durch die Gegend rennen!« Und der türkische Verband der Alkoholhersteller meldete einen Tag nach Erdoğans Rede den Anisschnaps *Rakı* als türkisches Nationalgetränk zum Patent bei der EU an.

Bei vielen Gelegenheiten hat der machtsüchtige Staatschef seither süchtig machende Getränke verdammt und dank seiner Amtsgewalt nicht nur Alkoholwerbung verboten, sondern auch die Steuern auf

Alkohol jährlich um bis zu 17 Prozent erhöht, sodass eine Flasche Bier inzwischen mehr als einen normalen Stundenlohn kostet. Während der Ausgangssperren der Corona-Epidemie ließ Erdoğan den Alkoholgenuss gleich völlig verbieten. In Importfilmen müssen mit Wein oder Whisky gefüllte Gläser und Flaschen ebenso wie Kussszenen verpixelt werden. Für Abstinenzler ein Grund, die Türkei zu lieben. Man muss aber zugeben, dass es – anders als etwa in Berlin – nur wenige Orte in der Türkei gibt, an denen Betrunkene unangenehm auffallen. Zu ihnen zählen die All-inclusive-Anlagen am Mittelmeer, in denen Engländer, Deutsche, Saudis oder Russen so viel trinken dürfen, wie sie wollen – und es kostet sie keinen Cent mehr. Eine muslimische Doppelmoral, wegen der viele Urlauber die Türkei lieben.

62. Grund

Weil man in Altınoluk den Türken beim Urlauben zuschauen kann

Drei Monate Sommerferien schenkt die Türkei ihren Schulkindern jedes Jahr. Nicht alle machen Urlaub, denn sie werden als Hilfskräfte im Geschäft, im Restaurant oder auf dem Feld benötigt, Kinderarbeit ist noch immer ein ungelöstes Problem. Die Glücklicheren werden aus der Stadt in die »alte Heimat« verschickt, in die Dörfer Anatoliens, wo sie dann mit Großeltern, Cousins und Cousinen den Sommer verbringen. Den Hauptgewinn ziehen jene, deren Eltern ein Sommerhaus am Mittelmeer ihr Eigen nennen können oder von dort stammen. Zum Beispiel in Altınoluk am Golf von Edremit an der westlichen Ägäisküste.

»Papa, kommst du mit ins Wasser?«, bettelt die kleine Ipek. Aber Papa hat eigentlich gar keine Lust dazu. Es ist elf Uhr vormittags, Selçuk Yüksel sitzt mit seiner Frau Gülten und seinem Freund Ibrahim auf der Terrasse des Hotels *Akçam* in Altınoluk, trinkt Tee und tauscht Anekdoten aus. Fürs Baden ist ja noch so viel Zeit. »Herrlich«, sagt der 42-jährige Mann in Shorts und Polohemd, der als Chirurg in einem Krankenhaus in der westtürkischen Großstadt Denizli arbeitet. »Es geht doch nichts über Ferien in der Heimat.« Seine zierliche, stille Frau Gülten, auch Ärztin, nickt zustimmend.

Die Familie Yüksel, zu der noch der 15-jährige Sohn Cari gehört, kommt jedes Jahr nach Altınoluk. Um auszuspannen, alte Freunde zu treffen, die klare Luft und das kühle Wasser zu genießen. Sie stehen spät auf, trinken Tee, gehen zum Strand. Sie gehen Eis essen, Tee trinken und wieder zum Strand. Sie schwimmen, treffen Freunde auf der Hotelterrasse und trinken Tee. Mehr nicht. »Wozu auch?«, sagt Selçuk Yüksel. Selbst das Kulturprogramm der Stadt mit Konzerten im neuen Amphitheater lässt die Eheleute kalt – viel zu anstrengend.

Selçuk Yüksel deutet auf die tiefgrünen Küstenberge, die sich 200 Meter in den blauen Himmel erheben. »Dort oben bin ich geboren«, sagt er, »im alten Altınoluk. Als ich klein war, gab es hier unten nur Sümpfe und Olivenhaine.« Und den kleinen Hafen, um den das neue Altınoluk wuchs, damals in den Neunzigern, als die Mittelschichten der Türkei wohlhabend genug wurden, um sich einen Urlaub oder gar ein Haus am Meer leisten zu können. Jetzt ziehen sich Feriensiedlungen fast die gesamte Küste entlang und wuchern teils schon die Berge hinauf. Die Familie war zwar schon einmal im Ausland, in London, doch der bescheidene Wohlstand lässt kaum etwas anderes zu als Urlaub im eigenen Land, und der soll dann an der Ägäisküste sein.

Wenn es nach Altınoluks Bürgermeister Hasan Özpolat geht, dann bleibt Tourismus die Zukunft der Region. An der Wand in Özpolats Büro hängt ein Foto von Altınoluk, wie es vor 50 Jahren war. Ein kleines Dorf, Olivenhaine, die Küste naturbelassen. »Es ist türkische Tradition, ein Sommerhaus zu haben, vor allem für Rentner, und je mehr die Bevölkerung wuchs, desto mehr Sommerhäuser wurden benötigt«, erläutert der Mittvierziger. Seit den 1980er-Jahren hat die Regierung den Bau von Feriendomizilen massiv mit Krediten gefördert. Allein in Altınoluk entstanden 62.000 Häuser und Eigentumswohnungen, die meisten in den letzten 15 Jahren. »Im Winter haben wir 20.000 Einwohner, aber im Sommer steigt die Zahl auf 250.000.« Das stellt die Gemeinde vor Probleme mit Versorgung, Müllabfuhr, Verkehr. Zum Glück kommt genug Trinkwasser von den Bergen, und eine neue Kläranlage gibt es auch schon. Im Winter aber ist Altınoluk eine Geisterstadt, was der Bürgermeister mit einem Achselzucken quittiert. Es kommt ja wieder ein Sommer.

63. Grund

Weil die Hauptstadt Ankara der Mittelpunkt der Türkei ist

In der Hauptstadt Ankara spielt die Musik – politisch, juristisch und militärisch. Seit Atatürk die Stadt 1923 zur Machtzentrale erhob, wird hier über die Geschicke des Landes entschieden. Der Präsident, das Parlament, alle Ministerien, die obersten Gerichte, der Armee-Generalstab, die höchsten Theologen, sämtliche wichtigen Verbände und ausländischen Botschaften haben ihren Sitz hier. Über allem thront das Wahrzeichen der Stadt, das monumentale neoklassizistische Atatürk-Mausoleum *Anıtkabir* auf dem höchsten Hügel, Aufmarsch- und Versammlungsplatz an hohen Feiertagen. In der Ehrenhalle steht der von Bruno Taut entworfene, aus rotem Marmor gefertigte Sarkophag des Republikgründers. Die Entscheidung für Ankara fiel damals wegen der strategischen Lage in der Mitte des Landes und als symbolischer Neubeginn nach dem Zusammenbruch des Osmanischen Reiches. Immerhin gab es schon eine Eisenbahnverbindung nach Istanbul. Heute schafft der neue Hochgeschwindigkeitszug *Yüksek Hizli Tren* die 445-Kilometer-Entfernung in knapp vier Stunden.

Touristen gelingt es nur selten, einen Blick auf die interessanteste Seite der türkischen Hauptstadt zu erhaschen – die Politik. Eine Ahnung von Ankaras Bedeutung erhält man auf dem *Kızılay Meydanı* (Platz des Roten Halbmonds) in der Neustadt, dem zentralen Versammlungsort für politische Anliegen jeder Art. Auf dem *Kızılay* spiegelt sich auch die bewegte Geschichte der Türkei in Monumenten wider. An seiner Südseite steht seit 1935 das heroische »Vertrauensdenkmal« (*Güvenlik Anıtı*) mit den in Bronze gegossenen Worten Atatürks: »Türke, sei stolz, arbeite hart und glaube an dich!«. In gebührendem Abstand zu Atatürk in die Platzmitte geklotzt triumphiert seit 2016 das »Siegeszeichen«. Ein Denkmal, das mit riesigen roten Buchstaben an den gescheiterten Militärputsch erinnert, dessen erfolgreiche Niederschlagung Präsident Erdoğan als Gründungsmythos der »Neuen Türkei« zu verankern sucht. So stehen sich symbolisch Atatürk und Erdoğan – die Antipoden der modernen türkischen Geschichte – auf dem *Kızılay* gegenüber.

Seit Atatürks denkwürdigem Hauptstadt-Beschluss ist Ankara von knapp 25.000 auf mehr als fünf Millionen Einwohner angewachsen und heute die zweitgrößte Stadt des Landes. Die Metropole liegt auf über 1000 Meter Höhe und ist durch trockenes Kontinentalklima mit heißen Sommern und schneereichen Wintern geprägt. Zwar verleugnet Ankara seinen Charakter als Verwaltungszentrum eines bedeutenden Staates keine Sekunde. Längst auch schießen Dutzende Glas-Stahl-Bürobauten und Einkaufstempel aus dem Boden; eine moderne U-Bahn ist im Aufbau. Ankara ist ein Shoppingparadies, mit riesigen Einkaufszentren um den Kızılay-Platz bis hin zu originellen Designerläden und trendigen Boutiquen in den Nobelvierteln *Çankaya* und *Kavaklıdere.*

Aber die Metropole hat auch sehenswerte kulturelle Attraktionen, wie das teils restaurierte Altstadtviertel *Hamamonu* mit engen Gassen, kleinen Gärten und Brunnen um die auf einem steilen Felsen thronende osmanische Zitadelle *Ankara Kalesi.* Am Fuß der Zitadelle liegt eines der bedeutendsten Museen der Türkei, das Museum für Anatolische Zivilisationen. Ausgestellt sind die Originale einiger Höhepunkte der Kulturgeschichte der Menschheit von der Steinzeit bis in die römische Epoche. Tonfiguren und Vasen aus der Steinzeitsiedlung Çatalhöyük, bronzezeitliche Hirschstatuetten, hethitische Kultgefäße, Schmuck aus dem Grab des Phrygerkönigs Midas – klingende Namen großer Zivilisationen.

Ankara selbst ist gleichfalls alt: Als Hethiter-Siedlung *Ankala* taucht die Stadt im zweiten Jahrtausend vor Christus auf, 1000 Jahre später machte der römische Kaiser Augustus das damalige *Ancyra* zur Hauptstadt der neu eingerichteten Provinz Galatia. Als *Angora* wurde die Stadt im Osmanischen Reich für ihre weiche Ziegenwolle bekannt. Aus römischer Zeit stammen einige Ruinenstätten nahe der Altstadt: weitläufige Reste von Thermen, eines römischen Theaters und eines Augustus-Tempels.

Unterhalb der Zitadelle liegt auch das lebendige alte Basarviertel, mit dem etwas verschlissenen *Ulus Meydanı* (Platz der Nation), auf dem ein 1926 aufgestelltes berühmtes Reiterstandbild Atatürks des österreichischen Bildhauers Heinrich Krippel steht. Die zentrale Verkehrsachse ist der von Nord nach Süd verlaufende breite *Atatürk Bulvarı*, der die Altstadt im Westen tangiert und an dem sich in der Neustadt (*Yenişehir*) südlich des *Kızılay Meydanı* die modernen Staats-, Regierungs- und Verwaltungsgebäude des Regierungsviertels aufreihen. Der *Atatürk Bulvarı* führt dann weiter hinauf zum Stadtteil *Kavaklıdere*, wo in den 1930er Jahren die meisten Botschaften in schönen Gärten entstanden, auch die deutsche Vertretung. Noch weiter südlich liegt das grüne Diplomatenviertel *Çankaya* mit dem alten Sitz des Staatspräsidenten, jetzt Residenz des Vizepräsidenten, und dem ehemaligen Wohnhaus Atatürks. Weil ihm der alte Palast zu mickrig erschien, ließ Erdoğan sich 2014 am Stadtrand einen neuen 1150-Zimmer-Prunkbau (im neo-seldschukischen Disneystil) errichten. Die gesamte *Yenişehir* wird seit 1987 optisch von der riesigen *Kocatepe*-Moschee beherrscht, die rund 20.000 Gläubige fasst und bis zum Bau von Erdoğans *Çankaya*-Moschee in Istanbul das größte Gotteshaus in der Türkei war. Den besten Panoramablick auf die Metropole genießt man vom 1989 erbauten *Atakule*-Turm, einem städtischen Wahrzeichen mit einem gläsernen Lift, einer Aussichtsplattform auf 125 Meter Höhe und einem Restaurant, das sich um die eigene Achse dreht.

Am Abend verlagert sich das Geschehen vor allem in den Stadtteil *Kızılay*. Auch Ankara ist eine junge, vibrierende und bunte Stadt, die über ein lebendiges Nachtleben verfügt. Kein Wunder bei rund 250.000 Studierenden, die sich in zahllosen Szenekneipen, Bars, Cafés und Clubs treffen. Studenten lieben auch die »siebte Straße«, *Yedinci Caddesi* im westlichen Viertel *Beştepe* mit Livemusik-Kneipen und gemütlichen Cafés. In der *Arjantin Caddesi* im südlich anschließenden Viertel *Gaziosmanpaşa* gibt es eine Reihe netter Lokale, die der Gegend den Spitznamen »Soho von Ankara« eingebracht haben. Ankara hat sogar eine Punk-, Metal- und Hardcore- und Queer-Party-Szene, ist aber vor allem bekannt geworden als die Heimat der türkischen Rap-Musik, deren bedeutendster Vertreter *Ezhel* in vielen Texten nicht nur von Sex, Drogen und Tattoos, sondern auch von seinem Alltag in der Hauptstadt, von Korruption und Repression singt (siehe Abschnitt 38).

64. Grund

Weil Ankara staunenswerte Architektur deutscher Architekten besitzt

Eine neue Stadt! Atatürk wollte sein politisches Zentrum auf dem Reißbrett von Grund auf neu erschaffen. Dafür eignete sich die Kleinstadt Ankara in der anatolischen Steppe, die erst im Verlauf des türkischen Unabhängigkeitskrieges (1919–1923) als Zentrum des nationalen Widerstands gegen die Besatzermächte und mit der Ausrufung der Nationalversammlung einen gewissen Bekanntheitsgrad erreicht hatte. Der Umzug hatte militärstrategische, vor allem aber ideologische Gründe, denn das alte »Angora« lag genau im geografischen Herzen der neuen Republik. Die Architektur der neuen Hauptstadt sollte den frischen republikanischen Geist widerspiegeln. Im Kontrast zum kosmopolitisch-imperialen Istanbul mit seinen glanzvollen Palästen sollte Ankara den neuen nationalen Einheitsstaat verkörpern. Seine Architektur sollte zudem »als universelles Modell von Stadtkultur, Gesellschaft und Lebensführung« den Fortschritt und die Moderne widerspiegeln, schreibt Hakan Dağıstanlı in seinem *Architekturführer Ankara* (Berlin 2016). Ankara sollte zum Vorbild für alle Städte der Türkei werden. Gewaltige Mittel aus dem nationalen Haushalt wurden dafür mobilisiert. Als Architekten verpflichtete der »Türkenvater« fast ausschließlich Österreicher und Deutsche, weil sie mit dem »Neuen Bauen« von *Bauhaus* und *Werkbund* den planerischen Geist der Moderne verkörperten.

So chaotisch die Stadt heute erscheint, es lässt sich noch immer die klare städtebauliche Struktur erkennen, die ihr die deutschen und österreichischen Architekten und Städteplaner verordneten, wenn man sie von ihrem höchsten Punkt, der Zitadelle, aus betrachtet. Als Gegenbild zum kleinteilig gewachsenen Istanbul wurde Ankara den großen europäischen Städten der Jahrhundertwende wie Berlin oder Wien nachgebildet, mit überschaubarer baulicher Ordnung inklusive Traufhöhen, breiten Boulevards, Grünflächen und vor allem des *Meydan*-Konzepts – öffentliche Plätze, die bewusst dafür angelegt wurden, einer offenen Zivilgesellschaft Räume zu geben, der perfekte Ausdruck des *Nation Building* im Sinne Atatürks.

Der deutsche Stadtplaner Hermann Jansen, der bereits Groß-Berlin entworfen hatte, war maßgeblich an der Planung und dem Aufbau Ankaras beteiligt. Rund um die Zitadelle als »Stadtkrone« teilte er die Flächen nach Funktionen ein: Regierungsviertel, Universitätsviertel, Arbeiter-, Beamten- und andere Wohngebiete sowie Diplomatenviertel. Als Hauptverkehrsachse zwischen den einzelnen Vierteln bestimmte er den kilometerlangen Atatürk-Boulevard, der diese Funktion weiterhin erfüllt, mit dem heutigen Stoßverkehr allerdings überfordert ist. An ihm reihen sich noch immer die architektonischen Preziosen deutscher Exilanten, die vor und nach der Machtübernahme durch die Nazis in die Türkei gingen (vgl. Abschnitt 11).

Man muss allerdings genau hinschauen, um die heutige Innenstadt Ankaras auf Fotos aus jener Zeit wiederzuerkennen, weil sie von Stahl, Beton und Autobahnen überformt wurde. Aber die Zeugnisse des schwungvollen Aufbruchs sind noch überall zu finden. Die herausragenden Bauten der 1930er- und 1940er-Jahre – durchaus monumental, aber nahezu ornamentlos – prägen weiterhin den Stil und die Aura des Stadtzentrums. Geschaffen wurden sie von mehr als 30 Architekten aus Deutschland, Österreich und der Schweiz gemeinsam mit ihren türkischen Kollegen und Schülern. Ihre Namensliste liest sich ähnlich beeindruckend wie jene der Bauhausarchitekten, die später in Tel Aviv die »weiße Stadt« entwarfen. Der Wiener Ernst August Egli schuf bedeutende Ministerialbauten und Botschaftsgebäude, der als Avantgardist geltende Berliner Bruno Taut baute den ikonischen Komplex der Fakultät für Sprachen, Geschichte und Geografie der Universität Ankara. Außerdem gehörten Gudrun Baudisch, Paul Bonatz, Martin Elsaesser, Franz Hillinger, Hermann Jansen, Theodor Jost, Wilhelm Schütte, Margarethe Schütte-Lihotzky, Carl C. Lörcher, Robert Oerley, Henri Prost, Ernst Reuter, Robert Vorhoelzer, Martin Wagner und der Österreicher Clemens Holzmeister zu den bekannten deutschsprachigen Architekten in Ankara.

Vor allem Clemens Holzmeister nahm ebenso wie Taut und Egli eine Sonderrolle ein. Wie die beiden Kollegen hatte der berühmte Kirchenbaumeister und Vertreter der »monumentalen Moderne« direkten Zugang zu Atatürk. Er war schon 1927 zum ersten Mal nach Ankara gekommen und hatte dort unter anderem den Präsidentenpalast, verschiedene Ministerien, die türkische Zentralbank und das erste Atatürk-Denkmal auf dem zentralen Kızılay-Platz errichtet.

1939 bekam er den ehrenvollen Auftrag, das neue Parlamentsgebäude in Ankara zu entwerfen – sein wichtigstes Werk in der Türkei.

Unter dem Strich erhielten die emigrierten Architekten damals fast alle prestigeträchtigen öffentlichen Großaufträge für die staatlichen Verwaltungsbauten; nur wenige türkische Baumeister wurden berücksichtigt. Damit nehmen die Deutschen und Österreicher weltweit eine einzigartige Stellung ein. Denn zum ersten Mal bauten europäische Architekten in einem Land der islamischen Welt nicht als Vertreter einer Kolonialmacht, sondern als Angestellte im Auftrag eines souveränen Staates. Zudem prägten sie auch die Architektenausbildung des Landes. Egli, Holzmeister, Reuter und andere bauten die Architekturfakultät der Universität von Ankara auf und wurden zu Lehrmeistern einer ganzen Generation türkischer Architekten.

65. Grund

Weil Bursa die türkische Automobil- und Seidenhauptstadt ist

Plötzlich reihen sich die Arbeiter auf, wie ein Bataillon Soldaten zum Appell. 500 Männer mögen es sein, die meisten sind jung, sie sind sommerlich gekleidet, denn es ist heiß. »Hier ist Renault, hier ist Widerstand«, rufen sie, und es hallt gewaltig über die Betonzufahrt vor dem verspiegelten Hauptgebäude der *Oyak-Renault*-Fabrik im westtürkischen Bursa. Ihnen gegenüber, hinter dem schweren schwarzen Metallzaun um die Fabrik, stehen ihre Kollegen, die das Gelände seit zwei Wochen besetzt halten und dort auf Decken und Plastikfolien lagern. »Es lebe unsere Ehre!«, antworten sie im Chor. Für einen Moment kehrt Ruhe ein, dann singen alle Arbeiter gemeinsam die türkische Nationalhymne.

Im Mai 2015 traten in Bursa, der viertgrößten Stadt der Türkei, Tausende Beschäftigte der Autofabriken in den Streik und verlangten mehr Arbeitssicherheit, höhere Löhne und das Recht, eine Gewerkschaft zu gründen. In der Dreimillionenstadt, auch »türkisches Detroit« genannt, produzieren große europäische Autokonzerne wie Renault und Fiat in Joint Ventures mit türkischen Partnern Kraftfahrzeuge für den türkischen und europäischen Markt. Mit über 1,3 Millionen Fahrzeugen pro Jahr war die Türkei vor der Corona-Krise sechstgrößter Autoproduzent Europas mit mehr als 400.000 Beschäftigten. Zwei Drittel der bis zu 800.000 Fahrzeuge, die türkische Fabriken jährlich exportierten, wurden in Bursa gebaut. Im Jahr 2014 wurde der Automobilsektor zur wichtigsten Exportindustrie der Türkei, übertraf erstmals die Textilindustrie und machte 16 Prozent der gesamten türkischen Exporte aus. Vier der zehn größten Exportfirmen gehören der Autoindustrie an, zwei davon aus Bursa. Die westtürkische Stadt ist das zweitwichtigste Industriezentrum nach dem rund 100 Kilometer entfernten Istanbul. Tausende teils hochmoderne Firmen haben sich hier angesiedelt, darunter bedeutende internationale Namen – Bosch, Fiat, Ford, Renault.

Doch der Aufschwung verdankt sich wesentlich auch den extrem niedrigen Löhnen in der Industrie, von der die Stadt lebt. »Vom Boom der Türkei hat nur die reiche Schicht profitiert. Der Rest ist ärmer geworden«, meinte Eser Herdin, ein streikender Karosseriearbeiter, 31 Jahre alt. Er hatte 2007 bei Renault angefangen, weil die Firma einen großen Namen hatte. »Doch als ich begann, hier zu arbeiten, merkte ich, dass die Realität anders war«, sagte der hochgewachsene Mann. Der Arbeitsdruck sei groß, es gebe viele Unfälle. Sein Stundenlohn betrug mit rund 2,50 Euro weniger als ein Zehntel dessen, was die Renault-Arbeiter in Frankreich verdienen. »Die Firma hat ständig expandiert, doch für uns Arbeiter ist nichts übrig geblieben«, klagte Herdin.

Damals griff der Protest schnell auf andere Betriebe und Regionen über, darunter die zweit- und drittgrößten Autohersteller *Tofas-Fiat* und *Ford-Otosan* in der angrenzenden Provinz Kocaeli. Die Betriebsleitung reagierte hart: Am Tag nach dem Streikbeginn sperrte sie alle rund 5400 Arbeiter aus. Diese verließen zwar die Werkhallen, blieben aber auf dem Betriebsgelände. Sie bestanden damals darauf, dass ihr Protest »nichts mit Politik zu tun« habe. Nachdem die Fabriken zwölf Tage stillstanden, erreichten die Streikenden einen Kompromiss mit Renault, der ihnen einen Inflationsausgleich und steigende Löhne zugestand und juristische oder arbeitsrechtliche Maßnahmen gegen sie ausschloss. Es war ein Protest-Sieg mit friedlichen Mitteln – eine absolute Ausnahme in der Erdoğan-Türkei und ein Zeichen, wie bedeutsam die Autoindustrie für das Schwellenland Türkei ist.

Die mit der Fähre von Istanbul übers Marmarameer in rund zwei Stunden erreichbare Industriestadt Bursa hat auch andere Seiten. Auf Türkisch wird sie wegen ihrer vielen Parks und Gärten *Yeşil Bursa* (Grünes Bursa) genannt. Ihre Geschichte reicht bis 4000 v. Chr. zurück, ihre Thermalbäder (im Stadtteil *Çekirge*) waren schon in der Antike berühmt. In der Altstadt sind noch viele Spuren der Vergangenheit erhalten. Von ihrer früheren Bedeutung zeugt die grandiose *Ulu Camii* (große Moschee) von 1399 mit ihren wundervollen islamischen Kalligrafien, die Gräber der ersten osmanischen Sultane, das Grüne Mausoleum und die Grüne Moschee mit ihren grünen *Iznik*-Kacheln. Sie sind der Grund, warum die Innenstadt von Bursa zusammen mit dem kleinen, nahegelegenen Fachwerkdorf *Cumalıkızık* 2014 in das UNESCO-Weltkulturerbe aufgenommen wurden – als Geburtsstätten des Osmanischen Reiches.

Bursa war von 1326 bis 1365 die erste Hauptstadt der Osmanen und blieb während der gesamten Zeit des Reiches ein wichtiges Handels- und Produktionszentrum, bekannt vor allem für Seide. Die Stadt war ein Endpunkt der Seidenstraße von China durch Zentralasien. Kleider, Tücher und Teppiche aus Bursa-Seide wurden in den Residenzen der Sultane verwendet und gehörten bis zur Mitte des 19. Jahrhunderts zu den wichtigsten Exportgütern des Reiches. Im Herzen der Altstadt liegt der *Koza Han*, eine restaurierte alte Karawanserei, die 500 Jahre lang ein Zentrum des Seidenhandels der Stadt war. Hier bieten heute die besten türkischen Seidenhersteller luxuriöse Kleider, Hemden, Schals, Tücher, Hüte, Krawatten, Taschentücher, Bettwäsche, Tischwäsche und Teppiche in allen Formen, Farben und Größen an. Nirgends sonst in der Türkei ist die Auswahl an Seidenprodukten größer als in dem nach den Seidenraupenkokons benannten *Koza* (»Kokon«) *Han* mit seinem altosmanischen Charme und rund 95 Verkaufsräumen.

Ursprünglich stammt die Seide aus China, wo ihre Herstellung als Staatsgeheimnis galt. Doch 552 n. Chr. gelangten Seidenraupen und Seidenherstellung nach Byzanz und Süditalien. Im 16. und 17. Jahrhundert war Bursa-Seide in ganz Europa, Nordafrika und Teilen Asiens zu einem begehrten Luxusartikel geworden. Doch begann mit der zunehmenden Konkurrenz aus Europa und Asien der unaufhaltsame Niedergang der türkischen Seidenindustrie. Billigseidenimporte aus Fernost verdrängten die lokale Produktion im späten 20. Jahrhundert fast völlig.

In den letzten Jahren aber hat sich die Seidenindustrie in Bursa wieder erholt, wurden kleinere Fabriken und Webwerkstätten eröffnet. 2013 startete die Stadt das »Bursa Silk Revival Project«, um das Produkt durch die Wiedereröffnung der 1790 begründeten *Muradiye*-Seidenfabrik zu altem Glanz zurückzuführen. Heute ist Bursa-Seide wieder zu einem begehrten Luxusartikel geworden. Rund 70 Prozent des Rohstoffs wandern in die Seidenteppichherstellung, vor allem die feinsten handgeknüpften Teppiche der Welt, die in der Kleinstadt Hereke nahe Izmit am Marmarameer produziert werden.

Aber Vorsicht: Nicht alles, was glänzt, ist Seide oder in Bursa gefertigt. Manche »kostbare« Textilien im *Koza Han* stammen heute aus China oder Vietnam und sind aus Kunstseide oder Polyester gesponnen. Fragen Sie nach *Gerçek ipek* (100 Prozent reine Seide). Die besten Stücke werden noch immer von ausgebildeten Meistern bis ins kleinste Detail handbemalt, aber auch viele bedruckte Seiden tragen wunderschöne osmanische Designs mit Tulpen, Nelken oder

Kalligrafie. Die Traditionsgeschäfte führen auch jene Waren für die moderne islamische Frau, die aus der Türkei ein Einkaufsparadies für islamische Mode machten: hochelegante Haute Couture für die selbstbewusste Kopftuch-Muslima (vgl. Abschnitt 94).

Übrigens lohnt sich der Besuch von Bursa auch im Winter. Direkt vor der Stadt erhebt sich der Hausberg *Uludağ* auf 2542 Metern mit dem bedeutendsten Wintersportgebiet der Türkei. Und verlassen Sie Bursa nicht, bevor Sie das legendäre lokale *Iskender Kebap* kosten: aus gebratenem, in Scheiben geschnittenem Lammfleisch, das auf Fladenbrotstücken, mit Tomatensauce und Joghurt serviert wird. Mein Lieblingsgericht!

66. Grund

Weil Izmir die modernste und freieste Metropole der Türkei ist

Die meisten ausländischen Besucher der türkischen Ägäisküste lassen die wichtigste Stadt der Region links liegen: Izmir am gleichnamigen Golf. Dabei lohnt die 4-Millionen-Metropole unbedingt einen Besuch. Nicht wegen historischer Bauten, denn starke Erdbeben, verheerende Brände im griechisch-türkischen Krieg von 1922 und die Abrissbirne haben dem ehemals griechisch geprägten Smyrna schwer zugesetzt. Auch nicht zwingend wegen der palmenbestandenen Boulevards oder der fantastischen Lage in einer muschelförmigen Meeresbucht, denn ähnliche Schauwerte finden sich auch in Ayvalık oder Antalya. Nein, die drittgrößte türkische Metropole zu bereisen lohnt, weil sie als »säkulare Hauptstadt« und liberales Gegenmodell zu Erdoğans »Neuer Türkei« gilt, weil hier ein freierer, modernerer Geist weht als in vielen anderen Regionen. Izmir, Hafen- und Handelsstadt seit den Zeiten Homers, ist mit mehr als vier Millionen Einwohnern die drittgrößte Stadt des Landes und das ökonomische und kulturelle Zentrum der Mittelmeerküste. Und wie in Istanbul oder Ankara tragen die vielen Studenten der Universitäten zum jugendlich-urbanen Charme der Metropole bei.

Der Ausgeh- und Shoppingbezirk *Alsancak* erinnert mit seinen avantgardistischen Galerien, gemütlichen Kneipen und historischen Bürgerhäusern an die Szeneviertel Istanbuls in den Jahren vor dem Putschversuch. Er liegt direkt am zentralen Treffpunkt der Innenstadt, dem historischen Uhrenturm (*Saat Kulesi*) auf dem *Konak*-Platz am Meer. Unmittelbar daneben erstreckt sich das quirlige Basarviertel *Kemeraltı* aus dem 17. Jahrhundert mit seinem Gewirr von Basar, osmanischer Karawanserei und engen Gassen, in denen Eisenschmiede, Topfmacher, Gewürzhändler arbeiten und handeln. Entlang der weißen Apartmenthäuser am Uferboulevard *Kordon* und im gesamten Zentrum der Metropole sind Frauen in kurzen Hosen oder Leggings ein völlig normaler Anblick, ebenso zärtliche Küsse zwischen Liebespaaren oder Passanten mit einer Bierflasche in der Hand – undenkbar in Zentralanatolien.

Izmir ist anders. Das ehemalige griechisch geprägte Smyrna war schon immer eine Stadt, die ihren Blick über die Ägäis nach Westen richtete. Wie Istanbul war auch das alte, elegante Smyrna nach der Eroberung durch die Osmanen einst eine kosmopolitische Stadt, in der christliche Armenier und Griechen, muslimische Türken und Juden weitgehend konfliktfrei zusammenlebten – bis 1922, als Griechenland das osmanische Kleinasien angriff. Daraufhin schlugen Atatürks Truppen zurück, entfachten ein verheerendes Feuer in den christlichen Vierteln und trieben die griechische und armenische Bevölkerung ins Meer. Mehr als 50.000 Christen starben. Die Rückeroberung Smyrnas besiegelte den Sieg der Türken im Unabhängigkeitskrieg, die Stadt wurde zum Symbol des nationalistischen Triumphs.

Auch deshalb ist die Ehrfurcht vor Atatürk als Symbol des säkularen Staates wohl nirgends so ausgeprägt wie hier. Das Bild des Republikgründers schmückt zahllose Gebäude und Plätze. Sein

Profil wurde (nahe dem Flughafen) sogar haushoch in einen Fels gehauen. In Izmir kann man häufig Leute sehen, die sich die flotte Unterschrift Atatürks auf die Haut tätowieren ließen. Atatürks politische Nachlassverwalter von der säkularen Mitte-Links-Partei CHP regieren hier seit Jahrzehnten. Die Partei räumt in ihrer Hochburg regelmäßig mehr als doppelt so viele Stimmen ab wie im nationalen Durchschnitt. Bei der Abstimmung über die Einführung des Präsidialsystems Erdoğans im Jahr 2017 sagten in Izmir und Umgebung fast 70 Prozent »Nein«.

Freier Geist zieht Freigeister an. Viele Junge, Liberale, Kreative und Intellektuelle ziehen nach Izmir. Die Industrie- und Hafen-Metropole wächst rasant. Allein aus Istanbul sind seit 2015 mehr als 50.000 Menschen nach Izmir gezogen, was viel darüber aussagt, unter welchem Druck die Säkularen, die Modernen, aber auch die alten kemalistischen Eliten stehen. Allerdings haben Toleranz und Freiheit auch in Izmir Grenzen. Es trifft zwar zu, dass man hier trinken, anziehen und lieben kann, was und wen man will. Doch wie die frühere *Hürriyet*-Kolumnistin Barçın Yinanç einmal schrieb, erhöben sich nicht wenige Bewohner dieser Hochburg der »weißen« Türken arrogant über die »schwarzen Türken« aus dem anatolischen Hinterland: »Viele CHP-Anhänger leben in ihren Komfortzonen, gehen nicht in andere Viertel ihrer Städte und pendeln zwischen den Metropolen und den Küstenstädten, waren aber nie in einer zentralanatolischen Stadt. Da sie nur Umgang pflegen mit Leuten, die sind wie sie selbst, glauben sie, alle seien wie sie.« Zudem verdrängen viele »weiße Türken« in Izmir, dass die besagten »schwarzen Türken« längst mitten unter ihnen leben. Wie in Istanbul haben sich viele Binnenmigranten aus der Osttürkei in wild gewachsenen *Gecekondu*-Vororten eingerichtet.

Inzwischen leben in Izmir auch mehr als 300.000 Geflüchtete aus dem Bürgerkriegsland Syrien, die wegen der weitgehend verschlossenen Grenze zu Griechenland hier strandeten und nun unter großen Mühen versuchen, in der Großstadt zu überleben. Ihren

Familien fehlt es oft an allem: an Essen, Geld, Jobs, menschenwürdigen Unterkünften und medizinischer Versorgung. Viele syrische Migranten haben leer stehende Wohnungen im Altstadtviertel *Basmane* bezogen, einem Gewirr von engen Gassen und Basarstraßen, das eigentlich zum Abriss vorgesehen war. In Basmane haben die Flüchtlinge aus ihrer Not eine Tugend gemacht und eine eigene Wirtschaft aufgebaut. Die *Anafartalar*-Straße erinnert mit ihren syrischen Händlern, Kaffeeköchen und dem Geruch orientalischer Gewürze, den Klängen arabischer Musik verblüffend an Aleppo. Ironische Folge: Die Syrer bereichern ihre Fluchtmetropole inzwischen mit arabisch-orientalischer Lebensart und sorgen damit für genau das kosmopolitische Flair, das Izmir so gern für sich in Anspruch nimmt.

67. Grund

Weil der Lykische Weg die schönste Fernwanderstrecke der Welt ist

Der Lykische Wanderweg ist ein Trekking-Erlebnis mit wachsender Fangemeinde in Deutschland. Der berühmte *Likya Yolu* gilt als eine der schönsten Fernwanderstrecken der Welt und führt rund 500 Kilometer entlang der türkischen Südküste von Ovacık bei Fethiye bis Antalya, teils nah am Meer, teils durch das bis zu 3000 Metern aufsteigende Taurusgebirge. Er hat den unschätzbaren Vorteil, ebenso interessant zu sein wie der Jakobsweg in Spanien – aber bei Weitem nicht so überlaufen. Dafür jedoch stellenweise deutlich schlechter gekennzeichnet.

Gleich zu Beginn öffnet sich der Blick auf ein absolutes Highlight der Lykischen Küste: den Strand von Ölüdeniz mit dem Türkisblau des Mittelmeeres. Dann schlängelt sich der Weg weiter durch eine abwechslungsreiche Landschaft, streift zahlreiche Ruinenstätten der Antike, führt über Hochalmen mit leuchtend roten Mohn- und zahlreichen anderen Wildblumen und durch kleine, vom Massentourismus unberührte Dörfer, durch Schluchten, Pinienwälder und an Wasserfällen vorbei. Ist man eine Zeit lang im Landesinneren gelaufen, überrascht der Pfad immer wieder mit atemberaubenden Ausblicken auf das Meer, denn an der Lykischen Küste liegen die schönsten Strände der Türkei.

Die Trekkingroute entlang der oft schmalen und zerklüfteten Küste wurde 1999 offiziell eröffnet, nachdem sie von der Engländerin Kate Clow kartografiert und ausgeschildert worden war. Von ihr gibt es auch ein informatives Buch über den Lykischen Weg (auf Englisch). Sie berichtet darin, dass die Dorfbewohner erstaunt waren, als die ersten Ausländer mit ihren Rucksäcken und Zelten auftauchten. Sie hielten sie zunächst für Schatzsucher. Inzwischen haben sie sich an die seltsamen Gäste gewöhnt und wissen die Einkünfte aus dem Trekkingtourismus zu schätzen. Die Wanderer dürfen sich auf unvergessliche Begegnungen mit den gastfreundlichen Bauern und Pensionswirten freuen.

Sechs bis neun Stunden werden pro Tagesetappe veranschlagt. Wer alle 25 Abschnitte absolvieren will, braucht etwa vier Wochen und eine gute Kondition, weil zwar keine allzu schwierigen, aber lang andauernde Steigungen vorkommen. Doch lässt sich der Pfad auch etappenweise mit Kleinbussen abkürzen, da er meist unter- oder oberhalb der asphaltierten Küstenstraße verläuft. Für wanderaffine Deutsche ist der abwechslungsreiche Weg eine großartige Chance, die Türkei zu Fuß kennenzulernen – am besten im Frühjahr und Herbst, wenn es nicht so heiß ist. Da Türken nicht im Traum auf die Idee kämen, sich im Urlaub schweißtreibend zu bewegen, ist man über weite Strecken allein mit der Natur und den Antikentrümmern. Weil der Weg abseits der großen Touristenströme liegt, gibt es nur wenige kleine, aber traumhaft ruhige Pensionen, Boutiquehotels und Restaurants, in denen es sogar vorkommt, dass die Speisekarte (anders als in Antalya) nicht auf Deutsch geschrieben ist.

Die Ursprünge des Lykischen Weges gehen bis ins Altertum zurück, denn er war die wichtigste Verbindung der Dörfer und wurde streckenweise als Handelsweg für Kamelkarawanen genutzt. Höhepunkte sind die beim Bevölkerungsaustausch 1923 von Griechen verlassene Kleinstadt Kayaköy, der Schildkrötenstrand von Patara mit seinen archäologischen Ruinen, das lykische Xanthos und auf fast 1000 Meter Höhe mitten im Nationalpark *Güllük Dağı* die sagenumwobene Totenstadt Termessos, deren antikes Amphitheater spektakuläre Panoramablicke auf die Berge und die Küste Antalyas bietet.

Auch der Blick vom 2366 Meter hohen Gipfel des *Tahtali Dağı* mitten im Taurusgebirge entschädigt für die Mühen des Aufstiegs: eine fantastische Aussicht auf die Touristenküste zwischen Kemer und Antalya mit ihren riesigen Hotelanlagen. Seine Spitze ist aber auch muskelschonender mit einer Seilbahn erreichbar und wird im Winter als Skigebiet genutzt. Unvergesslich sind schließlich die erdgasgespeisten »Flammenfelder« von Çıralı im Nationalpark um den 2300 Meter hohen Berg *Olympos*, wo der Legende nach der korinthische Königssohn Bellerophon die Feuer spuckende Chimäre getötet haben soll. Çıralı gilt mit seinen Baumhäusern, kleinen Pensionen und einem naturbelassenen Strand zudem als Hotspot für Ökotourismus.

Bei einem Sommerurlaub in der zauberhaften Ägäisstadt Kaş hatte auch ich vor Jahren das Vergnügen, den berühmten Wanderweg kennenzulernen. Da meine Freunde ebenso wie ich selbst nicht unbedingt zu den Gewohnheitsläufern zählen, genügte uns ein Tagestrip, um Wanderluft zu schnuppern. Wir starteten in Kaş. Der erste Abschnitt des Wegs war steil und anstrengend, aber danach führte er über mehr oder weniger ebenes Gelände und glich eher einem Spaziergang, begleitet vom Duft von Thymian, Wildsalbei und Kiefernharz. Schließlich durften wir auch die türkische Gastfreundschaft genießen. Nachdem wir festgestellt hatten, dass Busse in der einsamen Gegend nur etwa zweimal am Tag verkehrten, streckten wir den Daumen raus – und ein Pick-up ließ uns auf die Ladefläche steigen.

68. Grund

Weil der Paulusweg die türkische Alternative zum spanischen Jakobsweg ist

Heute ist die Türkei ein zu fast 100 Prozent muslimisches Land. Doch das war nicht immer so. Das Land ist in gewissem Sinn sogar die eigentliche Geburtsstätte des organisierten Christentums, nachdem Jesus Christus im Jahr 30 in Jerusalem gekreuzigt worden war. Etwa drei bis fünf Jahre später erlebte ein jüdischer Pharisäer und Zeltmacher namens Saulus aus der Hafenstadt Tarsus in Kilikien (nahe dem heutigen türkischen Mersin) seine Bekehrung in Damaskus, wo ihm Jesus in einer Vision erschienen sein soll. Der Mittdreißiger Saulus, der bis dahin Christen verfolgt hatte, nannte sich ab sofort Paulus, wurde zum wichtigsten Apostel (Verkünder) der neuen Religionslehre im römischen Mittelmeerraum und gründete zahlreiche christliche Gemeinden, mit denen er über seine später berühmten Briefe in Kontakt blieb.

Ohne Paulus, der Jesus nie real getroffen hat, wäre das Christentum vermutlich im Orkus der Geschichte verschwunden, als 66 nach Christus die große jüdische Rebellion gegen Rom niedergeschlagen und Jerusalem niedergebrannt wurde. Denn erst Paulus brachte die neue religiöse Lehre sowohl zur jüdischen Diaspora wie auch zu den Anhängern der alten griechischen und römischen Gottheiten. Während er die Botschaft nach Westen trug, beeinflusste er das Wesen des Christentums erheblich und wurde zum Begründer der urchristlichen Theologie.

Bereits im Jahr 46 machte sich Paulus mit seinem Gefährten Barnabas zu seiner ersten Missionsreise auf, um die Menschen auf der Lykischen Halbinsel und in Pisidien zu bekehren. Der Route, die er auf seiner ersten Missionsreise gegangen sein soll, folgt der zweite vollständig markierte Fernwanderweg der Türkei. Während der Apostel damals wohl monatelang unterwegs war und dabei mindestens zwei christliche Gemeinden gründete, ist der Pfad heute in 27 Tagesetappen zu schaffen. Die 500 Kilometer des Pauluswegs führen vom Mittelmeer nahe Antalya nach Norden durch das antike Pisidien und eine Reihe historischer Stätten über das Taurusgebirge auf die anatolische Hochebene und weiter ins anatolische Seenland zur Ruinenstätte Antiochia nahe der heutigen Kleinstadt Yalvaç. Trittsicher und konditionsstark sollte schon sein, wer sich auf den Spuren des Apostels bewegt, berichteten Freunde, die den Weg absolvierten. Für Anhänger des alpinen Wanderns besteht außerdem die Möglichkeit, am Rand der Strecke zwei Berggipfel mit etwa 2.800 Metern zu erklimmen.

Auch der Paulusweg wurde von der in Antalya lebenden Engländerin Kate Clow (gemeinsam mit einem Trekking-Kollegen) kartografiert, mit der Hilfe vieler Freunde umfassend markiert und 2008 eröffnet – mit dem Ziel, nachhaltigen Tourismus in die ländliche Region zu bringen. Zunächst fanden die Menschen in den abgelegenen Dörfern die ausländischen Wanderer wohl etwas verrückt – schließlich klappert ja ein Bus ihre Ortschaften ab. Dann mussten sich die Dorfbewohner auch daran gewöhnen, Gäste gegen Bezahlung aufzunehmen, was allen hergebrachten Gepflogenheiten der Gastfreundschaft widersprach. Inzwischen haben sie sich angepasst und nehmen das finanzielle Zubrot gern entgegen.

Die Trekker wandern auf Hirten- und Maultierpfaden, Waldwegen und teilweise noch original erhaltenen alten Römerstraßen, die von der einheimischen Bevölkerung bereits seit Jahrhunderten genutzt werden. Nicht selten sind Ziegenherden, die gerade auf eine Weide getrieben werden, oder mit duftenden Oregano-Säcken beladene Maultiertrecks auf den schmalen Pfaden unterwegs. Da der Paulusweg insgesamt höher verläuft als der Lykische Weg, beginnt die Wandersaison später und endet früher. Der Weg hat zudem *zwei* Startpunkte, einen in Perge an der Küste, der andere etwas weiter östlich auf der Pamphilischen Ebene nahe der antiken Stadt Selge auf rund 1000 Meter Höhe.

In Perge, damals eine lebendige, aufstrebende römische Stadt, soll Paulus seine erste große Predigt auf der Reise gehalten haben. Das antike Theater mit seinen Marmorfriesen, Reliefs und Statuen, das Stadion und die mächtigen Befestigungsmauern vermitteln bis heute einen guten Eindruck von einer Stadtanlage aus späthellenistisch-römischer Zeit, in der sich Paulus wie überall zunächst an jüdische Diasporagemeinden wandte. Am Alternativstartpunkt Selge steht ein gut erhaltenes römisches Theater, das einst 15.000 Zuschauer fasste. Beide Wegstrecken führen durch bewaldete Höhen, bis sie sich an den antiken Ruinen von Adada rund 80 Kilometer nordöstlich von Antalya vereinen. Adada, das über eine unglaublich gut erhaltene altrömische Straße erreicht wird, ist neben Perge eine der bestkonservierten antiken Städte der türkischen Riviera. Anschließend beginnt der Anstieg mit Blick auf schneebedeckte Gipfel. Er führt durch die grandiose, zerklüftete Landschaft des Taurusgebirges, die sich seit den Tagen des Apostels Paulus kaum verändert haben dürfte. Schließlich erreicht der Pfad seinen höchsten Punkt im mächtigen *Barla*-Gebirge auf dem Berg *Sivri* bei etwa 2200 Metern, mit atemberaubender Aussicht auf den blaugrün schimmernden *Eğirdir*-See im anatolischen Hochland.

Der Weg fällt anschließend steil zum *Eğirdir* ab und folgt dem Westufer dieses viertgrößten Sees der Türkei bis zu seiner schmalsten Stelle, wo die Wanderer per Fischerboot übersetzen. Endpunkt der Route ist die Stadt Antiochia in Pisidien (nicht zu verwechseln mit der namensgleichen Hafenstadt, dem heutigen südtürkischen Antakya). Paulus gründete hier die wichtigste christliche Gemeinde Anatoliens, die er noch zweimal während seiner zweiten und dritten Missionsreise besuchte. Sehenswert ist das Amphitheater, das vollständig erhalten geblieben ist, und das schräg gegenüberliegende Stadion. Auf den Rängen fanden bei den Festen und Spielen bis zu 20.000 Menschen Platz. Christen leben hier heute nicht mehr – sind aber als Touristen willkommen.

69. Grund

Weil im zentralanatolischen Konya die Derwische tanzen

Die zentralanatolische Millionenstadt Konya gilt als die konservativste Metropole der Türkei, was sie eindrucksvoll unter Beweis stellte, als die regierende islamische AKP bei der Kommunalwahl 2019 erstmals in fast allen Großstädten von der Opposition geschlagen wurde – mit der Ausnahme von Konya, wo sie wie gewohnt 70 Prozent der Stimmen holte. So konservativ ist Konya, die einstige Hauptstadt der nomadischen türkischen Seldschuken, dass dort der Verkauf von Alkohol im gesamten Stadtgebiet verboten ist.

Doch in Konya braucht man keinen Alkohol, um sich zu berauschen. Die uralte Stadt auf einer anatolischen Hochebene kultiviert eine Art der religiösen Ekstase, die auf Trance und körpereigenen Drogen beruht: den Wirbeltanz der Derwische. Diese alte Technik muslimischer Sufis hat die Provinzkapitale berühmt gemacht. Millionen Menschen pilgern jährlich zum Museum des *Mevlevi*-Ordens mit der charakteristischen grünen *Türbe* (Grabturm) des großen persischen Poeten und Mystikers Celâleddîn Rumi, der im 13. Jahrhundert in Konya lebte und auf den der Tanz zurückgeht. Die alte Klosteranlage lockt zunehmend auch westliche Touristen an, denn nirgends lässt sich die mystische Sufi-Tradition besser erkunden als in Konya. Und wer einmal Berührung mit ihr hat, wird eine Idee vom Islam gewinnen, die sich von gängigen Zerrbildern deutlich abhebt.

Wie viele Religionen hat auch der Islam eine mystische, weltabgewandte Seite, bei der die Annäherung an das Göttliche durch die Überwindung des eigenen Ichs erfolgt: den Sufismus. Statt strikter Vorschriften lesen Sufis aus dem Koran symbolische Bedeutungen heraus, die nicht mit dem Verstand, sondern vielmehr mit dem Herzen zu erfassen seien. Durch Askese, Meditation und ihre berühmten Tänze wollen sie Gott so nah wie möglich kommen. Lange vor den europäischen Humanisten predigte Rumi Brüderlichkeit und Gleichheit aller Menschen, egal welcher Religion, Hautfarbe, Herkunft – oder Geschlecht (Rumi selbst war unsterblich in einen jungen Derwisch verliebt). *Liebe ist frei von der Enge der Gebetsnische und des Kreuzes,* schrieb der Poet, den seine Anhänger *Mevlâna* nannten, was »unser Meister« bedeutet. Seine Lehre richte sich an alle Menschen, egal ob Muslim, Christ oder »Ungläubiger«: *Ungläubiger, Feueranbeter oder Götzendiener / Hier ist das Tor zur Hoffnung, komm so, wie du bist.*

An Rumis Ideale von Liebe, Toleranz, Bescheidenheit, Güte versuchen sich seine Anhänger auch heute noch streng zu halten. Man nennt sie Derwische – vom persischen Wort *dar* (Tor) als Sinnbild für den Wanderer zwischen den Welten des menschlichen Diesseits und des göttlichen Jenseits. Ihren Orden der Mevlevis organisierte einst Mevlânas Sohn. Ihre wichtigste Gebetsform ist der Wirbeltanz, der sie Allah und seiner Weisheit am nächsten bringt – denn die ganze Schöpfung tanzt, vom Sonnenstäubchen bis zu den Sternen des Universums. Die Mevlevis drehen sich in weiten Gewändern endlos im Kreis, eine mystische Technik, die Rumi zentralasiatischen Schamanen abschaute.

Der Tanz der Derwische heißt *Sema.* Als religiöse Zeremonie folgt er einer jahrhundertealten, streng strukturierten Choreografie, in der alles, von den Handlungen bis zur Kleidung, symbolische Bedeutung besitzt. So hat das *Semahane* (Tanzhaus) einen runden Boden, der das Universum darstellt, und die Wirbeltänzer symbolisieren die Sonne und die Bewegung der Planeten. Ihr Tanz erzählt die universale Geschichte von Tod und Wiedergeburt. Ihre schwarzen Umhänge verkörpern ihr irdisches Leben, das sie während des Tanzes ablegen. Darunter tragen sie wallende weiße Roben, die das Leichenkleid des alten Ichs und die Neugeburt im Paradies symbolisieren, ebenso wie die hohen konischen Filzhüte namens *Sikke.*

Die Tänzer drehen sich erst langsam, dann immer schneller, bis sie in Trance geraten. Dabei blähen sich ihre Röcke weit auf, als sammelten sie Luft und schwebten davon. Währenddessen breiten sie ihre Arme aus: Die Handfläche der rechten Hand richten sie zum Himmel zu Gott, die linke Hand nach unten zur Erde, womit sie Gottes Botschaft symbolisch an die Welt und die Zuschauer weitergeben. Rund eine Stunde tanzen die Derwische, immer gegen den Uhrzeigersinn in Richtung des Herzens, ohne zu stolpern oder zu taumeln, den Kopf leicht nach rechts geneigt. Dieses Kippen des Kopfes, sagen Mediziner, lässt die tanzenden Derwische das Gleichgewicht halten und das schier endlose Drehen ertragen. Das *Sema* endet, wie es begann: in Stille und Meditation.

Nachdem die UNESCO bereits 2007 wegen des 800. Geburtsjahrs Rumis zum Mevlâna-Jahr erklärt hatte, erhob sie den *Sema*-Tanz ein Jahr später zum »Kulturerbe der Menschheit«. Wegen seiner zentralen Lehre von Frieden, Liebe und Toleranz erfreut sich Rumis Lehre auch bei westlichen Esoterikern wachsender Beliebtheit. Stars wie Madonna, Goldie Hawn und Demi Moore ließen sich von ihr inspirieren.

In Konya ist Rumi allgegenwärtig, für die Stadt ist Mevlâna ein Millionengeschäft. Tausende drängeln sich täglich durch die mit modernen Metallscannern geschützte »Pforte der Eingeweihten« zu dem mit wertvollen Teppichen bedeckten Sarkophag des Meisters in einem Raum, der *Huzuri Pir* (Gegenwart des Heiligen) genannt wird und in dem unablässig die meditative Mevlâna-Musik ertönt. Zum jährlichen neuntägigen Dezemberfestival in Konya pilgern Zehntausende Muslime aus aller Welt. Die Stadt hat ein monströses Kulturzentrum *Mevlâna Kültür Merkezi* hochbetoniert, das an eine Sportarena erinnert. Dort ist Platz für 2.000 Zuschauer, und die Derwischtänze werden wie eine Unterhaltungsshow dargeboten.

Der eigentliche Orden aber, den Rumis Erben nach seinen Lehren schufen, hat die Säkularisierung der Türkei nicht überlebt. Mustafa Kemal Atatürk, der Gründer der modernen Türkei, ließ die Mevlevis wie alle muslimischen Orden im Jahr 1925 verbieten und ihre Tanzhäuser in Moscheen oder Museen umwandeln, da er die auch politisch mächtigen Bruderschaften als Gefahr für die Republik betrachtete. Doch ist der Sufismus seit dem Mittelalter so tief in Anatolien verwurzelt, dass keine Staatsmacht diese islamisch-mystische Strömung ausreißen könnte. Mitte der 1950er-Jahre erlaubte die damalige konservative Regierung den Derwischen, unter dem Signum von Folklore-Shows wieder öffentlich zu tanzen, und schuf damit die Basis für einen anhaltenden esoterischen wie touristischen Erfolg, auch wenn das Ordensverbot offiziell bis heute in Kraft ist. Ein Besuch an Rumis Grab gilt für viele Gläubige in der Türkei als »kleine« Pilgerfahrt und Ersatz der »großen« Hadsch nach Mekka.

Mit viel Glück lässt sich die Sufi-Zeremonie in Konya auch unspektakulär und deshalb umso ergreifender erleben – in Hinterhofsälen, Kaschemmen, sogar Privatwohnungen. Bei gedimmtem Licht drehen sich die Derwische zu rhythmischem Sprechgesang, unterlegt von der anatolischen Rohrflöte *Ney*, den Lauten *Saz* und *Oud* und Trommeln. Im Takt werfen die Teilnehmer ihre Köpfe vor und zurück. Hier fehlt der strenge Formalismus der *Sema*-Vorführungen im Kulturpalast, überraschend viele junge Leute nehmen teil, darunter auch zahlreiche Frauen. Eine subkulturelle Nische und ein Beleg dafür, wie vielfältig, tolerant und offen der Islam abseits der staatlich organisierten Einheitskultur eines Erdoğan oder Khomeini ist.

Die Sufi-Bewegung widerlegt zudem das westliche Vorurteil von der festgeschriebenen Unterordnung der Frau im Islam. Der Mevlevi-Orden kennt auch weibliche Derwische. Und das spirituelle Oberhaupt des erfolgreichen Ordens der *Rifaʿiyya* mit Hunderttausenden Anhängern ist eine Frau, Cemalnur Sargut, die ihr schulterlanges Haar ohne Kopftuch trägt. Ihr Orden öffne Frauen einen Weg zum Glauben und zur Spiritualität, der ihnen im orthodoxen Islam versperrt ist, sagte Sargut in einem Interview des *Deutschlandfunks*. »Diese Haltung ist uns von unserem Meister gelehrt worden, und sie hat viele unverhüllte Frauen erreicht und glücklich gemacht, die bisher vom Glauben ausgeschlossen waren und nicht als gläubig anerkannt wurden.« Ganz nebenbei entkräften die Sufis das westliche Vorurteil, wonach »die Muslime« alle mehr oder weniger strenggläubig nach den Buchstaben des Koran leben. Der Islam mit seinen Sekten, Orden und Traditionen ist in Wahrheit so vielfältig und bunt wie andere Großreligionen.

70. Grund

Weil die Tuffsteinwelten Kappadokiens ein sagenhaftes Naturwunder sind

Manche Regionen der Türkei sehen aus, als seien sie nicht von dieser Welt. In Zentralanatolien finden sich rote Steinwüsten wie auf dem Mars, die Sinterterrassen von *Çanakkale* könnten aus dem *Krieg der Sterne* stammen, und im grün schimmernden Kratersee *Meke Gölü* südöstlich von Konya erhebt sich ein zweiter Vulkankegel in einer außerirdisch wirkenden Landschaft. Und dann ist da noch: Kappadokien, das 1985 in die Liste des UNESCO-Welterbes aufgenommen wurde. Lava und Asche, die nach gewaltigen Vulkanausbrüchen vor 30 Millionen Jahren die Region östlich von Konya und Kayseri überzogen, wurden zu einem erodierenden Material, das man Tuff nennt. Der weiche Tuffstein formte sich durch die Einwirkung von Regen, Flüssen, Wind und Temperaturschwankungen zu Türmen und Kaminen, Zacken und Spitzen, Hüten und Pilzen. Viele sehen aus wie hundertfach vergrößerte Termitenhaufen, übersät mit Höhleneingängen. *Peri Bacalar* nennen die Türken sie, »Feenkamine«. Frühere Bewohner der Region glaubten, dass in ihnen unterirdisch lebende Feen hausten. Die Alten erzählen auch von einem Zauberer, der eine ganze Armee von Feinden in steinerne Türme verwandelte.

Ausgesprochen stimmungsvoll erlebt man die Feenwelt von oben – an Bord eines jener sanft dahingleitenden Heißluftballons, von denen »vor Corona« zum Sonnenaufgang oft bis zu 150 gleichzeitig aufstiegen. Oder zu Fuß, denn Kappadokien ist auch ein ideales Wandergebiet. Oder in einem mehrere Tage währenden Querfeldeinritt auf trittsicheren Reittieren in diesem »Land der schönen Pferde« – so die altpersische Bedeutung. Diese weltweit einmalige Erosionslandschaft ist ein Märchenland der Natur, mit immer neuen überraschenden Formen, tiefen Schluchten und pittoresk geformten Feldwänden, die von den Kanten der Hochplateaus wie erkalteter Zuckerguss talwärts fließen. Poröse Pyramiden und Riesenphalli erheben sich wie versteinerte Riesen aus den grasbewachsenen Ebenen.

Kappadokien ist aus dem touristischen Geschäft der Jetztzeit nicht fortzudenken, aber es ist auch unrettbar verknüpft mit der christlichen Überlieferung, die hier ein Freiluftmuseum der byzantinischen Kirchenmalerei schuf. Jahrhundertelang meißelten christliche Mönche und Eremiten ihre Wohnzellen aus dem weichen Tuff. Sie modellierten auch Hunderte von Kirchenhöhlen, die sie mit kunstvollen Tonnengewölben und Kuppeln, Bögen und Kapitellen nach dem Vorbild der gemauerten Gotteshäuser formten – und mit frommen Bildern und biblischen Szenen ausmalten. Verfolgt von den römischen Landesherren, versammelten sich schon die frühen Christen heimlich in den Höhlenkirchen zum gemeinsamen Beten. Die meisten Anlagen stammen aber aus der Glanzzeit Kappadokiens zwischen dem 8. und 11. Jahrhundert, als die Region in der Ostkirche des Byzantinischen Reichs ein wichtiger Pilgerort war. Damals lebten für mittelalterliche Verhältnisse außergewöhnlich viele Menschen hier, wohl auch, weil sie in dem unübersichtlichen Gelände vor arabischen Invasoren halbwegs sicher waren. Allerdings fielen zahlreiche Heiligengemälde nicht muslimischen Eroberern, sondern den sogenannten *Ikonoklasten* – fanatischen christlichen Bilderstürmern des 8. und 9. Jahrhunderts – zum Opfer. In neuester Zeit hat auch der Massentourismus seine Spuren hinterlassen, profane Graffiti haben sich zu zerkratzten Ikonen gesellt. Da aber niemand weiß, wie viele Höhlenkirchen und -klöster es überhaupt gibt, vermuten

Kunsthistoriker noch manche Kostbarkeit in Tuffsteingrotten, die heute von Bauern als Ziegenstall, Geräteschuppen oder natürliche Kühlkammer genutzt werden.

In den weichen Stein haben Menschen aber nicht nur Höhlenwohnungen und -kirchen gegraben, sondern ganze unterirdische Städte. Denn Kappadokien lag an der Seidenstraße und war begehrt in den rund 9500 Jahren seiner menschlichen Besiedlung durch Hethiter und Perser, Griechen und Römer, Juden, Frühchristen, Araber, Seldschuken, Osmanen. Weil die Menschen sich vor Eroberern nie sicher fühlen konnten, legten sie schon in der Antike im Untergrund riesige Fluchtstädte an, die teils mehr als 3600 Jahre alt sind und bis zu 20.000 Menschen Zuflucht boten. Mit dem Niedergang des Byzantinischen Reichs und den einfallenden Arabern nutzten die Christen die Höhlenstädte wieder, bauten sie aus und erweiterten sie mit Kirchen und Klöstern. Aus dieser Zeit stammen auch die berühmten Höhlenkirchen im Göreme-Nationalpark.

Mit Vorliebe meißelten sich frühere Bewohner ihre Wohnungen (und Taubenschläge) in die allüberall aufragenden Tuffkegel, die heute als exotische Höhlentürme teuer verkauft und gern in Hotelanlagen mit Märchenlandflair umgewandelt werden. Eine Übernachtung in einem Felsenhotel ist ein Muss, ob einfach oder luxuriös. Der vulkanische Stein schützt im Sommer vor der gnadenlosen Hitze und im Winter vor eisiger Kälte. Und wenn sich dann ein Schneeteppich über sie legt, wirken Orte wie Üçhisar oder das bei Backpackern beliebten Göreme wie die gemütlichen Höhlendörfer der Hobbits aus dem *Herrn der Ringe.*

71. Grund

Weil die uralte Stadt Mardin an der Seidenstraße so orientalisch ist

Von Weitem scheinen die würfelförmigen Häuser, die Paläste, Kirchen und Moscheen mit den rostbraunen Bergen in ihrem Rücken zu verschmelzen. Ton in Ton schmiegt sich die Altstadt von Mardin auf 1000 Meter Höhe an einen Ausläufer des südostanatolischen Kalksteingebirges *Tur Abdin*. Das ist aramäisch und heißt »Berg der Knechte«, *Mardin* bedeutet »Burg«. Die Namen erinnern an die mythische Geschichte der Region, in der christliche Aramäer, Jesiden aus dem Irak, muslimische Araber und Kurden seit Jahrhunderten zusammenleben – und ethnische Türken bis heute eine Minderheit stellen.

Mardin war einst ein Knotenpunkt der Seidenstraße und alter Handelswege, die vom Mittelmeer und Schwarzen Meer nach Mesopotamien führten. In der Stadt, seit alters her berühmt für getrocknete Pflaumen, Galläpfel zum Gerben und Edelsteine, blühten intellektueller und religiöser Austausch, Wissenschaft, Kunst und Handwerk. Noch immer beantworten hier Kirchenglocken den Gebetsruf der Muezzine. Wer bei klarem Wetter von den gerippten Kuppeln der *Zinciriye*-Medrese oder einer anderen hoch gelegenen Terrasse nach Süden schaut, wird mit einem atemberaubenden Ausblick belohnt. Denn Mardin liegt genau an der Schwelle zur weiten, grünen mesopotamischen Ebene, der »Wiege der Zivilisation«, die syrische Grenze ist kaum 30 Kilometer entfernt.

Ein Blick in die Geschichte erklärt, warum noch heute Medresen und Klöster, Minarette und Kirchtürme gemeinsam das Stadtbild von Mardin prägen. Stadt und Region sind seit 5000 Jahren konstant bewohnt und ein Schmelztiegel unterschiedlicher Kulturen – typisch für Mesopotamien. Durch Mardin zogen Aramäer, Hurriter, Hethiter, Assyrer, Babylonier, Amoriter, Perser, Parther, Römer, Araber,

Kurden, Turkmenen, Seldschuken und Osmanen. Viele blieben. Während ihrer Herrschaft vom 12. bis 15. Jahrhundert errichteten die turkmenischen *Ortokiden* Koranschulen, Badehäuser und die eindrucksvolle Große Moschee (*Ulu Camii*). In der näheren Umgebung liegen völlig intakte christliche Klöster aus dem 4. und 5. Jahrhundert, die zu den ältesten überhaupt zählen. Darunter die sagenumwobenen syrisch-orthodoxen Konvente *Mor Gabriel* und *Mor Hananyo* (*Dayrul Zafran*), Letzterer Sitz des Erzbischofs von Mardin, dessen Gemeinde im *Tur Abdin* auf rund 3000 Seelen geschrumpft ist.

Von alters her galt die Stadt als Symbol für Toleranz und Weltoffenheit. Der Genozid von 1915–16, den die Armenier als *Meds Yeghern* (Große Katastrophe) bezeichnen, bedeutete auch für Mardin einen unermesslichen Verlust an Menschenleben, an Kultur und Zivilisation. Den Massenmorden fielen in der Region auch Tausende christlich-arabische Aramäer (Assyrer) zum Opfer, Angehörige der syrisch-orthodoxen Kirche, die bis heute die Sprache Jesu sprechen. Der Frieden von Lausanne machte Mardin 1923 schließlich zur Grenzstadt, schnitt die Stadt von einem großen Teil ihres syrischen Hinterlandes ab und ließ die Stadt intellektuell und wirtschaftlich ausbluten. Seither hat das kurdische Element das arabische und assyrische deutlich überlagert. Viele Männer tragen weite braune Hosen und kurdisch-arabische Kopftücher.

Wer die Stadt im Sommer besucht, spürt vor allem den Hauch der Steppe wie heiße Luft aus einem Föhn, der bei mehr als 40 Grad Celsius mittags jede Aktivität zum Erliegen bringt. Dann wirkt die Hauptstraße mit ihren vielen kleinen Läden wie ausgestorben. Sie verläuft etwa auf der Mitte des Berghangs, kopfsteingepflasterte Wege zweigen nach oben ab zu mittelalterlichen Bürgerhäusern und nach unten zum zentralen Basar, zu den zahlreichen Handwerkerläden, mit uralten Holztüren und handgeschnitzten Details in den Fassaden und Torbögen aus vulkanischem Kalkstein. Sie sind eng und abschüssig, häufig durch Treppen unterbrochen oder durch tunnelartige, *Abbarras* genannte Gänge verbunden. Man kann das autofreie Gassengewirr nur zu Fuß oder – wie es Einheimische immer noch tun – auf dem Rücken eines Esels durchqueren.

Für Autos ist nur die Hauptstraßenellipse geeignet, deren Wendepunkt die Hauptmoschee (*Ulu Camii*) unterhalb der tausendjährigen, »Adlernest« genannten, mächtigen Zitadelle ist. Entlang dieser Straße verkaufen viele Geschäfte handgeschöpfte, mit verschiedenen Ölen und Aromen produzierte Seifen, für die Mardins Manufakturen bekannt sind. Ihr Angebot wendet sich mittlerweile vor allem an Touristen, ebenso wie das der berühmten Gold-, Silber- und Kupferschmiede der Stadt. Die Handwerker fertigen Armreifen und andere Schmuckstücke, Schmuckkästchen oder auch wagenradgroße Schmuckteller aus kunstvoll getriebenem Metall. Ein paar von Christen betriebene Geschäfte bieten schwere Rotweine aus der Region an. Viele Teestuben und Cafés laden zum Verweilen ein. In die Seitengassen dringt wenig Licht, was für Kühlung sorgt – ebenso wie in die vielerorts mit filigranen Steinmetzarbeiten verzierten, mit einem Brunnen versehenen Innenhöfe der alten Häuser. Sie zeigen geometrische Motive, Pflanzen, Tiere und immer wieder *Şahmaran*, die Schlangenkönigin, kurdisches Symbol der Weisheit und Fruchtbarkeit, Sinnbild von Euphrat und Tigris.

Trotz ihrer spektakulären Architektur war die 180.000-Einwohner-Stadt bis vor einigen Jahren touristisch kaum beworben. Denn sie litt lange unter dem Bürgerkrieg zwischen der Kurdenguerilla PKK und dem Staat. Weil Mardin mit seinen Moscheen, Klöstern und Kirchen beispielhaft für die multireligiöse südostanatolische Kultur steht, bemühte sich die Stadt intensiv um die Anerkennung des Altstadtensembles als UNESCO-Weltkulturerbe. Der Antrag scheiterte aber wegen etwa 400 neuer Betonbauten im Stadtgebiet. Diese Gebäude werden seit einigen Jahren abgerissen, um einen neuen Anlauf bei der UNESCO zu nehmen. Mit Millionenzuschüssen der EU wird die Altstadt seit 2013 behutsam renoviert. 150 Neubauten wurden bereits abgerissen, der Rest soll folgen, wenn Unterkünfte für die vielen syrischen Flüchtlinge gefunden wurden, denen die Stadt die bereits leergeräumten Häuser zur Verfügung stellte. Für die Versöhnung und das Zusammenleben der verschiedenen Ethnien steht in Mardin der immer wieder gewählte und immer wieder abgesetzte Bürgermeister Ahmet Türk, kurdischer Clanchef, berühmtester kurdischer Politiker des Landes, Mitglied der linken prokurdischen Parlamentspartei HDP. Zu mir sagte der legendäre 73-jährige Kurdenpolitiker bei einem Gespräch in Mardin 2015: »Ich werde nie aufhören, für Toleranz, Demokratie und gleiche Rechte aller einzutreten. Denn das ist unsere Verantwortung, gerade hier in Mardin.«

72. Grund

Weil in Südostanatolien Karl Mays Wildes Kurdistan liegt

Dies ist eine Warnung: Noch heute kann es gefährlich sein, mit dem Karl-May-Buch *Durchs wilde Kurdistan* in die Türkei zu reisen. Mit einem Roman, der Generationen deutscher Leser fesselte und sie mit einem romantischen Bild jener ethnischen Minderheit versorgte, die heute wieder fast täglich Schlagzeilen macht. Die bis zu 40 Millionen Kurden sind das größte Volk der Erde ohne einen eigenen Staat, sie leben verstreut in mehreren Ländern des Nahen Ostens, vor allem in der Türkei, in Syrien, im Irak und Iran. Dort kämpfen sie seit Jahrzehnten um nationale Anerkennung und Selbstbestimmung.

Unterdrückung gebiert Gewalt, Gewalt gebiert Gegengewalt, das hat schon Karl May gewusst. »Aus den Tälern Kurdistans ist der Qualm brennender Dörfer und der Geruch von Strömen vergossenen Bluts zum Himmel gestiegen«, heißt es in seinem vor mehr als 130 Jahren publiziertem Roman – und das klingt, als sei es heute geschrieben. Wer in der Türkei ein kurdisches Lied singt oder das

Wort »Kurdistan« gebraucht, läuft Gefahr, festgenommen und vor Gericht gestellt zu werden. Deshalb ist es nicht ratsam, den Klassiker auf einer Reise mitzuführen.

Trotzdem wird sich jeder, der die Abenteuer-Schmöker des sächsischen Fabuliermeisters kennt, von den majestätischen Bergen, tiefen Schluchten, reißenden Flüssen der Kurdenregion magisch angezogen fühlen. Zwischen Dersim (Tunceli), dem Van-See, dem über 5000 Meter hohen Berg Ararat und den wilden Tälern von Hakkari ist abseits der Städte eine Welt zu entdecken, die nicht selten noch an Mays berühmte Orient-Reiseromane erinnert.

Als er *Durchs wilde Kurdistan* 1881 veröffentlichte, waren die meisten Kurden noch Untertanen des Sultans, aber – auch das klingt sehr gegenwärtig – Bewohner »jener Länder, die der Pforte (dem Sultan) nur dem Namen nach unterworfen oder tributpflichtig sind«. Fast ihr gesamtes Siedlungsgebiet, das sich über das östliche Anatolien und das westliche Zagrosgebirge im Iran und im Nordirak erstreckt und von den mächtigen Strömen des Euphrat und Tigris durchzogen wird, lag am östlichen Rand des Osmanischen Reiches.

Wer auf der Fährte von Karl Mays Helden Kara Ben Nemsi und Hadschi Halef Omar mit etwas Abenteuergeist durch Ostanatolien reist, der findet überall noch die Spuren jener Zeit: restaurierte Karawansereien, farbenprächtige Basare, imposante Moscheen, aber auch Ruinen kriegszerstörter armenischer und kurdischer Ortschaften. Er (oder sie) trifft auf eine atemberaubende Landschaft, die oft einsam, karg und unwirtlich ist, mit unbefestigten Straßen, Lehmhütten und archaisch anmutenden Dörfern. Er wird Menschen begegnen, die teils noch in bitterer Armut leben, deren Gastfreundschaft aber herzerwärmend ist. Die Kurden wehrten sich gegen die Araber, die den Islam brachten, sie kämpften gegen die Türken, die ihnen die Sprache verboten, sie befehden sich noch heute im Namen der Ehre, leben oft genug nach uralten patriarchalischen Regeln – aber sie achten den Fremden, der ihnen Respekt entgegenbringt. »Ein Araber kann noch Hintergedanken haben, wenn er einen Fremden in sein Zelt aufnimmt; ein Kurde aber nie«, fabulierte Karl May.

Für einen Teil der Kurdengebiete kann auch der folgende Satz immer noch Geltung beanspruchen: »Wir befinden uns in einem Lande, in welchem Leben, Freiheit und Eigentum mehr gefährdet sind als in jedem anderen.«. Karl May, das kann man mit Fug und Recht behaupten, ist auch der Urheber der deutschen Vorstellung von den Kurden als einer Art orientalischer Apachen. So erklärt ein junger kurdischer Bote, nach seinem »Herrn« gefragt: »Ein freier Kurde hat nie einen Herrn. Er ist mein Bey, mein Anführer im Kampfe, nicht aber mein Gebieter. Dieses Wort kennen nur die Türken und Perser.« Im Allgemeinen treten die Kurden im Roman als Angehörige der Religionsgemeinschaft der Jesiden auf. Wild sei nicht nur die Landschaft, in der sie lebten, wild sei ihr Charakter, behauptete May, zugleich edel, mutig und frei: »Man hat behauptet, dass nur der Deutsche das besitze, was man ›Gemüt‹ nennt. Wenn dies wahr sein sollte, so waren diese Dschesidi den Deutschen sehr ähnlich.«

73. Grund

Weil in den grünen Tälern am Schwarzen Meer der wichtigste Grundstoff für Nutella wächst: die Haselnuss

Sehinaz Karslı hat Glück gehabt. Ihre Haselnusssträucher sehen prächtig aus, die reifen Nüsse ebenfalls. Die 29-jährige Bäuerin steht an einem steilen Berghang nahe der türkischen Schwarzmeerstadt Giresun, rüttelt mit einer langen Harke an den Büschen und sammelt Nüsse, die auf den Boden fallen, in eine große Plastiktasche. Die übrigen Früchte müssen mühsam von den Ästen geklaubt werden. Es ist Erntezeit an der sogenannten Haselnussküste der Türkei, die sich 300 Kilometer entlang des Schwarzen Meeres zwischen den

Städten Samsun und Trabzon erstreckt. Nirgends auf der Welt gedeihen Haselnüsse so gut, weshalb bis zu 70 Prozent der Welternte von hier kommen.

Tatsächlich sind in jedem 400-Gramm-Glas *Nutella* des italienischen Süßwarengiganten *Ferrero* etwa 60 Haselnüsse enthalten, die überwiegend aus der Türkei kommen. Da *Ferrero* eine »vorausschauende Vorratshaltung« betreibt, wurde Nussnougatcreme 2014 nach einer Missernte nicht knapp und auch nicht 2018, als die aus Asien eingeschleppte Baumwanze die Plantagen bedrohte. 2020 gelang sogar eine neue Rekordernte mit einem Ertrag von 2,27 Milliarden Dollar. Im Gegensatz zu anderen Branchen kam die türkische Haselnussindustrie gut durch die Corona-Krise. Rund zwei Millionen Menschen leben nach Angaben der lokalen Handelskammern direkt, weitere sechs Millionen indirekt davon.

Doch am Schwarzen Meer ist es wie überall auf der Welt, wo eine Monokultur die Wirtschaft beherrscht. Obwohl die Schwarzmeerbauern über einen Rohstoff gebieten, der ihnen fast ein weltweites Haselnuss-Monopol und damit ein Marktgewicht wie der *Opec* beim Erdöl verleiht, sind die meisten Akteure in der 2-Milliarden-Dollar-Industrie arm geblieben. Die Arbeitslosigkeit ist überdurchschnittlich hoch. Der Absturz der türkischen Lira seit 2016 verteuert zudem die importierten Düngemittel und Insektizide enorm. Eine Kooperative mit 230.000 Mitgliedern garantierte den Haselnussbauern früher gute Preise, doch der Strukturwandel der Landwirtschaft durch die Liberalisierungspolitik der Regierung hat diese Sicherheit zerstört, sodass sie heute auf staatliche Hilfsgelder angewiesen sind. Aufgrund der Erbteilung sind die meisten Bauerngüter kaum noch größer als fünf Hektar. »Das reicht ohne staatliche Subventionen nicht mehr aus zum Überleben. Und weil es hier praktisch keine Alternative gibt zum Haselnussanbau, ziehen die Leute weg«, sagt der sozialdemokratische Lokalpolitiker Hayati Tökez aus der Hafenstadt Giresun.

Schokolade produziert am Schwarzen Meer nur eine kleine Fabrik in Ordu, und nur 25–30 Prozent der Haselnüsse werden in der Türkei selbst weiterverarbeitet. Geld haben fast nur ein knappes Dutzend Großproduzenten und die Kaufleute in den Städten – Türken, die gut davon leben, dass sie mit *Ferrero* und *Nestlé* Handel treiben. »Den größten Profit aber machen die Süßwarenfirmen im Ausland«, sagt der Oppositionspolitiker Tökez. »Wir liefern das Rohmaterial Haselnuss, und dann importieren wir Nutella oder Kinderschokolade zum 25-fachen Preis.« Größter Abnehmer der türkischen Haselnuss ist mit fast 75 Prozent der Gesamtexporte die Europäische Union. Bedeutendster Einzelkäufer wiederum ist der *Ferrero*-Konzern, der 25 Prozent der gesamten Welthaselnussproduktion erwirbt und in Marken wie *Hanuta*, *Kinderschokolade* und *Nutella* verarbeitet. Daraus folgt, dass *Ferrero* die Preise weitgehend bestimmen kann. Immerhin hat internationaler Druck bewirkt, dass die Firma versucht, die verbreitete Kinderarbeit auf den Plantagen einzudämmen.

Kapitel 6

Kulinarisches und mehr

74. Grund

Weil anatolische Bauernküche und osmanische Kochkunst zu einer köstlichen Mischung verschmelzen

Bei türkischem Essen denken viele Deutsche vor allem an *Döner Kebap*, *Dürüm* und *Lahmacun* (»türkische Pizza«), vielleicht noch an *Baklava* und *Rakı*. Das ist nicht falsch, aber so profan, als würde man die deutsche Küche auf Currywurst, Pommes und Bier reduzieren. Doch die türkische Küche ist unendlich viel mehr als nur Fleisch vom Grill – was mit der geografischen Lage und abwechslungsreichen Geschichte des Landes zu tun hat. Viele Essgewohnheiten stammen aus der Zeit, als die Türken noch Nomaden waren. Griechen und Assyrer, Römer und Araber haben ihre Spuren in den Töpfen und auf den Tellern hinterlassen. Darüber hinaus birgt das Land vielfältige Landschaften, von Thrakien, den Meeresküsten bis zu den Steppen und Gebirgen im Innern Anatoliens, die sich in einem enormen Reichtum der Landwirtschaft und kulinarischen Traditionen spiegeln. Die Auswahl der Gemüse- und Obstsorten, Geflügel- und Fleischsorten sowie Fischarten ist beeindruckend.

Außerdem war das Osmanische Reich ein wirkliches Reich der Mitte. Vor allem in Istanbul mischten sich Einflüsse aus dem Orient, aus Europa, Arabien und Afrika, von Mittelasien und Russland bis Marokko, vom Jemen bis knapp vor Wien. Kriegszüge, Reisen, Karawanenhandel und Schiffsverkehr brachten exotische Gewürze, fremde Zutaten, neue Zubereitungsarten, kulinarische Varianten und Geschmäcker an den Bosporus. Neben den simplen (Fleisch-) Speisen der türkischen Hirten und Bauern entwickelten Spezialisten für Fleisch-, Fisch- und Teigwaren, Suppen und Süßes eine verfeinerte und hochkreative Kochkunst in den Sultanspalästen, die ihre Grundierung im bäuerlich-derben Geschmack Anatoliens aber nie verleugnete. Die Mischung macht's: Sie hebt die vielseitige türkische Küche in die kulinarische Weltspitze, auf Augenhöhe mit der französischen oder chinesischen Kochkunst. Da sie über Jahrhunderte von der mediterranen Küche beeinflusst wurde, finden sich in vielen türkischen Rezepten auch Zutaten wie Knoblauch oder Olivenöl, die bekanntlich positive Effekte auf die Gesundheit haben.

Um die hohe Kochkunst verdient machte sich vor der Eroberung Konstantinopels vor allem Sultan Murad II. (1421–1451). Von ihm ist überliefert, dass er kulinarische Köstlichkeiten in einer Menge servieren ließ, dass sich die Tische nur so bogen. Fleischgerichte mit Lamm, Kalb oder Wild, Suppen, gefülltes Gemüse, diverse Reis-Varianten sowie Süßspeisen wie *Halva* oder *Baklava* wurden aufgetischt. Aus nomadischer Zeit stammte der Brauch, Fleisch in kleinste Stücke zu schneiden, um bloß nichts zu vergeuden: dieses *Kebap* genannte Gericht wurde verfeinert und kommt bis heute in tausenderlei Zubereitungsform auf den Tisch. Auch die Vorliebe für Innereien stammt aus der Nomadenküche. Sehr beliebt war im 15. und 16. Jahrhundert die thrakische Spezialität *Zirva*, Lammkeule in einer Sauce mit luftgetrockneten Aprikosen, Datteln und Honig, oder *Pirinç Çorbası*, eine Reissuppe mit Milch, Tomaten, Zwiebeln, Olivenöl und Rosenwasser.

Die nächste Etappe wurde mit der Küche des Konstantinopel-Eroberers Mehmed II. erreicht, als die verfeinerte Küche von Byzanz mit ihren großartigen Fischgerichten und Nachspeisen hinzukam. Sein Kochpersonal umfasste bereits Hunderte Chefs und Bedienstete, darunter Fleisch- und Fischspezialisten, Experten für eingelegtes Gemüse, Bäcker, Konditoren und einen obersten Joghurtbereiter. Auch das war noch steigerungsfähig. Zwei Jahrhunderte später war Sultan Mahmud I. (1730–1754) berühmt für seine Hofgelage, bei denen bis zu 72 Gänge aufgetischt wurden. Dafür wurden in der Großküche des *Topkapı*-Palastes 100 Ochsen und 500 Schafe geschlachtet, rund 600 Konditoren kümmerten sich um die Desserts. Den fantasievollen Namen vieler Gerichte merkt man noch heute an, wie viel Spaß die Sultansköche an ihren Kreationen gehabt haben müssen: »Schafseier« (*Koç yumurtası*) sind gegrillte Hammelhoden, »Frauenschenkel« (*Kadınbudu*) ein Hackfleischgericht, »der Imam, der in Ohnmacht fiel« (*Imam Bayıldı*) gefüllte Auberginen. Das Gericht »Der Sultan war entzückt« (*Hünkar Beğendi*) – ein Lamm- oder Rindsgulasch mit Auberginenpüree – begeisterte die Kaiserin Eugénie von Frankreich, die Frau Napoleons III., bei einem Istanbul-Besuch 1869 dermaßen, dass sie Sultan Abdülaziz um das Rezept bat. Als ihr Hofkoch aber beim osmanischen Chefkulinariker mit Waage und Buch anrückte, warf dieser beides zum Fenster hinaus und erklärte: »Ein kaiserlicher Koch kocht mit seinem Gefühl, seinen Augen und seiner Nase.« Dabei ist es in türkischen Küchen bis heute geblieben.

75. Grund

Weil die türkische Küche zu den besten der Welt zählt

Zwar war in der Gründerzeit der modernen Türkei vieles verpönt, was an das Osmanische Reich erinnerte. Doch inzwischen hat die Palastküche der Sultane gerade auch bei ausländischen Reisenden einen solchen Zuspruch erfahren, dass das *Sultan Sofrası* (Mahl des Sultans) in Istanbul seit Jahren eine rege Renaissance erlebt. Einige hochgelobte Restaurants wie das *Asitane* nahe der Chora-Kirche in Fatih, das *Tuğra* im Ciragan-Palast am Bosporus, oder das *Konyalı* im *Topkapı*-Palast kochen heute nach Originalrezepten aus den Archiven der Sultansküchen – auch in Corona-Zeiten. Seinen Spitzenplatz als bestes türkisches Restaurant verteidigt seit Jahren das *Mikla* auf der Dachterrasse des *Marmara Pera Hotels* am Taksim-Platz, wo der finnisch-türkische Küchenstar Mehmed Gürs moderne Fusion-Küche mit osmanischer Note verknüpft. Überhaupt lassen sich viele köstliche Entdeckungen machen. Die Istanbuler Spitzenköche servieren zum Beispiel osmanische Speisen wie »Hühnchenfilet auf einem Bett von in Essig sautierten Zwiebeln mit saurem Rotkohl« oder »Gebackenen Apfel gefüllt mit Weizen, Paprika, Sellerie und Zwiebeln mit in Ingwer-Apfel-Sauce gekochten Schalotten«.

Bestimmte Zutaten sind in der türkischen Küche unerlässlich. Türkischer Joghurt, der fetthaltiger ist als der deutsche und einen leicht salzigen Geschmack hat, Olivenöl, Gewürze wie Knoblauch und Kreuzkümmel, viel frisches Gemüse, frische Kräuter wie Minze und Petersilie, Tomatenmark, Schafskäse, rote Linsen und Lammfleisch spielen die Hauptrolle in türkischen Rezepten. Jedes Essen im Restaurant beginnt mit einer prinzipiell unüberschaubaren Palette an Beilagenschälchen zuerst kalter, dann warmer *Mezeler* – Vorspeisen wie aus Tausendundeiner Nacht. Der Brauch, vor dem Hauptgang verschiedene Vorspeisen zu verzehren, stammt aus vorislamischer Zeit, als die Karawanenreisenden vor dem Essen viel Alkohol tranken. Die *Meze*-Happen mit viel Frischem, Pikantem und Saurem sollten den Schnaps neutralisieren. Mit dem Islam verschwand im 11. Jahrhundert der Alkohol (vorübergehend), die *Mezeler* aber blieben. Schließlich stammt auch die Vorliebe für Joghurt aus den Nomadenzelten. Schon die zentralasiatischen Hirten schätzten seine antibiotische Wirkung. Ob im Kuchen, als Suppe, in Saucen oder als leicht gesalzenes, prickelndes Kaltgetränk (*Ayran*) – auch heute kommt kaum eine türkische Mahlzeit ohne ihn aus.

Aus Anatolien stammen viele Fleischgerichte wie *Cömlek Kebabı* (in Gemüse gedünstetes Lamm-, Kalb- oder Rindfleisch), *Kuzu Külbastısı* und *Koyun Külbastısı* (auf dem Rost am Stück gebratenes Lamm- oder Hammelfleisch). Langsam geschmortes Lamm aus dem *Tandır*, der türkischen Form des Tandoori-Ofens, ist in dieser Form vielleicht schon von den Hethitern zubereitet worden. Der *Pilav*-Reis dazu wird zu besonderen Anlässen mit der Lammleber und Kräutern angereichert. Ein verfeinertes Geflügelgericht ist *Çerkez Tavuğu*, ein nach tscherkessischer Art in mit Koriander abgeschmeckter Paprika- und Walnusssauce angerichtetes, geschnetzeltes Huhn.

Als besonders köstliche Spezialität der alten Osmanischen Küche gelten *Mantı*, türkische Ravioli aus dünn ausgewalztem *Yufkateig*, der auch für Fladenbrot verwendet wird. Gefüllt werden die kleinen Teigtaschen mit einer Mischung aus Rind- oder Lammhackfleisch oder auch vegetarisch mit türkischem Käse und Kräutern. Traditionell werden sie mit Minze-Joghurt und Chili serviert.

Trotz ihrer Leidenschaft für Fleisch sehen sich die Türken selbst als Weltmeister im Gemüseverzehr. Gemüse wird vielfältig angerichtet und in Olivenöl angebraten, gedünstet, mariniert, gekocht, mit Hackfleisch oder Reis gefüllt. Generell sind Tomaten und Zwiebeln unentbehrlich, aber die Königin der Gemüsesorten ist die Aubergine. Für das »Fleisch des armen Mannes« soll die türkische Küche mehr als 50 verschiedene Zubereitungsarten kennen – püriert, gefüllt oder eingelegt, zu Konfitüre verkocht, in Öl gegart oder als *Nazuktan* geräuchert mit Rahm, Joghurt, Safran, Rosenpuder und Mandeln. Ein Fest für Veganer.

Da die Türkei an drei Meeren liegt, sind Fischgerichte fester Bestandteil ihrer Küche, nirgends so original und variantenreich angeboten wie im *Balık Pazarı*, dem Istanbuler Fischmarkt in Beyoğlu, einer chaotischen, überdachten, stets übervollen Gasse und der von ihm abzweigenden »Fressgasse« *Nevizade Sokak* mit Hunderten Tischen Dutzender verschiedener *Meyhaneler* (Lokale) auf allerengstem Raum. Neben Istanbul ist die zentralanatolische Stadt Kayseri ein Paradies für Fisch-Connaisseure. Dort treffen nämlich die Händler vom Mittelmeer und Schwarzen Meer auf der Hälfte der Strecke zusammen, und man findet auf dem Markt, wie am Bosporus, den besten Fisch aus beiden Meeren, etwa *Barbounia*-Seebarben vom Ägäischen und die beliebten *Hamsi*-Sardellen vom Schwarzen Meer. Unverzichtbar zum Fisch gehört der 45-prozentige Anisschnaps *Rakı*.

Es sind vor allem die zahlreichen Gewürze, die für den einzigartigen Geschmack und Duft türkischer Speisen verantwortlich sind. Ein Spaziergang über den Ägyptischen Basar in Istanbul vermittelt einen nachhaltigen Eindruck dieses Reichtums. Dutzende Gewürzstände mit duftenden, kegelförmig aufgehäuften aromatischen Waren in unzähligen Farben lassen die historischen Handelsverbindungen entlang der Seidenstraße erahnen. Getrocknete Früchte werden in fantastischen Variationen angeboten. Ausgehöhlte und in der Sonne gedörrte Gemüse hängen auf Schnüren aufgefädelt. Knoblauch, Mandeln, Pinienkerne, Korinthen, Datteln verfeinern Fleischgerichte, Suppen, und Reisspeisen ebenso wie Dill, Minze, Safran, Zimt, Rosinen, Thymian oder Chili.

Auch die Aromen von Knoblauch, Mandeln, Pinienkernen, Korinthen sind in der türkischen Kochkunst essenzielle Bestandteile. Für alle Varianten der türkischen Küche gilt, dass die Gewürze das Aroma nicht zudecken sollen, sondern jeweils einzeln herauszuschmecken sein müssen. Deswegen werden Kräuter und Gewürze eher sparsam verwendet; die Lehre vom richtigen Gebrauch »kühlender« und »wärmender« Kräuter gleicht einer Wissenschaft. Und das wichtigste Gewürz der türkischen Küche ist nicht etwa der Knoblauch, sondern *Kırmızı Biber*, der türkische, zerriebene Paprika in den Geschmackssorten süß, mild und scharf.

Istanbul ist nicht nur ein Paradies der gehobenen türkischen Küche, sondern trotz der leider zunehmenden Uniformierung durch *Fast-Food*-Ketten noch immer ein Mekka des *Street Food*. Köstlich-

Oben: Das Wahrzeichen Ankaras und ein nationaler Wallfahrtsort ist das monumentale neoklassizistische Atatürk-Mausoleum *Anıtkabir* hoch über der türkischen Hauptstadt. **Unten:** Tausende Denkmäler des Republikgründers Mustafa Kemal Atatürk als Feldherr, Staatspräsident oder „Oberster Lehrer" prägen die öffentlichen Plätze der Türkei. Der Atatürk-Kult hat die Jahrzehnte überdauert.

Die mittelalterliche Burgmauer von Alanya grenzt direkt an den Strand des Mittelmeers mit kristallklarem blauen Wasser.

Oben: Spektakuläre Ausblicke von oben: Frühmorgens schweben Dutzende Heißluftballons über die pittoreske Erosionslandschaft Kappadokiens. **Unten:** Vom höchsten Rang des antiken Amphitheaters lässt sich die gewaltige Ruinenstadt Ephesos an der Ägäis überschauen.

Oben: Medresen und Klöster, Minarette und Kirchtürme prägen das Bild der uralten Stadt Mardin an der Grenze zu Syrien. **Unten:** Der Abraham-Teich mit heiligen Karpfen (*Balıklı Göl*) in Şanlıurfa gehört zu einer der bedeutendsten muslimischen Pilgerstätten – der Abrahams-Grotte.

Majestätisch überragt der 5137 Meter hohe Berg *Ararat* die karge Landschaft an der Grenze zu Armenien.

Oben: Mit seinem pittoresken Hafen, der verwinkelten Altstadt und einem staunenswerten Panorama gilt Antalya als schönste türkische Mittelmeerstadt. **Unten:** Die antiken lykischen Felsengräber aus dem 4. Jahrhundert v. Chr. im südwesttürkischen Dalyan lassen sich am besten vom gleichnamigen Fluss aus bestaunen.

Die 2007 als Kulturdenkmal restaurierte armenische Kirche zum Heiligen Kreuz (*Surb Chatsch*) aus dem 10. Jahrhundert liegt auf der Insel Akdamar im ostanatolischen Van-See, dem größten Binnengewässer der Türkei. Im Hintergrund der 3515 Meter hohe Berg *Çadır.*

Unten: Die uralte kurdische Stadt Hasankeyf in Südostanatolien mit unersetzlichen assyrischen, römischen und osmanischen Kulturdenkmälern fiel 2020 der Flutung des neuen *Ilisu*-Staudamms am Tigris zum Opfer. Jahrzehntelange Proteste blieben vergeblich.

Familienbetrieb: Traditionelle Kupferschmiede in Mardin.

Oben: Tanzende Derwische des islamischen *Mevlevi*-Ordens.
Unten: Haselnussernte in Giresun am Schwarzen Meer – für Nutella.

Die Auswahl türkischer Teppichhändler ist ebenso legendär wie ihre Verkaufskunst.

Oben: Türkische Basare verzaubern mit farbenfrohen Gewürzpyramiden, aromatischen Trockenfrüchten und vielen Teesorten. **Unten:** Türkische Patisserien präsentieren ein riesiges Sortiment an Süßigkeiten.

Oben: Traditionelles, preisgünstiges Schnellrestaurant für die Mittagspause oder den Hunger zwischendurch: eine *Lokanta* in Istanbul. **Unten:** *Lokum* oder *Turkish Delight* ist die beliebteste Süßigkeit der Türkei und das leckerste Mitbringsel für Touristen.

Oben: Das südtürkische Postkartenidyll *Ölüdeniz* mit weißem Sand und türkisblauem Meer ist eine Werbe-Ikone und deshalb überlaufen. Doch entlang der Mittelmeerküste reihen sich traumhafte einsame Buchten über Hunderte von Kilometern. **Unten:** Vielfotografiert: das Tor des *Apollo*-Tempels im südtürkischen Side. Archäologen schätzen, dass es im Land rund 40.000 antike Stätten gibt. Aber nur 400 sind bisher ausgegraben worden.

keiten wie *Simit* (Sesamkringel), *Balik Ekmek* (Fischbrötchen) und gebackene Kastanien (*Kestane*) können bedenkenlos am Straßenstand genossen werden; bei gefüllten Muscheln auf Eis ist etwas Vorsicht angesagt. *Lahmacun*, das türkische Fladenbrot aus Hefeteig mit Hackfleisch und Petersilie, ist keineswegs eine Nachahmung der italienischen Pizza, sondern eine traditionelle Beilage aus dem arabisch geprägten Südanatolien. Mutige probieren auch mal *Kokoreç*, gegrillten Schafsdarm im Fladenbrot, eine deftige Spezialität vom Schwarzen Meer. Und nach einer mit *Rakı* durchzechten Nacht schwören viele Türken auf die Kater dämpfende Wirkung einer kräftigen Kuttelsuppe (*Işkembe Çorbası*).

Kein Festmahl ohne krönenden süßen Abschluss. Die Menschen in der Türkei sind geradezu versessen auf Desserts – die dann zum Wachstum des sprichwörtlichen »Türkenmuskels« um die Körpermitte beitragen. Was soll's, das Leben ist kurz und die türkische Küche reich an Süßspeisen. Diese Kalorienbomben tragen, sozusagen als Liebeserklärung an die Süße der Frauen, oft Namen wie *Dilber Dudağı* (Kussmündchen), *Kız memesi* (Mädchenbrüste) oder *Kadın Göbeği* (»Frauennabel«) – es handelt sich dabei um wie Lippen geformte, gefüllte Küchlein, runde Grießbreidesserts in Sirup und frittierte Brandtteiggebäckringe. Eine der überraschendsten Nachspeisen der Türkei ist der *Tavuk Göğsü*, ein cremiger süßer Milchpudding mit einer Zutat, die im Nachtisch eigentlich niemand erwartet. Aber Nomen est Omen – wörtlich übersetzt heißt *Tavuk Göğsü* »Hühnerbrust« – und tatsächlich enthält der Reispudding extrem fein gehacktes gekochtes Hühnerfleisch, das ihm seine besondere Konsistenz verleiht. Zu rühmen sind schließlich die vielen frischen und vorzüglichen Obstsorten: Erdbeeren vom Bosporus, Trauben und Feigen aus Izmir, Pfirsiche aus Bursa, Aprikosen aus Malatya, Zitrusfrüchte von der Mittelmeerküste sowie Zucker- und Wassermelonen aus dem ganzen Land.

Das leckerste Frühstück (*Kahvaltı*) bekommt man übrigens in den Kurdengebieten (und deren kulinarischen Dépendancen in

Beyoğlu). Nirgends habe ich besser gefrühstückt als im historischen *Hasan Paşa Han von Diyarbakır,* wo die Kellner eine Tafel mit riesiger Auswahl auftischen: Fladenbrot, *Menemen* (scharf gewürzte Rühreier mit Tomaten, Peperoni und Zwiebeln), *Otlu Peyniri* (Kräuterkäse aus Schafsmilch), diverse Ziegen- und Kuhkäse, Marmeladen, Honig, Kichererbsenbrei *Humus, Cacık* (Gurkenjoghurt), *Tahina* (Sesampaste) mit Dattelsirup, Paprikapastete, grüne und schwarze Oliven, Tomaten, Gurken und frisches Obst. Und natürlich viel süßen, heißen *Cay.*

76. Grund

Weil in der Meyhane zu verlockenden Meze der Anisschnaps Rakı ausgeschenkt wird

Das Lieblingsrestaurant in Istanbul? Auf diese Frage geben fast alle Einwohner der Bosporusmetropole dieselbe Antwort: »Die *Lokanta* gleich um die Ecke.« *Lokantas* sind die traditionellen, preisgünstigen Schnellrestaurants für die Mittagspause oder den Hunger zwischendurch, wo es frische Salate, heiße *Mercimek Çorbası* (Rote-Linsen-Suppe), Schmorgerichte und *Ayran* gibt, das beliebte schaumig geschlagene Erfrischungsgetränk aus Joghurt. Soll es aber ein richtiges Abendessen sein, dann bietet die türkische Küche eine riesige Vielfalt an Spezialitäten, die man am besten ebenfalls in Istanbul genießt, wo Europa und Asien nicht nur geografisch, sondern auch kulinarisch zueinander finden.

Türkische Restaurantgänger ziehen nicht allein, sondern stets in einer Gruppe los. Den Abend beginnen sie am liebsten in einer klassischen *Meyhane*, von denen es in Istanbul Hunderte gibt. *Meyhanes* sind Volksrestaurants, meist einfach, stets holzgetäfelt, gut besucht, entsprechend laut und immer mit vielen Zeitungsartikeln und Fotos an der Wand, die von den berühmten Gästen künden, die das Lokal im Lauf der Jahrzehnte beehrt haben. Unbedingt dazu gehört in einer *Meyhane* der türkische Anisschnaps *Rakı*, wahlweise auch frisches *Bomonti*-Bier oder die ausgezeichneten neuen Weine des Landes. »Wir sind ja hier in Istanbul und nicht in Anatolien«, sagen die Leute – und meinen damit den konservativen Teil der Türkei. In der *Meyhane Sofyalı* 9 im Istanbuler Innenstadtbezirk *Beyoğlu* zum Beispiel werden auf vier Stockwerken Alkoholika serviert.

Zum *Rakı* gehört die *Rakı*-Platte: die (bereits erwähnten) *Mezeler* genannten »türkischen Tapas« aus allen Regionen des Landes, die es in dieser Fülle nur in Istanbul gibt, wo sich die Mittelmeerküche mit dem kulinarischen Reichtum des einstigen Osmanischen Reiches mischt. Schließlich hat die spezielle Lage des Landes eine unvergleichliche Mischung aus mediterranen, indischen, arabischen, persischen und kaukasischen Gerichten erzeugt: Milchprodukte aus Zentralasien, Fisch- und Geflügelgerichte der Byzantiner, Teigwaren vom Balkan. Die Auswahl an warmen und kalten *Mezeler*, zu denen Fladenbrot gereicht wird, ist schier unendlich. Besonders beliebt sind *Mercimek Köftesi*, kleine vegetarische Happen aus Bulgur und roten Linsen, Filo-Rollen mit Feta-Käse und Kartoffeln, *Patlıcan Salatası* (Auberginenpüree), gefüllte Wein- oder Kohlblätter (*Dolması*) oder Käsespezialitäten. Dann die nicht-vegetarischen Vorspeisen: gebackener Tintenfisch, kleine Krabben, gefüllte Muscheln, gebratene Fische. Immer in Begleitung der Meze kommen türkische Dips (*Ezmeler*), etwa die herzhafte Paste *Muhammara*, die aus Walnüssen, Olivenöl und Chili zubereitet wird oder *Haydari*, eine Knoblauch-Kräuter-Joghurt-Creme, die an *Cacık* (türkischen Zaziki) erinnert, aber ohne Gurken auskommt – alles kleine kulinarische Kunststückchen.

Zuwanderer aus dem Osten brachten in den 60ern ihr Leib- und Magengericht nach Istanbul: *Kebap*, gegrilltes Fleisch vom Lamm oder Rind, das in einer exquisiten Auswahl im stets voll besetzten Restaurant *Hamdi* im Istanbuler Bezirk Eminönü serviert wird, mit Blick auf die berühmte Galata-Brücke und die jahrhundertealten

Moscheen. Mein absolutes Lieblingsgericht ist das köstlich scharfe *Adana Kebap*, aber auch *Fıstık Kebap (Pistazien-Kebap)* erfreut die Geschmacksknospen. Ein Schwarzmeerklassiker sind *Köfte*, gut gewürzte Hackfleischröllchen aus Lamm oder Rind direkt vom Grill, die in unzähligen Varianten auf den Tisch kommen. »*Içli Köfte*«, im Vorderen Orient auch als *Kibbeh* bekannt, sind der Höhepunkt der türkischen Fleischbällchen-Kultur: Eine dünne Bulgur-Hülle wird mit einer feinen Masse aus Fleisch, Zwiebeln, Walnüssen und Pistazien gefüllt, das Ergebnis frittiert oder gedämpft. Andere Hauptgerichte sind die lecker belegten Teigfladen *Pide*, gefülltes Gemüse sowie diverse Reisgerichte (*Pilav*) – oder frischer Fisch.

Zu den Hauptgerichten gibt es entweder Salat nach Saison, Reis, Bulgur (grob geschroteter Weizen) oder Kartoffeln. Geschätzte Beilagen sind unter anderem *Cacık*, *Piyaz* (Salat aus weißen Bohnen mit Zwiebeln) und *Zeytinyağlı Fasulya* (Bohnen in Olivenöl). Überhaupt sind die vielen Linsen- und Bulgurspeisen, die ihren Ursprung aus der arabischen Küche nicht verleugnen, interessant. Je mehr *Rakı* durch die Kehlen fließt, desto angeregter die Debatten, die früher oft hochpolitisch waren, in letzter Zeit aber vorsichtiger geworden sind. Da mehrere Gänge aufeinander folgen, stundenlang gegessen und der *Rakı* damit ausbalanciert wird, geht es zwar durchaus erregt zu, aber immer herzlich, und nur äußerst selten wird die Schwelle zur Trunkenheit überschritten. »Wenn ich schlechte Laune habe und dann mit meinen Freunden in die *Meyhane* gehe, hebt sich die Stimmung im Nu!«, sagt meine türkische Freundin Nursan.

Den Abschluss eines guten türkischen Essens bildet eine Platte frischer Früchte oder eine Süßspeise wie *Sütlaç* (Milchreis mit karamellisierter Oberfläche), warmes *Künefe* (Teigfäden mit ungesalzenem Weichkäse und Zuckersirup) oder *Baklava*. Mit türkischem Mokka lässt man den Abend ausklingen. Niemand achtet auf die Kosten, und alle streiten sich am Ende darum, die Rechnung begleichen zu dürfen. Den Vorschlag zu unterbreiten, die Ausgaben nach deutscher Art zu teilen (*Alman üsüllü*), würde als grober Affront gegen die

Geselligkeit verstanden und sollte deshalb niemals ins Spiel gebracht werden – selbst wenn der Besuch einer *Meyhane* durch die ständige Erhöhung der Alkoholsteuer inzwischen ein nicht mehr ganz so billiges Vergnügen ist.

Guten Appetit oder auf Türkisch: *Afiyet olsun*!

77. Grund

Weil nichts über ein Fischbrötchen mit Bosporus-Blick geht

»*Balık Ekmek! Balık Ekmek*!«, rufen die Verkäufer unter der berühmten Galata-Brücke in Istanbul, die wie seit Jahrzehnten hungrigen Einheimischen und Touristen Makrelenbrötchen schmackhaft machen. Die romantische Version der wichtigsten Istanbuler Streetfood-Spezialität geht so: Auf der Brücke über das Goldene Horn stehen Tag und Nacht Angler, die herrlich gewachsene Fische aus dem Wasser ziehen. Den frischen Fang tragen sie zu den Brücken-Restaurants und den bunt verzierten osmanischen Kähnen auf der Altstadt-Seite, wo freundliche Grillmeister sie lecker zubereiten und dann im frischen Fladenbrot den geneigten Kunden am Tisch servieren. Die Gäste genießen ihren Snack mit Blick auf das Hafentheater der Kähne, Fähren und Ruderboote.

Was in Berlin die Currywurst und in München das *Fleischpflanzerl*, das ist in Istanbul das Fischbrötchen, auf Türkisch *Balık Ekmek*. Eine »einfache und köstliche Mahlzeit für zweieinhalb Euro«, wie die Reiseführer schwärmen, »ein absoluter Istanbuler Klassiker«, den man »gegessen haben muss«. Einfach, köstlich, Klassiker – stimmt alles. Nichts geht in Istanbul über ein authentisches, gutes, knackiges *Balık Ekmek*. Weißbrot auf dem Grill rösten, aufklappen und ein knusprig gegrilltes Makrelenfilet rein, Zwiebeln, Salat, Tomaten und Chili drauf, ein Schuss Zitrone oder Granatapfelmelasse:

Fischbrötchen schmecken am besten unter freiem Himmel am Ufer des Bosporus. Als Berliner räume ich ein, dass so ein Istanbul-Snack sogar mit der ein oder anderen Currywurst konkurrieren kann.

Leider geht es in Eminönü schon lange nicht mehr so romantisch zu, wie es die Prospekte suggerieren. Die Brücken-Angler freuen sich über jeden Fisch, der ihnen an den Haken geht, aber ein Blick auf den mickrigen Fang in ihren Plastikeimern zeigt, dass hier mehr Hobby als Profession im Spiel ist. »Bruder, niemals würde ich meinen Fisch hier einem Imbiss geben«, sagt ein älterer Herr, der seine Angelrute oft von der Brücke hängt. »Der kommt bei uns zu Hause auf den Tisch!«

Das Istanbuler Fischsandwich gibt es seit Mitte des 19. Jahrhunderts. Bosporusfischer stellten auf ihren Booten kleine Grills auf, um ihren Fang direkt am Wasser frisch zuzubereiten – als Frühstück für die Hafenarbeiter. Noch in den 1980er Jahren waren die Fischbrater in den klassischen Fischervierteln am Bosporus und am Goldenen Horn überall präsent. So erinnerte sich die auf Kulinarisches spezialisierte Istanbuler Autorin Aylın Öney Tan, dass »von der Galata-Brücke zum Sirkeci-Bahnhof viele Fischer ihren Fang des Tages auf dem Boot grillten und in einem Stück Brot, eingewickelt in eine Zeitungsseite, am Ufer verkauften«. Ein berühmtes türkisches *Arabesk*-Lied handelt von den Tagen, als man mit dem *Dolmuş* durch Istanbul fuhr und – *köprüde balık-ekmek yemek* – Fischbrötchen auf der Galata-Brücke aß.

Doch schon seit den späten 1950er-Jahren wirkten sich Industrialisierung, Urbanisierung und das rasante Bevölkerungswachstum auch auf die Fischereiindustrie aus. Überfischung, industrielle Abwässer, Schifffahrt und Klimawandel ließen die Makrele und den Blauflossenthunfisch im Marmarameer aussterben, auch der Bonito ist fast verschwunden. Laut offiziellen Daten sank die Zahl der kommerziell nutzbaren Arten in den türkischen Fischereigebieten zwischen 1967 und 2010 von mehr als 30 auf nur noch fünf oder sechs. Viele Istanbuler Fischer gaben auf.

Gleichzeitig stieg aber die Nachfrage nach leckerem *Balık Ekmek*. Nicht nur bei den Touristen, denn Fisch ist auch ein wesentlicher Bestandteil der Istanbuler Küche, und die Metropole wuchs unaufhörlich. Einige frühere Fischer erkannten ihre Chance. In ehemaligen Fischervierteln am Bosporus eröffneten sie die ersten Fischrestaurants auf angedockten ausgemusterten Booten, stellten nach und nach Tische am Ufer auf. Und wurden zu einer Istanbuler Institution. Doch als Hygiene und Tourismus wichtiger wurden, startete die Stadtverwaltung ab 2004 »Reinemach-Aktionen« gegen die »visuelle Verschmutzung der Istanbuler Altstadt«, die nur drei Schiffseigner überlebten: die Akkord-Grillmeister der drei osmanisch dekorierten Fischbrot-Boote in Eminönü. Doch auch sie haben ausgedient. *Eminönüs Fischbrotverkäufer werden Geschichte,* titelte die türkische Presse, nachdem die Stadtverwaltung von Istanbul den Osmanenbootbesitzern ihre Liegeplätze gekündigt hatte. Als letztes, verkitschtes Überbleibsel einer 200-jährigen Tradition wurden sie Ende 2019 geschlossen.

Es stellt sich allerdings die Frage, ob *Balık Ekmek* überhaupt noch als authentisches Straßenessen in Istanbul gelten kann. Was einst eine kostengünstige Mahlzeit für die lokale Bevölkerung war, sei zu einer Touristenattraktion verkommen, teuer und schlecht geworden, maulte die Tourismuswebseite *The Guide Istanbul*. Zwar wird der größte Teil der Fischbrot-Makrelen inzwischen tatsächlich importiert, denn einheimischer Fisch wäre für die Imbisshappen viel zu teuer. Aber noch ist nicht alles verloren. Ein Tipp des Istanbuler Literaturnobelpreisträgers Orhan Pamuk lautet, sich nur bei den echten Straßenverkäufern anzustellen, denn sie würden nur anbieten, was sie auch selbst gern essen. Okay, stimmt: Auch Import-Makrelen können zart und saftig sein.

Es gibt sogar noch einige Restaurants, die einheimisches *Balık Ekmek* authentisch servieren. Berühmt ist in Beykoz auf der asiatischen Stadtseite das kleine Lokal *Muradoğlu Balık Ekmek*. Es hat nur wenige Holztische und -stühle und kein Besteck, da der Fisch im

Sandwich kommt, wie es sich gehört. Großartig ist auch *Taka Balık Ekmek* in Yeniköy auf der europäischen Seite direkt am Bosporus. Beide Lokale klemmen frischen Bosporusfisch zwischen das Brot: Döbelmakrelen, Bonito, sogar Hamsi aus dem Schwarzen Meer. Natürlich kostet der Leckerbissen hier etwas mehr als im Schnellimbiss. Aber keine Bange: Das *Balık Ekmek* wird überleben. Dafür sorgen schon die Touristen, deren Reiseführer ihnen auftragen, Istanbul keinesfalls ohne den Genuss eines »Kult-Fischbrötchens« zu verlassen.

78. Grund

Weil türkisches Baklava dem griechischen um Längen überlegen ist

Wer noch nie in Gaziantep Baklava aß, weiß nicht, wie es wirklich schmeckt, sagt man in der Türkei. Nur hier, in der Region um Gaziantep nahe der syrischen Grenze, wachsen die besten Pistazien der Welt, unverzichtbarer Teil der in Zuckerwasser getränkten Blätterteig-Leckerei mit der nussig-grünen Füllung, die auch bei allen Festen, zu Geburten oder Hochzeiten und natürlich im Ramadan gereicht wird. Doch einigen Schlawinern in der Türkei ist das Nationalgebäck nicht mehr heilig. Ehrlose Hersteller hauen ihre Kunden seit Jahren mit minderwertigen Zutaten übers Ohr. Sie verwenden Erbsen statt Pistazien, getrockneten Teig statt Walnüssen, Pflanzenöle statt Butter und sogar Maissirup statt Weißzucker. Mit dieser Enthüllung schockierte das staatliche Türkische Institut für Produktzertifizierung die Kunden, als es 2015 verbindliche Kriterien für die Produktion von Baklava festlegte.

Wer seither türkische Original-Baklava verkaufen will, muss daher strenge Regeln befolgen. Der Teig muss hauchdünn und goldgelb sein, der Sirup fein, die Konsistenz der Füllung mild, und das

Gesamtprodukt muss auf der Zunge zergehen. Außerdem muss ein Stück der Köstlichkeit mindestens 3,5 Zentimeter lang sein. Als Zutaten wurden Mehl, Salz, Wasser sowie geringe Mengen Fett und weißer Zucker, außerdem natürlich Pistazien festgeschrieben. Mit diesen neuen Vorschriften dürfte das türkische Baklava ausreichend gerüstet sein für die ewig anstehende Patent-Schlacht gegen die Konkurrenz vom Balkan. »Baklava ist und bleibt türkisch«, sagt zum Beispiel der Istanbuler Baklava-Produzent Serdar Seyidoğlu, Chef von 400 Mitarbeitern. »Was die anderen machen, ist minderwertig.«

Baklava ist urtürkisch, so sieht es auch das Institut für Produktzertifizierung in Ankara. Aber nicht alle Menschen teilen diese Meinung. Etwa der amerikanische Ex-Präsident Barack Obama, der während eines Essens mit Griechen im Weißen Haus 2012 vom Geschmack der »griechischen Baklava« schwärmte. Wie bitte?, fragten sich viele Türken. Seit wann sind Baklava griechisch?

Das türkische Nationalgebäck stammt ursprünglich aus Syrien oder Armenien, wurde im Osmanischen Reich »eingetürkt« und erreichte auf diesem Weg Serben, Bulgaren und Griechen, die es seither gleichfalls als Leibspeise betrachten. Seine weite Verbreitung hat zu einer großen Zahl von Baklava-Sorten geführt. Im südostanatolischen Antep wird der Teig mit Pistazienmus gefüllt. Im türkischen Süden essen die Menschen Baklava eher mit Haselnüssen. Serben, Bosnier und Griechen bevorzugen Walnüsse. Seit Jahren führen die Länder der Region einen erregten Patentkrieg um die Spezialität. Vor allem griechische Konditoren versuchen, ihr Baklava rechtlich schützen zu lassen, bisher erfolglos. Der jahrhundertealte Streit um die Herkunft der klebrigen Süßspeise eskalierte zuletzt 2012, als sich türkische und griechische Konditoren, Politiker und Wissenschaftler erbitterte Copyright-Debatten in den Medien lieferten.

Für die großen türkischen Baklava-Hersteller geht es dabei um viel – um Prestige, aber auch um Geld. Denn nachdem sie Europa und Amerika lange nicht im Blick hatten, haben sie in den vergangenen Jahren begonnen, diese Märkte anzusteuern. Der bekannteste Baklava-Produzent *Güllüoğlu* hat seit 2012 in Düsseldorf zwei Filialen eröffnet und ist wie *Seyidoğlu* auch in New York vertreten. Im Ausland können beide Marktführer trotz »Pistazienkrise« – der aufgrund steigender weltweiter Nachfrage knapper werdenden Ressource – noch weiter expandieren.

Im internationalen Konkurrenzstreit hat die Türkei die Nase ohnehin weit vorn. 2014 verlieh die Europäische Union dem »Antep-Baklava« aus Gaziantep als erstem türkischen Produkt das EU-Qualitätssiegel mit geschützter geografischer Angabe, ein Gütezeichen, wie es etwa Ardennenschinken oder Allgäuer Emmentaler besitzen. Es garantiert, dass die Pistazien in Gebäck, das sich »Antep-Baklava« nennt, tatsächlich aus der kargen, heißen Gegend um Gaziantep stammen, wo die Bäume die besten Bedingungen finden zum Gedeihen. Wo die Pistazien keine Spur von Salz enthalten und das mit ihnen gebackene Baklava so süß schmeckt, wie es das weltbeste Baklava eben tun soll.

Doch hält die türkische Patisserie, wie schon erwähnt, noch unzählige andere Süßigkeiten und Nachspeisen bereit. Viele Süßspeisen haben eine rituelle Funktion oder werden nur zu bestimmten Festen und Feiertagen gegessen, etwa am Tag des Fastenbrechens, dem *Şeker Bayramı* oder Zuckerfest. *Güllaç* ist ein kalorienreiches Dessert aus geriebenen Mandeln in dünnen Reisblättern, die in mit süßem Rosenwasser aromatisierter Milch getränkt und danach mit Walnüssen und Granatapfelkernen garniert werden. Die süße Köstlichkeit wird traditionell nur während des Ramadan zubereitet. *Helva*, der »türkische Honig«, ist eine Spezialität aus Sesam, Zucker und Honig. Ihn tischt man bei ernsten, feierlichen Anlässen wie Beerdigungen und Beschneidungen auf.

79. Grund

Weil das Eis aus Kahramanmaraş geschlagen und geschnitten wird

Eine 600 Jahre alte Moschee, eine Zitadelle, ein überdachter alter Basar: Das sind die Attraktionen der südanatolischen Provinzhauptstadt Kahramanmaraş. Seit 2013 verschlug es deutsche Journalist*innen und Türkei-Korrespondent*innen immer wieder in die schläfrige 1,1-Millionen-Stadt in einer hügeligen grünen Landschaft im Schatten des 1625 Meter hohen Bergs *Ahırdağ*, einem Ausläufer des Taurusgebirges. Da die Türkei damals mit der Unterstützung syrischer Rebellen den Zorn des Diktators Baschar al-Assad auf sich gezogen hatte, fürchtete sie Raketenangriffe aus dem Nachbarland und bat die NATO-Partner um Schutz. Das atlantische Bündnis entschied, *Patriot*-Anti-Raketen-Systeme in der Türkei aufzustellen. Eine deutsche Anti-Raketen-Batterie kam nach Kahramanmaraş, wo ein stolzer Bundeswehr-Oberst sie im April 2014 dem damaligen Bundespräsidenten Joachim Gauck und der deutschen Presse auf dem Gelände einer türkischen Armeekaserne vorführte.

Die Bundeswehr hatte in Kahramanmaraş anfangs mit orientalischen Widrigkeiten etwa bei der Ausstattung der Quartiere und Kompetenzproblemen zu kämpfen, kam nach einer Weile aber prima klar. Die Soldaten aus Bayern und Mecklenburg-Vorpommern lobten auch ihre türkischen Kollegen und besonders das gute Essen. Grund zur Klage bot nur das Freizeit- und Nachtleben in der anatolischen Provinz. Es findet schlicht nicht statt. Die meisten der 300 Bundeswehrdeutschen langweilten sich zu Tode, ähnlich wie die einheimischen Jugendlichen. Denen boten sich als Alternative zum Herumhängen auf Staubstraßen auch nur ein Einkaufszentrum am Stadtrand oder die Sirenengesänge örtlicher Islamisten.

Das war die Lage, als die Bundeswehr nach Kahramanmaraş kam. Was konnten die erlebnishungrigen Soldaten tun? Es dauerte nicht lange, bis sie die wirklich wahre und echte Sensation der Stadt entdeckten. Auf der Hauptstraße *Trabzon Bulvari*, zwischen Modeläden, Handy-Shops, Bäckereien und Möbelgeschäften fanden sie: *Yaşar Pastanesi*, die älteste und beste Konditorei der Stadt und Geburtsstätte einer türkischen Spezialität von Weltrang. Die Rede ist vom Speiseeis *Maraş Dondurması*, das seit vier Jahrhunderten in der Region in aller Munde ist. Dieses Eis ohne künstliche Aromen, Gelatine und Konservierungsstoffe ist zäh wie Kaugummi, bis es schmilzt. Die Rezeptur entdeckten einst Hirten von den grünen Almen des *Ahırdağ*, die sich aus der Milch ihrer Ziegen und dem Extrakt wilder Orchideenwurzeln eine hübsche Süßspeise mischten. Sie trockneten die Knollen, zerrieben sie und gewannen ein stärkehaltiges Pulver namens *Salep*. Gerührt mit Ziegenmilch, Zimt und Zucker, geschlagen und geknetet, entsteht ein Eis von unnachahmlicher Elastizität. Weil *Salep* auch schnelles Schmelzen verhindert, ist *Maraş Dondurma* vor allem in den wärmeren Regionen der Türkei überaus beliebt. Und weil es so zäh ist, isst man es nicht mit dem Löffel, sondern mit Gabel und Messer.

In Kahramanmaraş ist das Bistro-Café *Yaşar Pastanesi* für diesen Leckerbissen die erste und beste Wahl. Die Eisdiele serviert die klassischen Sorten *Sade* (Orchideenwurzel), *Fıstık* (Pistazie), *Ceviz* (Walnuss), Schokolade, *Karadut* (Maulbeere), und *Frambuazlı* (Himbeere). In dem gemütlichen Lokal, das mit landwirtschaftlichen Gerätschaften und alten Fotos dekoriert ist, begann vor 70 Jahren der Aufstieg einer Firma im Familienbesitz, deren Filialen inzwischen die gesamte Türkei bespielen und die schon mehr als 20 Ableger im Ausland besitzt: *Mado*, die Abkürzung von *Maraş Dondurması*. Wobei *Dondurma* schlicht »Eis« bedeutet und Maraş der alte Name der Stadt und der Provinz bis zum Ende des türkischen Unabhängigkeitskrieges 1923 war. Die Bistros der *Mado*-Kette in Istanbul und Ankara sind wahre Eis-Tempel, die zu Ehren und zum Genuss des *Maraş Dondurması* errichtet wurden. Natürlich servieren sie auch alle anderen leckeren Süßspeisen wie *Baklava*, *Kadayif*, *Künefe* oder

Aşure, die man alle am besten mit einer Portion der vanilleartigen *Sade*-Eiscreme bestellt.

Toll am *Maraş*-Eis ist, dass man es nicht nur essen, sondern mit ihm auch Kunststücke aufführen kann. In Istanbul kennt sie jeder Tourist, der jemals die Istiklal Caddesi entlangflanierte: die *Dondurmacilar*, Eismänner in osmanischen Fantasiekostümen, die mit einem Meter langen Metallspachteln aus tiefen Blechtöpfen *Maraş*-Eis schaben, es zu langen Fäden ziehen, ganze Klumpen durch die Luft schleudern, mit dem Spachtel an eine Glocke schlagen und so tun, als falle das Eis vom Stab – aber nein, es bleibt kleben und kann am Schluss formvollendet auf die Waffel geschichtet werden. Wenn du diese dann greifen willst – schwups –, zieht dir der Eis-Künstler das fest am Stab klebende Eis samt Waffel direkt wieder vor der Nase weg. Beifall der Zuschauer! Dann endlich kriegst du dein gefrorenes Kaugummi. Seine unglaubliche Elastizität verschaffte dem *Maraş*-Eis sogar einen Eintrag ins *Guinness Buch der Rekorde*, als man es einmal von einem Strommast zu einem anderen spannte.

Im Jahr 2003 aber warnten Umweltschützer, dass die steigende Beliebtheit des Gummi-Gefrorenen den natürlichen Bestand der wilden Erdorchideen gefährde. Für ein Kilo getrocknetes *Salep* würden rund 1000 Pflanzen benötigt. Einige nur in der Türkei heimische Orchideenarten stünden kurz vor dem Aussterben. Daraufhin wurde der Handel mit Erdorchideen und deren Derivaten wie *Salep* nicht nur in der Türkei, sondern auch in der EU und weltweit streng reglementiert. Was dazu führt, dass *Maraş Dondurması* nicht wie Baklava und andere türkische Lebensmittel exportiert werden kann und das originale Eis fast ausschließlich in der Türkei erhältlich ist. Doch als die Bundeswehr-Soldaten Kahramanmaraş 2015 wieder verließen, trugen sie den Ruhm des bissfesten *Maraş*-Eises bis nach Schwerin und Garmisch-Partenkirchen. So jedenfalls erzählen es die Kellner im Traditionscafé *Yaşar Pastanesi* in der türkischen Eis-Metropole Kahramanmaraş.

80. Grund

Weil nicht Kaffee, sondern Tee der Türkentrank ist

Ältere werden sich an das Lied erinnern, das früher wirklich jedes Kind in Deutschland kannte. »C-a-f-f-e-e, trink nicht so viel Caffee! Nicht für Kinder ist der Türkentrank, schwächt die Nerven, macht dich blass und krank. Sei doch kein Muselmann, der das nicht lassen kann!«. Tatsächlich war Kaffee der Türkentrank im Osmanischen Reich – bis Atatürk kam. Denn der »Vater der Türken« hatte seinem Volk zwar Bier empfohlen, aber wirklich Erfolg hatte er mit einem anderen Vorschlag: Statt Kaffee teuer zu importieren, sollten die Türken lieber Tee anbauen. Hintergrund: Seit dem Untergang des Imperiums wurde Kaffee, der bisher im osmanischen Jemen produziert und dann zollfrei billig bis Istanbul transportiert wurde, plötzlich mit Zöllen belegt und viel, viel teurer. Doch ein würdiger Ersatz stand bereit.

Atatürks Teegesetz von 1924, das er mit massiven Subventionen für Tee-willige Bauern unterstützte, hatte durchschlagenden Erfolg – und machte den »Türken-« auch zum »Teevater« (*Ataçay*). Anders als Kaffee kann Tee in der Türkei problemlos angebaut werden. Die östliche Schwarzmeerprovinz Rize eignet sich mit ihren fruchtbaren Böden, dem feuchtwarmen Klima und häufigem Regen perfekt für die Pflanzen. Heute ist diese Region der sechstgrößte Teeproduzent der Welt. Und in der Türkei wird seither Tee getrunken. Immer und überall. Ihr Alltag wird von dem Heißgetränk bestimmt. Es ist so beliebt, dass die Türk*innen inzwischen im Pro-Kopf-Verbrauch von Tee die Nummer eins der Welt sind und sogar England und China übertreffen. Fast sieben Pfund Tee schlürft der Durchschnittstürke im Jahr.

Türkischer Tee oder *Çay* ist meist ein schwarzer, speziell zubereiteter Tee. In einer doppelten Teekanne – dem *Çaydanlık* – wird der Boden mit Wasser gefüllt und auf der Flamme zum Kochen gebracht. Währenddessen ist die obere Kanne mit trockenen Teeblättern gefüllt worden. Sobald das Wasser kocht, wird ein Teil in die obere Kanne gegossen und der Tee etwa 15 Minuten ziehen gelassen, keinesfalls aber länger als 30 Minuten, damit er nicht zu bitter wird. Im Glas wird dann der starke Tee mit kochend heißem Wasser gemischt, je nach Geschmack. Serviert wird türkischer Tee normalerweise in kleinen tulpenförmigen Klargläsern, die es ermöglichen, seinen Farbton zu bewundern und zu beobachten, wie sich ein oder zwei Zuckerstücke langsam darin auflösen. Aber Vorsicht! Türkischer *Çay* ist heiß! Sehr heiß!

Noch immer sind die allgegenwärtigen *Çay bahçesiler* (Teegärten) oder *Çay salonular* (Teestuben) eine Männerdomäne, um der Familie zu entkommen, mit anderen Männern stundenlang Backgammon zu spielen und dabei eine *Nargile* (Wasserpfeife) zu genießen – Letztere natürlich im Freien, denn in geschlossenen Räumen hat Erdoğan das Rauchen untersagt. Frauen sind in dieser Männerdomäne noch immer nicht willkommen, obwohl sich die urpatriarchalische Tradition in den großen Städten schon abzuschleifen beginnt. Ausländerinnen ernten beim Eintritt in ein Teehaus zwar überraschte Blicke, werden aber toleriert, da man(n) annimmt, dass sie sich mit den Landessitten nicht auskennen.

Grundsätzlich gibt es keinen Ort und keine Zeit in der Türkei, die sich nicht dafür eignen würde, *Çay* zu trinken, ob für Männer oder Frauen. Wo auch immer man hinkommt, zu Besuch bei Freunden, beim Teppichhändler oder im Büro, die erste Frage ist stets: »*Çay içer misin*?«, »Möchten Sie Tee trinken?«, und immer folgt dem ersten ein zweites Glas, und diesem ein drittes. Die Gesetze der Höflichkeit verlangen es, den Tee anzunehmen. Die Höflichkeit gebietet auch, dass der Gast zuerst bedient wird, gefolgt vom Herrn des Hauses. Tee zu servieren, obliegt dabei auch in modernen Haushalten in der Regel der Frau, die darüber wacht, dass das Teeglas nie lange leer bleibt. Keinen Tee mehr vorrätig zu haben, gilt als höchste denkbare Taktlosigkeit in der türkischen Kultur. Hat man wirklich einmal genug Tee zu sich genommen, kann man dies den Gastgebern signalisieren, indem man den kleinen Teelöffel quer über das Teeglas legt. Gefragt wird trotzdem.

Der heiße Tee ist ein Kitt für das soziale Gefüge in der Türkei. Wer viel unterwegs ist, wird Dutzende Male täglich Tee offeriert bekommen, zum Frühstück, in jeder Pause und zu jeder Mahlzeit. Alle größeren Institutionen beschäftigen *Çaycılar* (Teemänner oder Teeverkäufer), die mit ihrem Tablett voller Tulpengläser durch die Gänge klappern und unermüdlich heißen Tee offerieren. Wer sich keinen eigenen *Çaycı* leisten kann, lässt einen aus der Nachbarschaft oder von der Straße kommen. Jede Straße, jeder Park, jede Aussicht und jede Promenade hat einen *Çaycı*, der sich beeilt, Ihnen einen heißen Tee zu servieren. Schwarz, stark und mit viel Zucker. *Sağlığına* (Wohl bekomm's)!

81. Grund

Weil Turkish Delight das süßeste Mitbringsel aus der Türkei ist

»Süß lasst uns essen, süß lasst uns sprechen«, sagt ein türkisches Sprichwort. Das lernte ich in Istanbul, als ich das erste Mal mit dem *Şeker Bayramı* in Berührung kam, dem Zuckerfest am Ende des Fastenmonats Ramadan. Der Name ist Programm. Kein *Şeker Bayramı* in den Familien ohne Schälchen voller süßer puderzuckerbestäubter Würfel aus einer geleeartigen Masse, genannt *Lokum*, heute die beliebteste Süßigkeit der Türkei. Wenn der *Şeker Bayramı* beginnt, gehört ein Stück *Lokum* mit *Kahve* (türkischem Kaffee) unbedingt dazu.

Im Pariser Louvre hängt ein Gemälde des maltesischen Künstlers Amedeo Preziosi aus der Mitte des 19. Jahrhunderts, das den Konditormeister Hacı Bekir aus Konstantinopel mit weißem Bart und Turban beim Abwiegen von Süßigkeiten in seinem Laden zeigt. Das Bild machte den Süßwarenmeister berühmt, aber zur Legende wurde er aus einem anderen Grund. Er gilt als der Erfinder des Lokum, das heute global unter dem Namen *Turkish Delight* bekannt ist und als ältestes Konfekt der Welt verehrt wird. Noch erstaunlicher ist vielleicht die Tatsache, dass seine Patisserie in *Eminönü-Bahçekapı* noch immer steht und von seinen Nachkommen geführt wird, inzwischen in der fünften Generation.

Eminönü ist das historische Zentrum, von dem aus sich Istanbul jahrhundertelang entwickelte. In dem lebhaften Stadtviertel liegt die Lokum-Schatzkammer nur einen kurzen Spaziergang vom Hafen entfernt in einer Gasse hinter der *Yeni Cami* (Neue Moschee). Seit mehr als zwei Jahrhunderten verkauft die Familie Hacı Bekir hier türkische Köstlichkeiten. Von Eminönü aus trat Lokum seinen Siegeszug durch die Welt an und eroberte die Gaumen von Millionen Menschen.

Damals rief Sultan Abdülhamid I. (1774–1789) auf der Suche nach einer Glücksformel für seine vier Ehefrauen und Hunderte von Konkubinen im *Topkapı*-Palast die besten Konditoren des Reiches zusammen und befahl ihnen, eine Süßigkeit zu kreieren, die dem Gezänk im Harem ein Ende setzen würde. Daraufhin schuf Hacı Bekir sein berühmtes Konfekt. Der Konditor stammte vom Schwarzen Meer und war 1777 in die Hauptstadt des Osmanischen Reiches gezogen, um dort einen kleinen Laden zu eröffnen. Er traf den Geschmack des Sultans und der Haremsdamen – mit himmlisch süßen, geleeartigen Würfeln. So steht es auf der Webseite des Hacı-Bekir-Geschäfts.

Im Laden nahe dem Ägyptischen Basar hängt heute eine Kopie des Preziosi-Gemäldes an der Wand. Auf kleinen Silbertabletts in Vitrinen stapeln sich kunstvoll angerichtet unzählige Lokum-Sorten – klassisch mit Rosen- und Pistazienaroma, mit Fruchtessenzen, oft mit verschiedenen Nüssen. Je nach Mode entstehen bei Hacı Bekir immer wieder neue Geschmäcker wie Ingwer, Kaffee, Zitrone, Erdbeere, Granatapfel, Karotten, Minze, Vanille, Kokosnuss und sogar Schokolade. Seit der Jahrtausendwende leiten Hande Celalyan und ihre Schwester Nazlı Imre, Ururenkelinnen des Unternehmensgründers, das Geschäft. Als Frauen die älteste Firma des Landes – und eine der 100 ältesten Firmen der Welt – im Macho-Staat Türkei zu führen, ist keine leichte Aufgabe, doch schon seit gut einem Jahrhundert steuern sie das Familienunternehmen. »Vorurteile gegen Frauen in Leitungsfunktionen waren bei uns nie ein Thema«, sagte Hande Celalyan der Londoner BBC. Sie gab sich überzeugt, dass der Urahn das Rezept ursprünglich auf der Grundlage einer traditionellen anatolischen Süßigkeit entwickelte, bei der Honig oder Traubensirup zum Süßen und Mehl zum Binden benutzt wurden.

Sicher ist: Als europäische Raffinerien im späten 18. Jahrhundert Rübenzucker erzeugten und kurz darauf auch Maisstärke in Gebrauch kam, experimentierte Bekir als Erster mit den neuen Zutaten, die seinem Konfekt die samtweiche und gleichzeitig feste Form verliehen. Die sensationelle neue Konsistenz und ihr Geschmack machten Lokum zu einem solchen Gaumen-Hit, dass Sultan Mahmud II. (1808–1839) den Schöpfer der Leckerei zum Chef-Konditor des Palastes ernannte. Ein Ehrenamt, das Bekirs Familie bis zum Ende des Osmanischen Reiches 1920 ausübte. Das Originalrezept hütet die Familie seither wie ihren Augapfel. Ihr Unternehmen umfasst inzwischen fünf Geschäfte in Istanbul, und sie versendet die weißbestäubten Würfel in die ganze Welt.

Allerdings zweifelte der Engländer Tim Richardson, Autor des Standardwerks über Süßigkeiten (*Sweets: A History of Temptation*, 2004), stark an der Sultansharem-Legende. »Ich bin sicher, dass die Süßigkeit viel älter ist«, schreibt er. »Es gibt Hinweise auf gummiartige, sirupartige Süßigkeiten bereits aus dem 9. Jahrhundert.« Hacı Bekir habe das Lokum-Rezept lediglich »neu entdeckt«. Im Übrigen leitet sich das Wort *Lokum* vom türkischen *Lokma* ab, was so viel wie »Happen, Bissen« bedeutet. Die vollständige Bezeichnung stammt aus dem Arabischen von *Rahat al-Hulqum:* »Vergnügen für den Gaumen«.

Kaum war Lokum für die osmanische Palastküche unverzichtbar geworden, wurde ein englischer Geschäftsreisender darauf aufmerksam. Der unbekannte Traveller brachte zu Beginn des 19. Jahrhunderts eine Schachtel des Konfekts aus Istanbul mit nach London, nannte es wenig fantasievoll *Turkish Delight*, legte damit aber den Grundstein für den globalen Ruhm. Im Deutschen wird Lokum mitunter fälschlich als »Türkischer Honig« bezeichnet – das ist aber der weiße Sesamnougat *Helva*. Den unwiderstehlichen Geschmack und die Vielfalt von Lokum machen die zahlreichen möglichen Zutaten aus, aus denen sich unzählige Kombinationsmöglichkeiten ergeben.

Wie Baklava wird Lokum in der Türkei vorzugsweise zu besonderen Anlässen serviert, zum Kaffee, bei Hochzeiten und Beschneidungsfesten, vor allem aber zum *Şeker Bayramı* und den darauffolgenden Feiertagen, wo man es gern auch an Nachbarn verteilt. Für diese süßeste aller Süßigkeiten werden im Gegensatz zu westlichen Imitationen niemals Gelatine oder andere Geliermittel verwendet. Ein gut gemachtes Lokum, heißt es, sollte sich beim Drücken wie ein Schwamm dehnen und dann in seine Ursprungsform zurückkehren, ohne an den Fingern zu kleben. Im Lauf der Jahre hat sich das Konfekt zu einem kulinarischen Repräsentanten der Türkei gemausert. Die globale Nachfrage steigt stetig. 2016 exportierte die Türkei *Turkish Delight* im Wert von fast 30 Millionen Euro. Unübertroffen ist nach wie vor die Kombination der Köstlichkeit mit einem starken türkischen Kaffee, als Zusammenspiel von süß und bitter. Nehmen Sie sich Zeit dafür, genießen Sie den Moment. Und erfühlen Sie, warum Hacı Bekirs Konfekt den Sultan und seine Haremsdamen damals so sehr bezuckerte.

Kapitel 7

Altertümer

82. Grund

Weil die Türkei zahlreiche UNESCO-Welterbestätten hat, die kaum jemand kennt

Steinzeitliche Stätten und jahrtausendealte Städte, Naturwunder und Architekturmonumente – die Türkei ist eine kulturelle Wundertüte, berühmt für ihre vielfältigen historischen Sehenswürdigkeiten. Das ist auch den Vereinten Nationen aufgefallen. Bis 2021 wurden 18 historische Monumente in die Liste des UNESCO-Welterbes aufgenommen. Weltweit liegt die Türkei damit im oberen Mittelfeld. Zum Vergleich: Italien und China führen die Welterbeliste mit je 55 Stätten an, Deutschland liegt (trotz der Kriegszerstörungen) auf Platz 5 mit 48 Orten, Griechenland hat mit 16 Kultur- und zwei Naturmonumenten exakt so viele wie die Türkei. Ob da wohl streng nach Proporz entschieden wird? Tatsächlich hat Ankara bereits weitere 83 bedeutende Stätten auf die Liste der Welterbe-Anwärter gemeldet, und es kommen ständig andere hinzu.

Um diesen gewaltigen kulturellen Reichtum auch nur ansatzweise zu besichtigen, müsste man monatelang im Land unterwegs sein. Nicht ohne Grund erfreut sich die Türkei deshalb bei kulturaffinen Lehrern und Veranstaltern von Bildungsreisen äußerster Beliebtheit. Zivilisationen aus Tausenden Jahren haben ihre Spuren in der Region hinterlassen. Zu den Weltkulturerbestätten der Türkei gehören einige der bedeutendsten archäologischen Schätze der Erde, die teils weltberühmt sind, teils aber kaum jemand kennt. Es ist eine Liste historisch-kultureller Superlative, mit einem West-Ost-Gefälle, was sowohl die Anzahl wie den Bekanntheitsgrad angeht.

Wussten Sie zum Beispiel, dass die älteste Stadt und der älteste Tempel der Menschheit, *Çatalhöyük* und *Göbekli Tepe* aus der Steinzeit, beide im Südosten nahe der Stadt Urfa unweit der syrischen Grenze liegen? Zu den Weltkulturerbestätten aus der Antike wiederum zählen Hattuša, die Hauptstadt der Hethiter aus dem zweiten Jahrtausend vor Christus, die sechs Kilometer lange hellenistische Stadtmauer von Diyarbakır im Kurdengebiet, die Monumentalgrabstätte mit kolossalen Steinköpfen des *Nemrut Dağı* in Zentralanatolien und als perfekte Verschmelzung der hellenistischen und lykischen Kultur die antike Stadt Xantos-Letoon bei Fethiye an der Ägäis. Am Mittelmeer liegen auch die prominentesten Fundstätten: das 4000 Jahre alte antike Troja, die griechische Metropole Ephesos aus dem zehnten vorchristlichen Jahrhundert, die Akropolis von Pergamon und die antike Stadt Aphrodisias. Einzigartige Naturwunder in Verbindung mit historischen Stätten sind die bizarren Felsentürme und unterirdischen Städte im Nationalpark Göreme von Kappadokien sowie die weißen Kalkterrassen plus antiker Wellnesstempel in Hierapolis oder auf Türkisch: *Pamukkale*. Das heißt so viel wie »Baumwollschloss«.

Von den zahlreichen mittelalterlichen und osmanischen Monumenten in der Türkei haben es viel zu wenige bisher in die Weltkulturerbeliste geschafft. An erster Stelle natürlich die historische Altstadt Istanbuls, die wohl bedeutendste Metropole der Weltgeschichte, mit ihren grandiosen architektonischen und kulturellen Meisterwerken: die *Hagia Sophia* aus dem 6. Jahrhundert, das Hippodrom des römischen Kaisers Konstantin, die byzantinische Stadtmauer oder die wundervolle *Süleymaniye*-Moschee des osmanischen Meister-Architekten Mimar Sinan am Goldenen Horn. Zu

Recht wurde auch Sinans schönste Arbeit, die *Selimiye*-Moschee im westtürkischen Erdine, in das UNESCO-Weltkulturerbe aufgenommen. Hinzu kommen die alte osmanische Hauptstadt Bursa, nur zwei Fährbootstunden von Istanbul entfernt, und die typisch osmanische Fachwerkstadt Safranbolu nahe dem Schwarzen Meer, seit dem 13. Jahrhundert ein wichtiger Stopp der Karawanen zwischen Europa und Asien. Weiter östlich im zentralanatolischen Sivas stehen zwei international kaum bekannte Meisterwerke der islamischen Architektur, die *Divriği-Ulu*-Moschee und das angrenzende mittelalterliche Krankenhaus *Darüşşifasi* aus dem 13. Jahrhundert.

2016 nahm die UNESCO die archäologische Ausgrabungsstätte *Ani* in die Weltkulturerbeliste auf, eine mittelalterliche Handels- und frühere armenische Hauptstadt an der alten Seidenstraße nahe der Grenze zu Armenien. Nur 100 Kilometer entfernt liegt der majestätische *Ishak-Paşa*-Palast in der Region Doğubeyazıt mit seldschukischen, osmanischen, iranischen und armenischen Architekturelementen. Die Anlage aus dem 17. Jahrhundert unweit der iranischen Grenze wäre ein perfekter Anwärter für einen Platz auf der UNESCO-Liste – gäbe es nicht den architektonischen Frevel moderner Glasdächer über allen Gebäuden mit Ausnahme der Moschee, die das historische Juwel wie eine Fabrik aus dem 19. Jahrhundert aussehen lassen.

83. Grund

Weil trotz Falschrestaurierungen und Staudammflutungen eine Fülle großartiger Kulturstätten zu besichtigen ist

Zweifellos bemüht sich die Türkei mit ihren beschränkten Mitteln um archäologisch korrekte Ausgrabungsarbeiten, seriöse Präsentation und die Erhaltung zahlreicher historischer Monumente. Glichen viele antike Stätten noch vor einigen Jahren eher Trümmerwüsten, sind auch viele kleinere Ausgrabungsorte inzwischen professionell gesichert worden. Leider trüben immer wieder Wermutstropfen das Bild. Steinzeitliche Mauern wurden abgerissen, antike Brücken abgetragen, Asphalt über altrömische Mosaiken gegossen. Viele Altstädte in der Türkei wurden im Lauf falsch verstandener Modernisierungen teilzerstört oder dem Verfall preisgegeben, in Kayseri, Konya, Izmir oder Samsun beispielsweise haben sie einen Großteil ihrer Substanz und ihres Charmes eingebüßt. Traurig ist der Abriss der halben Altstadt von Diyarbakır (*Sur*) mit vielen ursprünglich armenischen Häusern nach dem letzten kurdischen Aufstand von 2015. Es wurde wohl keinen Moment erwogen, die beschädigten Gebäude wiederaufzubauen.

Ein oft beklagtes Ärgernis sind neben Raubgrabungen desaströse »Restaurierungen«, bei denen wertvolle Altertümer beschädigt werden. Einer der tragischsten Fälle in jüngster Zeit wurde Ende 2020 dank eines Videos bekannt, das in den sozialen Medien kursierte. Darin sah man, wie Bauarbeiter die älteste tragende Mauer des berühmten Galata-Turms in Istanbul aus dem 12. Jahrhundert mit Presslufthämmern malträtierten. Wie sich herausstellte, hatte das Ministerium für Kultur und Tourismus in Ankara die »Restaurierungsarbeiten« in Auftrag gegeben, ohne Fachleute zu konsultieren. Im selben Jahr bohrten Schatzsucher mehrere Löcher in eine wertvolle marmorne Inschriftenplatte aus der Zeit des römischen Kaisers Kaiser Caracalla (188-217) in der Mittelmeerstadt Mersin, weil sie hofften, dahinter »Gold« zu finden. Bei der Restaurierung eines osmanischen Brunnens im Istanbuler Stadtviertel *Fatih* ließ ein AKP-Abgeordneter der historischen Sultans-Inschrift kurzerhand den Namen seines Vaters hinzumeißeln. 2019 wurden in Antalya an einem 800 Jahre alten Tor zur *Alaaddin*-Moschee aus der Seldschuken-Zeit die meisterhaft verzierten »funkelnden Steine« aus »statischen Gründen« entfernt und das Kunstwerk damit zerstört.

Internationale Empörung erregten unter anderem die stümperhafte Rekonstruktion von zehn römischen Mosaiken des berühmten Archäologiemuseum in Antakya (2015), der unsachgemäße Einbau von weißen Marmorsitzplatten im antiken Amphitheater von Aspendos an der Ägäis (2015) oder Betonierarbeiten und der Einsatz schwerer Baumaschinen am berühmten neolithischen Tempel *Göbekli Tepe* nahe Urfa (2018). Über Letzteres klagte die Zeitung *Hürriyet*: »Wurden wir verletzt? Ja. Hat es uns überrascht? Leider nein. Schließlich leben wir in einem Land, in dem Häuserblocks der staatlichen Wohnungsbaubehörde Toki auf Zisternen aus der seldschukischen Zeit errichtet wurden. (…) Wir haben PVC-Fenster im Versammlungsraum einer wunderschönen Istanbuler Moschee installiert, die 1478 von Sadrazam İbrahim Paşa erbaut wurde, (…) Ja, die Tatsache, dass sie auf den Göbekli Tepe Beton gegossen haben, ist schmerzhaft, aber sie überrascht uns nicht.« Es gibt sogar mit *Arkeofili* eine Webseite, die am Jahresende stets die »sieben schrecklichsten Falschrestaurierungen« aufführt. Die Autoren schrieben über die teils »tragikomischen Ereignisse«, die aufzeigten, »dass das Bewusstsein für das kulturelle Erbe sowohl bei den Behörden als auch in einigen Teilen der Gesellschaft nicht vollständig vorhanden sei«. Das ist vorsichtig ausgedrückt.

In Südostanatolien opferte der Staat mehrere bedeutende Artefakte dem Ausbau der Wasserkraft. 2020 lief das Tal des Tigris hinter dem gewaltigen neuen *Ilisu*-Staudamm nahe der Großstadt Batman langsam zu. Es begrub Dutzende prähistorische Felshöhlen und die uralte Stadt Hasankeyf mit unersetzlichen assyrischen, römischen und osmanischen Kulturdenkmälern unter sich, die wichtigsten touristischen Attraktionen der Region. Zwei Jahrzehnte lang hatten Aktivisten und lokale Einwohner gegen das Stauwerk und für den Erhalt von Hasankeyf gekämpft. Die Regierungen von Deutschland, Österreich und der Schweiz zogen sogar ihre Kreditgarantien zurück. Vergeblich. Der Damm wurde gebaut und geflutet. Mit gewaltigem Aufwand wurden zwar sieben der wichtigsten Bauwerke wie die *Er-Rizk*-Moschee und das *Zeynel-Bey*-Mausoleum aus dem 15. Jahrhundert auf riesige Tieflader gesetzt und 100 Meter höher in einem »Kulturpark« der eigens angelegten Stadt Neu-Hasankey wiederaufgestellt. Aber der Zauber des Alten und eine wichtige historische Stätte der Kurden sind verloren. Nicht ohne Grund hatte sich die Regierung standhaft geweigert, Hasankeyf auf die UNESCO-Weltkulturerbeliste zu setzen – was ein wichtiger Schritt gewesen wäre, um die Monumente zu erhalten.

Für Hasankeyf ist es zu spät, aber auch andere epochale Standorte sind aufgrund des Bevölkerungs- und Industriewachstums der Türkei vom Untergang bedroht, wieder anderen droht durch Falschrestaurierungen Gefahr. Doch lassen Sie sich von den Negativbeispielen nicht entmutigen. Vergleichsweise wird nur mit wenigen Kulturgütern so rücksichtslos verfahren. Die weitaus meisten Archäologen und Restaurateure der Türkei sind gut ausgebildete Fachleute, denen nichts mehr am Herzen liegt, als unersetzliche Altertümer zu retten.

84. Grund

Weil man in der Türkei nur am Boden kratzen muss und schon Altertümer findet

Als Bauarbeiter im November 2005 eine Grube für die *Yenikapı*-Station der Istanbuler Unterwassermetro *Marmaray* aushoben, stießen sie wie üblich auf alte Scherben. Die Stadtarchäologen wurden gerufen und waren, als sie das Alter der Trümmer bestimmten, sofort elektrisiert. Sie erkannten schnell, dass der lang gesuchte antike Hafen Konstantinopels aus dem 4. Jahrhundert vor ihnen lag. Umgehend wurden alle Arbeiten für die Bahn gestoppt und die größte Baustelle Istanbuls für Jahre zum größten Ausgrabungsort, den es in der Bosporusmetropole je gegeben hatte.

17 Archäologen, drei Architekten und 350 Arbeiter gruben, siebten Erde, sammelten Steine und drangen in immer tiefere Schichten vor. Ihren wichtigsten Fund hätten sie in kein Museum tragen können: der Hafen des Kaisers Theodosius, benannt nach dem letzten Herrscher des vereinten Römischen Reiches, einer der Knotenpunkte der damaligen Welt. Unschätzbare neue Erkenntnisse über das Wirtschaftsleben Konstantinopels und antike Schiffsbautechniken wurden gewonnen. Bis zum Weiterbau des *Marmaray*-Tunnels wurden hier die ältesten Siedlungsspuren Istanbuls, steinzeitliche Gräber, Reste der alten Stadtmauer und vor allem die Überreste von 37 byzantinischen Schiffen aus dem 5. bis 10. Jahrhundert, darunter als Sensationsfund auch vier antike Galeeren, geborgen.

In Istanbul ist es ähnlich wie in Rom oder Athen: Wo man auch am Boden kratzt, fast immer stößt man auf Spuren der überreichen Vergangenheit. Eigentlich gilt das Gleiche für die gesamte Türkei. In ganz Anatolien haben Hochkulturen aus Jahrtausenden ihre Spuren hinterlassen. Von der armenischen über die iranische bis zur irakischen und syrischen Grenze, vom Schwarzen Meer bis zum Mittelmeer erstreckt sich das Land auf uraltem Siedlungsboden, von der Altsteinzeit bis zu den Epochen der Hethiter, Lykier, Byzantiner, Seldschuken und Osmanen.

Die kurdischen Regionen im Südosten gehören zum »Fruchtbaren Halbmond«, der bis weit in den heutigen Irak und nach Israel reicht. Berühmte Ausgrabungsstätten wie Göbekli Tepe, Çatalhöyük, Ephesos, Pergamon, Side, Zeugma, Nemrut Dağı, Karkamış oder Çavuştepe stehen für Hunderte andere, die ähnlich bedeutsam sind. Im Grunde ist die Türkei ein Paradies für Archäologen. Folglich lancierte das Kulturministerium in Ankara 2014 eine Werbekampagne mit dem treffenden Slogan: *Das weltgrößte Museum: Türkei.*

Gefühlt melden die Medien wöchentlich eine spektakuläre archäologische Entdeckung. Im Jahr 2020 wurden trotz Corona-bedingter Beschränkungen mindestens 6000 neue Fundstücke in die archäologischen Sammlungen aufgenommen. In der südlichen

Provinz Mersin wurde in den Ruinen der antiken Stadt *Soli Pompeiopolis* das Grab des Mathematikers Aratos (315–245), des Begründers der wissenschaftlichen Astrologie, entdeckt. Hinter dem alten *Haydarpaşa*-Bahnhof in Istanbul-Kadıköy stießen Archäologen auf eine riesige rechteckige Struktur mit einem Massengrab, vermutlich das Mausoleum eines hohen byzantinischen Beamten. Nahe der westanatolischen Stadt Eskişehir kam eine 3000 Jahre alte Stele mit einzigartigen phrygischen Inschriften ans Licht. Ein polnischer Forscher fand bei den Grabungen in der ältesten Stadt der Welt *Çatalhöyük* eine Sensation: eine menschenähnliche Figur aus geschnitztem Knochen. Außerdem entdeckt wurden eine christliche Basilika mit Mosaiken und assyrischen Inschriften aus dem Jahr 386 in der südöstlichen Provinz Mardin, ein Hafen aus der minoischen Zeit In Didim an der Ägäisküste und in der Ägäis-Provinz Aydin ein 100 Meter breites und etwa 1800 Jahre altes komplettes Amphitheater nach dem Vorbild des römischen Colosseums – einmalig in Anatolien.

Die Jahre davor waren nicht weniger ertragreich. 2019 wurden unter anderem ein Schiffswrack aus der Bronzezeit vor der Küste von Antalya entdeckt, in Kappadokien eine 5000 Jahre alte, unter Wasser stehende unterirdische Stadt, im antiken Priene an der Ägäis ein bisher unbekannter Zeus-Tempel. Im selben Jahr begannen auch Ausgrabungen am Bodenhügel *Karahan Tepe* in der südöstlichen Provinz Şanlıurfa, dort wurden 250 T-förmige Steinsäulen mit Tierreliefs aus der Jungsteinzeit geortet. Die Stelen ähneln den Säulen des 11.500 Jahre alten Unesco-Weltkulturerbes *Göbikle Tepe*, das rund 35 Kilometer westlich liegt und als »Nullpunkt der menschlichen Zivilisation« gilt. Die größte archäologische Sensation des Jahres 2019 aber war die Entdeckung einer weiteren jungsteinzeitlichen Sakralstätte mit drei fast völlig intakten Steinstelen in Boncuklu Tarla in der südöstlichen Provinz Mardin, fast 300 Kilometer östlich des *Göbekli Tepe*, aber nach erster Bestimmung tausend Jahre älter. Und so weiter.

85. Grund

Weil viele Gemeinden den Wert sorgfältig restaurierter Altertümer erkennen

Der Boden unter der Türkei ist eine riesige Schatztruhe. Archäologen schätzen, dass es im Land insgesamt rund 40.000 antike Stätten gibt. Von etwa 4000 kennt man die Lage, aber nur 400 sind bisher ausgegraben worden. Wie erwähnt, sind 16 Orte als UNESCO-Weltkulturerbestätten anerkannt. Weitere 78 stehen auf der Anwärterliste, unter ihnen Schätze wie *Gordion*, die Hauptstadt der phrygischen Zivilisation, die archäologische Stätte von *Priene*, das grandiose *Sümela*-Kloster in der Provinz Trabzon. 118 davon unter der Leitung türkischer Archäologen, die übrigen von ausländischen Fachleuten beaufsichtigt. Doch es fehlt am Geld. Das dürfte sich auch in der nächsten Zukunft nicht ändern, da wegen der Corona-Reisebeschränkungen deutlich weniger Touristen die antiken Stätten besuchten. So wurde das UNESCO-Weltkulturerbe Hierapolis-Pamukkale im Jahr 2020 nur von 625.000 Gästen besichtigt, lediglich rund ein Fünftel der Besucherzahl des Vorjahres.

Leider buddeln nicht selten Raubgräber wertvolle Antiken aus dem Boden, verscherbeln sie auf dem grauen Markt und zerstören damit wichtige archäologische Hinweise. Allein im südtürkischen Adana beschlagnahmte die Polizei im Jahr 2020 fast 2500 illegal beschaffte historische Artefakte. In der antiken Stadt *Aphrodisias* wurden Kriminelle erwischt, die zwei 2500 Jahre alte Sarkophage stehlen wollten. Zwar sind seit jeher der illegale Besitz und die unrechtmäßige Ausfuhr antiker Stücke bei hohen Strafen in der Türkei untersagt. Doch seit jeher auch versuchen Raubgräber, Hobbyforscher und sogar professionelle Archäologen, sich unrechtmäßig oder auf zweifelhafte Weise in deren Besitz zu bringen.

Es waren deutsche Archäologen und Hobbyforscher, die im 19. Jahrhundert im alten Kleinasien nach Schätzen der Antike gruben, um Ruhm für sich selbst und Exponate für Deutschlands Museen zu beschaffen, damit Letztere mit der Pracht der Londoner und Pariser Ausstellungspaläste gleichziehen konnten. Heinrich Schliemann entwendete das »Gold des Priamos« aus Troja unter Bruch seines Vertrags mit dem Osmanischen Reich, wurde verklagt und verglich sich mit Konstantinopel. Carl Humann, der die Marmorfriese des Zeusaltars von Pergamon für ein Taschengeld nach Berlin schaffte, hatte diese dagegen legal ausgegraben und vom Osmanischen Reich erworben. Im Kontext der andauernden Diskussion über die Rückgabe kolonialer »Raubkunst« bleibt abzuwarten, welche Zukunft außer Landes gebrachte Schätze in ausländischen Museen noch haben. Immerhin war die Türkei nie kolonisiert, fordert aber gleichwohl, dass die Antiken an ihre Originalstandorte zurückgeführt werden. Nachweisbar illegal – durch Gewalt oder Betrug – erworbenes Kulturgut wurde bereits wieder an die Berechtigten herausgegeben, so 2011 eine Sphinx aus dem hethitischen Hattuša.

Heute stehen die Kleinodien der Altertumskulturen an ihren Originalplätzen den Touristen aus aller Welt offen. Vor allem die Mittelmeerküste fasziniert mit antiken Tempeln und Theatern, aber auch mit Stätten der frühen Christenheit, mit Festungen der Kreuzfahrer und Genueser – kulturelles Erbe, das die jahrhundertealte enge Verbundenheit der Völker im Mittelmeerraum bezeugt. An der ägäischen Küste stechen einige Highlights heraus und bündeln den Touristenstrom wie Troja (bei Çanakkale), dessen 46 Siedlungsschichten vom 4. Jahrhundert vor Christus bis zur Römerzeit auf Schliemanns berühmtem »Hügel« zu unterscheiden viel Fantasie erfordert, und dessen bedeutendstes Fotomotiv ein haushohes trojanisches Holzpferd darstellt. Doch unzweifelhaft regen Milet, Priene, Sardes, Didyma oder Aphrodisias die Fantasie ebenso an wie die Akropolis in Athen oder die Ruinen von Korinth und Delphi. Pergamon, das heutige Bergama, glänzt vorerst auch ohne seinen Altar mit Ruinen des Zeus- und des Trajantempels, des überhaupt steilsten antiken Amphitheaters und eines Gymnasions auf einem 335 Meter hohen Burgberg mit beeindruckender Weitsicht.

Die Fülle des antiken Erbes macht es interessierten Reisenden leicht, die Türkei zu lieben. Im Umkreis praktisch jedes Ferienorts lassen sich attraktive Ruinenfelder oder Museen besuchen. Nachdem viele lokale Behörden den alten Steinen lange wenig Aufmerksamkeit schenkten, erkennen sie inzwischen, wie stark sorgfältig konservierte Altertümer den Tourismus befördern. »Kein Tourist kommt zu uns wegen unserer schönen Straßen, Parks oder Gärten«, sagte der Dorfbürgermeister Neşet Tarhan aus der Nähe der Ausgrabungsstätte *Soli Pompeiopolis* der Zeitung *Hürriyet*. »Wir müssen den historischen Reichtum und unser kulturelles Erbe enthüllen.«

86. Grund

Weil in Ephesos eine antike Großstadt zum Besuch einlädt

Und dann ist da natürlich: *Ephesos*. Eine altrömische Kulturikone, ein einzigartiger Ort der Antike. Eine fast vollständig freigelegte reiche Großstadt von vor 3000 Jahren, die ein Höhepunkt jeder Türkei-Reise ist und für deren Erkundung ein Tag kaum ausreicht. Ephesos (*Efes*), das die Türkei heute als Vorzeigeobjekt des Kulturtourismus präsentiert, ist zugleich ein Beleg für die enge historische Verbundenheit mit dem Ägäisnachbarn Griechenland. Es sind alt*griechische* Ruinen, die hier jährlich Millionen von Besuchern anziehen. In Ephesos, seit 2015 UN-Weltkulturerbe, hat die archäologische Forschung unter österreichischer Führung und in enger Zusammenarbeit mit der Türkei seit 120 Jahren entscheidend dazu beigetragen, dass die wirtschaftlich verödete Region einen enormen Aufschwung erlebte – durch den Tourismus, der vor Corona jährlich rund zwei Millionen Besucher in die antike Stätte führte. Ein herausragendes

Beispiel für das Zusammenspiel von Kulturtourismus und Regionalentwicklung.

Vom Busparkplatz bei dem Städtchen Selçuk rund 75 Kilometer südlich von Izmir wandert man auf der 500 Meter langen antiken Prachtstraße *Arkadiane* (nach dem Kaiser Arcadius, um 400 n. Chr.) an öffentlichen Gebäuden, Säulen und Tempeln vorbei auf das große Theater zu. Die antike Flaniermeile am früheren Hafen wird nachts mit 50 Laternen beleuchtet. Vom obersten Rang des Theaters, das einst bis zu 25.000 Zuschauer fasste, lässt sich die gesamte Ruinenstadt überschauen. Ihre Ausmaße sind gewaltig, denn diese Siedlung war eine der größten Städte des Römischen Reiches mit vermutlich mehr als 200.000 Einwohnern. Ephesos lag damals am Meer, doch verlandete der Hafen durch Ablagerungen des zum Sprichwort gewordenen Flusses Mäander (*Kücük Menderes*) im 3. Jahrhundert und wurde dann in byzantinischer Zeit aufgegeben. Heute ist die Ägäis mehrere Kilometer entfernt. Die Region um den *Ayasoluk*-Hügel wurde bereits lange von Lydern und Karern bewohnt, als zugewanderte Griechen im 6. Jahrhundert v. Chr. den Artemistempel (*Artemision*) erbauten, der so prächtig ausfiel, dass er damals zu den sieben Weltwundern gezählt wurde. Der berühmte Parthenon-Tempel in Athen war viermal kleiner!

Nach der Eroberung durch die Römer im späten 2. Jahrhundert v. Chr. erhob Kaiser Augustus den Ort 27 v. Chr. zur Hauptstadt der Provinz *Asia*. Der römische Staat und reiche Privatpersonen investierten enorme Summen in die Repräsentativarchitektur, deren Ruinen die Besucher heute bestaunen können. Zu den Sehenswürdigkeiten gehören das 117 n. Chr. vollendete Theater, die 20 Jahre später vollendete *Kuretenstraße* mit dem Hadrianstempel, luxuriöse Bäder, Prunksäle und Brunnen und die berühmte Celsus-Bibliothek von 135 n. Chr. an der *Marmorstraße*. Der ursprünglich ganz mit Marmor verzierte Bau wies drei Stockwerke auf; die 1978 wieder aufgebaute Fassade wurde zum modernen Wahrzeichen der Ruinenstadt und ist in normalen Zeiten von Touristenmassen umlagert.

Etwas weiter den Hügel hinauf liegen die sehenswerten Hanghäuser (*Yamac evleri*), ehemalige römische Patriziervillen mit Wandmalereien, Mosaiken und Fußbodenheizung, die zu den besterhaltenen privaten Wohnbauten im östlichen Mittelmeerraum gehören.

Als der Apostel Paulus um das Jahr 50 n. Chr. in Ephesos eintraf, gab es zwar schon eine kleine christliche Gemeinde – eine der ältesten überhaupt –, doch waren die Stadtbewohner noch vernarrt in den Artemis-Kult, der in Ephesos mit einem noch älteren Ritus um die archaische Muttergöttin Kybele verschmolzen war. Zahlreiche Statuen der Muttergottheit Artemis, der Schwester Apolls und obersten Schutzherrin der Natur, belegen mit ihrem Blumen- und Tierdekor den Respekt der Gläubigen vor der Natur. Stierhodenketten um ihre Brüste symbolisierten Artemis als Göttin der Fruchtbarkeit. Ausgerechnet in dieser Stadt wollte Paulus für das patriarchalische Christentum missionieren. Tatsächlich gerieten die Silberschmiede und Devotionalienhändler in große Wut, als der Apostel anfing, am Artemistempel die Lehre Jesu zu predigen. Sie schrien stundenlang gegen die christliche Gruppe an: »Gott ist die Artemis der Epheser!« Damals beendete der römische Stadtschreiber den Aufruhr, aber Paulus kam ein Jahr später wieder zurück, und Ephesos wurde trotzdem eine christliche Stadt, die schon im 1. Jahrhundert einen Bischof hatte.

Nicht nur Paulus hat in Ephesos gewirkt, auch der Evangelist Johannes und sogar die Christusmutter Maria sollen dort in ihren letzten Jahren gelebt haben. Ob Legende oder historische Realität – man könnte sagen, dass die Christen damit Artemis symbolischen Respekt zollten. Ohnehin sehen einige Archäologen und Theologen in der Marienverehrung eine Fortführung des antiken Artemis-Kultes im christlichen Gewand. Im Ausgrabungsareal gibt es eine Marienkirche und etwas weiter entfernt das Marienhaus (*Meryem ana Evi*), in dem Maria, zusammen mit Johannes, der Legende nach die letzten elf Jahre ihres Lebens verbrachte und begraben wurde. Doch wurden keine sterblichen Überreste gefunden, als das türkische Kulturministerium die Erde am Haus umgraben ließ. Dafür kam 1967 Papst Paul VI. zu Besuch; anschließend wurde das Haus zur Wallfahrtsstätte – auch für Muslime, denn sie verehren Maria (*Meryem*), wie bereits erwähnt, ebenfalls: als Prophetenmutter.

87. Grund

Weil die Steinkreise des Göbekli Tepe eine prähistorische Zeitenwende markieren

Der *Göbekli Tepe* ist das wohl rätselhafteste Bauwerk der Welt. Ein riesiger Komplex aus monolithischen Steinsäulen, vor rund 12.000 Jahren errichtet. Steinzeitmenschen, über die wir fast nichts wissen, haben das getan. Seit einem Vierteljahrhundert tasten sich Archäologen hier in das Dunkel einer versunkenen Vergangenheit. Die neolithische Anlage liegt etwa zwölf Kilometer nordöstlich der türkischen Großstadt Urfa. Übersetzt bedeutet der Name »bauchiger Hügel« – er wölbt sich sanft aus einem Kalksteinplateau. Der Berliner Archäologe Klaus Schmidt, der den Göbeklı Tepe 1994 »wiederentdeckte« (denn sein erster Entdecker wusste 1963 nichts damit anzufangen), vertrat die Meinung, dass genau hier der Startpunkt der menschlichen Zivilisation war.

In dem künstlichen Hügel aus verschiedenen Bauschichten der Jungsteinzeit fand Schmidt einen mysteriösen Tempelkomplex, der so alt ist, dass er frühere Begriffe von »alt« verblassen lässt – 20 Steinkreise mit massiven T-förmigen Säulen, die an die Monolithen der Osterinsel erinnern. Die Kultstätte wurde 7000 Jahre vor der Großen Pyramide von Gizeh erbaut, mehr als 6000 Jahre vor Stonehenge und 2000 Jahre vor der Stadtmauer von Jericho, die früher als erstes menschliches Großbauwerk galt. Auf einer Fläche von 300 mal 300 Metern gruppierten hier steinzeitliche Jäger und Sammler 200 mehr als vier Meter hohe tonnenschwere Kalksteinpfeiler in Kreisen von bis zu 30 Metern Durchmesser. Vier Kreise sind ausgegraben, weitere 16 wurden identifiziert. Sie umringen jeweils zwei besonders große Stelen von sieben Metern Höhe, die ältesten bekannten monumentalen Kunstwerke der Welt.

Wer sich dem Göbekli Tepe in der Jetztzeit – ein Vierteljahrhundert nach Beginn der archäologischen Grabungen – nähert und vom Besuchergang auf die Kultstätte hinabschaut, sieht sich zunächst einem schwer überschaubaren Wirrwarr an Steinen und Gängen gegenüber. Man braucht etwas Zeit, um die Ordnung der Monumente wahrzunehmen. Dann öffnet sich eine Ehrfurcht gebietende Welt.

Die Säulen stellen wohl übermenschliche Wesen dar, doch ohne Gesichter. Nur Arme und Hände, Gürtel und Lendenschurze sind als Reliefs zu erkennen. Die meisten sind zudem mit geometrischen Gravuren und sorgfältig geschnitzten Formen überwiegend gefährlicher Tiere verziert: Leoparden, Auerochsen, Wildschweine, Geier, Skorpione, Schlangen. Alle abgebildeten Säugetiere sind männlich und tragen meist einen erigierten Penis. Bis 2020 wurde nur eine weibliche Figur gefunden, eingraviert auf einer Sitzbank. Dass es sich beim Göbekli Tepe um ein religiöses – maskulin geprägtes – Heiligtum handelt, ist jedenfalls Konsens unter Archäologen. Die Monumente standen für sich. Chefausgräber Schmidt nannte den Göbekli Tepe ein »Unikat« mit der »architektonischen Wucht von Stonehenge«.

Doch warum hier? Viele Jahrtausende lang zogen Nomaden durch das weite Land, um Gazellen und Auerochsen zu jagen, Beeren oder Früchte zu sammeln. Um 10.000 v. Chr. brachen sie plötzlich Quader aus Kalksteinbrüchen, schleppten sie zum Göbekli Tepe, versahen sie mit Gravuren und stellten sie in Kreisen auf. Anderthalb Jahrtausende später vergruben sie die Säulen auf einen Schlag wieder unter einem Berg von Knochen und Erdreich. Die dafür verwendeten Tierknochen stammten ausschließlich von Wildtieren und lieferten damit den Beweis, dass steinzeitliche Jäger und Sammler die Tempelanlage betreuten. Menschen also, die noch keine Nutztiere hielten, die weder Dörfer noch Städte, weder Landwirtschaft noch Metallwerkzeuge, weder gesellschaftliche Ordnung noch Arbeitsteilung kannten. All das wurde erst knapp 6000 Jahre später eingeführt.

Welcher Steinzeit-Archimedes entwarf damals die Konstruktion und Anordnung der Säulen mit einem Gewicht zwischen elf und 22 Tonnen? Mögliche Antworten auf einen Teil der vielen Fragen gab der Entdecker Klaus Schmidt, der die Ausgrabungen eines deutsch-türkischen Archäologenteams leitete und 2014 mit 60 Jahren verstarb. Der Experte glaubte, dass es sich beim »Bauchhügel« um die erste Großbaustelle der Menschheit handelte. Sensationell an Schmidts Fund ist nicht zuletzt die Tatsache, dass für die Errichtung der Anlage eine organisierte Zusammenarbeit nötig war, die es zu jener Zeit nach wissenschaftlicher Schulmeinung noch gar nicht gab. Ein Lehrsatz der prähistorischen Forschung lautet, dass nur Gesellschaften mit einer arbeitsteiligen Grundorganisation, sozialen Hierarchien und komplexen symbolischen Systemen Tempel und feste Siedlungen bauten. Jägern und Sammlern hätten dafür einfach die Voraussetzungen gefehlt.

Schmidts These dazu war so einfach wie kühn: Es sei genau andersherum gelaufen. Die Jäger und Sammler hätten in der Einöde eine heilige Stätte errichtet – vielleicht als jährlichen Treffpunkt für weit verstreut lebende Nomadengruppen, um Rituale, Feste und Initiationsriten durchzuführen. »Man bewegt keine 10-Tonnen-Steine ohne Grund«, sagte Schmidt der Zeitschrift *Newsweek*. Da die Tempel vor jeder bekannten menschlichen Siedlung errichtet wurden, folgerte der Archäologe, dass das erste Haus des Menschen ein Gotteshaus war, eventuell mit einem Totenkult verbunden: »Erst der Tempel, dann die Stadt.« Der Drang zur Anbetung habe die Menschheit in den ersten Ballungsräumen zusammengebracht. Zuallererst am Göbekli Tepe, wo ein riesiger Zeremonienort entstanden sei, ein »Rom der Eiszeit«.

Die Forschungen an der Kultstätte schreiten fort. 2020 entdeckten israelische Archäologen, dass dem gesamten Architekturplan ein geometrisches Muster – ein gleichseitiges Dreieck aus drei Steinkreisen – zugrunde liegt. Das könnte bedeuten, dass die Erbauer des Göbekli Tepe bereits geometrische Prinzipien verstanden und auf ihre Baupläne angewendet hätten – eine revolutionäre Erkenntnis. Was für mysteriöse Rituale im ältesten Tempel der Erde auch durchgeführt wurden, sie endeten abrupt etwa anderthalb Jahrtausende nach der Anlage des ersten Steinkreises, als die gesamte Stätte zugeschüttet wurde. Die Bedeutung des Göbekli Tepe ist inzwischen unstrittig: 2018 nahm die UNESCO den »Bauchhügel« in die Liste des Weltkulturerbes auf.

88. Grund

Weil in Hattuša die Spuren der sagenhaften Hethiter zu finden sind

Mysteriös sind nicht nur die Steinkreise des Göbekli Tepe. Über das sagenumwobene Volk der Hethiter wissen wir zwar deutlich mehr als über die anatolischen Steinzeitarchitekten, doch bis heute ranken sich viele Geheimnisse um ihr einstiges Weltreich. Das berühmte Museum für Anatolische Zivilisationen in Ankara unterhalb der mittelalterlichen Zitadelle ist vor allem den Hethitern gewidmet, deren Hauptstadt *Hattuša* nahe der heutigen türkischen Hauptstadt in der felsigen Steppe Zentralanatoliens lag. Wo sich einst ihre Metropole mit mehr als 10.000 Einwohnern ausdehnte, erforschen türkische und deutsche Archäologen seit über 100 Jahren die Spuren in der Erde. Ihre Ausgrabung am Rand des Bauerndorfs Boğazköy (»Schluchtdorf«, heute Boğazkale, »Schluchtschloss«), 160 Kilometer östlich von Ankara, gehört zu den bedeutendsten archäologischen Projekten in der Türkei. Bereits 1986 wurden die Grabungsstätte und das benachbarte hethitische Fels-Heiligtum *Yazılıkaya* (»Beschriebener Fels«) UNESCO-Weltkulturerbes.

Die Kulisse war imposant. Schon aus 20 Kilometern Entfernung war auf dem Hochplateau die Silhouette Hattušas mit mehr als 100 Türmen, fünf Stadttoren, zahlreichen Felsgipfelhäusern und Tempeln zu erkennen, die von einer 6,6 Kilometer langen, mächtigen Stadtmauer umschlossen war. Im Innern der Mauer leuchteten farbige Steinreliefs mit Königen und Göttern, Fabelwesen, Opfer- und Kampfszenen, Jagd- und Kriegsbildern. Im Allerheiligsten des Großen Tempels stand eine mit Gold überzogene Wettergottstatue. In ihrer Blütezeit im 13. und 14. vorchristlichen Jahrhundert war Hattuša eine der ausgedehntesten Stadtanlagen der Welt, an einem strategisch wichtigen Wegekreuz.

Heute ist die einstige Hauptstadt der Hethiter ein Ort von anrührender Kargheit, dafür aber besucherfreundlich mit einem Tourismuszentrum, Shop und Cafeteria ausgestattet. Teile der Stadtmauer und das imposante Löwen- und Königstor sind noch erhalten, ein Mauerabschnitt wurde komplett rekonstruiert. Doch von den Tempeln und anderen Gebäuden sind nur noch die rekonstruierten Grundmauern sichtbar. Die spektakulärsten Ausgrabungsstücke sind im Museum für Zentralanatolische Kultur ausgestellt. Stiergefäße aus Metall und Ton, Götterstatuetten aus Elfenbein, Löwenfiguren aus Bergkristall, Trink- und Opfergefäße in Form tierischer und menschlicher Gestalten, riesige Amphoren und Hunderte von Keilschrifttafeln. Imposant ist auch der Schatz an monumentalen Steinplastiken, Stelen und kunstvollen Reliefs, die einst Tempel, Paläste und Stadttore schmückten.

Neben den benachbarten Ägyptern und Assyrern, mit denen sie diplomatische und Handelsverbindungen pflegten, waren die Hethiter die dritte Großmacht des Alten Orients. Die Großkönige von Hatti, wie sie selbst ihr Reich nannten, herrschten zwischen 1750 und 1200 vor Christus über weite Teile Anatoliens und Nordsyriens. Sie eroberten Babylon, Troja war ihr Vasall. Von ihnen stammt der älteste erhaltene schriftliche Friedensvertrag der Weltgeschichte: ein Keilschrifttafelfragment zwischen dem hethitischen Großkönig

Hattušili III. und dem ägyptischen Pharao Ramses II., von 1259 vor Christus. Eine Kopie ist im UN-Gebäude in New York ausgestellt – als mahnendes Symbol für den Frieden.

Doch während antike Schriftsteller die Namen und geschichtliche Ereignisse der Babylonier, Assyrer und Ägypter bewahrten, waren die Hethiter seit dem Untergang ihres Vielvölkerreiches bis ins 19. Jahrhundert vergessen. Ihre sichtbaren Monumente wurden anderen Kulturen – etwa den Ägyptern – zugeschrieben. Nur die Bibel nennt im Alten Testament mehrfach ein Volk der *Hittîm* und einzelne Mitglieder dieses Volks, dessen Namen Martin Luther als »Hethiter« übersetzte. Der biblische Name konnte sich für die in Boğazköy entdeckte Zivilisation durchsetzen.

Was wir heute über diese versunkene Welt wissen, ist ausschließlich den jahrzehntelangen Arbeiten von Archäologen und Philologen zu verdanken. 1834 entdeckte der französische Forschungsreisende Charles Texier die Ruinen Hattušas – die Hauptstadt eines unbekannten Großreichs mitten im Nichts. Ausgrabungen und intensive Forschungen türkischer und deutscher Archäologen ließen dann die Geschichte der Hethiter wieder zu Tage treten. Mehr als 30.000 Ton- und Bronzetafeln geben Aufschluss über dieses Volk, das um 2000 v. Chr. vermutlich aus dem Kaukasus nach Anatolien einwanderte.

1906 begannen die systematischen türkisch-deutschen Ausgrabungen in Hattuša, bei denen der deutsche Assyriologe Hugo Winckler für die wissenschaftliche Auswertung der Textfunde verantwortlich war. Da der größte Teil der Keilschrifttafeln ab 1915 nach Berlin ausgeliehen wurde, hatte die wissenschaftliche Hethitologie ihren weltweiten Schwerpunkt zunächst in Deutschland und ist hier auch heute noch gut vertreten. Die Grabungsleitung in Hattuša obliegt bis heute dem Deutschen Archäologischen Institut.

Die Ausgrabungsfunde waren spektakulär. Die meisten Tontafeln und Tontafelfragmente waren in der damals noch unverständlichen hethitischen Sprache verfasst, viele aber auch im bereits entschlüsselten Babylonischen, der Diplomatensprache des zweiten vorchristlichen Jahrtausends. Auf der Grundlage dieser Tafeln konnte Winckler bereits 1907 einen Abriss der hethitischen Geschichte vorlegen. Den Durchbruch zu ihrer Entzifferung schaffte der tschechische Linguist Bedřich Hrozný mit einem berühmten Vortrag 1915. Anhand des Friedensvertrags zwischen Ägypten und Hatti konnte er den Nachweis erbringen, dass das Hethitische zur indogermanischen Sprachenfamilie gehörte.

Andreas Schachner, der aktuelle Grabungsleiter in Hattuša, hat 2011 ein spannendes Buch über die »Hauptstadt der Hethiter« publiziert. Er geht darin der Frage nach, wie eine antike Großstadt in dem niederschlagsarmen Hochplateau zwischen dem Taurus- und dem Pontus-Gebirge überhaupt existieren konnte. Im kontinentalen Klima mit heißen Sommern und kalten Wintern und wegen unergiebiger Böden sei nur eine Ernte pro Jahr möglich gewesen, schreibt Schachner. Er nennt die Existenz der Menschen in Hattuša »ein Leben auf Messers Schneide«. Um sich gegen das unkalkulierbare Klima abzusichern, sammelten sie Getreideüberschüsse in großen, gegen Schädlinge geschützten Silos und bauten gewaltige Bewässerungsanlagen. Aber das Gelände verfügte auch über natürliche Quellen, lag strategisch günstig und war wegen der vielen Felskegel gut zu verteidigen. Diese Bedingungen machten es den Menschen möglich, ihre Siedlung mehr als 500 Jahre lang aufrechtzuhalten und stetig weiterzuentwickeln.

Das eigentliche Geheimnis der Ausnahmestadt war ihre straff zentralistische Regierung und hohe Innovationskraft. Eine einflussreiche Beamtenschaft verfasste die Gesetze und verwaltete die Archive. Stadtplanung, Architektur, Handwerk, Waffen, Schrift, Kunst besaßen »Weltniveau«. Die Metallverarbeitung war mit neuen Gusstechniken und ausgeklügelten Schmelzverfahren hochinnovativ. Spätestens seit 1400 v. Chr. konnten die Hethiter aus weichem Eisen härtbaren Stahl erzeugen und daraus Waffen schmieden, die denen aus Bronze ihrer Nachbarn überlegen waren. Ihre monumentale Tempel- und Palastarchitektur zeugt vom Selbstbewusstsein der

Herrscher, die vielen Goldfunde beglaubigen den Reichtum der Einwohner.

Das große ungelöste Rätsel um das hethitische Weltreich ist die Frage, warum es vor 3200 Jahren zusammenbrach und von der Bildfläche verschwand. Andreas Schachner vermutet, dass schwerste innenpolitische Streitigkeiten, wirtschaftliche Probleme und eine kulturelle Krise die Hochkultur erschütterten. Möglich erscheint auch, dass Klimaveränderungen zu einer Dürreperiode führten oder eine zu starke Ausbeutung der natürlichen Ressourcen das System angreifbar machte. Sicher ist, dass Hattuša nach 1200 v. Chr. mehrfach von Feuersbrünsten heimgesucht wurde. Die verbliebenen Bewohner fielen auf Steinzeitniveau zurück und vergaßen ihre Schrift. Später übernahmen die ebenfalls indoeuropäischen Phryger, die westlich des heutigen Ankara siedelten, Teile des Hethiterreiches. Und von den fabelhaften Hethitern blieb nur eine ferne Erinnerung in der Bibel.

89. Grund

Weil am Berg Ararat die Arche Noah strandete

Der *Ararat* ist mit 5165 Metern der höchste Berg des Landes, was ihm auch den Namen »Dach der Türkei« eintrug. Mitten aus einer weiten Ebene ragt der ruhende Vulkan wie ein von Riesen modellierter Kegel aus der kargen, von Staub und Geröll bedeckten Steppenlandschaft. Zwar verdeckt Nebel das majestätische Gebirge an 300 Tagen im Jahr, doch zuweilen reißt der Dunst auf und öffnet den Blick auf den schneebedeckten Gipfel und einen kleineren Bruderberg im äußersten Osten der Türkei. Aber der Ararat ist nicht nur wolkenumflort, er birgt auch ein mythisches Geheimnis, das Abenteurer und Forscher seit Langem umtreibt.

Am Ararat spielt die biblische Erzählung von der Arche Noah. Als die Sintflut bevorstand, weil Gottes Strafgericht es »40 Tage und 40 Nächte« hatte regnen lassen, erhielt der israelitische Stammvater Noah rechtzeitig eine Warnung des Himmels. Daraufhin baute er ein kastenförmiges Schiff, das 157 Meter lang gewesen sein soll, 23 Meter breit und 14 Meter hoch. Er lud von allen »Vögeln, Vieh, Kriechtieren« des Erdkreises je zwei Exemplare ein, brachte auch seine Familie unter und trotzte den Tsunami-artigen Fluten. Als das Wasser nach 150 Tagen abfloss, lief die Arche in der heutigen Ost-Türkei auf Grund. »Und am siebzehnten Tag des siebenten Monats setzte die Arche im Gebirge Ararat auf.« So steht es im Alten Testament, erstes Buch Mose, Genesis 8,4. Für die benachbarten Armenier, die zu 94 Prozent Christen sind und den Ararat als ihr nationales Wahrzeichen betrachten, beginnt ihre nationale Historie sogar mit der Sintflut, der Arche und mit Noah, den sie als Patriarchen ihres Landes ansehen. Aber gab es Noah und seine Arche wirklich?

Nähert man sich dem Berg von der Großstadt Ağrı aus, so gelangt man nach rund 70 Kilometern und mehreren Militär-Checkpoints an ein Straßenschild, das zweisprachig den Weg weist: *Nuh'un Gemisi – Nuh's Ark, 5 km*. Schon seit der Antike waren Expeditionen hier auf der Suche nach Resten der Arche Noah. Nachdem ein türkischer Soldat 1957 auf Luftbildern eine bootsförmige Struktur in 2000 Meter Höhe auf dem Ararat bemerkt hatte, veröffentlichte das US-Magazin *Life* drei Jahre später das Foto mit einer Frage in riesigen Lettern: *Noahs Arche*? Das Blatt stellte fest, dass das Objekt größenmäßig zu den Angaben der Bibel passe und zitierte Experten, die es als »von Menschen gemacht« identifizierten.

Nun strömten Wissenschaftler und Privatforscher in Scharen in die Region. Das große Los zog ein amerikanischer Hobbyarchäologe namens Ron Wyatt. 25 Kilometer vom Arche-Noah-Fels entfernt entdeckte er Felsplatten mit kreisrunden Löchern ähnlich den Ankersteinen alter Schiffe. Als er die Gegend dann Mitte der 1980er-Jahre röntgte und dabei »Eisenlinien in Form eines Schiffsrumpfes« fand, war die Sensation perfekt. Nun war auch die türkische Regierung überzeugt, dass die Bibel doch recht hat. Im Februar 1987 ließ sie verkünden, der Bootsfelsen verkörpere die versteinerten Überreste der Arche Noah. Wegschilder wurden aufgestellt und ein »Arche Noah Nationalpark« eingeweiht.

Den Fremdenverkehr fördernden Mythos konnte auch der türkische Geologe Murat Avcı nicht erschüttern, dem auffiel, dass Noahs Geschichte im Koran anders ausgeht. Dort strandet die Arche nicht am Ararat, sondern am Berg *Cudi*, gut 330 Kilometer südlich. Der Forscher wies 2007 nach, dass es sich bei der Fels-Arche nicht um ein menschengemachtes Monument, sondern gewöhnlichen Kalkstein handelt, der von einer Bergflanke des Ararat abgerutscht war. Avcı fand auch heraus, dass der Stein mindestens fünf Millionen Jahre alt war, also aus einer Zeit stammte, als die Vormenschen in Afrika gerade den aufrechten Gang erfanden.

Damit war die Jagd nach der »echten« Arche wieder eröffnet. Im April 2010 enthüllte ein 15-köpfiges Expeditionsteam aus Hongkong und der Türkei die Sensation. Nach Hinweisen auf Satellitenfotos wollten die Forscher auf 4000 Meter Höhe am Ararat Schiffsreste gefunden haben, die gut 4800 Jahre alt waren. Bei der Präsentation ihrer Ergebnisse gab sich der Expeditionsfilmer Yeung Wing Cheung »zu 99,9 Prozent sicher«, dass die gefundenen Überreste Teile der Arche Noah seien. Die Arche sei in einen Gletscher eingesunken, aber teilweise noch intakt. Zweifel an der »Entdeckung« weckte freilich die Herkunft der Abenteurer. Sie gehörten einer fundamentalchristlichen Sekte an, die sich *Noah's Ark Ministries International* nannte. Selbst wenn es an Nachrichten über Holzstücke, Eisenteile und Seilreste nicht mangelt, konnte keine der zahlreichen Ararat-Expeditionen auch nur einen einzigen wissenschaftlich belastbaren Beweis für die Existenz der Arche bergen.

Aber was steckt hinter dem Mythos? Beruht das Menschheitstrauma von der großen Flut, das sich in Überlieferungen fast aller Völker aller Kontinente findet, im Kern auf einem tatsächlichen Ereignis?

Die meisten Anhänger hat die Theorie der amerikanischen Geophysiker Walter Pitman und William Ryan. Sie vermuten, dass der von Schmelzwasser getriebene Anstieg des globalen Meeresspiegels um 100 bis 120 Meter am Ende der letzten Eiszeit eine Jahrtausendkatastrophe auslöste. Damals habe das Mittelmeer die schmale Landbrücke zwischen der heutigen Balkanhalbinsel und der Türkei durchbrochen: Der Bosporus entstand. Sturzfluten ergossen sich in das 100 Meter tiefer gelegene Schwarzmeerbecken, das damals noch ein Süßwassersee war.

Tatsächlich konnten Geologen Ende des 20. Jahrhunderts etwa 150 Meter unter der Schwarzmeeroberfläche die Konturen eines älteren, deutlich kleineren Sees entdecken. Unterhalb der alten Seeuferlinie fanden sie Ablagerungen von Südwasserorganismen, darüber von Meereslebewesen. Zwischen den Sedimentschichten gab es keinen größeren Übergangsbereich, also musste sich der See sehr schnell mit Salzwasser gefüllt haben. Dass eine gewaltige Überschwemmung vor rund 7500 Jahren die Schwarzmeersenke traf, ist inzwischen wissenschaftlicher Konsens.

Aber hätte die Arche auch am 300 Kilometer vom Schwarzen Meer entfernten Ararat landen können? Seriöse Wissenschaftler halten das für unmöglich. Selbst wenn alles Eis aller Gletscher geschmolzen wäre, wäre der Meeresspiegel global maximal um 150 Meter gestiegen – viel zu wenig, um ein Schiff am Ararat stranden zu lassen. Doch auch wenn ein materieller Nachweis für die Arche Noah nie auftaucht, bleibt die symbolische Wahrheit des Sintflutmythos davon unberührt. Sie besteht in einer ebenso symbolischen Gewissheit: Wenn es die Sintflut gegeben hat, dann gab es auch Rettung. Das ist die tröstliche Botschaft der Arche Noah.

Kapitel 8

Besonderheiten

90. Grund

Weil die Türken schon vor Corona ein probates Desinfektionsmittel kannten

Als die Menschen in Europa zu Beginn der Corona-Epidemie im Frühjahr 2020 verzweifelten, weil Desinfektionsmittel knapp wurden, konnten sich die Bürger in der Türkei noch entspannt zurücklehnen. Denn sie besaßen eine traditionell zur Begrüßung gereichte Essenz, die in der Pandemie eine ganz neue Bedeutung erlangte: *Kolonya*. Wie der Name nahelegt, handelt es sich um ein Kölnisch Wasser.

Obwohl die islamische Führung die Epidemie nutzte, um Alkoholverkauf während der Lockdowns landesweit zu verbieten, machte das auf Ethanol-, vulgo Alkohol-Basis gebraute *Kolonya* eine erstaunliche neue Karriere. Denn das nach Zitrone oder Lavendel duftende Wässerchen enthält dermaßen viel Alkohol, dass es mehr als 80 Prozent der Keime abtöten und daher als wirksames Mittel zur Desinfektion der Hände wirken kann. *Kolonya* ist in der Türkei eine kulturelle Instanz. Ein Kratzer auf der Haut, ein Schnitt bei der Rasur, Probleme mit der Verdauung – *Kolonya* hilft. Um es mit einem Instagram-Post zu sagen: »An einem guten Tag benutzt man französisches Parfüm, aber an harten Tagen ist *Kolonya* an deiner Seite.«

Als die Corona-Epidemie Mitte März 2020 ihrem ersten Höhepunkt zustrebte, rief der Gesundheitsminister Fahrettin Koca dazu auf, *Kolonya* bei jeder nur denkbaren Gelegenheit anzuwenden, »denn es ist unser Glück, dass wir darüber verfügen«. In der Folge wurde der beliebte Desinfektions- und Begrüßungsduft selbst in den reich bestückten Parfümerien zur Bückware. Die Leute standen stundenlang an, um eine Flasche in die Hände zu bekommen.

Die Geschichte des türkischen *Kolonya* beginnt im 19. Jahrhundert. Der Osmanen-Sultan Abdülhamid II., ein Fan von importiertem Kölnisch Wasser aus Deutschland, wünschte sich eine Anpassung an türkisch-olfaktorische Vorlieben. Sein Wunsch war dem Istanbuler Parfümier Ahmet Faruki Befehl. Er mischte die heimische Tradition des Rosenwassers auf der Grundlage ätherischer Öle mit der ausländischen Novität eines Duftes auf Alkoholbasis von mehr als 60 Prozent – und kreierte *Kolonya*, das in der Folge eine glänzende Karriere machte. Der niedrige Preis in der Volksversion trug dazu bei, dass *Kolonya* zum Symbol für türkische Gastfreundschaft, Körperpflege und Gesundheit wurde. Heutzutage gibt es in der Türkei Hunderte von *Kolonya*-Varianten in jeder Preiskategorie, auch mit luxuriösen Marken.

Doch ausgerechnet in der Corona-Pandemie kam es auch zur *Kolonya*-Krise: Aufgrund der verschärften Alkohol-Gesetze wurde es ab April 2020 schwierig, Ethylalkohol einzuführen. Schwarzmarktproduzenten begannen, gefälschtes *Kolonya* mit Methylalkohol zu verscherbeln, das schwere Nebenwirkungen wie vorübergehende Blindheit und Hautreizungen haben konnte. Der Missbrauch griff dermaßen um sich, dass die Regierung nur zur Herstellung von *Kolonya* die Produktion von Ethylalkohol ankurbelte. Ein drastischer Schritt, der die Parfümversorgung sicherstellte, aber auch dem Alkoholschmuggel Tür und Tor öffnete.

Auf der Habenseite lässt sich verbuchen, dass der Gebrauch von *Kolonya* vermutlich viele Leben in der schwer von der Pandemie getroffenen Türkei gerettet hat. Laut Medienberichten verfünffachte sich der Umsatz des klassischen *Odikolon* im ersten Corona-Jahr. Die konservative Zeitung *Daily Sabah* schrieb euphorisch: »Tatsächlich könnte es sehr wohl die Affinität der Türkei zu *Kolonya* sein, die dafür gesorgt hat, dass das Land so lange gegen die Viruskrise immun blieb, weil die Verwendung dieses erfrischenden und desinfizierenden Produkts schon immer eine vorherrschende Tradition war.«

91. Grund

Weil die Tulpe aus der Türkei stammt

Viele Menschen in Deutschland glauben, dass die glockenförmigen Blumen der Gattung *Tulipa* aus Holland stammen. *Tulpen aus Amsterdam* hieß ein Schlager von 1956, den später auch Rudi Carrell und der Kinderstar Heintje gemeinsam intonierten. Falsch!

Tulpen wurden im 16. Jahrhundert aus der Türkei nach Europa eingeführt. Auch der Name der Blume geht auf ein türkisches bzw. persisches Wort zurück (*tülbend* bzw. *dulband*) und bezeichnete ursprünglich einen Turban. Die Türken hatten die Tulpenzucht von den Persern übernommen, besangen sie seit dem 13. Jahrhundert in Gedichten, pflanzten sie in den luxuriösen Sultansgärten und bildeten sie in Miniaturen, auf Keramik und als Kleidermuster ab. Denn sie ist auch ein verstecktes Symbol, da die arabischen Schriftzeichen für Tulpe denen für Allah gleichen. Auch die unverzichtbaren Teegläser in der Türkei haben Tulpenform. Kurz: Die Tulpe ist die türkische Nationalblume und im Land praktisch nicht zu übersehen.

Jedes Jahr im April bietet Istanbul ein einzigartiges Schauspiel: Die ganze Stadt erblüht. Die Verwaltung lässt Abermillionen Tulpen überall da pflanzen, wo es möglich ist: in Grünanlagen, rund um die großen Moscheen oder an den Schnellstraßen. Selbst auf Betonmauern werden senkrechte Tulpenrabatten angelegt. Der Höhepunkt ist das jährliche Istanbuler Tulpenfestival ab Mitte April. Dann verwandeln Millionen Tulpen den Emirgan-Park am Bosporus in ein Frühlings-Farbenmeer. Und unzählige Bräute und Brautpaare lassen sich vor dieser Kulisse von professionellen Fotografen in Szene setzen. Tulpenzeit ist Heiratszeit.

Für den Siegeszug der Tulpe in Europa verantwortlich war vor allem der Botaniker Charles de L'Ecluse aus Wien, Autor des ersten großen Buchs über die charakteristisch geformten Blumen von 1592. Er wurde zum Professor an der medizinischen Fakultät der Universität Leiden berufen, wo er Tulpen in seinen Gärten pflanzte, aus denen zwischen 1596 und 1598 Hunderte von Zwiebeln gestohlen wurden. Die exotischen Gewächse wurden damals in den Niederlanden zum Liebhaber- und Spekulationsobjekt. Seltene Zwiebeln wurden mit Gold aufgewogen. Mit Tulpen verbindet sich der erste große Börsenkrach des neuzeitlichen Kapitalismus, als infolge des sogenannten Tulpenwahns Tulpenzwiebeln astronomische Preise erzielten und diese erste große Spekulationsblase im Jahr 1637 platzte – ein Paradebeispiel in Ökonomievorlesungen. Der rasche Preisverfall ruinierte viele Händler und fügte der niederländischen Wirtschaft einen schweren Schaden zu. Anschließend normalisierte sich der Handelswert von Tulpen wieder, und sie wurden von einem Symbol orientalischer Gartenkunstmode zum Wahrzeichen Hollands.

Die west-östliche Geschichte der Tulpe nahm eine überraschende neue Wendung, als der osmanische Sultan und seine Höflinge Anfang des 18. Jahrhunderts die aufregenden neuen Züchtungen mit gemusterten Blütenblättern aus Holland entdeckten. Die Tulpenmanie kehrte zurück an den Bosporus und begründete eine Epoche, die Geschichtsschreiber später als *Lâle Devri*, Tulpenzeit, bezeichneten. Ein Istanbuler Stadtviertel ehrt sie mit dem schönen Namen *Laleli*.

So ist die Tulpe, die so europäisch zu sein scheint, das beste Beispiel, wie sich West und Ost, Orient und Okzident durchdringen und im wahrsten Sinne des Wortes gegenseitig befruchten. Die Tulpe ist ein Migrant, dem wir die Herkunft nicht (mehr) ansehen. Wenn

Sie dann auf dem neuen Istanbuler Airport landen, begrüßt Sie auch dort eine Tulpe. Denn der avantgardistische Flughafentower ist architektonisch der türkischsten aller türkischen Blumen nachempfunden.

92. Grund

Weil in der Türkei Denkmäler für Oliven, Melonen oder Köfte *stehen*

Darauf muss man erst mal kommen: ein osmanischer Prinz, der sein Schwert umfasst und mit einem Smartphone ein Selfie von sich knipst. Die türkische Schwarzmeerstadt Amasya, einstige Residenz der osmanischen Prinzen, ließ im Frühjahr 2015 solch eine lebensgroße Selfie-Statue errichten – um die glorreiche Vergangenheit mit der Zukunft symbolisch zu verbinden. Im Nu wurde der Prinz mit dem Mobiltelefon zum Touristenmagneten. Besonders gern gesellten sich junge Damen zum *Shehzade* aus dem 15. Jahrhundert und zückten ihr eigenes iPhone zum Doppel-Selfie vor dem Hintergrund der hübschen Altstadt mit ihren osmanischen Holzhäusern. Auf Twitter und Facebook avancierten die Bilder zum Hit.

»Amasya ist die Stadt der Prinzen«, sagte Bürgermeister Osman Akbaş, der als Anhänger des Staatspräsidenten Erdoğan dessen Begeisterung fürs nationale Erbe teilt und es mit der Figur aktuell ausdeuten wollte – als türkischen Weg in die Moderne. »Wir dachten, das Werk würde Interesse für die Stadt wecken.« Womit er ja recht hat. Amasya bekam seine 15 Minuten Weltruhm, obwohl eigentlich das ganze Land reich an besonders bizarren Monumenten ist.

Es sind vor allem Denkmäler in der anatolischen Provinz – Plastiken in meist schreienden Farben, die lokale Werte oder einfach die von Staatspräsident Erdoğan ausgerufene »Neue Türkei« verdeutlichen sollen. »Unwissentlich hat die AKP den Orientalismus regionalisiert, was zu Kitsch in Sprache und Kunst führte«, erklärte der bekannte Kunsthistoriker Hilmi Yavuz.

Auf zentralen Plätzen und Verkehrsinseln huldigt man nun den regionaltypischen Agrarprodukten mit riesigen Melonen, Haselnüssen, Granatäpfeln, Pistazien, Karotten, Pfirsichen und Knoblauch. Herausragend sind die Denkmäler für den unbekannten Ziegelträger im westanatolischen Kuşadası und den unbekannten *Köfte*-Esser im zentralanatolischen Inegöl (*Köfte* sind die anatolischen Frikadellen). Und nicht zuletzt jenes für das unbekannte Monster aus dem ostanatolischen Van-See, das an das schottische Seeungeheuer Nessie erinnert.

An der liberal-modernen Ägäisküste haben die Bürgermeister – womöglich um sich vom konservativen Osten abzugrenzen – ein Faible für türkisierte Figuren aus der amerikanischen Popkultur entwickelt. In der Touristenmetropole Bodrum grüßt ein *Superman* mit türkischem Antlitz, in Marmaris ein gigantischer *Pac-Man*, in Izmir ein Pelikanpaar wie aus einem Walt-Disney-Comic. All die wundervollen, kitschig-bunten Zeugnisse naiver Denkmals-Volkskunst lassen sich allenthalben in der Türkei bewundern. Wenn man nur die Augen aufsperrt.

93. Grund

Weil türkische Basare Einkaufszentren mit hohem Suchtfaktor sind

Die Türkei gilt als Brücke zwischen Okzident und Orient, aber sie kann auch »Orient pur« sein. Wer den »Zauber des Morgenlands« unverfälscht erleben will, sei eingeladen in den Südosten der Türkei, wo sie am arabischsten ist – nach Gaziantep, Mardin oder Şanlıurfa (»Berühmtes Urfa«), um dort die alten, ursprünglichen Basare zu besuchen. Am besten in Urfa, wie die Einheimischen ihre Stadt nach alter Sitte nennen. Die Zweimillionenstadt knapp

40 Kilometer vor der syrischen Grenze hat eine multiethnische Bevölkerung, deren Wurzeln überwiegend arabisch oder kurdisch sind. Der Zustrom syrischer Bürgerkriegsflüchtlinge hat sie noch arabischer gemacht.

Urfa – das antike *Edessa* – war schon vor hethitischer Zeit besiedelt, ein immer wieder umkämpfter Handelsplatz in der mesopotamischen Ebene. Die Attraktion der Stadt ist ein geheimnisvoller Schrein in einer Felsengrotte, in der Abraham, der Stammvater von Juden, Christen und Muslimen, angeblich geboren wurde. Die Grotte ist von einem halben Dutzend Moscheen umgeben. Abends herrscht im Schummerlicht der Laternen und mit dem Gewimmel der Pilger eine mystische Atmosphäre. Auch das riesige Wasserbecken nebenan, mit den fetten heiligen Karpfen, wird mit Abraham in Verbindung gebracht. Füttern darf und soll man sie.

Urfas verwinkelte Altstadt ist weitgehend original, und das absolute Highlight ist der labyrinthische, unverfälschte Basar unterhalb der mächtigen Kreuzfahrerzitadelle auf dem Burgberg. Er dürfte der größte des Vorderen Orients sein, seit der Zerstörung des Basars im syrischen Aleppo. Dunkel von Menschen, bunt von Waren, eng und laut. Ein Gewimmel von Einkäufern. Eine Komposition von Gerüchen, Farben, Klängen, Stimmen. Ein Erlebnis für alle Sinne.

Traditionell sitzen auf türkischen Basaren Händler mit ähnlichem Warenangebot nah beieinander. Im überdachten Teil, auf Türkisch *Kapalı Çarşı*, der etwa die Hälfte des Geländes ausmacht, belegen die Teppichhändler eine Gasse, ebenso die Goldverkäufer und Juweliere, die Parfümhändler, die Verkäufer von Waren des täglichen Bedarfs, an deren Ständen sich Schüsseln, Gläser, Kupferrohre, Seifen, Waschmittel, Küchenutensilien oder Gartenschläuche türmen. Viele Waren wie Schmuck oder Taschen werden in der Region gefertigt und sind daher preisgünstig. Dasselbe gilt für handgewebte Stoffe wie Handtücher, Tischtücher oder Schals. Das Angebot ist auf die lokale Bevölkerung abgestimmt. Deshalb bekommt man es auch nicht mit aufdringlichen Händlern zu tun, sondern kriegt höchstens mal ein nettes »*Buyurun!*« (Bitte schön!) zu hören.

Weil er »lokal« ist, hat der Basar von Urfa auch eine große Lebensmittelsektion, auf Türkisch *Pazar*, was sich vom persischen *Bazar* ableitet. Frischer Fisch findet sich in der Fischgasse, Lamm, Rind und Huhn in der Metzgergasse, farbenfrohe Gewürzpyramiden, Tee und Trockenfrüchte in unermesslichen Mengen und exotischen Varianten in den Gewürz-, Tee- und Trockenfruchtgassen. Es gibt ein eigenes Gässchen mit Ständen, an denen Fässer voll verschiedenster Sorten grüner, schwarzer, brauner Oliven auf Käufer warten, andere Händler haben sich auf Chilischoten oder Nüsse spezialisiert. Auch lockt eine riesige Fülle von frischem Obst und Gemüse, und es gibt »Alles-was-es-gibt«-Meilen. Zur »Tausendundeine-Nacht-Stimmung« trägt auch die regionale Lieblingsfarbe Lila bei: Viele Frauen und Männer tragen violette Kopftücher in allen Schattierungen von Lavendel bis Flieder. Das *Keffiyeh* genannte kurdische oder mit Kordelbändern befestigte arabische Kopftuch vieler Männer verstärkt die orientalische Anmutung.

Auf dem Basar von Urfa können Sie den Kupfer- und Blechschmieden, den Schuhmachern und Schneidern noch bei der Arbeit zusehen und – bei Bedarf – ein Kleid oder einen Anzug maßgefertigt bestellen. Während bei den Lebensmitteln die Preise wie ausgezeichnet bezahlt werden, ist bei allen anderen Waren Feilschen ausdrücklich erlaubt und sogar erwünscht.

Sollten Sie sich auf ein Verkaufsgespräch einlassen, wird Ihnen der Händler sofort einen heißen Tee servieren. Sind Sie ernsthaft interessiert, lassen Sie sich Ihre Begeisterung bloß nicht anmerken, bleiben Sie cool. Ihr erstes Angebot sollte ungefähr bei einem Drittel des vom Verkäufer ausgerufenen Preises liegen, damit genug Luft nach oben bleibt, um sich zum Schluss in der Mitte zu treffen. Sollten die Preisverhandlungen stocken, ist es Zeit, sich freundlich zu verabschieden. Nicht selten wird Ihnen der Händler dann hinterherrufen und doch noch beim Preis entgegenkommen. Sobald ein

Preis vereinbart ist, gibt es kein Zurück mehr, und es gilt: Nur Bares ist Wahres.

Und hinterher genießen Sie einen Tee in einem der schattigen Höfe der alten Karawansereien oder ein scharf gewürztes Kebap in einem der vielen Restaurants am Eingang des Basars. Authentische Basare wie in Urfa lassen sich noch in der gesamten Türkei abseits der Touristenpfade finden, auch wenn die meisten deutlich kleiner sind. Der bekannteste und größte überdachte Basar der Türkei steht in Istanbul im Herzen der Altstadt und ist wie auch die meisten Basare in den Städten der Mittelmeerküste vorwiegend auf ausländische Besucher ausgerichtet. Trotzdem lohnt der Besuch unbedingt, denn der *Kapalı Çarşı* ist ein architektonisches Wunderwerk, das bereits in drei James-Bond-Filmen als Kulisse diente, zuletzt in *Skyfall* (2013), in dem sich Daniel Craig ein Motorradrennen auf dem Dach lieferte, das leider Schäden anrichtete.

Die antike Shoppingmall, Urtyp aller Kaufhäuser, ist ein Endpunkt der alten Seidenstraße. Ihr Bau begann 1455, zwei Jahre nach der Eroberung Konstantinopels durch die Osmanen. Heute ist der Basar eine Stadt in der Stadt. Auf über 32.000 Quadratmetern ballen sich 3000 Geschäfte, 20.000 Menschen arbeiten im Gewirr der mehr als 60 Gewölbegassen, die man über 21 Eingänge erreicht. 100 Tonnen Gold setzen die Juweliere alljährlich um, Hunderttausende gefälschte Markenartikel gehen über die Tresen. Istanbul- und Türkei-Souvenirs in allen denkbaren Motiven, Formen und Farben, traditionelles Kunsthandwerk, Lampen, feine Stoffe, Lederwaren, Schmuck, Antiquitäten, Gewürze, Süßigkeiten und natürlich Teppiche, Wasserpfeifen und bemaltes Porzellan warten auf Käufer.

Das Herz des Basars ist der *Iç Bedesten*, die »Innere Kaufhalle«, in der Sultan Mehmed II. einst die Goldreserven des Reiches einlagern ließ und wo die kostbarsten Waren – Samt und Seide, Waffen und Edelsteine – angeboten wurden. Heute sind unter den innersten 15 Kuppeln die alteingesessenen Antiquitätenhändler zu Hause. In ihren mit Münzen und Silberschmuck, Zinn- und Kupferwaren, Gewehren, Dolchen, Kalligrafien, osmanischen Miniaturen und vielerlei Tand vollgestopften Läden sind wirkliche Schnäppchen aber eher nicht zu finden. Dafür hängen in vielen Läden Willkommens- und Preisschilder in den wichtigsten Sprachen von Englisch und Deutsch über Russisch bis Chinesisch; mit aufdringlichen Händlern und fließend Deutsch sprechenden Schleppern ist zu rechnen.

In den 2010er-Jahren war der *Kapalı Çarşı* noch eine der meistbesuchten Touristenattraktionen der Welt mit bis zu einer halben Million Kunden pro Tag, ein Bummel durch den farbenfrohen Basar der Höhepunkt jedes Istanbul-Besuchs – bis die Corona-Krise den Istanbul-Tourismus 2020 zeitweise ganz zum Erliegen brachte und der Große Basar für zwei Monate geschlossen wurde, was seit Menschengedenken noch nie geschah. Seit 2017 wird der Basar für mehrere Millionen Euro renoviert, um die alten Mauern wieder attraktiver und die Gebäudestruktur erdbebensicherer zu machen. Wer das Basartor an der Nordseite Richtung Goldenes Horn verlässt, findet sich unversehens wieder in einem pulsierenden, unverfälschten türkischen Markt- und Handwerkerviertel. Dort erstreckt sich ein Gewirr von Gassen, das ähnlich wie in Urfa vor allem Waren des täglichen Gebrauchs anbietet. Von dort ist es nur ein kurzer Weg zum berühmten Ägyptischen (Gewürz-)Basar (*Mısır Çarşısı*) an der *Yeni Cami* (Neue Moschee). Sie werden es lieben. Lassen Sie sich treiben!

94. Grund

Weil türkischer Unternehmergeist Kopftücher veredelt und den Basar neu erfindet

Sobald es in Istanbul regnet, erscheinen wie aus dem Nichts Straßenverkäufer, die Regenschirme anbieten. Treffen Menschen zusammen, werden im Nu genau jene Waren angeboten, die gerade benötigt werden, seien es Wasserflaschen, Tee, *Börek*, türkische Fahnen oder –

Gasmasken. Bei den Gezi-Protesten in Istanbul standen plötzlich Händler am Straßenrand, die alle Utensilien für den Protest feilboten, von Gasmasken über Taucherbrillen bis hin zu selbst gefertigten T-Shirts mit dem Pinguin-Maskottchen der Bewegung. Als wir zu einem *Metallica*-Konzert auf dem Campus der Istanbuler Technischen Universität gingen, offerierten fliegende Verkäufer jede Menge Merchandising-Artikel, die eher nicht von der Band autorisiert waren. Jahrhundertelange Erfahrungen im Basarwesen haben die Händler- und Unternehmerqualitäten der Türken geschärft. Ob es sich um Straßenhändler, IT-Gründer, Innenarchitekten, Handwerker, Teeverkäufer oder militärische Drohnenproduzenten handelt. Sie sind risikobewusst, flexibel, anpassungsfähig.

Zum Beispiel türkische Modedesigner. Sie reagieren auf neue Trends, bevor die Kunden überhaupt etwas davon ahnen. In Istanbul, dem kreativen Zentrum des Landes, griffen junge Mode-Unternehmer nach der Jahrtausendwende einen Trend auf, der ihnen einen Milliardenmarkt eröffnete. Alles begann mit dem Kopftuch, in der Türkei *Türban* genannt, das von einer simplen Kopfbedeckung, die in den frühen Tagen der türkischen Republik als rückständig und ländlich stigmatisiert wurde, zu einer marktgängigen Trendware wurde. Junge Musliminnen ärgerten sich, dass es für sie als konservative Frauen keine spezielle Mode gab, sondern eigentlich nur das Gleiche, was schon ihre Mütter trugen: langweilige Kopftücher und hässliche graue Mäntel. Wie Özlem Sandikci, Assistenzprofessorin für Marketing an der Bilkent-Universität in Ankara, der Nachrichtenagentur »Reuters« sagte, begannen zuerst junge Stadtfrauen, selbstgemachte weite Mäntel und bunte Kopftücher als politisch-modisches Statement anzuziehen. Die Kleider wurden nach und nach formschöner und farbenfroher, da auch fromme Frauen gesehen und anerkannt werden wollten. »Als Frauen damit anfingen, war klar, dass Unternehmen entstehen und anfangen würden, sie mit Ware zu versorgen. Diese kleinen Firmen begannen zu wachsen und wurden zu immer einflussreicheren Akteuren.«

Etwa drei bis vier Jahre nach der Regierungsübernahme der islamischen AKP entdeckte eine neue Generation von Modemacher*innen die muslimische, gleichwohl modebewusste Frau. Sie verstanden nicht nur, dass auch konservative Frauen gut gemachte Kleidung lieben, sondern dass sie auch über ein entsprechendes Einkommen verfügten, um diese zu kaufen. Aus einer religiös motivierten Verhüllung schufen diese Couturiers Mode für die elegante Muslima, vom Kopftuch bis hin zum Burkini, dem Ganzkörper-Badeanzug. Mode, die zwar Arme und Beine verhüllt und weibliche Formen nur andeutet, die aber zugleich eine Botschaft von Selbstbewusstsein und Eleganz aussendet. Der neue Trend begann mit Luxuskreationen des *Türban* und setzte sich fort mit grandiosen Kleidern junger Modeschöpferinnen der Firmen *Armine*, *Tekbir* oder *Gonul Kolat*. Inzwischen sind auch in den säkular geprägten Vierteln der türkischen Großstädte die vielen jungen Frauen nicht mehr zu übersehen, die zu engen Jeans einen exorbitant teuren Seiden-*Türban* kunstvoll um ihr Haar schlingen.

Marktführer ist die 1994 gegründete Firma *Armine*, deren großflächige Werbeplakate mit attraktiven Kopftuchmodels die Passagiere bereits am Istanbuler Flughafen begrüßen. *Armine* startete mit Kopftüchern im typisch türkischen Stil und verkauft jetzt in mehr als 30 Filialen auch Kleidung, Schuhe, Taschen. Ihre Erfolgsgeschichte wäre nicht möglich gewesen ohne die eingespielte, hochklassige Textil-Infrastruktur der Türkei, des siebtgrößten Bekleidungsproduzenten der Welt. Zudem verfügt die Türkei mit ihren im Nahen Osten extrem populären TV-Serien über ein mächtiges Werbemedium. Der *Armine*-Produktionschef Alpaslan Akman scherzte im *Reuters*-Interview: »Unsere Ziele sind sehr anspruchsvoll. Ich würde sagen, dass wir Erfolg haben, wenn die Leute denken: ›Wer ist *Armani*? Das muss wohl eine *Fake-Armine* sein.‹«

Aus der Nischenmode ist ein Trend geworden, mit dem türkische Couturiers auf einen Weltmarkt vorstoßen, der gigantische Wachstumschancen verspricht – bei fast zwei Milliarden Muslim*innen auf der Erde. Laut dem in Dubai ansässigen »Islamischen Mode- und Design-Rat« gaben muslimische Frauen 2016 weltweit rund 44 Milliarden Dollar für Mode aus, 18 Prozent der 243 Milliarden US-Dollar, die alle Muslime für Kleidung aufwendeten. In knapp zehn Jahren wurde die Türkei zum weltgrößten Markt für islamische Mode, den Influencer*innen wie *Mipsters* (Muslim Hipsters), Modehäuser oder die 2011 gegründete Monatszeitschrift *Âlâ* anheizen. Das Mode- und Lifestylemagazin für die moderne Muslima richtet sich mit seinen extravaganten Modestrecken vor allem an die islamische Mittelschicht, die sogenannte »grüne Bourgeoisie«. Billig ist die gezeigte Mode nicht.

Im Mai 2016 fand im historischen Istanbuler Haydarpasa-Bahnhof erstmals eine glamouröse *Modest Fashion Week* (konservative Modewoche) mit muslimischer Mode statt, den die 2011 gegründete türkische Online-Marke *Modanisa* – der weltweit größte Muslimmode-Online-Shop – veranstaltete und an der 70 Designer*innen teilnahmen. Auf dem Laufsteg zeigten schlanke Models in High Heels zu orientalischer House-Musik Kopftücher und wallende Kleider in allen denkbaren Versionen und Farben. Kritik von säkularer Seite hatten sie nicht zu befürchten, die kam stattdessen aus dem eigenen frommen Lager.

Gegen die Veranstaltung und ihre »Hijab-Mode« liefen radikale Muslime Sturm, weil sie Mode generell für unvereinbar mit den Lehren des Islam halten. Das Kopftuch stehe für Bescheidenheit und Keuschheit, Mode aber wolle auffallen, argumentierten sie. Der Hashtag *#tesettureihanet* (Verrat am Schleier) wurde zu einem Trendthema auf Twitter. Aber die Proteste werden die Entwicklung der Branche nicht stoppen, denn viel zu viele muslimische Frauen genießen das Gefühl, die »richtige« und gleichzeitig modische Kleidung zu tragen. Inzwischen präsentieren auch prominente westliche Modeschöpfer wie *DKNY*, *Tommy Hilfiger* und *Dolce & Gabbana* »modest fashion« auf ihren Laufstegshows, denn sie wollen auch ein Stück vom Kuchen.

So wie clevere Modemacher ihre Chance im modernisierten *Türban* erkannten, bemerkten junge Unternehmer*innen und Künstler in den 2010er-Jahren das Potenzial des heruntergekommenen Istanbuler Hafenviertels *Karaköy*. In nur zwei Jahren machten sie aus Karaköy ein hippes Ausgehviertel. Zuerst mit Cafés, dann kamen Bars, Galerien und Boutiquehotels, die sich anfangs zwischen Friseuren und alten Handwerksbetrieben in den engen Gassen ansiedelten. Heute beherbergt Karaköy einige der angesagtesten Kneipen, Boutiquen und Restaurants der Metropole. Von allen Projekten, die damals im Viertel aus dem Boden schossen, war der Anfang 2014 etablierte, wöchentliche Pop-up-Basar *Souq* das originellste: Es war kein Café, aber Kaffee wurde ausgeschenkt; kein Geschäft, aber man konnte Kleidung, Schmuck und sogar Motorräder kaufen; keine Galerie, aber Kunstwerke wurden ausgestellt. Die Ideengeberin und treibende Kraft hinter *Souq* war die damals 26-jährige, unprätentiöse frühere *Vogue*-Journalistin Yaprak Aras. Sie habe Geld gebraucht, erzählte sie mir, und wollte zuerst nur *Vintage*-Kleider verkaufen, die sie nicht mehr benötigte. Sie fragte bei ein paar befreundeten Künstlern und Designern an – und startete ihr erstes *Souq*-Event kurz danach in einer ehemaligen Eisfabrik, das sie nur in den sozialen Medien bewarb. 800 Leute kamen schon im Lauf des ersten *Souq*-Tages, guckten und kauften.

»Ich lade jedes Mal andere Designer ein, sodass das Angebot immer eine Überraschung für die Gäste ist«, sagte Yaprak Aras. Zu ihren sonnabendlichen »Ausstellungen« lud sie Schmuck- und T-Shirtdesigner, hippe Modeschöpferinnen, die Istanbuler Öko-*Pickles*-Produzenten *Gastronomica*, oder Ipek Amas, einen angesagten Strickpullovermacher. *Souq* wurde ein wöchentliches Fest für die Istanbuler Hipsterszene. Als es Yaprak Aras 2017 in Karaköy »zu touristisch« wurde und sie den Charakter des Unfertigen zunehmend vermisste, gab sie eine Abschiedsvorstellung, verließ den Kiez und mietete einen großen Verkaufsraum im schicken, bei der jungen Szene beliebten Einkaufszentrum *Kanyon*. Wie Aras erkennen türkische Gründer und Selfmadewomen Marktlücken, verwirklichen Konzepte und professionalisieren sich. Rückschläge nehmen sie als Geschäftsrisiko hin. Die *Soug*-Gründerin lobte auch den Umgang mit den Ämtern, der sich kurz und unkompliziert gestaltete. »Ich musste mein Gewerbe elektronisch anmelden und bekam eine Steuernummer, das war's«, sagte Yaprak Aras.

Auch ich staunte, als ich in Istanbul 2012 erstmals meine jährliche Aufenthaltsgenehmigung (*Ikamet*) verlängern musste und fast alles elektronisch ablief – undenkbar damals in Deutschland, wo die Ämter noch mit Faxgeräten hantierten. Ich musste ein *E-rendevu* mit der Ausländerpolizei vereinbaren und dafür ein Formular aus dem Internet herunterladen, es ausfüllen, mir einen Online-Termin geben lassen und das Papier dann im Polizeirevier mitsamt vier Passfotos abgeben. Lange Wartezeiten wie in Berliner Ämtern gab es nicht. Was die Digitalisierung angeht, waren uns die Türken rund ein Jahrzehnt voraus; das Internet funktionierte auch in der Provinz ordentlich, und wenn es Probleme gab, dann hatte das meist politische Gründe.

Seit Jahren können die Türken fast alle Dienste, die mit Ämtern zu tun haben, online erledigen. Nach einer Studie des staatlichen Statistikinstituts *TurkStat* vom August 2019 haben rund neun von zehn Haushalten in der Türkei Zugang zum Internet, und die Hälfte der Befragten erledigt Behörden»gänge« mit dem Smartphone. Während der Impfkampagnen der Corona-Pandemie erlaubte die weitgehende Digitalisierung dem türkischen Gesundheitssystem, schneller als die meisten europäischen Länder Impftermine zu vergeben. Schon vor Corona war es in Istanbul völlig normal, dass mir der Zahnarzt Röntgenaufnahmen und der Internist eine Diagnose per WhatsApp zuschickte. Um ein Rezept einzulösen, brauchte ich nicht persönlich beim Arzt vorzusprechen, sondern bekam über die App *E-recete* (E-Rezept) von ihm einen Code zugeschickt, den der Apotheker nur in seinen Computer eingeben musste, um mir das Medikament zu übergeben. Der Supermarkt lieferte Müsli, Saftflaschen oder Milch nach Bestellung per App frei Haus. Das war Service anno 2011!

So tragisch es für die Türkei ist, dass viele junge, gut ausgebildete und unternehmungslustige Türken wegen der zunehmenden Repression ins Ausland gehen, so sehr profitiert Deutschland von diesem *Brain Drain.* Zehntausende junge Ingenieure, Wissenschaftler und Intellektuelle aus der Türkei haben sich in die Bundesrepublik abgesetzt, und die Geschichte der Gastarbeiter zeigt, dass die meisten bleiben werden. Wie sehr türkischer Unternehmergeist Deutschland bereichert, dafür ist das Musterbeispiel das türkischstämmige Gründer-Ehepaar der Hightech-Biomedizin-Firma *BioNTech* aus Mainz. Özlem Türeci und Uğur Şahin entwickelten im Frühjahr 2020 in Rekordzeit einen wirkungsvollen Corona-Impfstoff – und wurden damit weltberühmt.

95. Grund

Weil man(n) sich in der Türkei neue Haare wachsen lassen kann

An den Istanbuler Touristenzentren wie dem Taksim-Platz sind sie kaum zu übersehen: Männer mit rasierten, geröteten Köpfen, die stolz ihre Bandagen und die Markenstirnbänder ihrer Kliniken spazieren tragen. Sie sind das Kennzeichen eines der am schnellsten wachsenden Industriezweige der Türkei, des Medizintourismus. Die Rotköpfe sind Patienten, die unter Haarausfall leiden und sich am Bosporus einer Haartransplantation unterziehen.

Wie Chris Allen aus England. Für Allen hat der Tag damit begonnen, dass er die Bandagen um seinen Kopf entfernte und sich die frisch operierte Glatze mit einer speziellen Salbe einrieb. Dann hat er sich ins Taxi gesetzt und ist zur Haarklinik im feinen Villenviertel Esentepe gefahren. Jetzt sitzt der 31-jährige Engländer auf dem Patientenstuhl und grinst. »Es schmerzt gar nicht, es fühlt sich nur an wie ein Sonnenbrand.« Genau so soll es sein nach der Haarverpflanzung, sagt der Klinikmitarbeiter Yazan und betrachtet zufrieden die unzähligen roten Punkte auf dem Kopf des Kunden, aus denen einmal Haare sprießen sollen. »Gute Arbeit.« Zwei Monate zuvor hatte Allen begonnen, sich im Internet über Haartransplantationen zu informieren. »Es war schockierend, wie teuer die Behandlung in England ist. Dort hätte ich 24.000 Pfund bezahlt« – rund 27.000 Euro. In Istanbul kostet die Prozedur nur ein Zehntel davon. »Hotel und Flughafentransfer sind inklusive. Die Preise sind unschlagbar.« Via Internet fand er heraus, dass Istanbul das Mekka der Haartransplanteure ist. Dann entdeckte er die dermatologische Fachklinik und entschloss sich, das Abenteuer zu wagen.

Der englische Patient gehört zu einer wachsenden Zahl von Ausländern, die nach Istanbul reisen, um sich dort Schönheitsoperationen zu unterziehen. Nirgends auf der Welt werden mehr Haare verpflanzt als am Bosporus, wo sich fast 300 medizinische Einrichtungen um Kahlköpfe bemühen und um Männer, bei denen am Kinn nichts sprießt. Die Institute am Bosporus sind stolz darauf, dass sie die gleiche oder bessere Qualität zu einem Bruchteil des Preises wie in Europa anbieten können, was vor allem mit den wesentlich geringeren Personalkosten zu tun hat. »Hunderttausende Medizintouristen kommen jährlich in unser Land«, erläutert Meral, die Geschäftsführerin der Haarklinik, in ihrem zweckmäßig eingerichteten Büro. »Es ist ein rapide wachsender Markt mit Milliarden-Dollar-Umsatz. Und Haartransplantationen sind der wichtigste Zweig.«

Die lebhafte Mittdreißigerin berichtet, dass ihre 60 Mitarbeiter Mitte der 2010er-Jahre rund 4000 Kunden jährlich versorgten, 2020 waren es laut ihrer Internetseite mehr als 20.000. Die meisten kämen aus den Vereinigten Arabischen Emiraten, Irak und Saudi-Arabien, gefolgt von Deutschtürken, Italienern und Franzosen. »Das wichtigste Schönheitsmerkmal von Männern ist ihr Haar«, erklärt Meral den Boom. »Wenn sie es verlieren, werden sie depressiv. Wird die

Transplantation gut gemacht, sieht der Mann danach um mindestens zehn Jahre jünger aus.« Das gelte auch für Schnurrbärte. Istanbul habe sich den Ruf als »Welthauptstadt für Haarverpflanzungen« hart erarbeitet. »Niemand hat mehr Erfahrung darin als wir Türken.«

Generell boomt der Medizintourismus in der Türkei. Nach Angaben des türkischen Gesundheitsministeriums versorgte die gesamte Branche im Jahr 2019 rund 890.000 Ausländer, 62 Prozent mehr als im Vorjahr, als der Gesamtumsatz rund 1,5 Milliarden Dollar betragen habe. Die Haartransplantation gilt dabei als »Lokomotive der Branche«, beliebt sind auch Augen-, Schönheits- und Zahn-OPs. Im Corona-Jahr 2020 sorgte der anhaltend starke Medizintourismus sogar dafür, dass der Pandemie-bedingte Geschäftseinbruch nicht ganz so krass ausfiel.

Eine Haartransplantation in der Türkei ist nicht nur ein medizinischer Eingriff. Fast jede Klinik in Istanbul bietet ein Pauschalangebot an, mit Transfer vom Flughafen, Hotelbuchung und touristischem Besuchsprogramm.

Während viele der mehr als 300 Anbieter für Haartransplantationen in Istanbul exzellente Arbeit leisten, gibt es wie in jeder Branche auch einige schwarze Schafe. Die Istanbuler Klinikchefin Meral bestätigt, dass es Bauernfänger gebe, die für Dumpingpreise arbeiteten und anderen Instituten die Kunden am Flughafen abwürben. Sie selbst und ihre Schwester Emine können sich zugutehalten, dass sie das Geschäft von der Pike auf gelernt haben. Beide sind ausgebildete Krankenschwestern, die zunächst in einer Klinik für Schönheitschirurgie arbeiteten, bis sie sich um die Jahrtausendwende selbstständig machten. »Haartransplantationen waren damals etwas total Neues. Anfangs hatten wir vor allem mit Türken zu tun, die im Ausland lebten.« Doch dann seien die Kundenzahlen förmlich explodiert. »Die Erfolgsrate der Operationen ist enorm gestiegen. Das war unsere beste Referenz. Inzwischen seien Politiker, Schauspieler, TV-Moderatoren, Fußballspieler unter ihren Patienten«, erklärt Meral. Durchschnittlich würden zwar rund fünf Prozent der verpflanzten Haare nicht anwachsen, sagt Emine. »Aber wir garantieren Ihnen, dass Sie den Rest bis an Ihr Lebensende nicht verlieren werden.« Selbst Männern, die gar nichts mehr auf dem Kopf haben, könne geholfen werden, denn auch Brust- oder Schulterhaare kämen für die Entnahme infrage – nicht nur gegen Glatzen, sondern auch fürs Kinn. Etwa zehn Prozent der Kunden wünschen sich laut den beiden Frauen eine Barttransplantation. »Beim Bart geht es nicht um Schönheit, sondern um Männlichkeit. Im Nahen Osten gilt ein Mann ohne Bartwuchs nicht als richtiger Mann. Er hat keine Chance bei den Frauen und kann keine Karriere machen.« Erfahrungsgemäß dauert es etwa sechs Monate, bis man sieht, ob die Operation angeschlagen ist.

(*Um nicht den Eindruck von Werbung zu vermitteln, wurden die Klinikmitarbeiter nur mit Vornamen bezeichnet und der Name der Klinik nicht genannt.*)

96. Grund

Weil in der Türkei Kamele um Meistertitel ringen

Der Lieblingssport der Türken ist Fußball. Kaum etwas wird in Istanbul so hingebungsvoll diskutiert wie die Verpflichtung internationaler Star-Spieler bei Spitzenvereinen wie *Galatasaray*, *Beşiktaş* oder *Fenerbahçe Istanbul*. Aber der ältere und wahrhaft traditionelle Lieblingssport der Türken ist das Ringen, auf Türkisch *Savaş* oder *Çarpışma*. Und das Kamel-Ringen in der Marmara- und Ägäisregion. Bei dem Spektakel aus der Zeit der Seidenstraße werden Kamelhengste durch eine brünstige Kamelstute in Streitlaune versetzt – und dann aufeinander losgelassen. Veranstaltet werden die Kämpfe, die in vier verschiedenen Gewichtsklassen ausgetragen werden, deshalb in der Brunftzeit, die auf die Wintermonate fällt. Die Kämpfe basieren auf natürlichen Instinkten und kommen im Prinzip auch in der freien Natur vor.

Am Tag vor dem Wettkampf werden die Kamele mit farbenprächtig bestickten Tüchern, Glocken und Schellen traditionell geschmückt. Während Wandermusiker mit Trommeln und türkischen *Zurna*-Oboen schrille *Zeybek*-Melodien intonieren, werden die Tiere vor dem Publikum paradiert – neuester Gimmick sind Kamel-Schönheitswettbewerbe mit Prämierung. Die *Tülü* genannten, sehr großen und kräftigen Tiere sind natürlich keine Allerweltskamele, sondern werden speziell für das Ringen gezüchtet. Sie sind eine Kreuzung aus einem zweihöckrigen Kamel väterlicherseits (*Buhur*) und einem einhöckrigen Wüstenschiff (*Yoz*) mütterlicherseits. Bis zum siebten Lebensjahr heißen die Jungkamele *Daylak*; erst danach gelten sie als ausgewachsen und kampfbereit.

Neben dem Iran ist Afghanistan das Hauptursprungsland von Ringkampfkamelen, die dort speziell für den türkischen Markt gezüchtet werden. Ihre Haltung ist teuer und beansprucht viel Zeit. Deshalb sind sie der ganze Stolz ihrer Besitzer. Die Vorbereitungen und Rituale des Spektakels halten die Kamelbesitzer wochenlang in Atem. Viele von ihnen ziehen zwischen November und Ende März von Festival zu Festival. Ein gutes *Tülü* kann zehn Jahre lang Ringwettkämpfe bestreiten und beim Verkauf einen Preis von 15.000 Euro erzielen, ein *Süperstartülü* bringt es auf das Zehnfache.

Inzwischen gibt es wieder rund 2000 türkische Kamelhalter. Ihre 400 Kilo schweren, stark behaarten Höckertiere mit Politikernamen wie *Trump*, *Macron* oder *Assad* nutzen die muskulösen Hälse als Waffe. Mit vorgereckten Kehlen werfen sich zwei Kamele wild schnaufend aufeinander und versuchen mit aller Kraft, den Gegner niederzuringen. Sie schlingen die Hälse umeinander und tricksen mit den Hufen, um den Konkurrenten zu Fall zu bringen oder in die Flucht zu schlagen. Der Sieger, der sich seines Erfolges durchaus bewusst ist, wird von der Menge gefeiert und darf eine Paraderunde drehen. Der Verlierer wird getröstet.

Die Kamelringen-Festivals werden heutzutage auf Fußballplätzen, in antiken Amphitheatern oder anderen natürlichen Arenen ausgetragen. Schon von Weitem hört man das dumpfe *Bum-Bum* der Trommeln. Wo immer das jahrhundertealte Spektakel stattfindet, ist es Anlass für ein Volksfest mit Tausenden Besuchern aller Generationen, vor allem aus der Landbevölkerung, die dazu ihre eigenen Plastikstühle mitbringen, die Chancen der hoch verehrten Kampftiere hitzig diskutieren und Schals in der Farbe ihres Favoritenkamels tragen wie Fußballfans für ihren Verein. Viele Zuschauer bringen sich *Sucuk*-Würste zum Grillen mit oder greifen zu den leckeren Kamelfleischbuletten, die ihnen fliegende Grillmeister anbieten.

Wenn auch keine allgemein verbindlichen Regeln existieren und diese von Region zu Region variieren, so ist immerhin festgelegt, dass keine Kamele im Zweikampf zu Schaden kommen dürfen. Deshalb wird ihnen das Maul zugebunden. Ein Schiedsrichtertrio wacht darüber, dass es nicht unfair zugeht. Fall es nötig wird, einzuschreiten und die Tiere zu trennen, treten die *Urgancılar*, die Seilhalter, in Aktion. Sieger des zehn bis 15 Minuten dauernden Ringens ist jenes Kamel, das den Widersacher abdrängt, zum Schreien bringt oder niederzwingt. Die Kamelbesitzer können den Kampf jederzeit abbrechen und damit aufgeben. Sie werfen dazu das Festhalteseil in die Mitte. Dann werden die Tiere voneinander getrennt, ohne dass einem etwas geschieht.

97. Grund

Weil die Istanbuler Katzen nicht in ihre Wohnung lassen, aber Häuser für sie errichten

Katzen sind die Maskottchen Istanbuls, ihre heimlichen Prinzessinnen und Prinzen. Sie wärmen sich auf Autodächern, kuscheln in Hauseingängen und stolzieren mit prüfenden Nüstern an den Schälchen und Näpfchen entlang, die ihnen die Katzen liebenden Istanbuler auf den Bürgersteig stellen – um sich dann zwischen

Trockenfutter, Fisch, Fleisch, gekochten Nudeln oder Milch zu entscheiden. Manche werden vom vielen Essen so rund und schläfrig, dass man aufpassen muss, sie auf dem Trottoir nicht zu treten. Denn sie denken gar nicht daran, aus dem Weg zu schleichen.

Zumindest im wohlhabenden Stadtviertel Cihangir auf der europäischen Stadtseite ist das so. Überall Massen an dösenden Katzen, alle 100 Meter locken Tierfutterläden die Liebhaber der Tatzentiere, und zahlreiche Tierkliniken, die meist in edlen Gründerzeithäusern residieren, warten auf die pelzige Kundschaft. So gut läuft das Geschäft, dass immer wieder neue *Pet Shops* aufmachen. Tierbedarfsgeschäfte sind »in« in Cihangir.

Herr Hüseyin Güven betreibt seinen zehn Quadratmeter kleinen Laden seit mehr als zehn Jahren. Er sei damit der Veteran in Cihangir, sagt er stolz und zeigt auf seine Kundenliste im Computer, die nicht weniger als 1100 Namen umfasst. »Die Kunden rufen an, wir liefern.« Er beherrscht sogar fremdsprachige Fachbegriffe wie »zehn Kilo Katzenstreu« oder »two kilo dog food«, sodass auch telefonische Bestellungen von Ausländern kein Problem darstellen. Sein Angestellter fährt die Ware dann mit dem Moped aus.

»Das Geschäft boomt, trotz der Konkurrenz«, sagte Herr Güven. Es gebe zwei Arten von Kunden: die alteingesessenen älteren Leute, die das billigere Trockenfutter für die Straßenkatzen kauften, sie zum Tierarzt brächten und mit ihm über Gott und die Welt reden wollten. Und die Zuzügler: »Die Künstler, Schauspieler und Ausländer, die Hunde oder Katzen zu Hause halten« – was kein Alteingesessener je tun würde, wie er melancholisch hinzufügt. »Normale Leute haben Kinder, diese haben Katzen.« Deshalb der Boom.

Die Bezirksverwaltung hat sich auf den Spleen eingestellt. Sie stellt seit Jahren an besonders heimeligen Ecken Katzenhäuser auf, die wie überdimensionierte Puppenstuben aussehen, mit Platz für ganze Katzenkommunen von bis zu zehn Mitbewohnern, für jedes Tier ein Zimmerchen mit eigener Pforte. Wie die Schlafplätze vergeben werden, bleibt im Dunkeln, aber das Angebot wird gern genutzt.

Zumal im Winter, wenn es in Istanbul sehr ungemütlich werden kann, wenn es stürmt, regnet und schneit, sind die bunt bemalten Holzhäuser voll belegt.

98. Grund

Weil der Himmel über Istanbul ein Vogelparadies ist

Als wir unsere Istanbuler Wohnung hoch über dem Bosporus bezogen, wunderten wir uns über die breite gekachelte Brüstung des Balkons. Wenig später begriffen wir ihren Zweck. Eine riesige Möwe landete und begann, einen sichtlich aus dem Müll geklaubten Hühnerschenkel zu verspeisen. Kurz darauf erschreckte uns eine andere Möwe zu Tode, als sie, auf der Brüstung sitzend, mit heftigen Schnabelstößen ans Fenster klopfte. Offensichtlich interessierte sie ein Stofftier, das hinter der Scheibe auf dem Fensterbrett saß. Wer weiß, welche Gefühle es in der Möwe wachrief. Zum Glück hielt das Glas stand.

Die Möwen von Istanbul, oft beschrieben und besungen, sind die unbestrittenen Herrscher der Lüfte am Bosporus und geben schöne Fotomotive ab, wenn sie in Schwärmen den Schiffen zwischen Europa und Asien folgen. Hunderte von ihnen kreisen über den alten Denkmälern und erfüllen die Luft mit ihren eindringlichen Schreien. Ihre Symbiose mit den menschlichen Bewohnern der Metropole ist perfekt. Aber aus der Nähe sind sie durchaus Respekt einflößend.

Der Himmel über der Megalopolis gehört nicht nur Möwen, Tauben und Mauerseglern. Zweimal im Jahr segeln Hunderttausende Störche, von den Istanbulern zärtlich *Mekke hacıları* (Mekkapilger) genannt, über die Stadt. Sie ist ein Zentrum des Vogelzugs, am Flaschenhals zwischen Europa und Asien. Besonders für die segelnden Arten. Sie nutzen die Thermik über den Landmassen, um möglichst energiesparend voranzukommen. Allein mit der Kraft ihrer Schwingen könnten sie die gewaltigen Entfernungen nie bewältigen.

Im März 2020 waren es fast 600.000 Störche, die aus ihren Winterquartieren in Äthiopien oder dem Tschad nach Mitteleuropa unterwegs waren, meldete die Zeitung *Hürriyet*. Fachleute nennen sie Oststörche, da sie über den Bosporus fliegen. Die Weststörche nehmen die Alternativroute über Gibraltar. Die Vögel brauchen für ihre 9000 Kilometer lange Reise zwei Monate, sie fliegen bis zu 300 Kilometer am Tag. Sie orientieren sich am Sonnenstand; optische Bezugspunkte wie Seen, Flüsse, bestimmte Berge, Gebäude, Brücken oder eben die Wasserstraße von Istanbul sind Wegmarken für ihre Zugroute. Die alten Störche wissen, wo es langgeht.

Istanbuls Wildnis liegt in den Lüften. Von den über 480 Vogelarten der Türkei leben rund 70 auch am Bosporus, in den Gärten, Parkanlagen und mitten im Häusermeer. Der *Gülhane*-(Rosengarten)Park unterhalb des Topkapı-Palasts zählt zu den beliebtesten Grünanlagen der Metropole. Dort ist das schrille Gezwitscher von kleinen Vögeln mit grünem Gefieder und roten Schnäbeln unüberhörbar – Halsbandsittiche, eine eigentlich in Asien heimische Vogelart. Sie sind vor 1200 Jahren in großen Käfigen nach Istanbul gelangt und haben sich irgendwann selbstständig gemacht. Auch die vegetarisch lebenden Alexandersittiche und die Hirtenstare, kleine Allesfresser mit schwarzen Federn und gelben Schnäbeln, stammen aus Südostasien und sind ideal an das urbane Ökosystem angepasst. Im Park lassen sich mit etwas Geduld syrische Spechte, Stieglitze, Kohlmeisen, Kapuzenkrähen, eurasische Kragentauben, Lachtauben und seltene Halbkragen-Fliegenfänger beobachten. Nebelkrähen haben sich so an das *Streetfood* der Parkbesucher gewöhnt, dass sie Reste von Plastiktellern und aus Pizzaschachteln picken, die sie aus Abfallkörben klauben.

Im »Rosengarten« der Sultane existiert zudem eine komplette Reiherkolonie aus der Zeit des Osmanischen Reiches, über 60 Reiherpaare, die ihre Nester in den Kronen der Platanen anlegen. Obwohl ihre nahrungsreichen Flachwasserreviere schon lange überbaut sind, war ihre Bindung an den Ort stärker als der Druck der urbanen Veränderung. Einige Graureiher finden ihre Nahrung ganz in der Nähe – am kleinen Fischmarkt in Karaköy am Goldenen Horn, wo sie auf den Abfall an den Verkaufstischen lauern. Auch die Möwen warten hier auf ihre Chance. Die vorherrschende Art ist die Mittelmeermöwe. Sie ist eigentlich ein Bodenbrüter, doch in Städten wie Istanbul bevorzugt sie die sicheren Dachregionen.

Da Istanbul an drei Seiten von Wasser umgeben ist, wundert es nicht, dass die Stadt auch Wasservögel wie Kormorane, Stockenten oder Blässhühner beherbergt. Am Beton-Wellenbrecher vor dem Stadtteil Kadıköy auf der asiatischen Stadtseite nisten die Kolonien der Kormorane und Krähenscharben. Die mit Abstand schnellsten und elegantesten Fischer am Bosporus sind die Sturmtaucher, die man in kleinen Gruppen knapp über der Wasseroberfläche entlanghuschen sieht, wo sie den Delfinen und Bonitos folgen, die wiederum Fischschwärme jagen.

Im August kommen dann wieder die Störche. Am herbstlichen Flug in den Süden sind weit mehr Tiere beteiligt als am Frühjahrszug, denn nun fliegt der Nachwuchs mit. Etwa 40 Prozent der erwachsenen Störche und 60 Prozent ihrer Nachkommen sterben auf der Reise nach Afrika. Die größte Bedrohung sind Hochspannungsleitungen. Ende 2018 ist ein weiteres Problem hinzugekommen, als der neue Istanbuler Großflughafen am Schwarzen Meer eröffnet wurde. Der Mega-Airport liegt genau auf der Flugroute der Störche. Das gefährdet nicht nur die Vögel. Kollisionen mit Flugzeugen, im Fachjargon Vogelschlag genannt, sind ein immenses Sicherheitsrisiko.

Experten und Umweltschützer hatten vor der Vogelschlag-Gefahr am neuen Flughafen jahrelang gewarnt. Niemand hörte auf sie. Im Januar 2021 kollidierte dann eine Frachtmaschine von *Turkish Airlines* nach dem Start mit einem Vogelschwarm, wurde schwer beschädigt und konnte nur mit Mühe wieder landen. Lärm und Lichtsignale sollen die Vögel jetzt vom Airport fernhalten. Viel nutzt es nicht, denn die Störche können für ihre Wanderung auf keine andere Strecke ausweichen.

99. Grund

Weil ein Dorf bei Izmir den Weltuntergang abwendete

Der Weltuntergang wurde am 21. Dezember 2012 erwartet, denn an diesem Tag endete der fünf Jahrtausende währende Kalender der mexikanischen Maya. Das Datum weckte existenzielle Angst bei vielen Menschen, die von Hollywoodfilmen und Computerspielen angeheizt wurde. Die Ängstlichen horteten Lebensmittel oder wollten kurz vor Heiligabend in Bunker steigen. Beschwichtigungen von Religionsführern und Astronomen halfen wenig. Ebenso wenig wie eine dringende Botschaft der US-Raumfahrtbehörde *NASA*, die kurz vor dem Untergangstag versuchte, die Furcht zu zerstreuen. Sie stellte fest, dass »unser Planet seit mehr als vier Milliarden Jahren gut zurechtkommt und glaubwürdige Wissenschaftler weltweit keine Bedrohung im Zusammenhang mit 2012 erkennen«. Doch je näher das Datum rückte, desto stärker stieg die Spannung. Würde ein Komet die Erde treffen? Nukleare Sonnenwinde alles Leben auslöschen? Drohte eine neue Sintflut?

Nun traf es sich gut, dass in der Westtürkei, im kleinen Dorf Şirince nahe der Mittelmeermetropole Izmir, einer von zwei Rettungsplätzen bereitstand (der andere war das französische Pyrenäendorf Bugarach). Astrologische Maya-Experten hatten herausgefunden, dass Şirince gute Chancen besaß, von einem außerirdischen Raumschiff angesteuert zu werden, um die letzten Aufrechten vom Planeten Erde zu evakuieren. Der verschlafene Ferienort auf einem grünen Hügel an der Ägäisküste nahe dem Touristenmagneten Ephesos galt *New Agern* als sicherste Adresse, um der Katastrophe zu entkommen. So kam es, dass Şirince plötzlich einen beispiellosen Buchungsboom erlebte und in den Fokus der Weltmedien geriet.

Der Hotelier und Bürgermeister Sevan Nisanyan rechnete mit einem gewaltigen Ansturm von Flüchtlingen des ganzen Erdkreises. Das 570-Seelen-Dorf mit malerischen Häusern aus griechischer Zeit erwartete laut Lokalpresse mehr als 60.000 Esoteriker und Dutzende Journalisten zur Götterdämmerung. Alle 400 Hotelbetten waren schon seit dem Sommer ausgebucht, Zelte wurden errichtet. TV-Sender bereiteten Live-Schalten vor. Prominentester Gast sollte laut einem Bericht der türkischen Tageszeitung *Star* Tom Cruise sein. Der Hollywoodschauspieler und Anhänger der Ufo-Sekte *Scientology* vertraute der positiven Energie von Şirince, die das Rettungs-Ufo anlocken sollte.

Ohnehin verbuchten Esoteriker das verschlafene türkische Feriendorf auch deshalb als sicheren Tipp, weil es als Geburtsort der griechischen Jagd- und Fruchtbarkeitsgöttin Artemis gilt und nur wenige Kilometer entfernt einst die Jungfrau Maria in den Himmel aufgestiegen sein soll. Einige glaubten, »dass die Energie von Şirince sehr mächtig ist und sie an einen anderen Bestimmungsort im Kosmos bringt«, erklärte ein Hotelbesitzer der Nachrichtenagentur *AFP* und versprach, »alle zu beherbergen, so gut wir können«. Auch die Hotelangestellten fanden die Apokalypse nicht so übel. »Die Gerüchte hier haben uns mehr Kundschaft verschafft«, sagte einer. »Uns freut das nur. Es könnte jedes Jahr so sein.«

Vor falschen Propheten warnten indessen drei Imame einer islamischen Sekte in Şirince; die Maya seien ohnehin Ungläubige. »Glaubt nicht an Lügen. Niemand außer Gott kann wissen, wann der Weltuntergang stattfindet«, verkündeten die bärtigen Männer den staunenden Dörflern. Ein prima Ansatz, der auch die Endzeitgläubigen beflügelte, als sie zu Tausenden nach Şirince strömten. Ihnen allen gelang gemeinsam, das Weltende allein durch Gebete abzuwenden. Die nächste Apokalypse erfolgt laut Maya-Kalender im Jahr 7217. Dann steht Şirince bereit, um die Welt noch einmal zu retten. Versprochen.

100. Grund

Weil Sammeltaxis ein nachhaltiges, ökologisch vertretbares und sozialverträgliches Massenverkehrsmittel sind

Der riesige Busbahnhof im Istanbuler Stadtteil Aksaray ist ein guter Startpunkt für ein Sammeltaxi; hier sind viele Fahrgäste garantiert. Bevor Mehmed Yücel die Schicht übernimmt, inspiziert er seinen Kleinbus. »Stimmt alles«, brummt er. Keine neuen Kratzer, Tank voll, Schiebetür intakt. Der kleine, kräftig gebaute Mann setzt sich hinter das riesige Lenkrad, rückt die Mütze zurecht, lässt den Motor kommen. Die ersten Passagiere steigen zu. »Ich habe jetzt 40 Minuten«, sagt Yücel, »und die Zeit muss ich einhalten.« Vierzig Minuten vom Busbahnhof bis zur Endstation im Bezirk Bakirköy, durch den dichten Istanbuler Nachmittagsverkehr. In Yücels Gefährt sind schon nach zwei Minuten Fahrt und drei Stopps alle Sitzplätze belegt, wer später kommt, muss stehen, was eigentlich verboten ist, aber nicht geahndet wird. »Wozu soll leerer Platz auch gut sein?«, fragt Yücel.

Jeder, der am Straßenrand den Arm herausstreckt, wird eingesammelt, und jeder darf dort aussteigen, wo es ihm gefällt und der Fahrer halten kann. »Das ist Freiheit«, sagt Yücel. Kein Korsett von Haltestellen. Flexibilität. Genau das hat die weißen Kastenwagen der Marke *Deutz* hier groß gemacht. Ohne sie wäre der chaotische Verkehr in der rasant wachsenden Metropole mit ihren jetzt etwa 17 Millionen Einwohnern nie zu bewältigen gewesen.

Stopp, volle Beschleunigung, Stopp. Mehmed Yücel ist ein Künstler der Fahrgastbeförderung, er kann gleichzeitig lenken, tuten, reden. Und dabei die Lichthupe auf Dauerfeuer stellen, um am Straßenrand stehende Fahrgäste einzusammeln. Kann Gas geben und zugleich das Geld, das die Passagiere von hinten nach vorne durchreichen, kassieren. Lange Fahrt vier Lira, kurze Fahrt 2,75 Lira (seit einer Preiserhöhung 2020) – etwa 30 Eurocent. Studenten die Hälfte.

Wer raus will, ruft »*Inecek var*!« (Jemand steigt aus!). »Wie kommst du billiger durch Istanbul?«, fragt Yücel. »Und woran erkennst du einen guten Fahrer?« Nun, woran? »Immer freundlich sein. Immer die Ruhe bewahren. Selbst wenn es Stress gibt.«

Richtig Stress gab es vor einigen Jahren, als der frühere Bürgermeister Kadir Topbaş Sammeltaxis einer modernen Metropole unwürdig nannte, weil sie zu anarchisch, zu ärmlich und zu regellos seien. Sie sollten verschwinden und ersetzt werden durch nagelneue Busse in städtischer Regie, so wie in Europa. Die Fahrer könnten ja bleiben, hieß es. »Wir Fahrer sind sofort auf die Barrikaden gestiegen«, erzählt Yücel. »Der Schandplan kam auf die Titelseiten der Zeitungen.« Schon eine Woche später trat der Bürgermeister den Rückzug an. Er sei missinterpretiert worden, es gehe nur um zwei neue Metrobuslinien, also Express-Busse, im asiatischen Teil der Stadt, die zwar auch 650 Minibusse und *Dolmuş*-Taxis überflüssig machten. Aber natürlich mit Kompensation.

Das allererste *Dolmuş* (»voll besetzt«) nahm ein Istanbuler während der Wirtschaftskrise von 1929 in Betrieb. Der Gastronom Halit war arbeitslos geworden, hatte sich dann als Taxifahrer versucht, aber schnell festgestellt, dass vielen Menschen das Geld fehlte, um die Fahrt zu bezahlen. Seine Idee war, mehr Menschen billiger durch die Stadt zu bringen als mit dem traditionellen Taxi: mit dem *Dolmuş*. Halit fand im Nu Nachahmer. Da die Sammeltaxis praktisch nie leer fahren und auf Wunsch anhalten, sind sie ein superflexibles und ressourcenschonendes Transportmittel, das sich deshalb auch in den Städten der gesamten Türkei durchgesetzt hat.

Wenn nur die Regulationswut der Stadtväter nicht wäre! Doch wie jeder seiner 12.000 Kollegen ist Mehmed Yücel Mitglied im mächtigen Minibus-Verband mit Zentrale im Stadtteil Fatih. Stand die Metropole damals wirklich vor einem Aufstand? »Oh ja«, sagt Koray Öztürk, der bullige Verbandssekretär. »Wenn meine Leute nur 15 Minuten streiken, bricht Istanbul zusammen. Das kann niemand wollen.« Also hat er mit dem Bürgermeister telefoniert und das Problem geklärt. Dann gab es eine Pressekonferenz, und damit hatte sich die Sache. »Es war ein Missverständnis«, sagt Koray Öztürk. »Wie sollte das auch gehen, Istanbul ohne Minibus? Die Straßen sind viel zu steil und zu eng. Nur der Minibus fährt überall.« Der Sekretär rattert die Daten herunter: 12.000 Fahrer, 6200 Minibusse, 137 Linien. Dazu 572 gelbe *Dolmuş*-Taxen, die kleinen Brüder sozusagen.

Man trifft sich monatlich, Minibus-Verband, *Dolmuş*-Verband und Bürgermeister. »Wenn eine neue U-Bahn oder Metrobuslinie gebaut wird, gibt es Ärger. Dann werden Minibus-Linien überflüssig, und die Kollegen sind sauer. Wir reden mit der Stadtverwaltung und richten für die abgeschafften Strecken neue ein.« Per Los werden die neuen Lizenzen dann unter den alten Lizenznehmern verteilt. Denn darum geht es in diesem Geschäft: um die Lizenz. Die Konzession ist wertvoll, nicht das Sammeltaxi an sich. Und damit ihr Wert erhalten bleibt, begrenzte die Regierung 1986 die Anzahl der *Dolmuşlar*, Minibusse und Taxis für die großen türkischen Städte auf die bis heute gültige Zahl. Solange die Stadt wächst und neue Metrolinien durch neue Lizenzen kompensiert werden können, funktioniert das Prinzip. In Wahrheit sind die so billig wirkenden Sammeltaxis Geldanlagen mit überragender Rendite. Wer an diese Pfrunden rühren will, muss die Folgen bedenken.

101. Grund

Weil private Müllsammler die größte Stütze des türkischen Recyclings sind

Wohin mit dem Müll? Diese Frage stellte sich mir in Istanbul nach dem Umzug aus Berlin. Für unser sechsstöckiges Mietshaus gab es keine Mülltonnen. An der nächsten Straßenecke stand nur eine Sorte Großcontainer. Als ich die Nachbarn fragte, verstanden sie nicht, was ich wollte. »Pack einfach alles in eine Tüte und stell es vor deine Wohnungstür«, empfahlen sie. »*Problem yok* – kein Problem.« Gesagt, getan. Der Müll verschwand wie von Geisterhand. Und bald verstand ich: Der Hausmeister klapperte zweimal täglich die Wohnungstüren ab, sammelte die Müllbeutel ein und warf sie in den Straßencontainer. Dieses türkische System machte mir anfangs Freude, bis sich mein deutsches Öko-Gewissen regte.

In unserer *Mahalle* sah ich jeden Tag kräftige Männer, die riesige Eisengestelle mit einem großen Plastiksack darin durch die steilen Straßen zogen. Sie luden Papier, Kunststoff und Verpackungsmüll, den Geschäftsleute abstellten, in ihre reißfesten Großsäcke. Sie stiegen in die Müllcontainer und klaubten heraus, was ihnen verwertbar erschien. Es waren private Müllsammler. Wie Mehmed, ein Kurde aus der Osttürkei. Er trug gutes, festes Schuhwerk, Baggy-Hosen und ein verschwitztes T-Shirt, als ich ihn ansprach. Er war bereit, meinen Müll abzunehmen, und zeigte mir, was ihn interessierte: Kunststoff, Papier, Aluminium, Blech, Kleidung. Glas war ihm zu schwer und wurde nicht gut bezahlt.

Ab sofort reinigte ich Joghurtbecher, Erdbeerschälchen und sonstiges Plastik und sammelte es mit den Wasser-PET-Flaschen und dem Altpapier in einem Müllsack, den ich immer neben den Straßencontainer stellte. Auch hier verschwand mein Recyclingmüll innerhalb kürzester Zeit. Manchmal kreuzten sich Mehmeds und meine Pfade auf dem Weg zum Großcontainer. Dann warf ich ihm meinen getrennt gesammelten Müll direkt in seinen Großsack. Er grüßte stets mit breitem Lächeln, zerrte dann den Rollsack weiter die steilen Hügel hinauf und durch enge Gassen, vorbei an den Straßencafés, den Galerien, den Antiquitätenhändlern. Er wusste genau, wann er wo welchen Abfall bekam, da alle Gewerbe und auch die Basarhändler ihren Müll einfach auf die Straße stellten. Wichtig war, schneller als die Müllabfuhr an den Containern zu sein und ab Mittag den Gewerbemüll von der Straße zu räumen. Dafür schufteten Mehmed und seine kurdischen Cousins zwölf Stunden täglich, sieben Tage die Woche. Mit dem Knochenjob verdienten sie deutlich mehr als den Mindestlohn, konnten ihre Familien ernähren und die Wohnungsmiete bezahlen. »Und auf der Straße bin ich mein eigener Herr«, sagte Mehmed.

Mehmed zeigte mir, wohin er den gesammelten Müll brachte. Unterhalb von Cihangir hatten seine Leute einen leer stehenden Raum in einem Abrisshaus des alten Hafenviertels Karaköy zu einer Art Sortierstation mit Lager umfunktioniert. In diesem »Depot« wurde alles Sammelgut von zwei Männern sortiert, die Mehmed sehr ähnlich sahen. Von Zeit zu Zeit parkten vor dem Gebäude Laster mit offener Ladefläche. Sie wurden stets nur mit einem Material beladen. Entweder PET-Getränkeflaschen oder gemischtes Plastik oder Altpapier. Ich erfuhr, dass diese Zwischenhändler – meistens Roma – die Kunststoff-, Papier- und Kartonfabriken am Stadtrand anfuhren, um die vorsortierte Müllware dort weiterzuverkaufen.

Private Müllsammler wie Mehmed stehen in der Türkei auf der sozialen Rangleiter ganz weit unten, weil Müll für Muslime *haram* (verboten) ist und deshalb gemieden wird. Das öffnet ein Geschäftsfeld für das Heer der Landflüchtlinge und Armen, vor allem Kurden und Roma. In Istanbul, Ankara, Diyarbakır und anderen Großstädten sowie entlang der Mittelmeerküste, wo sich das Sammeln lohnt, sind die *Hurdacılar* (Trödler) die Stützen des rudimentären türkischen Recyclingkreislaufs. Nach Schätzungen arbeiten in der Türkei etwa 500.000 private Müllsammler, in deren Karren rund 20 Prozent des Müllaufkommens landen. Allein in Istanbul leben Tausende Menschen von verwertbarem Abfall. Denn »Müll ist Geld«, wie sie sagen.

Mitte der 2010er-Jahre geriet Mehmeds Geschäftsmodell unter Druck. Als Karaköy von der hippen Istanbuler Szenejugend entdeckt wurde, öffneten in den engen Gassen neue Cafés, Restaurants und Boutiquen. Die Gentrifizierung nahm Fahrt auf. Die Müllsammler verloren ihre Sortierplätze und waren gezwungen, immer längere Strecken bis zu neuen »Depots« zu laufen. Nicht nur das: Mit der Flüchtlingskrise tauchten auch neue Gruppen von Müllsammlern auf, die aus purer Not in den Containern gruben. Flüchtlinge aus Syrien oder Afghanistan, unter ihnen auch Kinder.

Und dann war da noch der Staat. Die Türkei hatte seit 2005 nach und nach den EU-Rechtsrahmen übernommen, und nun nahm die Umsetzung Fahrt auf. Istanbul stellte Container auf, um Glas- und anderen Verpackungsmüll getrennt zu sammeln. Doch der Türkei fehlt das entscheidende Element jeder Wiederverwertungsökonomie: Mülltrennung in privaten Haushalten. 2017 startete das Land deshalb eine *Zero Waste*-Kampagne unter der Schirmherrschaft der *First Lady* Emine Erdoğan mit dem Ziel, ressourcen- und umweltschonender zu wirtschaften und die Recyclingquote deutlich zu steigern. »Geld für Müll« versprechen Pilotprogramme, mit denen die Istanbuler Stadtverwaltung neuerdings experimentiert, um den Recyclinggedanken zu verbreiten.

2018 wurden an Istanbuler Metrostationen Plastikflaschenschlucker aufgestellt, wie es sie auch in deutschen Supermärkten gibt. Wer dort eine Flasche einwirft, erhält ein wenig Geld auf seine *Istanbulkart* geladen, eine Plastikchipkarte, mit der man die öffentlichen Verkehrsmittel benutzen kann. 2020 ging die Verwaltung des Istanbuler Stadtbezirks Zeytinburnu noch einen Schritt weiter. Mitarbeiter des Rathauses fahren seither mit einem Transporter durchs Viertel, halten an festgelegten Plätzen und kaufen den Einwohnern sortierten, verwertbaren Müll ab. Auch bei diesem Projekt gibt es kein Bargeld, sondern Punkte auf einer elektronischen Karte, für die man im Supermarkt Lebensmittel erhält. Das Programm ist ein Erfolg, täglich beteiligen sich mehr Menschen daran, wie Muhammed Kisa, Leiter des Umweltamtes von Zeytinburnu, dem ARD-Fernsehen erzählte. In vier Monaten habe man 70 Tonnen Müll der Kategorien Metall, Plastik, Papier, Glas und elektronischer Müll gesammelt und dafür Punkte im Wert von umgerechnet 4400 Euro verteilt. »Wir haben dieses Punktesystem eingeführt, um einen Anreiz für die Mülltrennung zu schaffen«, erklärte Kisa. Den verwertbaren Müll verkauft die Stadtverwaltung und kann so das Projekt finanzieren.

Schlechter ist das System für die Handkarren-Müllsammler, denn je mehr Menschen selbst den Müll sortieren und abgeben, desto weniger haben sie zum Überleben. Die Sammler leben aber davon, dass die Menschen ihren Müll nicht trennen. Zwar gibt es in Istanbul bisher noch genug »Müll für alle«. Doch das kann sich bald ändern.

102. Grund

Weil das türkische Auge vor Unheil schützt

Sie sind einfach überall. Unübersehbares Utensil für Bus- und Taxi-Fahrer, Babys, Jungfrauen, Mütter, Geschäftsleute, Ärzte oder Bürovorsteher: in blauem Glas (oder Plastik) eingelassene tropfenförmige Amulette, genannt »türkische Augen«. Auf Türkisch *Nazar Boncuğu (Blick-Perle)*, auch bekannt als *Nazar*-Auge. In allen möglichen Größen und Formen ist diese Art von Talisman die türkische Antwort auf das alte Sprichwort »Wenn Blicke töten könnten«. Vergleichbar unseren Hufeisen oder Hasenpfoten, aber eindeutig hübscher: wie eine Pupille ringförmig angeordnet in den Farben schwarz, weiß, dunkel- und hellblau. Die Vorstellung, dass ein finsterer Augenaufschlag Verderben, Verletzung oder den Tod bringen kann, wird in der Türkei sehr ernst genommen. Unheil wird nicht selten auf den »bösen Blick« einer missgünstigen Person zurückgeführt, im Türkischen »*Nazar değdi*« – »vom bösen Blick berührt«.

Die Amulette helfen, das Schicksal auszutricksen, und werden überall da aufgehängt, wo man sich vor dunklen Strahlen schützen will: über der Wohnungstür, dem Rückspiegel der Taxen, dem Kuhstalltor, am Kinderwagen, als Kette oder Schmuck am Hals und am Schlüsselbund. Wird ein Baby geboren, ist es üblich, ihm ein *Nazar*-Auge am Kissen zu befestigen, und wenn ein Paar sich vermählt, soll das Amulett sie vor bösen Nachbarn bewahren. Zuweilen wird es auch als *Fatima-Auge* bezeichnet. Fatima war die jüngste (und sündenfreie) Tochter des Propheten Mohammed. Ihre Hand (plus Auge) schützt primär vor *Dschinns* (Geistern) und schlägt diese in die Flucht.

Das Wort *Nazar* stammt aus dem Arabischen und bedeutet wörtlich »Blick«. Seine schädliche Kraft speist sich aus negativen Gefühlen wie Neid, Eifersucht, Hass oder Gier, und seine Opfer sind Menschen, die etwas Kostbares besitzen. Der neidische Blick fixiert die schönen Dinge und sorgt dafür, dass sie zerstört werden. Angesichts der stark-magischen Wirkung wundert es nicht, dass schon frühe Kulturen Gegenmittel fanden, um die Wirkung abzufangen: Steine mit Löchern, Knoblauch, Adlerkrallen, Dattelsamen, Eierschalen oder Nelken – und das blaue Auge.

Aber wieso eigentlich blau? Während Ägypter und Sumerer die Farbe Blau als göttlich betrachteten, galten Menschen mit blauen Augen im griechisch-römischen Kulturraum als Gefäße böser Geister. Ein blau gefärbter Zauber sei der probate Schutz, hieß es im alten Rom – und heißt es im modernen Istanbul. Zerbricht das Glasauge, ist das ein gutes Zeichen, denn es hat seinen Zweck erfüllt und einen bösen Blick abgewehrt. Nun muss ein neues her. Ob es wirklich hilft oder nicht – seine pure Anwesenheit entspannt und beruhigt. Auch die Touristen. Der *Nazar Boncuğu* hat sich zum meistverkauften Souvenir des Landes gemausert. Andenkenläden bieten *Nazar*-Augen als kleine Anhänger und Perlen, als große Keramikaugen für die Wand, als Kühlschrankmagnet, in Handtücher eingewebt oder als Kunstobjekt. Juweliere fassen *Fatima*-Augen in Gold oder Silber für Halsketten, Ohrringe oder Armreifen.

Was aber, wenn der böse Blick einen trotz aller Vorsicht erwischt? Dann hilft nur ein starker Gegenzauber. Eine erwachsene Person muss kräftige Gebete sprechen und diese mit den Worten *uçtu, gitti* beenden: »Weiche, böser Blick!« Helfen soll auch das Gießen geschmolzenen Bleis und das Verbrennen eines Kleidungsstücks des Hexers.

Es gibt sogar *Nazar*-Tourismus. Der *Meke*-See nahe der zentralanatolischen Millionenstadt Konya ist als das »größte *Nazar*-Auge der Welt« bekannt. Er entstand aus einem erloschenen Vulkan, der ihm die charakteristische *Nazar*-Form verleiht. Nicht weit von Izmir entfernt liegt *Nazarköy* – das »Dorf des bösen Blicks«. Nirgends sonst wird eine ähnliche Menge und Vielfalt an *Nazar*-Amuletten geboten, deren blaues Glas in speziellen Steinöfen geschmolzen wird. Und im Göreme-Nationalpark in Kappadokien rund um die Festung Üçhisar hängen Hunderte von *Nazar*-Amuletten an Bäumen und Sträuchern. Blauer Saphirzauber überall. Böse Blicke seien dort gänzlich unbekannt, heißt es.

Kapitel 9

Verbundenheit

103. Grund

Weil die Familie das Sozialsystem ersetzt

In der ersten Hälfte der 2010er-Jahre waren Obdachlose in Istanbul praktisch unbekannt. Wenn ich auf »Heimaturlaub« nach Berlin flog, sah ich entsetzt die vielen Wohnungslosen, die trotz unseres fortschrittlichen Sozialsystems keine Bleibe hatten. Warum war das in Istanbul mit seinen zahlreichen Armenvierteln anders? Die Antwort auf diese Frage sind Familie (*Aile*) und Haushalt (*Hane*) – in der Türkei Lebensbasis, Rückzugsort, Bank, Arbeitsagentur, Sozialamt, Pflegestation. »Die Familie ist heilig, und der Haushalt ist ihre Burg.« So sagt es Nursan, meine Mitarbeiterin in Istanbul. Sie hat Soziologie studiert, sie muss es wissen. »*Baba* trifft die wirtschaftlichen Entscheidungen, *Anne* sorgt für den sozialen Zusammenhalt.« *Baba* heißt Vater, *Anne* Mutter. Die Familie spielt *die* zentrale Rolle im Leben von Türkinnen und Türken.

Manches in der Türkei erinnert an Erzählungen aus den 1950er-Jahren in Deutschland, wobei die Unterschiede je nach Region, Bindung an die Großfamilie und Tradition naturgemäß gewaltig sind. Abgesehen vom kurdischen Südosten und abgelegenen anatolischen Dörfern, wo selbst zwölf Kinder niemanden wundern, geht der Trend klar zur 2-Kinder-Kernfamilie, auch wenn der Staatspräsident mindestens drei Sprösslinge von jeder türkischen Frau fordert. Dafür hat Nursan nur ein verächtliches Lächeln übrig. »Ich will ein selbstbestimmtes Leben, ich lasse mir nicht von alten Männern vorschreiben, wie viele Kinder ich haben soll.«

Wirtschaftlicher und demografischer Wandel ziehen Veränderungen in Verwandtschaft, Familie und Ehe nach sich. Wer es in die Mittelschicht geschafft hat, weiß, dass nur eine Universitätsausbildung den Kindern eine bessere Zukunft sichert. Deshalb boomen Nachhilfeschulen, sogenannte *Dershanes*, und die Aufnahmeexamina der Hochschulen sind ein Quell kollektiver Traumata. In modernen Familien werden auch die Mädchen beruflich gefördert. Internet, Migration, soziale Mobilität und eine zunehmend universellere Bildung lassen junge Menschen die Welt anders wahrnehmen und verändern ihr Verhalten und sogar überkommene Geschlechtervorstellungen – wenn auch sehr langsam.

Noch immer leben die meisten Kinder bis zu ihrer Hochzeit im Elternhaus. Zum einen gehört sich das so, zum anderen ist gar kein Geld da, um eine eigene Wohnung zu mieten. Zudem werden allein Lebende von den Nachbarn scheel angeguckt, mit Hingabe ausgespäht und gern mal Gerüchte über sie in die Welt gesetzt, falls sie etwa Besuch des anderen Geschlechts empfangen. Das Singleleben meistert nur, wer Nerven aus Stahl besitzt. Selbst in der »Weltstadt« Istanbul. Doch auch nach einer rauschenden Hochzeit bleiben nicht wenige im Familienheim (des Bräutigams), vor allem auf dem Lande.

Die Frage *Nerelisin*? (»Woher kommst du?«) beantworten selbst Menschen, die seit Jahrzehnten in Istanbul leben, mit dem Namen des Dorfs, aus dem ihre Großeltern stammen. In der »Heimat« machen sie im Sommer Urlaub, von dort beziehen sie lokale Spezialitäten – und einen steten Fluss von Cousinen, Cousins, Vettern, Nichten und Neffen, die es wie sie nach der Großstadt verlangt. Ein unsichtbares Netz verwandtschaftlicher Beziehungen liegt über der Türkei – und erstreckt sich inzwischen bis nach Europa. Es ist dieses

Flechtwerk der Familie, der Sippe oder des Clans, das die Einzelnen trägt und auffängt.

Da sich traditionelle Verbindungen aber auch in der Türkei nach und nach auflösen, sind klassische Großfamilien- oder Clanverbände eher die Ausnahme und meist nur im Osten des Landes zu finden. Doch in gewissem Sinne spiegeln die allgegenwärtigen Überwachungskameras türkischer Städte die familiären Kontrollinstanzen der Familien, der *Babas* und *Annes*, der Argusaugen der *Mahalle* und des *Muhtar*, des Kiezvorstehers. Frauen müssen Bescheidenheit zeigen und ihre Familie nicht durch unbescheidenes oder unmoralisches (*ayıp*) Verhalten beschämen. Der Vater und die älteren Brüder sollen die »Ehre« der Schwester, sprich ihre Jungfräulichkeit, verteidigen – ein Quell nie endender Dramen in Familie und Freundeskreis, über deren Exzesse bis hin zu sexuellem Missbrauch, massiver Gewalt gegen Frauen und »Ehrenmorde« die Zeitungen jeden Tag berichten.

Was bleibt, ist vor allem die gegenseitige Sorge und Solidarität innerhalb der erweiterten Familie – etwa bei der städtischen Migration, bei der Arbeitssuche und bei der Erlangung offizieller Gefälligkeiten, weil ein Verwandter möglicherweise jemanden kennt, der bei einem Problem helfen kann. Die Angehörigen bieten nicht nur emotionalen Schutz, sie bilden auch eine verschworene Wirtschaftsgemeinschaft. »Und niemals würden wir Oma und Opa in ein Heim abschieben, auch wenn sie dement und inkontinent werden«, sagt Nursan. Erstens existieren kaum solche Heime, zweitens weiß jeder, dass es muslimische Pflicht ist, sich um die Senioren zu kümmern. Das ist der Grund, warum es fast keine verlassenen Alten und Obdachlosen gibt. So erledigt die Familie, was der Staat nicht schafft. Sie sorgt für jedes Mitglied.

Das gilt umso mehr in schweren Zeiten wie der Wirtschaftskrise nach 2015 und der Corona-Pandemie 2020. Allen Bemühungen zum Trotz hat die Türkei es bisher nicht vermocht, einen Sozialstaat zu errichten. Kindergeld, Sozialhilfe oder Pflegeversicherung existieren nicht. Arbeitslosengeld gibt es höchstens für zehn Monate, denn wegen der hohen Arbeitslosigkeit zahlen viel zu wenige Arbeitnehmer Beiträge ein. Renten reichen kaum zum Leben. Zwar hat die AKP eine flächendeckende Krankenversorgung gesichert, aber teure Spezialbehandlungen und -operationen deckt sie nicht ab. Sieben von zehn Haushalten sind gefährlich überschuldet. Wenn selbst die geballte Finanzkraft der Großfamilie und alle acht oder neun Kreditkarten nicht ausreichen, um das Überleben zu sichern, dann hilft nur die allerletzte Instanz: das Herkunftsdorf, wo allerdings der Clan regiert. So beißt sich die Katze in den Schwanz.

104. Grund

Weil sich die Türkei und Griechenland weltberühmte historische Persönlichkeiten teilen

Eine Studie des Massachusetts Institute of Technology (MIT) brachte es an den Tag. Im ewigen Wettstreit der Türkei mit dem Nachbarn Griechenland um den Rang als bedeutendstes Land der Weltgeschichte hat die Türkei die Nase vorn. Zumindest was die Geburtsorte der berühmtesten Berühmtheiten angeht. Homer, Herodot, Diogenes – alle türkisch. Ebenso Heraklit, Anaximander, Anaxagoras. Tatsächlich kamen mehr berühmte antike Dichter und Denker auf türkischem als auf griechischem Boden zur Welt.

Das sogenannte *Pantheon-Projekt* von Designern, Ingenieuren und Wissenschaftlern aus dem *Media Lab* des MIT zielt darauf ab, eine datengesteuerte Sicht auf die Geschichte zu schaffen, indem Daten zu den Biografien wichtiger historischer Persönlichkeiten von 4000 vor Christus bis zur Gegenwart gesammelt und analysiert werden. Nun ist das rein datenbasierte Vorgehen des Instituts nicht unumstritten und traf in Hellas erwartungsgemäß auf heftigsten Protest. Griechische Zeitungen beschwerten sich, das Pantheon-

Projekt verzerre die Geschichte, da es den nationalen oder kulturellen Hintergrund der historischen Figuren ignoriere. Das Vorhaben »scheint die Geschichte zu vereinfachen und jeden einzelnen griechischen Philosophen, der in Kleinasien geboren wurde, als ›in der Türkei geboren‹ zu bezeichnen, als die Türkei noch gar nicht existierte«, klagte Tassos Kokkinides im Internet-Nachrichtenportal *Greek Reporter*.

Recht hat der Mann. Tatsächlich schreibt das Pantheon-Projekt jede in Kleinasien geborene antike Figur von Weltrang als Mann der Türkei auf (erste Frau der Liste ist die Ägypterin Cleopatra auf Platz 29). Bekanntlich gehörte Kleinasien in der Antike zu Griechenland. Doch das Projekt verdeutlicht, wie stark Griechenland und die Türkei miteinander verbunden, ja verwoben sind. Der Philosoph der einen ist auch der Denker der anderen. Von der Westküste Kleinasiens stammen geistig-kulturelle Menschheitsbesitztümer: Die Formulierung der Gesetze der Dreiecksgeometrie wird Thales von Milet zugeschrieben. Anaximenes aus Milet und Anaxagoras aus Klazomenai am Golf von Izmir waren erste Naturphilosophen. Leukippos, ebenfalls ein Mileter, fand heraus, dass alles, was im Universum existiert, aus Atomen besteht. In Ephesos lebte Heraklit, der das Leben als dauernden Wechsel erkannte: »Es ist unmöglich, zweimal in denselben Fluss zu steigen«, sagte er. Der Verfasser der Odyssee, der größte antike Dichter, der blinde Homer, soll aus Smyrna (Izmir) stammen.

Und es geht auch andersherum. Weil die Geburt Mustafa Kemal Atatürks, des Vaters der modernen Türkei, in Selanik stattfand, das heute griechisch ist und Thessaloniki heißt, wird er unter »Griechenland« aufgeführt – und regiert die Liste der berühmtesten Politiker aus Griechenland, noch vor Perikles und Philip II. von Makedonien. Ebenso den Griechen zugeschlagen wird Nâzım Hikmet, der größte türkische Dichter, auch er ein Thessaloniker, der auf der Liste griechischer Autoren auf Platz 9 steht, einen Platz hinter dem *Alexis Zorbas*-Literaten Nikos Kazantzakis.

Die amerikanischen Forscher erklärten das Durcheinander zudem mit reinem Pragmatismus. Es sei halt einfacher, alle Personen auf der Liste den jeweiligen Ländern aufgrund der heutigen politischen Weltkarte zuzuordnen: »Das bedeutet, dass Albert Einstein ein Export aus Deutschland ist, weil er in Ulm geboren wurde, und dass alle in der antiken Stadt Babylon Geborenen dem Irak zugezählt wurden.« Unter Traditionsgesichtspunkten hatte das Pantheon-Projekt ergeben, dass sechs der zehn wichtigsten Persönlichkeiten der Welt Griechen waren. Aristoteles wird gefolgt von seinem Lehrer Platon, dann erst kommt Jesus Christus, dem Sokrates, Alexander der Große, Leonardo da Vinci, Konfuzius, Julius Caesar, Homer, Pythagoras und Archimedes nachfolgen.

Balsam hingegen für die türkische Seele: Wegen des Geburtsortes gewinnt die Türkei in wichtigen Disziplinen den Wettstreit mit dem »Erzkonkurrenten« am gegenüberliegenden Ägäis-Ufer. Auf der Pantheon-Liste weltbekannter Philosophen halten Türkei-Geborene Platz eins mit 6,7 Prozent und verweisen Griechenland mit 5,95 Prozent auf Platz zwei. Noch größer ist der Unterschied bei berühmten Politikern: Nur zwei Prozent der weltweit bekannten Politiker wurden in Griechenland geboren, während laut Pantheon fast fünf Prozent (4,77) in der Türkei das Licht der Welt erblickten – an ihrer Spitze natürlich Atatürk, der »Vater der Türken«.

105. Grund

Weil die Kurden die politischen Verhältnisse in der Türkei neu definieren

Die Szene wurde einmal pathetisch der »Kurden-Moment der Türkei« genannt. Im November 2013 reiste der damalige Ministerpräsident Recep Tayyip Erdoğan in die südostanatolische Millionenmetropole Diyarbakır und tat, was noch kein türkischer

Regierungschef vor ihm gewagt hatte. In der heimlichen kurdischen Hauptstadt des Landes stand er auf einer Bühne vor Zehntausenden Menschen, neben ihm der irakische Kurdenführer Masud Barsani. Sie beglückwünschten 300 kurdische Paare bei einer traditionellen Massenhochzeit. Erdoğan hielt eine lange Rede, die kurdische Sätze enthielt, und dann stimmten der jahrzehntelang verfemte kurdische Sänger Şivan Perwer und der populäre türkische *Arabesk*-Star Ibrahim Tatlıses gemeinsam das kurdische Lied *Megri Megri* (Weine nicht) an – ein bewegender Auftritt, von dem Jahre zuvor noch niemand zu träumen gewagt hätte. Millionen türkischer Fernsehzuschauer wurden Zeuge, wie Barsani den Menschen zurief: »Lang lebe die türkisch-kurdische Brüderschaft, lang lebe die Freiheit, lang lebe der Frieden!«

Die symbolische Vereinigungsfeier von Diyarbakır wirkte wie der Auftakt zu einer neuen Ära im schwierigen Verhältnis der Türken zu den Kurden. Die ethnische Minderheit von bis zu 20 Millionen Kurden stellt in der Türkei ein Viertel der Gesamtbevölkerung. Als die Region nach dem Zerfall des Osmanischen Reiches neu geordnet wurde, saßen sie nicht mit am Verhandlungstisch. In der Türkei kam es im Zuge von Unabhängigkeitsbestrebungen zwischen 1925 und 1938 zu drei blutig niedergeschlagenen Aufständen. Noch in den 1960er Jahren wurde die Verbreitung separatistischen kurdischen Gedankenguts, von den Türken *Kürtçülük* genannt, als Staatsverbrechen mit dem Tod geahndet. Bis weit in die 1990er-Jahre wurden die Kurden mit einem Begriff Atatürks als »Bergtürken« herabgewürdigt – offiziell existierten sie nicht. Bis heute dürfen sie in der Schule ihre Sprache nicht lernen, sie auf dem Amt nicht sprechen und in Büchern nicht lesen; nur kurdische Liebeslieder werden geduldet. Eine mögliche Autonomie für die Minderheit gilt wie zu Atatürks Zeiten als Verrat am Vaterland. Noch immer steht Atatürks berüchtigter Satz mit Steinen wie eine Drohung auf die Berghänge Kurdistans geschrieben: *Ne mutlu Türküm diyene* – »Glücklich ist, wer sich Türke nennen darf.«

Wegen der andauernden Unterdrückung radikalisierten sich viele Kurden und schlossen sich der militant-marxistischen verbotenen kurdischen Arbeiterpartei PKK an, die auch in der EU und den USA als Terrororganisation gelistet ist. Seit die 1978 gegründete PKK ihren Kampf für einen eigenen Kurdenstaat begann, befindet sie sich in andauernden Auseinandersetzungen mit Polizei und Militär. Mit weitreichenden Auswirkungen auf die Zivilbevölkerung und die Region. 3500 kurdische Dörfer wurden von der Armee dem Erdboden gleichgemacht, Millionen aus ihrer Heimat vertrieben. Mehr als 40.000 Menschen, weit überwiegend Kurden, wurden getötet.

Es war Recep Tayyip Erdoğan, der in seinen ersten Regierungsjahren eine vorsichtige Versöhnungspolitik begann. Er ließ kurdische Radio- und Fernsehsender zu, erlaubte muttersprachlichen Unterricht als Zusatzfach in den Schulen und sprach von einer »kurdischen Frage«, die gelöst werden müsse. Er gab den Kurden Hoffnung auf Wohlstand, Freiheit – und auf die türkische EU-Mitgliedschaft. Er trieb das gigantische Bewässerungs- und Energieprojekt *Güneydoğu Anadolu Projesi* (GAP) voran, um das versteppte Land zwischen Euphrat und Tigris wieder zur Kornkammer zu machen. Das umstrittene Projekt gab der Wirtschaft im Kurdenland mächtige Wachstumsimpulse. Neue Fernstraßen erschlossen die unterentwickelte Region, gewaltige staatliche Wohnungsbauprogramme modernisierten die ärmlichen Städte. Die Lebensverhältnisse verbesserten sich. Längst auch sind die Menschen im Südosten den ewigen Konflikt leid. Sie wollen in Ruhe ihren Geschäften nachgehen und ihre Familien ernähren können. Doch das Kurdengebiet gleicht noch immer einem besetzten Land. Schlagbäume, Stacheldraht und Straßenkontrollen sind alltäglich.

Längst betrifft das »Kurdenproblem« das ganze Land. Vor Krieg, Armut und Arbeitslosigkeit geflüchtet, leben Millionen Kurd*innen inzwischen überall in der Türkei. Istanbul hat mehr kurdische Einwohner als Diyarbakır. Es gibt gemischte türkisch-kurdische Familien und Kurden in allen Schichten der Gesellschaft. Ordentliche

Einkommen, Schulen und Krankenversorgung scheinen für die meisten Kurden wichtiger als eine neue Staatsbürgerschaft.

Etwa ein Drittel der kurdischen Wähler ist sehr religiös und konservativ und wählt Erdoğans AKP. Die meisten aber neigen der linken, prokurdischen »Demokratischen Partei der Völker« (*Halkların Demokratik Partisi*, HDP) zu, die sich eine gesellschaftliche Versöhnung und demokratische Reformen auf die Fahnen geschrieben hat. Unter Vermittlung der HDP startete Erdoğan 2012 einen umfassenden Friedensprozess mit der PKK.

Im Februar 2015 unterzeichneten Vertreter der türkischen Regierung und der pro-kurdischen HDP im noblen Istanbuler *Dolmabahçe*-Palast erstmals einen Fahrplan, der der Region dauerhaften Frieden und mehr Rechte bringen sollte – eine politische Sensation. Doch an der Wahlurne wirkte sich dieser Erfolg Erdoğans nicht, wie er angenommen hatte, zu seinen Gunsten aus. Bei den Parlamentswahlen vom 7. Juni 2015 wählten rund sechs Millionen Menschen die Kurdenpartei, die mit 13 Prozent der Stimmen erstmals die parlamentarische Zehnprozenthürde übersprang und plötzlich die drittgrößte Fraktion im Parlament stellte. Zusammen hatten die Oppositionsparteien zum ersten Mal seit dem Machtantritt der AKP eine Mehrheit in der türkischen Nationalversammlung. Für Erdoğan war es die schwerste Niederlage seiner politischen Karriere.

Das Gesicht des HDP-Erfolgs war deren gerade 42 Jahre alter Co-Vorsitzender Selahattin Demirtaş. Der »Kurden-Obama«, wie er auch genannt wird, war der erste Politiker in der Türkei, der Erdoğan in puncto Charisma Konkurrenz machte. Demirtaş und seine HDP verkörperten eine neue politische Kultur und strebten eine multikulturelle, eine *andere Türkei* für alle an: Türken, Armenier, Araber, Kurden, Sunniten, Aleviten, Christen, Jesiden usw. Der junge Vorsitzende schmiedete die HDP zu einem Bündnis verschiedener kurdischer, linker, ökologischer Parteien zusammen und machte sie damit wählbar auch für viele junge, nicht-kurdische Menschen, die sich eine moderne demokratische Politik wünschten.

Es half dabei sehr, dass sich führende HDP-Politiker 2013 mit der Gezi-Protestbewegung solidarisiert hatten.

106. Grund

Weil die kurdische Bewegung für eine demokratische Türkei einsteht

Da sich die politisch extrem diversen Oppositionsparteien nach den Juniwahlen 2015 nicht auf eine gemeinsame Politik einigen konnten, ließ der Staatspräsident Erdoğan Neuwahlen ansetzen. Gleichzeitig eskalierte die Gewalt im Südosten der Türkei wieder, wofür sich die Regierung und die Kurden gegenseitig die Schuld gaben. Mit ihrer »Politik der harten Hand« holte sich die AKP bei der Wiederholungswahl im November 2015 die absolute Mehrheit zurück, aber auch die HDP zog erneut ins Parlament ein. Erdoğan kehrte zu einer antiquierten, letztlich ergebnislosen Politik einer »Türkei ohne Kurden« zurück und ging eine De-facto-Koalition mit der rechtsextremen, kurdenfeindlichen MHP ein. Der Gebrauch der kurdischen Sprache in der Öffentlichkeit wurde wieder untersagt und juristisch verfolgt. Die mühsamen Friedensfortschritte wurden in wenigen Wochen pulverisiert.

Seinen kurdischen Rivalen Demirtaş rückte Erdoğan nun wie alle anderen HDP-Politiker in die Nähe von Terroristen. Die HDP, mit der er soeben noch verhandelt hatte, bezeichnete er als »die Partei unter der Kontrolle einer Terrororganisation«. Im November 2016 wurden beide HDP-Vorsitzenden verhaftet und später wegen »Terrorpropaganda« zu jahrelangen Haftstrafen verurteilt. Damit war der »kurdische Obama« politisch ausgebootet; Demirtaş blieb trotz mehrfacher Beschlüsse des Europäischen Gerichtshofs für Menschenrechte zu seiner Freilassung, trotz Appellen der USA und der EU bis Mitte 2021 weiter inhaftiert.

Die prokurdische HDP wurde von der Regierung geächtet, fast alle ihre rund 100 Bürgermeister wurden abgesetzt, mehr als 10.000 Parteimitglieder verhaftet, ihre Aktivitäten behindert. Bei den Kommunalwahlen im März 2019 eroberte die HDP trotzdem fast alle Rathäuser im Südosten des Landes zurück – woraufhin die Bürgermeister erneut durch Staatskommissare ersetzt wurden; Vorwurf: »Terrorpropaganda«. Im Juni 2021 akzeptierte das türkische Verfassungsgericht eine Verbotsklage der Staatsanwaltschaft gegen die HDP mit dem Vorwurf, sie versuche, die »Einheit des Staates zu zerstören«. »Die AKP und ihr Koalitionspartner tun so, als ob die HDP keine legale Partei wäre«, sagte mir der aktuelle HDP-Co-Chef Mithat Sancar im Frühjahr 2021. »Wir werden als Feind behandelt, kriminalisiert, verhaftet und aus unseren demokratisch gewählten Positionen entfernt.«

Die bekannte kurdische Journalistin Nurcan Baysal schilderte das staatliche Vorgehen auf der oppositionellen Internet-Nachrichtenplattform *Ahvalnews* im April 2019: »Rathäuser in der kurdischen Region wurden zu Polizeistationen, die von gepanzerten Fahrzeugen und schwer bewaffneten Offizieren umgeben waren. Es war, als wären wir erobert und kolonisiert worden.« Kurdische Musikschulen, Kunstzentren, Sprachzentren, kurdischsprachige Kinderkrippen und kurdische Theater wurden dichtgemacht. Kurdischsprachige Schilder wurden wieder durch rein türkische ersetzt, der Gebrauch der kurdischen Sprache in der Öffentlichkeit wieder untersagt und juristisch verfolgt, Monumente zum Gedenken an kurdische Politiker und Intellektuelle abgerissen. »Wir haben unsere Frauenzentren, Kulturzentren, Denkmäler, kurdischen Feste, kurdischen Symbole, Kinderkrippen und viele Dinge verloren, die unser Leben wertvoll gemacht haben«, schreibt Baysal. »Letztlich wurde Kurdischsein verboten.«

Die Kurdenpartei kann sich trotzdem auf eine solide Basis von rund zehn Prozent der Wähler in der Türkei stützen. Diese erstaunliche Resilienz ist das Produkt der zähen und zugleich modernen

Identitätspolitik der kurdischen Aktivist*innen. Ihr Erfolg beruht neben dem Einsatz für Minderheiten- und Menschenrechte auf ihrer – für die Türkei völlig unüblichen – Einführung innerparteilicher Demokratie und basisdemokratischer Verfahren. Außerdem – und wesentlich – im Engagement für die Emanzipation der jahrhundertelang unterdrückten Frauen. Ausgerechnet im Südosten, dem konservativsten Teil der Türkei, hat die HDP für eine strikte Geschlechterparität gesorgt, sie besetzt alle politischen Positionen mit einem Mann und einer Frau, ähnlich wie in Deutschland die *Grünen*. Sie hat zahlreiche Frauenhäuser und Bürgerinitiativen zum Schutz von Frauen vor männlicher Gewalt gegründet. Diese Politik brachte im Kurdengebiet eine Reihe junger gut ausgebildeter Frauen an die Macht, die sich als Feministinnen verstehen. Damit leitete die Partei einen demokratischen Modernisierungsschub ein, den nicht nur traditionelle kurdische Clanchefs anerkennen, sondern der ins gesamte Land ausstrahlt.

Die Achillesferse der HDP ist die unleugbare Verbindung von Teilen ihres Personals zur PKK. Das Paradebeispiel ist Demirtaş' eigene Familie. Sein älterer Bruder ging »in die Berge«, um sich der Guerilla anzuschließen, er selbst wählte einen anderen Weg, den des Menschenrechtsanwalts. Viele kurdische Familien haben solche Verbindungen, weshalb es der Partei so schwerfällt, einen Trennstrich zu den Militanten zu ziehen. Dreimal hatte ich Gelegenheit, Selahattin Demirtaş in den Jahren 2014/15 zu interviewen. Auf meine Frage nach dem Verhältnis der Partei zur PKK antwortete er stets mit einer Distanzierung, betonte aber das komplexe Geflecht der Beziehungen im Kurdengebiet. »Wir distanzieren uns von der Gewalt, aber wir können uns nicht von unseren Brüdern und Schwestern distanzieren.«

Selahattin Demirtaş bleibt auch aus der Haft heraus eine starke Stimme. Indem er seine Wähler bei den Kommunalwahlen 2019 dazu aufrief, ihre Vorbehalte zurückzustellen und die jeweils aussichtsreichsten Kandidaten der Opposition – selbst türkische Nationalisten – zu wählen, übertrat er eine unsichtbare Trennlinie und ermöglichte vor allem der linkskemalistischen CHP Erdrutschsiege in den wichtigsten Millionenstädten, insbesondere in Istanbul, Ankara und Antalya. Als Erdoğan daraufhin begann, die erfolgreichen Oppositionsbürgermeister ähnlich wie ihre HDP-Kollegen juristisch und verwaltungstechnisch zu drangsalieren, trieb er sie erst recht in ein gemeinsames Lager und zwang die Oppositionsparteien, ihre Positionen zur Kurdenfrage zu überdenken – was neues Potenzial für Frieden und Reformen schafft. Der HDP-Vorsitzende Mithat Sancar sagt, irgendwann werde es auch in der Türkei wieder einen Versuch »zur friedlichen Lösung der Kurdenfrage« geben. Aber bis dahin wird wohl noch viel Wasser Euphrat und Tigris hinabfließen.

107. Grund

Weil kein Land der Erde mehr Flüchtlinge aufgenommen hat

Wie ein Riegel liegt die Türkei zwischen der Europäischen Union und dem unruhigen Nahen Osten. Sie ist die entscheidende Barriere, die Millionen Flüchtlinge aus Syrien, dem Irak oder Afghanistan davon abhält, die »Festung Europa« zu erreichen. Seit dem Abschluss des »Flüchtlingspakts« vom März 2016, der der Türkei sechs Milliarden Euro für Flüchtlingsprojekte garantierte, ist die Zahl der illegalen Grenzübertritte um mehr als 95 Prozent im Vergleich zu den Vorjahren gesunken. Das umstrittene Abkommen ist aus EU-Sicht ein großer Erfolg, denn es bewahrte die Europäer vor einer Politik- und Menschenrechtskrise von beispiellosem Ausmaß. Für die Türkei schafft es vor allem Probleme.

Mustafa Kemal Atatürk hatte die türkische Republik nicht als Einwanderungsland konzipiert. Ankara hat zwar die Genfer Flüchtlingskonvention von 1951 unterzeichnet, erkennt aber nur Flüchtlinge aus Europa als solche an – und die kann man an ein paar Händen abzählen. Alle übrigen werden als irreguläre Immigranten betrachtet und erhalten keinen offiziellen Status. Mit einer Ausnahme. Als das türkische Parlament 2014 erstmals ein Asylgesetz beschloss, wurde auch eine »Verordnung über temporären Schutz« verabschiedet. Sie zielte ausschließlich auf Syrer. Menschenrechtsorganisationen kritisierten aber immer wieder, dass dieser »temporäre Schutz« keine Rechtssicherheit bietet und theoretisch jederzeit aufgehoben werden kann.

Die Bevölkerung nahm die Flüchtlinge mit offenen Armen auf. Tausende Türken spendeten Kleidung, Möbel und Geld, Hilfsorganisationen organisierten Lebensmittel und Wohnraum. Diese berührende Solidarität wird oft mit der Barmherzigkeit erklärt, die der Islam den Gläubigen gegenüber anderen Muslimen vorschreibt. Aber auch andere religiöse und ethnische Bande wirkten. Christen halfen Christen, Aleviten Aleviten, Kurden Kurden. Die Anteilnahme war riesig und staatlich gefördert: Die Aufnahme der geflüchteten Syrer kostete die Türkei bis Ende 2020 nach offiziellen Angaben rund 45 Milliarden Dollar. Offiziell rechtfertigte Erdoğan seine Politik der offenen Tür mit humanitären Überlegungen und der Notwendigkeit islamischer Solidarität. Viel zum Verständnis beigetragen hat das Bild des toten syrischen Flüchtlingsjungen Aylan Kurdi am Strand von Bodrum im Herbst 2015. »Damals begriffen viele Menschen das Leid und die Tragik der Flüchtlinge«, sagt Sema Karaosmanoğlu von der Istanbuler Hilfsorganisation *Support to Life*.

Ende 2020 waren nach Angaben der UNESCO rund 3,6 Millionen Syrer in der Türkei registriert. Jedes Jahr werden rund 100.000 syrische Kinder auf türkischem Boden geboren. Hinzu kommen etwa eine halbe Million Migranten aus Ländern wie Pakistan, Afghanistan, Irak oder Somalia, Tendenz stark steigend. Das sind gigantische Zahlen, fast fünf Prozent der Bevölkerung. Damit ist die Türkei laut den Vereinten Nationen in absoluten Zahlen »Weltmeister der Flüchtlingshilfe«. Respekt erwarb sich die Türkei auch mit ihren herausragend ausgestatteten Flüchtlingslagern. Die *New York Times* nannte diese »so perfekt, wie man Flüchtlingscamps nur bauen kann«. In den Lagern lebten allerdings nie mehr als etwa zehn Prozent der Schutzsuchenden, meist die Ärmsten der Armen. Die Camps boten ihnen zwar eine Grundversorgung, aber keine Perspektive. Die Türkei garantierte trotz ihrer beschränkten Mittel jedem syrischen Flüchtling kostenlose Krankenversorgung und eine Schule für die Kinder. Das ist ebenfalls eine gewaltige Leistung, die allerdings auch zu Unmut in der Bevölkerung wegen angeblicher »Bevorzugung« der Geflüchteten führte. Nennenswerte Hilfe aus dem Ausland gab es erst seit dem Abschluss des Flüchtlingspaktes mit der EU.

Die Welle der Hilfsbereitschaft für die Hunderttausenden Syrer in der Türkei beruhte allerdings auch auf dem Versprechen der Regierung, dass die Migranten in ihre Heimat zurückkehren würden, sobald der syrische Bürgerkrieg vorbei sei. Doch ein Ende der Kämpfe ist auch zehn Jahre nach deren Beginn nicht absehbar. Inzwischen hat die Türkei ihre selbst formulierten Asylgrundsätze für Syrer stark eingeschränkt. Sie hält die Grenzen für Schutzsuchende aus dem Nachbarland nicht mehr offen, sondern hat eine Mauer gebaut, und sie schickt syrische Migranten offenbar auch gegen ihren Willen wieder nach Hause, wie Menschenrechtsorganisationen beklagen.

Dennoch bleibt die Türkei ein Ort, an dem die syrischen Geflüchteten vor Krieg sicher sind und – wenn auch unter schweren Bedingungen – Möglichkeiten besitzen, sich eine Existenz aufzubauen. Die meisten syrischen Migranten sorgen inzwischen selbst für ihren Lebensunterhalt und suchen nach Möglichkeiten, sich in das Gastland zu integrieren. Sie folgen der Arbeit, ziehen vor allem in die großen Städte. Schon 2016 lebten nach Angaben des türkischen Statistikamtes in den beiden Millionenstädten Gaziantep und Urfa nahe der syrischen Grenze jeweils bis zu 400.000 Syrer. Fünf Jahre später gehören Syrer zum Alltag in fast allen Städten der Türkei. Allein in Istanbul sind offiziell mehr als eine halbe Million von ihnen erfasst, dazu kommen landesweit vermutlich noch einmal genauso viele Unregistrierte. Studien zeigen, dass die Mehrheit der Flüchtlinge keine Rückkehr mehr beabsichtigt. Die meisten haben sich in ihrem neuen »türkischen« Leben eingerichtet und – wenn auch meist schlecht bezahlte – Arbeit gefunden. Die Jüngeren kennen ohnehin keine andere Heimat mehr als die Türkei. Selbst das Präsidentenamt rechnet deshalb damit, dass das 82-Millionen-Einwohner-Land auf Dauer eine syrische Minderheit von bis zu fünf Millionen Menschen haben wird. Das bedeutet: Ankara muss sich dem Thema Integration stellen.

Doch unter dem Andrang der Zuwanderer stiegen die Mietpreise im Gastland, und gleichzeitig sanken die Löhne für einfache Arbeiten dramatisch. Manche Syrer schuften für einen Hungerlohn von umgerechnet zehn Euro die Woche. Vor dem Konflikt im Nachbarland gab es im Westen der Türkei praktisch keine Bettler, inzwischen sind sie überall. Zehntausende Türken verloren ihre Billigjobs an ausländische Migranten. Jetzt machen viele Türken nicht nur die eskalierende Wirtschaftskrise im Land, sondern auch Syrer, Afghanen und Pakistanis für die sozialen Probleme verantwortlich. Die Frustration vor allem unterer Bevölkerungsschichten wächst, zumal ihnen die Regierung nicht erklärt, was unabwendbar ist: Je mehr Zeit vergeht, desto mehr Syrer werden bleiben. Die Türkei, bislang eher Transit- und Auswandererland, wird, was sie nie hatte sein wollen: ein Einwandererland.

108. Grund

Weil die türkische Sprache Gemeinschaft herstellt

Mein Lieblingswort im Türkischen? Eindeutig *Gürültülü*. Es war das erste Wort, das ich im Türkischkurs in Istanbul lernte. *Gürültülü* bedeutet »laut, lärmend, Krach« und enthält sozusagen die Essenz des Türkischen. Lautmalerisch gibt es das Bezeichnete exakt wieder, es ist voller hübsch hüpfender Üs, und es verweist auf die Fähigkeit dieser Sprache, mithilfe verschiedenster Suffixe (Endungen) endlose »Zug-Wörter« zu bilden. Wörter also mit vielen Suffix-»Waggons«, die wesentliche Informationen an die Stammwort-»Lokomotive« koppeln, am besten mit einer schönen Umlautkette. Deshalb werden die Wörter im Türkischen immer länger, je mehr Informationen sie enthalten. Berühmt ist *yaramazlaştırılamayabilenlerdenmişsiniz*: »Du wirkst wie jemand, der einfach nicht bösartig sein kann«. Damit stellt die türkische Sprache aus sich heraus Verbindung, Gemeinschaft und Anteilnahme her; das allein macht sie liebenswert.

Mit ihrer Kettensprache gesegnet, nimmt es kein Wunder, dass die Angehörigen der türkischen Nation sich gern und ausgiebig unterhalten. Um in Kontakt zu kommen, sollte man sich daher wenigstens rudimentär verständigen können. Nur ist das leichter gesagt als getan! Nicht nur machen die Kettenwörter das Lernen schwer, der türkische Satzbau dreht auch jede deutsche Aussage glatt um, ähnlich wie der weise Yoda in *Star Wars*: *Her ay bir kitap alıyorum* – »Jeden Monat ein Buch ich kaufe.« Weist Türkisch grammatisch praktisch null Ähnlichkeiten mit dem Deutschen, Englischen oder Französischen auf, so reichte uns unser *Öğretmen* (Lehrer) in der ersten *Türkçe*-Stunde immerhin ein Trostpflaster. Es ging um den Ausdruck *Teşekkür ederim*, ein 6-Silben-Doppelwort, das schlicht »danke« bedeutet. Als die Osmanen einst französische Architektur und französisches Backwerk wie *Makaron* entdeckten, übernahmen sie auch eine Reihe französischer Ausdrücke. *Mersi* oder *Çok mersi (vielen Dank)* versteht auch heute noch jeder Türke. Dieser Liebe zu Frankreich verdankt die Sprache rund 5000 Wörter, die auch uns Germanen das Lernen ein wenig erleichtern.

Französische Wörter überall: So lösen Sie beispielsweise ein *Bilet* für den *Tren* oder *Otobüs* oder nehmen das *Bisiklet*, um aus der *Banliyö* ins *Stüdyo*, ins *Atölye* (Atelier) oder zum *Kuaför* zu gelangen. Dort treffen Sie – *Sürpriz, Sürpriz!* – Ihren reichen *Kuzen*, einen Liebhaber der *Kültür*, dessen *Şoför* Sie zum *Randevu* fährt, wo sie mit einem Box-*Şampiyon* und einem *Avukat* (Anwalt) über ihr *Hobi* reden. Im *Restoran* genießen Sie einen *Salata* mit *Mayonez,* zum Nachtisch ein leckeres *Milföy* vom *Büfe* und anschließend noch ein Glas *Şampanya* (falls Erdoğan nicht gerade eine Alkohol-Sperre anordnet). Auch von den Engländern haben sich die Türken wichtige Wörter wie *Tişört*, *Futbol* und *Spiker* (Nachrichtensprecher) geborgt. Und das Deutsche half aus mit *Şinitsel* (Schnitzel), *Şalter* (Lichtschalter), *Aysberg*, *Laytmotif*, *Otoban* (Autobahn), *Fön* oder – sehr preußisch – *Marş!* Immerhin schafften es umgekehrt auch ein paar Vokabeln aus dem Türkischen ins Deutsche: Joghurt (türkisch *Yoğurt*), Horde (*Ordu*, das Heer), Kaviar (*Havyar*), *Türban* (Turban), *Paşa* (Pascha) und natürlich: *Döner*.

Aber warum eigentlich Türkisch lernen? Nun, zum einen ist es ein Idiom, das weltweit rund 70 Millionen Menschen beherrschen und mindestens drei Millionen Migranten in Deutschland. Und wo findet man sonst eine Sprache, deren Grammatik praktisch keine Ausnahmen kennt? Die vollkommen regelmäßig und absolut logisch aufgebaut ist? Eine Sprache, in der es nur ein Geschlecht gibt, also kein »der, die das« und damit auch keine Genderfrage? Vor allem für Menschen mit Sinn für Mathematik ist das Türkische eine Offenbarung, denn so fremd auch seine Wörter scheinen, so ist seine Grammatik doch von geometrischer Schönheit. Und ja, es stimmt, viele Türken sprechen (Gastarbeiter-)Deutsch. Sie freuen sich aber umso mehr, wenn ein Deutscher sich die Mühe macht, ein paar Worte ihrer Sprache zu lernen.

Schon die kleinste Bemühung um Verständigung wird hoch geachtet und auch ein grober Fehler großzügig toleriert. So kommt es vor, dass der *Yabancı* – der Ausländer – im *Dolmuş*-Sammeltaxi zum Aussteigen »*binmek*« brüllt, aber eigentlich »*inmek*« meint. Das eine heißt: »Ich will rein«, das andere: »Ich will raus«. Macht nichts. Der Fahrer wird anhalten. Weil der *Yabancı* gebrüllt hat. Leider ist die *inmek-binmek*-Falle keine Ausnahme, sondern fühlt sich wie der Normalfall an. Die Suffixe für Frage und Verneinung werden nämlich so tückisch in die Kettenwörter geleimt, dass man dauernd auf der Hut sein muss. Wehe, man überhört ein verborgenes *mi/mü/mı/mu* oder ein hingehauchtes *me/ma* – schon kehrt sich eine Frage in eine Aussage um oder eine Verneinung in eine Bejahung. Einmal nicht aufgepasst – Pech gehabt!

In der Praxis ist dann ein Kraftausdruck hilfreich, den man nicht im Sprachkurs lernt. Er lautet »*bir dakika!*« was so viel heißt wie »eine Minute!«. Türken, besonders Mechaniker und Spediteure, haben die Angewohnheit, viel und laut zu sprechen, und sobald sie denken, dass der *Yabancı* sie schlecht versteht, noch schneller und noch lauter zu sprechen. Dann hilft das Zauberwort: »*bir dakika!*« (und jetzt bitte noch mal gaaanz langsam!).

Anerkannt wird auch, dass wir Deutsche die Umlaute korrekt aussprechen können. Die Ü- und Ö-Häufung wiederum ist darauf zurückzuführen, dass das Türkische eine überaus musikalische Sprache ist: Es herrscht nämlich Vokalharmonie. Wörter passen sich ihrer Umgebung an, weshalb es zuweilen super viele Üs und dann zeilenweise gar keine Üs gibt, weil Ös und Is oder As und Us die Herrschaft übernehmen.

Sprachen mit vielen Vokalen werden generell als wohlklingend empfunden, sagen Linguisten. Ein Wort, fast so herrlich wie *Gürültülü* ist *Kalabalık*. Es beschreibt sehr treffend und lautmalerisch, was es bezeichnet, nämlich: »Durcheinander«. Internationale Juroren wählten *Yakamoz* (gesprochen Jakamos) 2007 zum schönsten Wort der Welt, weil es nicht nur fantastisch klingt, sondern auch eine poetische Bedeutung hat, nämlich: »der Widerschein des Mondes auf dem Meer«. Die türkische Liebe zu Vokalen kollidierte im Osmanischen Reich allerdings mit der damals üblichen arabischen Schrift, die keine Vokale schreibt. Atatürk erlöste die Nation 1928. In nur drei Monaten ließ er den Wechsel zum lateinischen Alphabet vollziehen – allerdings ohne die von den Kurden benutzten Buchstaben Q, X und W. Erst 2013 wurde das Verbot der »kurdischen« Lettern aufgehoben.

Im Türkischkurs galt mein Neid dem Studenten aus Korea, der Betriebswirtin aus Turkmenistan und dem Au-pair-Mädchen aus Ungarn, denen die Sprache scheinbar zuflog. Das Türkische stammt aus Zentralasien und gehört zu einem riesigen Sprachraum, der sich von Japan und Korea über Sibirien und Mittelasien bis nach Ungarn und Finnland erstreckt. All diese Idiome teilen ähnliche Strukturen und viele Wortstämme. Sie teilen auch eine Vergangenheitsform für Dinge, die man nicht selbst gesehen oder bewusst erlebt hat, sondern nur vom Hörensagen kennt und die schon manch türkischen Richter irritiert haben soll. »Haben Sie oder haben Sie es nicht gesehen, Herr Zeuge? – »Nun, ich soll es gesehen haben ...« Eine ähnliche Zeitform gibt es auch für die Gegenwart. *Geniş zaman*, die »breite Zeit«, erlaubt es dem Sprechenden, sich von seinen eigenen Worten zu distanzieren, weil damit Sachverhalte beschrieben werden, die zwar allgemeingültig, aber auch nur *möglich* sind. Eine sehr orientalische Ali-Baba-Redeform, die besonders gern Politiker benutzen.

All die seltsamen Wörter und Regeln lehrten mich Respekt vor jenen Türken, die Deutsch lernen, da es auf sie wirken muss wie auf mich das Türkische: eine Sprache wie von einem anderen Stern. Aber man kann auch Spaß damit haben. Nach wenigen Kursstunden fiel mir auf, dass ein guter Freund mit Nachnamen »Reichtum« (Selen) hieß, eine Freundin »Türklopfer« (Topuz) und dass der Chef der rechtsextremen Parlamentspartei MHP den unglaublichen Vornamen *Devlet* – »Staat« trug. Als würde bei uns jemand »Republik Müller« heißen. Auch diese »sprechenden Namen« gehen auf Atatürk zurück. 1934 mussten sich alle türkischen Bürger Nachnamen geben, obwohl sie zuvor mit *Mehmed*, *Ali* oder *Ayşe* ganz zufrieden waren. Vielleicht um dem »Türkenvater« zu gefallen oder aus einer Überdosis Türkenstolz heraus wählten viele martialische Namen wie *Öztürk* (reiner Türke), *Demirel* (eiserne Faust), *Bozkurt* (Wolf) oder *Yıldırım* (Blitz).

Im Oktober 2018 gewährte die Regierung den Menschen die einmalige Chance, unpassende oder peinliche Namen ändern zu lassen.

Laut dem britischen *Guardian* nutzten mehr als 105.000 Bürger die Möglichkeit, sich von den Namenssünden der Großeltern zu lösen. Niemand musste mehr »Herr Hoden« (*Tasak*) oder »Frau Ohne-Unterwäsche« (*Donsuz*) heißen. Die unbeliebtesten Nachnamen waren demnach *Satılmış* (verkauft), *Koyun* (Schaf), *Çakal* (Schakal), *Deli* (verrückt), *Çıplak* (nackt), *Dana* (Kalb), *Kör* (blind) und *Ördek* (Ente). Es gab auch Menschen, deren Vor- und Nachnamen zusammen eine humorvolle Bedeutung haben, wie der prominente Istanbuler Kleriker *Rahmi Yaman* (Gebärmutterschlitzer), der Istanbuler Anwalt *Güven Kurtul* (Vertrauen loswerden) oder der besagte Politiker *Devlet Bahçeli* (Staat mit Garten). Als ich dann versonnen an die letzten Ferien im südtürkischen Badeort *Yumurtalık* zurückdachte, musste ich lachen: Wir hatten im »Eierbecher« geurlaubt!

109. Grund

Weil Gastfreundschaft tief in den Kulturen der Türkei verankert ist

Zuerst kommt immer der Tee. Dass Gastfreundschaft im Südosten Europas und im Nahen Osten den Rang einer heiligen Pflicht besitzt, wusste ich schon, bevor ich erstmals in die Türkei kam. Als ich dann Anfang der 2000er-Jahre der Einladung des türkisch-deutschen Unternehmers Remzi Kaplan in sein alevitisches Heimatdorf in Zentralanatolien folgte, erlebte ich drei unvergessliche Tage bei seiner türkischen Großfamilie. Kaum waren wir da, standen schon die ersten Gläser *Cay* auf dem Tisch. Anschließend wurde ich von morgens bis abends rundum versorgt, nein: mit Essen und Getränken überschüttet, zahllosen Menschen vorgestellt und in unzählige Runden von Freunden und Verwandten eingeladen. Das Abenteuer begann mit der überschwänglichen Begrüßung (wobei man sich wie üblich auf beide Wangen küsste) und endete mit der peinlichen Ungewissheit, wie ich mich jemals für so viel Wärme, Freundlichkeit und Herzlichkeit würde revanchieren können.

Zahlreiche türkische Sprichwörter beschreiben die Notwendigkeit der Gastfreundschaft, ihren Nutzen, ihren Sinn. »In das Haus, in das kein Gast tritt, tritt auch kein Engel«, heißt es, und »Statt dem Feind eine Grube zu graben, bau dem Freund ein Haus.« Die türkische Gastfreundschaft gegenüber Fremden (*Konukseverlik*) ist nicht nur sprichwörtlich, sie ist anrührend und überwältigend, ob bei wohlhabenden oder bettelarmen Leuten.

Die Menschen in der Türkei sind extrem sozial (erzogen). Jede und jeder wird umstandslos in die Familie aufgenommen, auch völlig Fremde (*Yabancılar*). Häufig wurde ich in der Türkei *Abi* (älterer Bruder), *Dayi* (Onkel) oder *Arkadaş* (Freund) genannt. Frauen werden entsprechend als *Abla* (Schwester) oder *Teyze* (Tante) angesprochen. Auf langen Busfahrten ist es normal, dass ein komplett unbekannter Sitznachbar einem Snacks oder Getränke anbietet, nein: aufdrängt. Die Menschen ertragen es einfach nicht, etwas zu haben, was ihr Nächster nicht hat. Sie haben buchstäblich Freude am Teilen, wie schon der italienische Offizier und Graf Ferdinando de Marsigli nach einer Reise ins Osmanische Reich im 17. Jahrhundert festhielt: »Die Türken nehmen gern Gäste auf, wobei deren Religion überhaupt keine Rolle spielt. Egal wo sie wohnen, ob in Dörfern oder an einer Hauptstraße; sie nehmen nach ihrem Spaziergang am Nachmittag Reisende mit nach Hause. Man streitet sich sogar darüber, in welchem Haus der Gast bewirtet werden soll.«

Dieses Gefühl des Willkommens, der Herzlichkeit und Offenheit werden Sie überall im Land verspüren. Stets wird Ihnen der beste Sitzplatz angeboten werden, und falls Sie über Nacht bleiben, das bequemste Bett. Alle Leckereien werden mit dem Gast (*Konuk*) geteilt. Wenn man sich aus sprachlichen Gründen nicht verständigen kann – kein Problem. Man gibt sich stets allergrößte Mühe, den Gast zufrieden zu stellen. Eine türkische Familie würde sich eher ruinieren, als ihr Gesicht durch zu wenig Fürsorge zu verlieren.

Wenn Sie eingeladen werden, wird Sie der Gastgeber mit dem großartigen Satz begrüßen: *Hoş geldiniz* (Sie kommen zur Freude). Worauf Sie antworten: *Hoş bulduk* (Ich habe die Freude gefunden). Drei Regeln bestimmen den Ablauf: Als Erstes müssen Sie die Schuhe ausziehen, bevor sie die Räume des Gastgebers betreten. Deshalb türmen sich vor den Wohnungen Berge an Schuhen auf. Aber keine Angst: Niemand muss in Strümpfen laufen, denn man wird Ihnen Schlappen reichen. Zweitens: Falls man Ihnen dann das Kölnisch Wasser *Kolonya* offeriert, nehmen Sie unbedingt einen Spritzer an. Und kurze Zeit später sitzen Sie schon auf einem Sofa in einem sehr großen türkischen Wohnzimmer in einem makellos sauberen türkischen Heim. Die dritte Regel heißt, sich für unzählige Gläser heißen, süßen Tees zu wappnen, die Ihnen von diesem Moment an kredenzt werden.

Dass die türkische Gastfreundschaft in ihrer höchsten Form nicht selten zu einem Festmahl führt, hat mit zwei ehernen Prinzipien der Kultur zu tun: *Namus* (Ehre) und *Şeref* (Prestige). *Namus* verpflichtet, dem Gast zu zeigen, dass man ihn als willkommen ansieht. Weil aber jeder Türke auch *Şeref* gewinnen will, wird er gleichzeitig versuchen, den Gast möglichst großzügig zu bewirten. Selbst wenn mir die Fürsorge und noch mehr Tee, Gebäck oder Fleischspieße manchmal zu viel wurden – ich denke immer mit Wehmut an das türkische »Love bombing« aus *Namus* und *Şeref* zurück. Denn es stimmt: Die Gastfreundschaft ist der Eckpfeiler der türkischen Lebensweise.

Wird Ihnen Essen angeboten, nehmen Sie es dankend an. Es ist garantiert immer lecker, und eine Ablehnung wird als Beleidigung verstanden. Die Türken sind offene und großzügige Gastgeber, und selbst der Ärmste versucht mit seinen Möglichkeiten, dem Gast seine Ehre zu erweisen. Im Nu fühlen Sie sich zugehörig, einbezogen, wertgeschätzt. Aus einer Mahlzeit kann schnell eine Übernachtung werden, ein Wochenendausflug und der Beginn einer lebenslangen Freundschaft. Jede und jeder ist Teil einer Gruppe oder Gemeinschaft. Ob Sie wollen oder nicht, man wird Sie einbeziehen.

110. Grund

Weil Gastfreundschaft »Freundschaft« enthält

»Ich lasse Sie nicht gehen, ohne Ihnen eine Tasse Tee angeboten zu haben« – dies ist für viele Einkaufs-, Geschäfts- oder sogar bürokratische Anlässe in der Türkei selbstverständlich. Da meist Leute in der Nähe sind, die zumindest ein paar Brocken Deutsch können, steht einer Unterhaltung nichts im Weg. So offen und liebenswürdig die Türken sind, so neugierig sind sie. Weil sie sehr auf die Familie bedacht sind, steht das Interesse an Familienstand und Kindern ganz oben auf der Liste. Von der Kinderliebe der Türken können alle Freund*innen mit kleinem Nachwuchs ein Lied singen. Keine Angst vor persönlichen Fragen! Nur Politik und Religion sind Themen, die man am besten auslässt, bis man die Gastgeber wirklich gut kennt.

Achtung: Deutsche Direktheit wird oft als schroff und verletzend empfunden. Versuchen Sie, die Dinge eher anzudeuten und blumig zu umschiffen. Ein klares »Nein« sollten Sie ebenso vermeiden, wie die Türken es tun würden. Sagen Sie einfach: »Ich versuche, was möglich ist.« Falls Sie doch einmal Kritik üben oder Unmut äußern wollen, tun Sie es freundlich und höflich und so, dass Ihr Gegenüber sein Gesicht wahren kann. Sollten Sie einen besonderen Wunsch haben, fallen Sie nicht mit der Tür ins Haus, nehmen Sie sich Zeit für ausführlichen *Small Talk*. Die Eile der Deutschen wird leicht als Arroganz oder Taktlosigkeit interpretiert.

Eine Quelle slapstickhafter Verwicklungen folgt nicht selten aus dem Versuch, sich höflich zu verabschieden. Höchstwahrscheinlich werden Sie mit Geschenken bombardiert, je mehr, je stärker Sie sich dagegen sträuben. Und fast immer provoziert die soeben geöffnete Wohnungstür eine neue Welle von Gesprächen. Wie auch immer: Ein türkisches Haus mit leeren Händen zu verlassen, ist praktisch unmöglich. Halten Sie sich nicht zurück mit Komplimenten, wie toll Ihnen der Aufenthalt bei den Gastgebern gefällt. Das ist gut für

Namus und *Şeref. Und l*assen Sie sich ein auf die fremde Kultur, auch wenn sie manchmal befremdlich wirkt. Natürlich kann man auch in der Türkei Betrügern in die Hände fallen, aber insgesamt erweist sich die islamische Moral im Umgang mit Fremden selbst im Zeitalter des Massentourismus als ziemlich haltbar; die Kriminalitätsrate ist in der Türkei deutlich niedriger als in anderen Regionen Europas.

Das Alter genießt besonderen Respekt. Auch bei säkularen jungen Türken wird Sie meist der Mann willkommen heißen und Ihnen die Mitglieder des Haushalts vorstellen, wobei er zuerst die Männer erwähnt. Sind Ihre Gastgeber streng konservativ, werden sich die Frauen nicht einmal im selben Raum wie die Männer aufhalten. Sie bekommen Sie nur zu Gesicht, wenn sie Tee oder Essen bringen. Dann ist das Haus ganz traditionell in einen Bereich der Frauen (*Haremlik*) und der Männer (*Selâmlık*) aufgeteilt. Sollte mit den Händen gegessen werden, benutzen Sie dafür nur die rechte Hand, da die linke als »unrein« gilt.

Selbstverständlich zahlt der Einladende für alle, denn das ist eine Frage von *Namus*. Eine Teilung der Rechnung nach deutscher (Un-) Sitte würde die komplexe Choreografie des Einladungs- und Gastfreundschaftsgeschehens stören und ist daher ein absolutes *No-Go*. Falls Ihr Gastgeber einer Gegeneinladung nicht abgeneigt scheint, sollten Sie die Chance dazu nutzen, zumal viele Menschen in der Türkei materiell oft erheblich schlechter dastehen als Sie. Sollte sich ein zweites Treffen ergeben, tun Sie alles dafür, die Rechnung übernehmen zu dürfen. Falls das nicht möglich ist, sollten Sie sich vielleicht ein Geschenk überlegen, das Sie in konservativen Haushalten dem Hausherrn übergeben.

Falls Sie zu einer Hochzeit eingeladen werden: Das ist ein Fest, das sich vor allem auf Dörfern tagelang und bis zur völligen Erschöpfung hinziehen kann. Da *Konukseverlik* keine Einbahnstraße ist, sollte das Geschenk angemessen, aber nicht zu kostbar ausfallen, um den Gastgeber nicht zu beschämen. Kommen Sie auf keinen Fall auf die Idee, Geld zu schenken – das würde die Einladung zu einer Dienstleistung degradieren. Überhaupt ist es am wichtigsten, so viel wie möglich zu speisen, denn wer viel isst, erweist viel Ehre. Und vor allem: Bleiben Sie respektvoll, dann ergibt sich der Rest von selbst. Obwohl – ich habe lange gebraucht zu lernen, in der Türkei angemessen Danke zu sagen. Und schlagen Sie besser eine Einladung nicht ab – das könnte als Beleidigung missverstanden werden. Sie merken schon: Es ist ein Thema mit Fallstricken.

Die Herzlichkeit der Türken hat mich immer wieder beschämt – vor allem, wenn ich daran dachte, wie türkische »Gastarbeiter« und Migranten zuweilen in Deutschland behandelt wurden und werden. In der Türkei ist (fast) jeder freundlich und hilfsbereit. Die Hilfsbereitschaft übersteigt alle Vorstellungen. Das erlebte mein deutscher Freund Kuno, als er mich eines Tages in Istanbul besuchte. Bei einem Spaziergang am Goldenen Horn traf ihn plötzlich eine Radkappe, die ein Lkw in voller Fahrt verlor, am Schienbein. Er blutete und hatte starke Schmerzen. Sofort sammelten sich Türken um ihn, die ihn stützten, in eine nahe gelegene Wohnung brachten und die Wunde versorgten. Wortreich entschuldigten sie sich für das Missgeschick des Fahrers. Natürlich beköstigten sie ihn mit viel *Cay* und *Börek*. Er blieb ein paar Stunden, bis er sich fit genug fühlte, wieder loszulaufen. »Sie waren rührend um mich besorgt«, berichtete Kuno. Noch Tage später schwärmte er von den wunderbaren Türken, die ihn seine Schmerzen völlig hatten vergessen lassen.

Irgendwann bemerkte auch die türkische Tourismusindustrie, dass die traditionelle Gastfreundschaft sich wunderbar vermarkten lässt, und sie kreierte den Slogan »Willkommen bei Freunden!« Die traditionelle Gastfreundschaft wurde im anonymen Massentourismus zu einer Serviceleistung mit lächelndem Antlitz deformiert – aber mal ehrlich, selbst in dieser kommerziellen Transformation der alten Bräuche fühlt sich der Gast wohl. Sie dürfen gern ein gutes Trinkgeld hinterlassen.

Die Menschen sind ohnehin das Beste an der Türkei, und ihre Gastfreundschaft ihre liebenswerteste Eigenart. Sie wird nur von einem noch übertroffen: tiefer Freundschaft. Eine türkische Freundin, die in Berlin und Istanbul lebt, drückt es so aus: »Selbst mit guten deutschen Freunden ist es oft schwierig, sich zu treffen, weil sie immer erst auf ihren Terminkalender schauen müssen. Das gibt es bei uns nicht. Für Freunde haben wir immer Zeit. Wenn ich ein Problem habe, kann ich sie mitten in der Nacht anrufen, und sie werden keine Sekunde zögern, mich zu treffen. Dieser Umgang miteinander ist es, den ich in Deutschland am meisten vermisse.« Lassen Sie es mich so sagen: Die allgegenwärtige Kultur von Freundschaft und Gastfreundschaft der Menschen ist der wichtigste und schönste Grund, die Türkei zu lieben.

111. Grund

Weil die Musik der großen Sezen Aksu alle Menschen der Türkei verbindet

»Lebende Legende«, »Königin des türkischen Pop«, die »türkische Madonna« – das sind nur einige Attribute, mit denen die türkische Sängerin Sezen Aksu gefeiert wird. Die Pop-Diva veröffentlichte unzählige Hits, zu Hause liegt ihr ein Millionenpublikum zu Füßen. Obendrein ist sie nicht nur Sängerin, sondern war die erste ihres Fachs in der Türkei, die ihre Musik und die Texte ihrer Songs überwiegend selbst schrieb. Sie ist die wichtigste Talentförderin der türkischen Popmusik, hat einige von deren größten Interpreten entdeckt und zu Stars gemacht. Darunter Tarkan, dem sie den Welthit *Şımarık* (Freche, Verwöhnte) auf den Leib schrieb, und Serab Erener, die Gewinnerin des *European Song Contest* von 2003. Mit all ihren Aktivitäten hat Sezen Aksu den Türkpop erfunden, dessen weltweiter Durchbruch in den 1990er Jahren ohne sie kaum denkbar ist.

Überhaupt Neuland: Die türkische Pop-Diva war die Erste, die erfolgreich anatolische Folklore und klassische osmanische Musik kreativ mit westlichem Pop verband. Einerseits ist das eingängig, kann aber auch ernst, zornig, melancholisch und sogar rockig sein – die Ethnopop-Queen meistert ein riesiges Repertoire. Auch textlich beherrscht sie alles: hohe Poesie und Kinderverse, Straßenjargon, Sentimentalität und Pathos. Ihre Lyrics handeln meist von den Prüfungen und Leiden der Liebe und des Lebens, von Erotik und Leidenschaft, Verlust und Einsamkeit, von Freiheit und Frieden – und sehr oft von der Stadt, in der sie lebt und die sie liebt: Istanbul. Mit ihrer einzigartigen Melange beeinflusste Sezen Aksu die zeitgenössische Musik im Land wie niemand sonst. Sie ist zwar eine Galionsfigur der säkularen Türkei, aber sie erwarb sich Respekt und Anhänger auch unter religiösen Türken, in dem sie Verse islamischer Mystiker vertonte.

Ihre professionelle Bilanz ist beeindruckend: Seit 1977 hat Sezen Aksu über zwei Dutzend Studioalben herausgebracht und weit mehr als 40 Millionen Exemplare weltweit verkauft. Die zierliche Frau hat unzählige Live-Konzerte gegeben, rund 1000 Lieder stammen aus ihrer Feder. Die Serie *50 Great Voices* des US-Senders *National Public Radio* wählte sie unter die weltbesten Sänger – neben Billie Holliday, Ella Fitzgerald und Placido Domingo. In Deutschland stand die »Mutter des Türkpop« mit dem Panikrocker Udo Lindenberg in Hamburg auf der Bühne und wurde einem breiteren Publikum 2005 durch Fatih Akins Dokumentarfilm *Crossing the Bridge – The Sound of Istanbul* über das Musikgeschehen in Istanbul bekannt. Ihre Tourneen in Deutschland, zuletzt gemeinsam mit Tarkan, waren Triumphzüge. Inzwischen ist sie seit über 40 Jahren im Musikgeschäft, geht auf die 70 zu, trägt aber immer noch den Beinamen *Minik Serçe* – »winziger Spatz«. Der geht zurück auf ihr erstes Album mit eigenen Liedern namens *Serçe* (Spatz) von 1978, dessen Titel die Medien sofort auf ihre Körpergröße bezogen. Denn die Künstlerin ist nur 1,57 Meter groß.

Geboren 1954 an der Ägäis, wuchs sie in der liberalen Atmosphäre der Metropole Izmir auf, wo sie ihre Gesangsausbildung absolvierte. Dann kämpfte sie sich hoch zum Erfolg. Mitte der 1970er-Jahre nahm sie in Istanbul, erste Singles auf. Mit ihrer Freundin, der acht Jahre ältere Popsängerin Ajda Pekkan, teilte Sezen Aksu das Faible für die »arabeske« Schlagermusik, die damals zwar in allen öffentlichen Bussen und Sammeltaxis Istanbuls lief, aber nie im staatlichen Radio gespielt wurde. Die beiden Sängerinnen nahmen arabeske Anmutung in den Pop auf – was ihrer Popularität guttat und die türkische Popmusik für immer veränderte.

Nach ihrem ersten Megahit *Sen Ağlama* (Weine nicht) von 1984 kreierte Sezen Aksu ihren eigenen Gesangsstil, der sie zur Nummer eins der türkischen Musikszene machte. Viele ihrer sentimentalen und intimen Lieder kennt seither in der Türkei wirklich jedes Kind. Anschließend prägte die junge Sängerin den überaus erfolgreichen 90er-Jahre-Sound der türkischen Popmusik mit ihrer neuartigen Orient-Okzident-Fusion. 1991 erschien ihr bis heute umsatzstärkstes Album *Gülümse* (Lächeln), in dem sie auch ihre soziale Seite zeigte. Sezen Aksu überbrückte damit nicht nur die traditionelle Spaltung der populären Musik in Schlagerstars und politische Liedermacher, sondern auch die Gräben der türkischen Gesellschaft.

Ohne dabei ihr Publikum zu entzweien, gelang es ihr, mit ihrer Spontaneität und volksnahen Sprache ihre Popularität auch politisch zu nutzen. Stets setzte sie sich für die Rechte von Frauen, Kindern und Minderheiten ein. Als der armenische Journalist Hrant Dink 2007 von einem türkischen Nationalisten in Istanbul ermordet wurde, besuchte sie seine Familie, um ihr Beileid auszusprechen. 2010 erregte sie Aufsehen mit ihrer Unterstützung der »Samstagsmütter«, die in Istanbul Gerechtigkeit für ihre aus politischen Gründen »verschwundenen« Kinder fordern. Zu einer Zeit, als die kurdische Sprache landesweit verboten war, sang diese Repräsentantin der »weißen« Oberschicht auf Kurdisch und trat vor 100.000 Menschen beim kurdischen Neujahrfest *Newroz* auf – eine unerhörte Sympathiebekundung für die unterdrückte Ethnie. Es war ihr meisterhaftes Spiel auf der Gefühlsskala, das sie über jede Tagespolitik erhob und zum kollektiven kulturellen Besitz des Landes machte, heute schon unsterblich wie die »göttliche« Umm Kulthum in Ägypten. »Wenn sie die Bühne betritt, passiert immer wieder das Gleiche: Türken, Kurden, Rechte, Linke, Frauen mit Kopftuch und Frauen ohne – sie alle singen lautstark Aksus Lieder«, schrieb der bekannte türkische Kolumnist Ismet Berkan.

Mit ihr hat die Türkei zum ersten Mal überhaupt einen Star, der alle Schichten der Gesellschaft anspricht und von allen gleichermaßen verehrt wird. Deshalb lassen ihr die Fans auch alles durchgehen. Weder ihre fünf Ehen waren je ein Problem noch ihre freizügigen Bühnenoutfits oder Textzeilen wie »Schüttle sie, schüttle sie, deine rosengleichen Brüste« (*Salla, salla, gül memeler çağlasın*). Die Diva ohne Allüren nutzt dazu ihren burschikosen, auch durchaus gewagten Humor, mit dem sie Tausende zum Lachen bringt, vor allem, wenn sie Anekdoten aus ihrer Jugend, von Liebschaften oder ihrem Sohn erzählt. Ihre Fans verehren sie, weil sie sie noch immer mit diesem magischen Gefühl bezaubert. Mit dieser charakteristischen Darbietung aus melancholischer Zartheit, Schönheit und Würde, vorgetragen von einer Frau, die auch gänzlich des Türkischen Unkundige mit ihren Liedern zum Weinen bringen kann – und dazu, die Türkei zu lieben. Wie mit ihrem Hit *Istanbul, Istanbul olalı* (Istanbul, als es Istanbul war), einer Ode an die pulsierende Metropole am Bosporus, mit der sie nicht selten ihre Konzerte beschließt.

Bildnachweis

Cover-Titelfoto: © tigristiara - stock.adobe.com, **Bildleiste links von oben:** © Astrid Gast - stock.adobe.com • © Fotolyse - stock.adobe.com • © kgdad - stock.adobe.com • © Dmitry V. Petrenko - stock.adobe.com • © Rico Ködder - stock.adobe.com • © Supertrooper - stock.adobe.com • © ulvarg - stock.adobe.com

Bildteil 1 (von oben nach unten): Seite I: © Boris Stroujko - stock.adobe.com, © Frank Nordhausen · S. II–III: © Byelikova Oksana - stock.adobe.com · S. IV © Frank Nordhausen, © Luciano Mortula - stock.adobe.com · S. V: © belleepok - stock.adobe.com, © Frank Nordhausen · S. VI–VII: © mehmet - stock.adobe.com · S. VIII: © Artur Bogacki - stock.adobe.com, © Frank Nordhausen · S. IX: © robertdering - stock.adobe.com, © philipus - stock.adobe.com · S. X–XI: © Aviator70 - stock.adobe.com · S. XII: © Frank Nordhausen, © Frank Nordhausen · S. XIII: © Frank Nordhausen · S. XIV: © tolin - stock.adobe.com, © Frank Nordhausen · S. XV: © Can - stock.adobe.com, © Frank Nordhausen · S. XVI: © Alx_Yago - stock.adobe.com, © Frank Nordhausen.

Bildteil 2 (von oben nach unten): Seite I: © 0meer - stock.adobe.com, © Sondem - stock.adobe.com · S. II–III: © Sergey Kohl - stock.adobe.com · S. IV: © Goinyk - stock.adobe.com, © Can Erdem Satma - stock.adobe.com · S. V: © Sondem - stock.adobe.com, © akturer - stock.adobe.com · S. VI–VII: © vladislav333222 - stock.adobe.com · S. VIII: © Alex Tihonov - stock.adobe.com, © Cenk Unver - stock.adobe.com · S. IX: © dembovsky - stock.adobe.com, © WitR - stock.adobe.com · S. X: © Frank Nordhausen (beide Abb.) · S. XI: © mehmetcan - stock.adobe.com, © Frank Nordhausen · S. XII–XIII: © LemanHristina - stock.adobe.com · S. XIV: © Frank Nordhausen (beide Abb.) · S. XV: © Frank Nordhausen (beide Abb.) · S. XVI: © doris oberfrank-list - stock.adobe.com, © Rolf Zapf - stock.adobe.com

FRANK NORDHAUSEN, geboren 1956 in Berlin, Journalist und Buchautor, Türkei-Korrespondent für die Berliner Zeitung, die Frankfurter Rundschau und andere. Der begeisterte Türkei-Reisende durfte sechs Jahre lang in seiner Traumstadt Istanbul leben, bis er 2017 nach Zypern umzog. Er publizierte Sachbücher über die weitere Region, begleitet die Türkei in seinem Levante-Blog *www.gruss-vom-bosporus.berliner-zeitung.de* mit kritischer Sympathie und wünscht sich, dass sie schnell zur Demokratie zurückfindet.

Frank Nordhausen
111 GRÜNDE, DIE TÜRKEI ZU LIEBEN
Eine Liebeserklärung an das schönste Land der Welt

ISBN 978-3-86265-795-7

VERLAG
Schwarzkopf & Schwarzkopf Verlag GmbH
Kastanienallee 32, 10435 Berlin

INTERNET | E-MAIL
www.schwarzkopf-schwarzkopf.de
www.facebook.com/schwarzkopfverlag
info@schwarzkopf-schwarzkopf.de